O SURGIMENTO DA **BÍBLIA**

Dados Internacionais de Catalogação na Publicação (CIP)
(Câmara Brasileira do Livro, SP, Brasil)

Schmid, Konrad
O surgimento da Bíblia : dos primeiros textos às Sagradas Escrituras / Konrad Schmid, Jens Schröter ; tradução de Uwe Wegner. – 1. ed. – Petrópolis, RJ : Vozes ; São Leopoldo, RS : Editora Sinodal, 2023.

Título original: Die Entstehung der Bibel

1ª reimpressão, 2023.

ISBN 978-65-5713-871-7

1. Antigo Testamento 2. Bíblia 3. Bíblia Hebraica 4. Bíblia – História 5. Judaísmo 6. Novo Testamento I. Schröter, Jens. II. Título.

23-140813 CDD-220.44

Índices para catálogo sistemático:
1. Bíblia hebraica : Crítica e interpretação 220.44

Aline Graziele Benitez – Bibliotecária – CRB-1/3129

O SURGIMENTO DA **BÍBLIA**

DOS PRIMEIROS TEXTOS ÀS SAGRADAS ESCRITURAS

Konrad Schmid

Jens Schröter

Tradução de Uwe Wegner

Petrópolis

© 2020, Verlag C.H. Beck oHG, München.

Tradução do original em alemão intitulado *Die Entstehung der Bibel – Von den ersten Texten zu den heiligen Schriften*.

Direitos de publicação em língua portuguesa –
Brasil:
2023, Editora Vozes Ltda.
Rua Frei Luís, 100
25689-900 Petrópolis, RJ
www.vozes.com.br
Brasil

Em coedição com:
Editora Sinodal
Rua Amadeo Rossi, 467
93030-220 São Leopoldo, RS
editora@editorasinodal.com.br
www.editorasinodal.com.br
Brasil

Todos os direitos reservados. Nenhuma parte desta obra poderá ser reproduzida ou transmitida por qualquer forma e/ou quaisquer meios (eletrônico ou mecânico, incluindo fotocópia e gravação) ou arquivada em qualquer sistema ou banco de dados sem permissão escrita da editora.

CONSELHO EDITORIAL

Diretor
Volney J. Berkenbrock

Editores
Aline dos Santos Carneiro
Edrian Josué Pasini
Marilac Loraine Oleniki
Welder Lancieri Marchini

Conselheiros
Elói Dionísio Piva
Francisco Morás
Gilberto Gonçalves Garcia
Ludovico Garmus
Teobaldo Heidemann

Secretário executivo
Leonardo A.R.T. dos Santos

CONSELHO EDITORIAL

Prof. Dr. Júlio Cézar Adam (coordenador)
Prof. Dr. Flávio Schmitt
Prof. Dr. Oneide Bobin
Prof. Dr. Marcelo Saldanha

Editoração: Clauzemir Makximovitz
Diagramação: Raquel Nascimento
Revisão gráfica: Nilton Braz da Rocha / Fernando Sergio Olivetti da Rocha
Capa: Érico Lebedenco

ISBN 978-65-5713-871-7 (Vozes)
ISBN 978-65-5600-045-9 (Editora Sinodal)
ISBN 978-3-406-73946-04 (Alemanha)

Este livro foi composto e impresso pela Editora Vozes Ltda.

Sumário

Introdução – Dos primeiros textos aos escritos sagrados, 11

1 As bíblias do judaísmo e cristianismo, 19

    1.1 O que é "a Bíblia"?, 19

    1.2 Bíblia Judaica e Bíblia Cristã, 22

    1.3 "Tanak", "Antigo Testamento" e "Novo Testamento", 31

    1.4 Estruturações do texto bíblico, 37

    1.5 A transmissão do texto bíblico, 42

    1.6 "Canônico", "pseudepígrafo", "apócrifo", 59

2 Cultura da escrita e produção literária na época do reinado em Israel e Judá, séculos X a VI a.C., 66

    2.1 Os primórdios da Bíblia Hebraica nas perspectivas histórica e bíblica, 66

    2.2 Da religião de culto à religião de livro, 70

    2.3 O surgimento da cultura da escrita no Levante, 75

    2.4 A literatura da fase inicial do reinado, 94

        2.4.1 Os dois reinos: Israel e Judá, 95

        2.4.2 As tradições de Jacó, 99

        2.4.3 A narrativa sobre Moisés e o êxodo, 101

        2.4.4 Salmos da época do reinado, 105

        2.4.5 A literatura sapiencial, 111

    2.5 A queda de Israel e suas consequências para Judá, 112

    2.6 Os primórdios da profecia escrita, 117

    2.7 A tradição do direito, 121

    2.8 O Deuteronômio como cerne do cânone posterior, 127

3 O judaísmo emergente e os escritos bíblicos nas épocas babilônica e persa, séculos VI a IV a.C., 134

    3.1 Época da narrativa e época dos narradores, 134

    3.2 O fim do culto do Templo em Jerusalém e suas consequências, 136

    3.3 Produção literária no exílio da Babilônia, 141

    3.4 O surgimento do judaísmo e do monoteísmo, 145

    3.5 O Segundo Templo e sua literatura, 149

        3.5.1 Projetos "teocráticos": Escrito Sacerdotal e os livros de Crônicas, 151

        3.5.2 Proposições "escatológicas": textos proféticos e deuteronomistas, 155

        3.5.3 O retardamento da salvação, 157

    3.6 A formação da Torá no contexto da autorização persa para o reinado, 159

    3.7 Interpretação da Escritura dentro da própria Bíblia, 164

    3.8 Uma nova concepção do ser humano, 168

    3.9 O Livro de Jó, 170

4 Escritos e seu uso no judaísmo da época helenístico-romana, séculos III a.C. a I d.C., 175

    4.1 O fim do reinado persa e o surgimento do helenismo, 175

    4.2 Literatura apocalíptica de revelação e o projeto bíblico oposto do Eclesiastes, 177

    4.3 A orientação da profecia pela Torá e o término dos *Neviim*, 181

    4.4 *Rewritten Bible* [Bíblia reescrita], 188

        4.4.1 A obra histórica do cronista: Crônicas – Esdras – Neemias, 189

        4.4.2 O Livro dos Jubileus e outros textos parabíblicos, 193

    4.5 Os escritos do Mar Morto, 194

    4.6 O surgimento da Septuaginta, 203

        4.6.1 A Carta de Aristeias, 204

        4.6.2 Reelaborações judaicas e cristãs, 208

4.7 Os samaritanos e o Pentateuco samaritano, 211

4.8 Fílon de Alexandria, 215

5 *Os escritos do judaísmo antigo no cristianismo emergente, séculos I e II*, 223

   5.1 A validade dos escritos e grupos de escritos normativos de Israel, 223

      5.1.1 Referências em textos cristãos primitivos, 226

      5.1.2 Aramaico – hebraico – grego, 233

   5.2 A perspectiva de Jesus em relação aos escritos de Israel, 236

   5.3 A interpretação cristológica da Escritura no cristianismo antigo, 248

      5.3.1 As primeiras comunidades em Jerusalém e Antioquia, 248

      5.3.2 Afirmações fundamentais da fé cristã no horizonte dos escritos de Israel, 251

   5.4 Os escritos de Israel na história da fase inicial do cristianismo, 259

6 *A formação da Bíblia Cristã e o surgimento de mais literatura de tradição, séculos I a IV*, 268

   6.1 Judeus e cristãos: "caminhos separados"?, 268

      6.1.1 Formação do perfil das comunidades cristãs, 271

      6.1.2 Atualização de escritos judaicos por autores cristãos, 274

      6.1.3 "Judeus" e "cristãos", 275

   6.2 Visão geral do mundo literário do cristianismo mais antigo, 280

      6.2.1 Os 27 escritos do Novo Testamento (50 a 50 d.C.), 280

      6.2.2 Textos não canônicos: "Pais apostólicos" e "apócrifos", 284

   6.3 A tradição sobre Jesus e os evangelhos, 289

      6.3.1 Paulo e os evangelhos "canônicos", 289

      6.3.2 Outras tradições sobre Jesus e evangelhos "apócrifos", 297

      6.3.3 O surgimento da coletânea dos Quatro Evangelhos, 308

   6.4 Coletânea das cartas paulinas e o trabalho de Marcião, 316

   6.5 A formação e a organização do corpo textual do Novo Testamento, 324

   6.6 A Bíblia Cristã do Antigo e Novo testamentos, 327

7 *A formação da Bíblia Judaica e o surgimento da Mixná e do Talmude, séculos I a VI*, 334

    7.1 O término da terceira parte do cânone, *Ketuvim*, 334

    7.2 A formação de uma lista de livros completa, 341

    7.3 O Talmude como discurso sobre a práxis correta, 345

    7.4 Duas diásporas?, 349

    7.5 Discussões judaico-cristãs sobre as Sagradas Escrituras, 350

8 *Sobre a história da repercussão das bíblias Judaica e Cristã*, 353

    8.1 Traduções e sua divulgação, 353

    8.2 Tradições de traduções cristãs da Bíblia, 356

    8.3 Uma árvore amplamente ramificada: A Bíblia no judaísmo, 359

    8.4 Via moderna: a Bíblia nas Igrejas do Ocidente, 366

    8.5 A Bíblia na teologia e piedade orientais, 374

    8.6 Outras abordagens da Bíblia, 376

Anexo, 387

    Agradecimentos, 387

Referências, 389

    Literatura, 389

        1 As bíblias do judaísmo e cristianismo, 390

        2 Cultura da escrita e produção literária na época do reinado em Israel e Judá, séculos X a VI a.C., 394

        3 O judaísmo emergente e os escritos bíblicos nas épocas babilônica e persa, séculos VI a IV a.C., 407

        4 Escritos e seu uso no judaísmo da época helenístico-romana, séculos III a.C. a I d.C., 417

        5 Os escritos do judaísmo antigo no cristianismo emergente, séculos I e II, 425

        6 A formação da Bíblia Cristã e o surgimento de mais literatura de tradição, séculos I a IV, 427

7 A formação da Bíblia Judaica e o surgimento da Mixná e do Talmude, séculos I a VI, 430

8 Sobre a história da repercussão das bíblias Judaica e Cristã, 434

Identificação das fontes para o emprego das imagens, 441

Índice de passagens bíblicas, 443

Índice de autores e escritos antigos, 449

Índice de nomes e assuntos, 452

Introdução

Dos primeiros textos aos escritos sagrados

No centro de muitas religiões encontram-se textos normativos, "sagrados" (cf. TWORUSCHKA, 2000; BULTMANN et al., 2005). Isso vale especialmente para o judaísmo, cristianismo e islamismo, que por isso também são denominados de "religiões do livro"[1]. Neste particular, judaísmo e cristianismo estão intimamente ligados: as bíblias Judaica e Cristã compartilham uma parte essencial de seus escritos normativos e possuem raízes comuns naqueles desenvolvimentos que levaram ao surgimento e à coletânea desses escritos. Mais tarde, os caminhos se ramificaram, resultando no surgimento da Bíblia Judaica por um lado, e da Bíblia Cristã por outro. Esses desenvolvimentos, desde o início da cultura escrita de Israel até o surgimento de coleções de escritos normativos no judaísmo e cristianismo, pretendem ser rastreados neste livro. Isso se baseia na convicção de que a história da Bíblia *Cristã* não pode ser adequadamente apreendida sem que, ao mesmo tempo, a história da Bíblia *Judaica* seja levada em consideração. Ambas as bíblias possuem uma história em comum, e os acontecimentos que levaram às características de cada uma delas se influenciaram reciprocamente[2].

A Bíblia constitui a base comum entre o judaísmo e o cristianismo. Ela reúne aqueles escritos que valem como divinamente inspirados ou "canônicos"[3], mas que, de qualquer forma, são assumidos como padrão

---

1. Sobre a problemática da categoria "religião do livro", cf. Rüpke (2005).
2. Essa orientação constitui – entre outros aspectos – uma diferença em relação à descrição meritória do surgimento da Bíblia cristã por Campenhausen (2003). Ao mesmo tempo, isso aponta para uma mudança na forma de ver os desenvolvimentos que levaram às bíblias Judaica e Cristã, quando comparada com a fase de pesquisa na qual se originou o livro do referido autor (publicado pela primeira vez em 1968).
3. Sobre a história e a problemática do termo "cânone", cf. Smith (1998, esp. p. 295). Ele aponta para o fato de que foi só com o aparecimento em 1768 da obra *Historia critica orato-*

de orientação. Por essa razão, dentro da história e do presente do judaísmo e cristianismo, elas foram e são sempre de novo interpretadas e apropriadas na vida religiosa e cultural. As razões pelas quais precisamente esses textos ganharam autoridade como "escritos bíblicos", e em que relação eles se encontram com outros escritos não bíblicos são questões muito discutidas, que pertencem à própria história do surgimento da Bíblia. Por isso elas também serão tratadas neste livro, tanto em relação à Bíblia Judaica quanto às duas partes da Bíblia Cristã – o Antigo Testamento e o Novo Testamento.

Os livros reunidos nas bíblias Judaica e Cristã surgiram ao longo de vários séculos e em contextos geográficos diferenciados – desde a Babilônia, passando por Jerusalém, Antioquia e Alexandria, até Roma. Uma história da Bíblia por isso mesmo também deve levar em consideração os contextos próprios, dentro dos quais os escritos bíblicos foram redigidos, atualizados, compilados e traduzidos em várias línguas[4]. Essa é a razão pela qual nas partes individuais deste livro são consideradas as constelações sociais, políticas e religiosas da história de Israel e do judaísmo e cristianismo antigos que são normativas para a compreensão do surgimento e da transmissão dos escritos bíblicos. Estão incluídos o período pré-exílico, o exílio babilônico na história de Israel, a época persa subsequente, na qual se deu a formação do judaísmo, o período do "helenismo" iniciado com as conquistas de Alexandre o Grande, e, por fim, a época do domínio romano na área do Mediterrâneo. Todas essas épocas deixaram suas marcas na história do judaísmo antigo e do cristianismo emergente. Elas também se refletiram nos escritos surgidos durante esses períodos. Esses dados que, inicialmente parecem evidentes, significam que as bíblias Judaica e Cristã são produtos diversificados, e em relação a elas, não se deve esperar nenhuma homogeneidade quanto às diferentes situações históricas pressupostas. Tanto a Bíblia Judaica quanto a Cristã são, muito mais, coletâneas de escritos bem diferenciados – isso tanto

---

rum Graecorum do orientalista de Leiden, David Ruhnken, que o termo "cânone" tornou-se de uso comum como designação para uma lista de livros concluída. Cf. tb. as considerações em Lim (2017).

4. Sobre isso, cf. Carr (2015) e Toorn (2017). Sobre a autotematização da forma escrita da Bíblia, cf. Bosshard-Nepustil (2015). Também sobre esse aspecto, a apresentação aqui oferecida se diferencia daquela de Campenhausen (2003), mas igualmente da pesquisa em dois volumes e com riqueza de material, de McDonald (2017), e das abordagens de Lim (2017) e Lips (2004).

em relação a suas situações de origem quanto em relação a suas formas literárias e perfis teológicos. Para deixar clara essa multiplicidade, a presente obra examina aqueles desenvolvimentos que levaram à redação dos primeiros testemunhos escritos até a produção de grandes códices, contendo os livros bíblicos.

Além disso, serão tratados os efeitos que a Bíblia provocou nas histórias do judaísmo e cristianismo[5]. A história das duas religiões permite ser interpretada como história da interpretação da Bíblia. As diferentes formas do judaísmo, bem como as diversas confissões cristãs diferenciam-se, não por último, na maneira pela qual lidam com a Bíblia. Judeus ortodoxos têm uma compreensão diferente da intepretação da Torá do que liberais; Igrejas cristãs ortodoxas, a Igreja Católica Romana e Igrejas reformatórias têm cada qual suas próprias visões da interpretação da Bíblia e do seu papel para a teologia e liturgia.

No judaísmo como no cristianismo, ao lado de atualizações e comentários sobre a Bíblia, há o uso de textos bíblicos na liturgia e sermões dos cultos, as recepções na música e na literatura, bem como representações de figuras e acontecimentos bíblicos por meio de imagens. Tais interpretações de textos bíblicos podem ser rastreadas até a Antiguidade – nos cultos judaico e cristão, na poesia teológica e em representações de figuras e motivos bíblicos por imagens. A partir destes primórdios, desenvolveu-se um rico mundo de apresentação, memorização e recitação de conteúdos bíblicos, que moldou profundamente a história cultural do judaísmo e cristianismo.

A reflexão conjunta sobre as bíblias Judaica e Cristã indica que os desenvolvimentos que levaram a essas coletâneas de escritos encontram-se intimamente ligados. Isso pode parecer óbvio à primeira vista, uma vez que a parte inicial e bem maior da Bíblia Cristã, o "Antigo Testamento", consiste em tais escritos que também são reconhecidos como textos normativos no judaísmo. Não cabe, porém, simplesmente igualar o "Antigo Testamento" cristão com a Bíblia Judaica. O cristianismo apropriou-se dos escritos de Israel e do judaísmo a partir da perspectiva de suas convicções de fé, interpretando-os correspondentemente. Isso teve reflexos na extensão e estruturação desses textos, que se diferenciam da

---

5. Esse aspecto, entretanto, só pode ser tratado aqui de forma restrita. O projeto de uma pesquisa sistemática sobre a história da repercussão da Bíblia teve um importante início na *Encyclopedia of the Bible and its Reception*, publicada por de Gruyter desde 2009.

Bíblia Judaica de diversas maneiras. A Bíblia Judaica e a Cristã também se influenciaram mutuamente em seus processos de criação e desenvolvimento, tendo, portanto, surgido paralelas uma à outra, mesmo que parcialmente também delimitadas uma da outra. Os escritos de Israel e do judaísmo têm, pois, uma dupla história da recepção, que levou à Bíblia Judaica e à Cristã. Por essa razão, atualmente não é mais conveniente um tratamento isolado do surgimento da Bíblia Cristã ou unicamente de sua parte neotestamentária, como pode ser ocasionalmente encontrado em estudos anteriores.

A história da literatura de Israel e do judaísmo começa com o surgimento de uma cultura escrita nos reinos de Israel e Judá e com a produção dos primeiros textos em época pré-exílica. A isso se seguiram os processos de criação literária e surgimento de corpos escriturísticos nas épocas babilônica, persa e helenístico-romana (portanto, mais ou menos nos últimos três séculos a.C.). Nessa época ocorre a tradução dessas coletâneas (iniciando com a Torá) para o grego (a assim denominada "Septuaginta"), bem como o surgimento de uma ampla literatura de interpretação e atualização.

Os achados de Qumran são de grande importância nesse contexto. Eles enriqueceram e transformaram nosso conhecimento do judaísmo da época helenístico-romana, bem como da atualização e interpretação da Torá e dos Profetas. Muito instrutiva é a obra do filósofo religioso judeu Fílon de Alexandria (*c.* 20 a.C.-40 d.C.), que redigiu vários comentários sobre a Torá.

O cristianismo emergente tal qual o judaísmo rabínico, que colocava a discussão das autoridades judaicas de ensino da época romana (rabinos) sobre o significado da Escritura, bem no centro da religião, pressupõem esses desenvolvimentos e lhes dão continuidade, cada qual a sua maneira. No cristianismo surgem escritos próprios que narram o caminho e as ações de Jesus, interpretando-os como ação salvífica de Deus para todas as pessoas. Esses escritos, agrupados em coletâneas, aparecem como "Novo Testamento" ao lado dos escritos de Israel, que, por isso, são colocados nessa nova perspectiva como "Antigo Testamento". No judaísmo, que ressurge como judaísmo rabínico depois da destruição de Jerusalém e do Templo, emerge, ao contrário – também mas não só como reação ao emprego de seus escritos por parte dos cristãos – uma coletânea de textos hebraicos (e aramaicos) própria, com a Bíblia Judaica tripartida. Ela representa o fundamento para a autoconcepção do povo judeu, da sua fé em Deus, da sua cultura e do seu *ethos*. Como consequência desses desenvolvimentos, ocorridos mais ou menos entre os séculos I e IV, a Bíblia Judaica e a Cristã aparecem lado a lado como fundamento do judaísmo e do cristianismo, não sem permanecerem também, simultaneamente, unidas.

A Bíblia Judaica e a Cristã nunca existiram como coletâneas claramente delimitadas. Os escritos normativos, outrossim, encontram-se desde o início presentes também no contexto de outros textos e tradições, igualmente importantes para a vida religiosa, para o rito e *ethos* do judaísmo e do cristianismo. A eles pertenciam ainda escritos que atualmente são designados de "apócrifos" ou "pseudepígrafos". Os limites entre escritos "canônicos" reconhecidos e outros em seu entorno, contudo, foram traçados de forma bem mais suave que a compreensão atual. Hoje em dia eles são traçados de maneira distinta dentro de diversas Igrejas e confissões cristãs. Por essa razão, uma história do surgimento das bíblias Judaica e Cristã necessita, não por último, incluir a relação entre escritos bíblicos e não canônicos.

Assim fica claro que a concepção de um "cânone" final, de escrituras relacionadas com ambos os círculos religiosos e culturais é muito pouco diferenciada. O surgimento de coletâneas de textos normativos estava inserido desde o início num amplo campo de tradições e interpretações, que propiciaram o conhecimento desses escritos na vida de judeus e cristãos, interpretando-os por meio de atualizações e comentários para situações posteriores. Esse processo interpretativo, que não se encontra só em texto, mas também em tradições orais, representações em forma de imagens e atualizações rituais, constitui por isso parte da história das bíblias Judaica e Cristã. A elas não pertencem só as tradições e coletâneas dos próprios escritos bíblicos, mas também a história dos seus efeitos no judaísmo e no cristianismo, bem como sua importância para a ética e cultura daqueles círculos culturais moldados por ambos.

Além disso, a Bíblia nunca foi a única e nem sempre a principal base normativa para o judaísmo e o cristianismo. Ela se originou no século I a.C. e nos dois primeiros séculos posteriores a Cristo. Durante esse período, judaísmo e cristianismo de forma alguma eram moldados exclusivamente por "textos sagrados". Dentro da história de Israel, a cultura escrita desenvolveu-se só gradativamente, mesmo que o Antigo Testamento transmita uma ideia diferente. De acordo com o Antigo Testamento, a revelação da Torá a Moisés encontra-se no início da história de Deus com Israel e representa, como compromisso de Israel em relação à Torá dada por Deus, a base teológica para a história de Israel. Na verdade, porém, a cultura escrita desenvolveu-se só gradativamente em Israel a partir dos séculos IX ou VIII a.C. por meio de uma cultura de tradições anteriormente moldada pela oralidade. Era só uma pequena parte da população que sabia ler e escrever. Por isso, também o local concreto da "escrita" dentro da estrutura social do antigo Israel, do judaísmo e do cristianismo primitivo deve ser averiguado. Rolos de escritos ou códices eram, em regra, produzidos por escribas profissionais; de início, os locais prediletos para a produção e o uso de escritos em Israel eram o templo e o palácio. Isso significa que, inicialmente, os livros mais tardios da Bíblia eram lidos e estudados por aqueles círculos dentro dos quais eles haviam sido redigidos.

Isso só veio a mudar na época helenista e romana por intermédio da disseminação da cultura escrita. Tanto para o judaísmo quanto para o cristianismo emergente daquela época, parece certo que escritos não eram empregados unicamente para fins litúrgicos, mas também para leituras particulares. Foi só assim que a escrita pôde conquistar uma importância maior dentro do judaísmo e cristianismo.

A produção, multiplicação, distribuição e uso de textos estão relacionados a isso. O uso de escritos normativos no judaísmo e cristianismo, bem como a relação entre escritos reconhecidos e controversos ou rejeitados também se mostra por meio dos testemunhos materiais conservados. Desde quando a Torá adquiriu importância fundamental no judaísmo ou como os Quatro Evangelhos do Novo Testamento se relacionaram com outros evangelhos "apócrifos" na história do cristianismo, deve ser considerado, especialmente por meio dos manuscritos que foram conservados e que oferecem esclarecimento sobre o emprego desses escritos e coletâneas no judaísmo antigo e no cristianismo primitivo.

Com isso estão apresentados os principais temas que deverão ser desenvolvidos neste livro. Para tanto, iniciamos com a pergunta a respeito do que, em verdade, "a Bíblia" é. Essa pergunta só pode ser respondida levando em consideração as diversas tradições dos escritos bíblicos (cap. 1).

Além disso, deverão ser abordadas as perguntas relativas à relação existente entre a Bíblia Judaica e o Antigo Testamento e quanto à diferenciação entre escritos bíblicos e não bíblicos. Segue-se uma série de capítulos ordenados cronologicamente, que traçam o desenvolvimento da Bíblia desde os seus primeiros textos até os escritos sagrados do judaísmo e do cristianismo. Inicialmente o assunto focará em torno de quando e como se desenvolveu em Israel e Judá uma cultura escrita e de como surgiram os primeiros escritos que vieram a constituir-se no fundamento de uma coletânea posterior de escritos normativos (cap. 2). A seguir será abordada a literatura judaica da época do exílio babilônico, bem como da época persa imediatamente subsequente (cap. 3). Nesse período tem início um processo igualmente importante para ambas as bíblias, Judaica e Cristã, que podemos designar "interpretação intrabíblica da Escritura". Com isso são apontadas intepretações e atualizações de textos já existentes, em parte na forma de novas narrativas parafraseadas e atualizadas, que então passam a se tornar, elas próprias, parte da Bíblia. Esse processo tem continuidade no judaísmo do período helenístico-romano (cap. 4). Nessa época surgem mais escritos, alguns dos quais gradativamente passam a formar a terceira parte da Bíblia Hebraica, ao lado da Torá e dos Profetas, as assim denominadas "Escrituras". Além disso, surgem ainda outros textos, que não conseguiram impor-se no judaísmo rabínico posterior ou mesmo no "clássico", e que, porém, continuaram a ser transmitidos por algumas Igrejas ortodoxas. A esses pertencem textos apocalípticos, cuja origem se encontra numa determinada fase da história do judaísmo, e que então continuaram a ser repassados por certo tempo pelo judaísmo e cristianismo. Por fim, nesse período também foram feitas as primeiras traduções dos escritos hebraicos e aramaicos, e redigidas obras semelhantes a comentários.

O cristianismo emergente pressupõe essa literatura judaica rica e diversificada. Jesus mesmo faz referência a esses escritos, colocando sua própria atuação dentro do horizonte deles. O cristianismo emergente, por seu turno, interpreta esses escritos na perspectiva da ressurreição e os tem como cumpridos em Jesus Cristo (cap. 5).

Ao lado dos escritos de Israel e do judaísmo, apareceram no cristianismo textos próprios que conseguem adquirir caráter normativo (cap. 6). Eles consistem em narrativas interpretativas da ação de Jesus, de cartas a comunidades primitivas e de outros escritos que interpretam a história de Deus com Israel a partir de sua revelação em Jesus Cristo. Dessa maneira, emerge gradativamente o "Novo Testamento" que, em conjunto com o "Antigo Testamento", vai formar a Bíblia do cristianismo.

A produção literária do cristianismo, entretanto, compreende claramente mais escritos do que aqueles que passaram a integrar o Novo Testamento. Estes assim denominados "apócrifos" fornecem importantes informações a respeito do mundo social dos inícios do cristianismo, de sua piedade e do seu *ethos*. Com isso fica claro que, de maneira semelhante aos escritos de Israel e do judaísmo, também os escritos transformados em "Novo Testamento" ao longo dos primeiros séculos cristãos necessitam ser interpretados no contexto da vida e da fé dos cristãos primevos.

As bíblias Judaica e Cristã se formaram ao longo dos primeiros séculos cristãos. Desse processo surgiu no judaísmo a concepção de um corpo definitivo de livros normativos, subdividido em *Torá*, *Profetas* e *Escritos*. Paralelamente a isso, forma-se no cristianismo a Bíblia do Antigo e Novo testamentos, que a partir do século IV também pôde ser produzida na forma de grandes códices (mesmo que isso permaneça exceção, já que, em regra, até a Idade Média a Bíblia continuou existindo na forma de vários livros). Os desenvolvimentos até a formação das bíblias Judaica e Cristã foram acompanhados de muitas discussões, controvérsias e delimitações. Esses debates indicam que as autocompreensões judaica e cristã se formaram dentro de influências e controvérsias mútuas (cap. 7).

As bíblias Judaica e Cristã são adotadas e apropriadas de maneiras diversas (cap. 8). As interpretações para a vida de judeus e cristãos, o emprego na liturgia, as recepções nas artes gráficas, na música e na literatura estabelecem a ligação das bíblias com as respectivas situações do presente. Este livro é finalizado com um breve esboço da recepção da Bíblia em contextos religiosos e culturais diversificados, incluindo uma reflexão que pergunta pelas possibilidades de leituras bíblicas na atualidade[6].

---

6. As abreviações dos livros bíblicos seguem, em princípio, as diretrizes *Loccumer*. As traduções dos textos bíblicos provêm dos autores.

1
As bíblias do judaísmo e cristianismo

1.1 O que é "a Bíblia"?

À primeira vista, a pergunta sobre o que é "a Bíblia" pode surpreender. Poder-se-ia puxar um livro da estante, em cujo volume estivesse escrito "A Bíblia" e crer que, dessa maneira, a pergunta estivesse respondida. Se, porém, formulássemos a pergunta para pessoas de diferentes línguas, confissões ou religiões, as bíblias que eles iriam apresentar como resposta pareceriam muito diferentes. Uma pessoa luterana alemã provavelmente mostraria uma Bíblia de Lutero, talvez uma herança de 1912 ou uma nova edição de 2017, uma pessoa católica alemã, uma tradução unificada [*Einheitsuebersetzung*] de 2016, uma cristã reformada da Suíça, a "Bíblia de Zurique" na revisão de 2007. Essas bíblias não se diferenciam entre si somente pelas suas traduções e correspondentes revisões, mas também em relação ao número e à disposição dos livros que contêm. A visão poderia ser ampliada por intermédio de bíblias em outras línguas europeias, por exemplo, por meio da *King James Version* e da *New Revised Standard Version*, duas traduções inglesas da Bíblia com perfis linguísticos próprios e características teológicas diversificadas. A imagem poderia se diferenciar ainda mais se déssemos um olhar para além do âmbito do atual cristianismo ocidental. O Antigo Testamento de um cristão ortodoxo, por exemplo, da Armênia ou da Rússia, contém livros não encontrados nas edições bíblicas da Europa Ocidental. Se olharmos para outras épocas da história do cristianismo, o panorama fica ainda mais colorido: no Novo Testamento de um cristão sírio do século III se encontraria no lugar dos Quatro Evangelhos um livro com o título de *Diatessaron*, que contém uma narrativa da vida e atuação de Jesus com histórias de todos os Quatro Evangelhos do Novo Testamento comumente conhecido. Judeus da Idade Média contribuiriam com uma Bíblia Hebraica ou Árabe, os da antiga Alexandria, entretanto, com uma Grega. Essas bíblias judaicas se diferenciariam entre si quanto ao tamanho e as disposições dos livros que contêm.

Essas considerações mostram por si sós que "a Bíblia" não existe. Em vez disso, bíblias sempre existiram em diferentes tamanhos, arranjos e idiomas (cf. BRANDT, 2001; FINSTERBUSCH; LANGE, 2021; HIEKE, 2013). Por essa razão, a melhor resposta para a pergunta, feita no início, "O que é a Bíblia?" talvez seria montar uma estante com bíblias de diferentes traduções, diferentes tamanhos e cada uma com a própria disposição dos livros que contém. Isso mostraria a multiplicidade das bíblias judaicas e cristãs desde a Antiguidade até o presente. Essa multiplicidade é expressão da história viva da relação entre judaísmo e cristianismo, que se encontram simultaneamente unidos e separados entre si por meio de suas referências aos escritos bíblicos. Além disso, ela também constitui um reflexo da história do cristianismo, de suas manifestações históricas e diferentes confissões. "A Bíblia" como coletânea de escritos normativos e com autoridade do judaísmo e cristianismo não é, portanto, apenas o fundamento da fé, mas também testemunho de suas histórias comuns e específicas, que se reflete até o presente na diversidade de suas formas de vida e crenças.

Já o nome aponta para essas afinidades e diferenças, para unidade e pluralidade: "Bíblia" deriva de *biblía*, termo grego para "livros". O singular é chamado *biblíon* e significa "livro, escrito, documento" (cf. DOHMEN, 2011, p. 11).

Isso deixa claro que a Bíblia é um livro, mas que reúne em si muitos livros. É por isso que às vezes também é denominada de "Livro dos livros", mesmo que a ambiguidade – "um livro, que consiste em muitos livros" e "o mais importante, o livro propriamente dito" – seja aceita de boa vontade.

A terminologia correspondente já pode ser encontrada na própria Bíblia. Já a tradução grega do termo hebraico *s^efarim* ("livros") em Daniel 9,2 designa os livros bíblicos de *biblía*. Em 1Macabeus 12,9 eles são denominados de "livros sagrados" (*tà biblía tà hagía*); nos autores judeus Fílon de Alexandria (*c.* 15 a.C.-40 d.C.) e Flávio Josefo (*c.* 37-100 d.C.) encontram-se as designações "livros sagrados" (*hieraì bíbloi*) e "escritos sagrados" (*hieraì grafaí*) para a Torá, mas também para outros escritos que no judaísmo ganharam validade normativa (cf. SCHRENK, 1993; SPIECKERMANN, 2011).

Paulo denomina os escritos de Israel com uma expressão semelhante de "escritos sagrados" (*grafaì hagíai*, em Romanos 1,2). Uma designação afim encontra-se em 1Timóteo 3,15: "livros sagrados" (*hierà grámmata*). Mais tarde fala-se então de "Livros do Novo Testamento" e "Livros do Antigo Testamento". Jerônimo, no século IV, fala que possui "muitos livros da biblioteca sagrada"[7]. A partir do século IX a designação de "Bíblia" como designação coletiva para os livros dos Antigo e Novo testamentos torna-se usual (cf. McDONALD, 2017, v. 1, 3). Assim sendo, desde o início havia uma consciência de que "a Bíblia" era composta de muitos livros, tratando-se, portanto, de um termo plural.

A rigor, a Bíblia não é um livro mas uma coleção de livros ou uma "biblioteca". Nesta forma – como uma coletânea de livros, em sua maioria com várias partes, como os cinco livros da Torá (Pentateuco) ou os Quatro Evangelhos – ela foi produzida por um longo tempo e também representada graficamente. Um exemplo é a ilustração do Códice Amiatino, um dos códices bíblicos mais importantes do início da Idade Média (cf. WALLRAFF, 2012, p. 38s., ilustração 9, p. 72).

Nela Esdras pode ser visto diante de um armário, no qual se encontra a Bíblia em nove volumes. Essa ilustração provavelmente inspirou-se no escritório de um mosteiro e seu dirigente.

O fato de um livro (ou um códice) conter toda a Bíblia Judaica ou Cristã tornou-se a forma comum de produção e distribuição somente com a invenção da imprensa. Nos séculos anteriores, ao contrário, a diversidade da Bíblia também era fisicamente perceptível. Isso reflete a complexa história do seu surgimento, que começa com a redação de escritos individuais, que então se tornaram as bíblias Judaica e Cristã em processos diversos, entrelaçados e de influência recíproca. Perceber essa diversidade da Bíblia é deveras importante porque nos torna conscientes de que não estamos lidando com uma coletânea rigorosamente delimitada, mas com uma compilação que varia em tamanho e forma de textos e cujos limites com outros escritos muitas vezes são permeáveis.

---

7. Jerônimo, *Cartas* V 2,4 (CSEL 54,22): *multis sacrae Bibliothecae codicibus abundamus*.

1.2 Bíblia Judaica e Bíblia Cristã

A diferença mais marcante entre bíblias judaicas e cristãs é que as bíblias cristãs consistem em duas partes: "Antigo Testamento", chamado assim somente pelos cristãos, e o "Novo Testamento". As bíblias judaicas, ao contrário, só contêm aqueles escritos que também são encontrados no "Antigo Testamento". As bíblias judaicas, contudo, não são simplesmente idênticas a um "Antigo Testamento" cristão. Uma Bíblia Cristã sem o Novo Testamento ainda não é uma Bíblia Judaica, mas sim apenas um Antigo Testamento. Isso ainda vai ser explicado com mais detalhes.

Bíblias judaicas e cristãs também se diferenciam em sua aparência externa. No judaísmo, desde a Antiguidade, livros bíblicos eram escritos sobre rolos, e esse era o formato de livros que predominou até o terceiro século da era cristã também em outras culturas antigas, como, por exemplo, no Egito, Grécia e Roma. Um rolo continha uma importante parte da Bíblia, por exemplo, a Torá, o livro de um grande profeta literário (como Isaías, p. ex., só o rolo de Isaías de Qumran mede mais de oito metros de comprimento) ou o Livro dos Doze Profetas, que reúne os livros proféticos mais curtos (cf. STERN, 2015; KIM, 2013). Rolos ainda eram fabricados até a Idade Média, mesmo que desde o século IV o formato de códices se impunha cada vez mais forte. Os códices eram feitos de folhas colocadas umas sobre as outras, inicialmente de madeira ou cera, mais tarde de papiro ou pergaminho, que eram amarradas nas extremidades, semelhantes aos livros de hoje, o que possibilitava um manuseio muito mais prático. Isso reservou aos livros em rolos um *status* especial. No judaísmo, isso se mostra até a atualidade pelo fato de no culto sinagogal a leitura da Torá ser feita a partir de rolos.

Os cristãos, ao contrário, empregavam desde o início códices para os seus escritos. É particularmente notório também o fato de a prática cultual de leitura das escrituras de Israel a partir de rolos ser familiar a Jesus e a seus primeiros adeptos, e ainda a Paulo e seus colaboradores, todos eles provenientes do judaísmo. Em Lucas 4,16-20 é descrito como na sinagoga de Nazaré Jesus lê um rolo com o livro do Profeta Isaías: ele é desenrolado antes da leitura, e depois dela enrolado novamente. Independentemente de se tratar ou não de um evento histórico, essa descrição retrata com precisão o emprego de "escritos sagrados" na sinagoga.

O Profeta Esdras, Códice Amiatino, início do século VIII,
de um mosteiro em Nortúmbria.

Manuscritos cristãos, ao contrário, são desde os primeiros testemunhos do século II em diante quase que exclusivamente códices, não rolos[8]. Mui-

---

8. Entretanto, alguns fragmentos de evangelhos apócrifos, por exemplo do Evangelho de Tomé e do Evangelho de Maria, provêm de rolos. Isso provavelmente deriva do *status* pertencente a determinados textos, destinados exclusivamente ao uso privado.

to se tem discutido sobre as possíveis razões para isso. Vários fatores, não mutuamente excludentes, podem ter desempenhado um papel nessa questão. Por exemplo, já em tempos antigos palavras de Jesus ou coletâneas de ditos podem ter sido registradas para preservação e disseminação. Os códices se prestavam bem para estas funções, pois podiam ser transportados com facilidade e leveza. Missionários e apóstolos itinerantes também podem ter levado códices dos evangelhos ou das cartas dos apóstolos consigo em suas viagens missionárias, a fim de usá-los nos lugares onde faziam missão. Outra possibilidade é que as cartas de Paulo ou vários evangelhos deviam ser agrupados em códices para, dessa forma, criar um acervo de escritos, ao qual se pudesse recorrer em reuniões comunitárias dos primeiros cristãos. De qualquer forma, a produção de códices era barata e eles possibilitavam um uso prático em reuniões de comunidade e em viagens missionárias. Há de se considerar também que os códices, como produtos não espetaculares e de bom preço, tinham maior possibilidade de corresponder ao *status* social da maioria dos cristãos e à condição das comunidades cristãs nos primeiros séculos do que rolos de escritos produzidos de forma dispendiosa.

Os escritos cristãos dos primeiros séculos, portanto, diferenciavam-se claramente dos rolos de escritos judaicos mesmo quanto sua aparência externa. Naquela época, os códices eram livros pequenos, com cerca de 15 a 25 centímetros de altura, ou seja, tinham o formato de livros de bolso. Geralmente, eles continham inicialmente um escrito (p. ex., um evangelho ou uma carta) e, posteriormente, também vários escritos, como dois ou mesmo os Quatro Evangelhos ou várias cartas de Paulo. Tais livros eram empregados em cultos cristãos, realizados em casas particulares nos primeiros séculos. Esses livros também podiam ser de propriedade privada e usados para leitura em casa (cf. HARNACK, 1912). A partir do século IV também foram produzidos códices maiores de escritos bíblicos, por vezes elaborados de forma dispendiosa. Exemplares famosos são o Códice Sinaítico e o Códice Vaticano do século IV. Um desenvolvimento semelhante pode ser observado na área não cristã, em que nessa época igualmente surgiram códices esplêndidos com textos, como os de Homero ou Virgílio (cf. WALLRAFF, 2012, p. 44-46).

A impressão de uma Bíblia Cristã como um livro que conteria ao mesmo tempo os escritos de Israel e os textos do cristianismo antigo não se confirmou, portanto, nos tempos iniciais já pela aparência externa desses escritos. Tanto a ideia de um "Novo Testamento" como também a de uma conexão com os escritos de Israel tidos como um "Antigo Testamento" moveram-se inicialmente, sobretudo, no nível dos discursos teológicos, encontrando expressão na produção de livros que continham esses escritos juntos só bem mais tarde.

Os escritos da Bíblia Judaica foram redigidos predominantemente em hebraico, apenas alguns em aramaico[9], ao passo que os escritos redigidos em grego ou apenas preservados em uma tradução grega não são aceitos por ela. Este processo ocorreu numa época de reforma do judaísmo depois da destruição de Jerusalém e do Templo no ano de 70. É verdade que a "Bíblia Judaica", surgida nessa época, tem suas raízes – como também a Bíblia Cristã – em desenvolvimentos que remontam a períodos bem distantes da história de Israel. A forma, porém, que ela recebeu assentimento e normatividade no judaísmo até hoje, só veio a fixar-se por volta do fim do século I da era cristã.

Às vezes, esse processo é associado a um suposto "Sínodo" que teria ocorrido em Jâmnia (Jabne), cerca de 20 quilômetros ao sul da atual Tel Aviv. Heinrich Grätz teorizou a suposta existência deste sínodo em 1871 com base em informações da literatura rabínica[10]. Jâmnia foi de grande importância para a formação do judaísmo rabínico no tempo entre as duas guerras judaico-romanas dos anos de 66-70 e 132-136. Mas certamente não houve nenhum "Sínodo" no qual a abrangência e o texto da Bíblia Hebraica teriam sido definidos. Já o uso desse termo transfere ao judaísmo antigo a forma de assembleias eclesiásticas que lhe são posteriores. A suposição de que num "Sínodo" de judeus teria sido definida uma coletânea normativa de escritos é anacrônica e não faz jus aos complexos processos que levaram à formação da Bíblia Judaica (cf. STEMBERGER, 1990; KRIEG, 2010). Deve-se partir, muito mais, do fato de que no período após o ano fatídico de 70 foram coletadas tradições e escritos pelo judaísmo rabínico, que deveriam formar uma base para a autocompreensão judaica no futuro. Enquanto em relação à Torá e ao corpo dos escritos proféticos havia consenso, em relação aos "*Ketuvim*",

---

9. Os textos em aramaico são principalmente partes dos livros de Daniel e Esdras.
10. Cf. *Mixná* Yadaim 3,5, Megillat Taanit.

os "Escritos", havia necessidade de discussão. Ao mesmo tempo, a Mixná, a fixação por escrito de doutrinas orais de antigos eruditos judeus, desenvolveu uma coletânea própria de interpretações que cedo ultrapassaria a Bíblia em termos de importância prática. Ela, por sua vez, tornou-se objeto de amplas interpretações, contidas na Gemara, a "conclusão" do conteúdo doutrinário. Mixná e Gemara mais tarde formaram o Talmude, o principal objeto de estudo literário no judaísmo antigo, medieval e também contemporâneo.

Outra diferença importante entre bíblias cristãs e judaicas reside no fato de que nas primeiras também foram aceitos escritos não redigidos em língua hebraica ou aramaica ou só disponíveis em tradução. Nas Igrejas ortodoxas e na Igreja Católica Romana estes detêm o *status* de escritos canônicos ou deuterocanônicos; já nas Igrejas da reforma eles valem apenas como "apócrifos"[11]. Trata-se dos Livros de Judite, Sabedoria, Tobias, Sirácida, Baruc, 1º e 2º livros de Macabeus, acréscimos aos Livros de Daniel e Ester, bem como a Oração de Manassés[12]. Eles provêm do judaísmo da época do segundo Templo, mas depois do ano de 70 só foram transmitidos adiante no cristianismo, pois no judaísmo rabínico não eram considerados do mesmo valor que os textos hebraicos, dada sua condição de documentos em língua grega. Seu *status* peculiar nas Igrejas reformadas se explica pelo fato de os reformadores pretenderem retornar da predominância da tradução latina (da Vulgata) para as línguas originais da Bíblia – hebraico para o Antigo, grego para o Novo Testamento –, traduzindo os textos diretamente dessas línguas. Com isso eles seguiram o impulso humanístico de basear a leitura dos escritos antigos sobre os testemunhos originais, e não confiar em traduções posteriores. Antes da Reforma, porém, esses escritos pertenciam à Bíblia dentro de todas as Igrejas cristãs, sem que fossem diferenciados de outros. Eles estão contidos na Vulgata, que por sua vez se orienta na Septuaginta, que contém os escritos hebraicos e aramaicos em tradução grega, bem como os escritos acima citados, para os quais nenhum texto hebraico ou aramaico era co-

---

[11]. A conhecida formulação de Lutero a esse respeito, que introduz uma parte separada na edição da Bíblia de 1534, diz: "Apócrifos. Esses são livros: não com o mesmo valor que as Sagradas Escrituras: mas úteis e bons para ler".

[12]. Esta lista é fornecida na Bíblia de Lutero. A extensão exata dos "apócrifos" pode variar nas várias tradições eclesiásticas e nem sempre foi uniforme entre as edições bíblicas luteranas e reformadas. Sobre isso, cf. as contribuições de Meurer (1993).

nhecido[13]. É notável que esses livros também faltem em listas dos livros do "Antigo Testamento" em alguns teólogos cristãos antigos que, por conseguinte, igualmente se orientaram pelos escritos com base hebraica (cf. a seguir, sobre "Tanak", "Antigo Testamento", e "Novo Testamento"). O *status* desses escritos aparentemente já não estava claro no cristianismo antigo, o que igualmente pode ter contribuído para a decisão reformada[14].

Finalmente, as bíblias Judaica e Cristã também diferem na disposição dos livros, sendo que a variabilidade das bíblias cristãs é maior do que a encontrada nas judaicas. Em termos de tamanho e disposição, bíblias judaicas são comparativamente estáveis, sobretudo desde a introdução da impressão de livros (cf. BECKWITH, 1985; BRANDT, 2001).

Existem, claro, algumas diferenças entre os vários manuscritos da Bíblia, mas certos arranjos padronizados se impuseram. No início de uma Bíblia encontra-se sempre a Torá, que é o Pentateuco (ou seja, os cinco livros de Moisés). Na Bíblia Judaica segue-se a isso uma parte *"Neviim"* ("Profetas"), que contém os livros históricos de Josué a 2Reis como "Profetas anteriores", e Isaías, Jeremias, Ezequiel e o Livro dos Doze Profetas como "Profetas posteriores". A terceira parte é chamada de *"Ketuvim"* ("Escritos") e contém também o Livro de Daniel, bem como os cinco *"Megillot"* ("Rolos"), atribuídos a festas judaicas: os livros de Rute, Cântico dos Cânticos, Eclesiastes, Lamentações e Ester. Embora existam diferentes arranjos na área dos *Ketuvim*, impôs-se igualmente aqui desde o século XVI uma sequência, da qual praticamente não há mais desvios. No fim das bíblias judaicas estão geralmente os livros de Esdras e Neemias, bem como os dois livros de Crônicas.

Um "Antigo Testamento" cristão apresenta, contudo, uma disposição diferente. O Pentateuco é seguido pelos livros de história, aos quais também pertencem os livros de Crônicas, dois livros de Esdras (que

---

13. Essa situação, contudo, mudou devido aos achados dos escritos do Mar Morto desde 1947. Em Qumran e Massada foram encontrados fragmentos em hebraico e aramaico dos livros de Sirácida e Tobias, de modo que desses livros agora também se encontram partes do texto nessas línguas.

14. Essa limitação dos escritos do Antigo Testamento aos livros hebraicos, já presente entre antigos teólogos cristãos, pode ter sido transmitida aos reformadores por meio de Jerônimo. Em seus prólogos aos livros de Salomão e à tradução dos livros de Samuel e Reis, ele observa que os livros que não constam entre aqueles que ele traduz do hebraico para o latim – a saber, os livros de Sabedoria, Sirácida, Judite, Tobias e os livros de Macabeus – devem ser considerados como "apócrifos", e não valem como "livros canônicos".

correspondem aos livros hebraicos de Esdras e Neemias), bem como outros livros de conteúdo histórico, a saber, Rute, Judite, Tobias e os livros de Macabeus. Depois disso, segue-se uma parte com escritos de cunho sapiencial: os Salmos, seguidos das "Odes" (uma compilação de hinos do Antigo e Novo testamentos), do Livro dos Provérbios, de Jó, do Livro da Sabedoria e Sirácida). No fim se encontram os livros proféticos, entre os quais também é contado Daniel (com adendos transmitidos somente em grego).

É possível que tal disposição já remonte à tradição greco-judaica em Alexandria[15]. Nesse caso, os bibliotecários de lá teriam introduzido nos livros bíblicos uma estrutura de ordem baseada em gêneros literários. Esse arranjo, entretanto, também pode ser de origem cristã, sendo que a colocação dos Profetas ao final estaria condicionada pela perspectiva cristã sobre os escritos de Israel, em que o Antigo Testamento e o Novo Testamento podem ser compreendidos como profecia e cumprimento. Essa disposição está documentada no Códice Vaticano, um dos primeiros códices bíblicos do século IV, enquanto o Códice Sinaítico e o Códice Alexandrino colocam escritos sapienciais no fim do Antigo Testamento. A sequência com os Profetas na parte final também é encontrada nos antigos teólogos cristãos Atanásio e Cirilo de Jerusalém.

Uma Bíblia Judaica, portanto, tem uma aparência diferente de um "Antigo Testamento" cristão. Por isso também seria pouco diferenciada a afirmação de que o judaísmo e o cristianismo estariam ligados entre si pela referência ao "Antigo Testamento". A linguagem, a compilação e o arranjo dos escritos de Israel expressam, cada qual, uma perspectiva própria sobre eles. Nesse processo, cristãos se uniram às traduções dos escritos de Israel para o grego e deram continuidade às interpretações que o judaísmo tinha dado. No judaísmo, ao contrário, os escritos gregos não continuaram a ser transmitidos, tornando-se apenas os escritos hebraicos no arranjo acima mencionado a base de sua autocompreensão.

Apesar de todas as diferenças, judaísmo e cristianismo compartilham as convicções expressas nos escritos normativos. Isso inclui, por exemplo,

---

15. Sobre a discussão, cf. Joosten (2016). Os dados apresentados pelo Livro de Sirácida, que são importantes para o antigo judaísmo de língua grega em Alexandria, são ambivalentes. O prólogo reflete a estrutura emergente da Bíblia judaica (Lei, Profetas, outros escritos), enquanto o próprio livro parece pressupor a ordem Lei, Sabedoria, Profetas (Sirácida 39,1).

a crença no Deus de Israel como o Criador do céu e da terra; a convicção da eleição de Israel e da orientação de Deus sobre esse povo ao longo da história; a visão de Deus como pessoa, a quem podemos nos dirigir em oração, invocar em situação de necessidade, e esperar consolo e ajuda, mas a quem também se pode reclamar do próprio sofrimento e com quem se pode disputar; um feriado semanal, dedicado ao descanso e adoração; fórmulas litúrgicas e orações. Essas semelhanças são expressas, por exemplo, no fato de judeus e cristãos se voltarem para Deus com os Salmos de Israel, se reportarem às profecias dos profetas de Israel – mesmo que com entendimentos diferentes –, e considerarem a história de Israel como área de interpretação de sua própria história. Por fim, também a concepção de uma segunda figura divina, designada de "Filho do Homem", "Filho do Altíssimo" ou "Primogênito antes de toda a criação" foi desenvolvida nos inícios do judaísmo (cf. SCHÄFER, 2017). Com isso surge uma importante analogia com a maneira cristã antiga de falar sobre Jesus Cristo, que, vinculando-se a isso, pôde desenvolver a relação entre Deus e Jesus Cristo sobre esse fundamento.

Semelhantemente ao Antigo Testamento, também no Novo Testamento se formaram grupos de escritos que posteriormente foram reunidos nos códices bíblicos dos séculos IV e V (cf. cap. 6). A compilação dos Quatro Evangelhos surgiu no decorrer do século II. Nesse processo, eles foram delimitados de outros evangelhos, denominados "apócrifos". A compilação das cartas de Paulo começou igualmente no século II, possivelmente até já no fim do século I. Essa coletânea, que por fim veio a incorporar o Novo Testamento, compreende quatorze cartas, entre as quais as "autênticas", ou seja, escritas pelo próprio Paulo, como também cartas mais tarde escritas em seu nome, a exemplo da Carta aos Hebreus. A compilação das "cartas católicas" tem uma história um pouco diferente. Elas só foram reunidas um pouco mais tarde, e então juntadas com os Atos dos Apóstolos como testemunho dos apóstolos aos assim denominados *Praxapostolos*". Finalmente, segue-se ainda o Apocalipse de João.

Diferenças entre as bíblias cristãs resultam principalmente da existência de diferentes confissões e áreas de linguagem. No entanto, não é difícil identificar uma Bíblia Cristã como tal. Deve consistir de um Antigo e um Novo testamentos, com o Antigo Testamento contendo, em regra, pelo menos 39 escritos e o Novo Testamento, 27. A contagem desses escritos pode, no entanto, diferir, uma vez que em algumas bíblias vários livros são combinados em unidades maiores, como os livros dos chamados doze "Pequenos profetas" do Antigo Testamento, que formam *um* único livro e podem ser contados como tal, ou mesmo os Quatro Evangelhos que aparecem juntos. Essas distinções ocorrem principalmente devido a diferenças entre as Igrejas orientais e ocidentais. Nas Igrejas ocidentais, os "apócrifos" ou "escritos deuterocanônicos" do Antigo Testamento mencionados acima também podem estar incluídos. Nas Igrejas orientais, o cânone dos escritos bíblicos podia parecer diferente do das Igrejas ocidentais até o fim da Antiguidade. O Novo Testamento sírio, a título de exemplo, continha até o século V o chamado *"Diatessaron"* em lugar dos Quatro Evangelhos, uma obra composta por Taciano no século II, unindo os quatro textos em uma única narrativa; além disso, ainda os Atos dos Apóstolos e as epístolas de Paulo. O cânone bíblico etíope conhece até 81 livros, incluindo alguns contados entre os "apócrifos" na tradição ocidental. Nestes livros, o número encontra-se claramente delineado, mas não a seleção.

Textos bíblicos são encontrados não apenas em compilações de diferentes tamanhos e arranjos diversos, mas foram também produzidos e empregados de diferentes maneiras: como escritos individuais, como rolos com a Torá, os livros dos profetas ou os salmos, como códices com os evangelhos ou as cartas paulinas, como amuletos ou códices em miniatura. Uma Bíblia Judaica do século I a.C. parecia diferente de uma Bíblia de época posterior. Não é possível traçar uma linha divisória nítida entre textos bíblicos e não bíblicos para os primeiros tempos do cristianismo – nem para os tempos posteriores. A autorização e a "aprovação canônica" de textos bíblicos foi, muito mais, um processo em que determinados escritos se comprovaram como fundamentais para o judaísmo e cristianismo, enquanto outros não foram considerados indispensáveis. Mas, dentre esses últimos, alguns se revestiram de importância para a leitura privada e para a piedade. Quais fatores levaram a essas distinções e o que isso representa para "a Bíblia" em relação a outros textos – aos escritos "apócrifos", "pseudepígrafos" ou "deuterocanônicos" – ainda terá que ser inquirido de forma mais precisa.

1.3 "Tanak", "Antigo Testamento" e "Novo Testamento"

No judaísmo não existe um termo rigidamente estabelecido para a Bíblia. Os escritos hebraicos podem ser simplesmente chamados de "Bíblia", e às vezes a designação "Bíblia Judaica" é usada para diferenciá-la da Bíblia Cristã. No hebraico também as designações de *miqra* ("Escritura") ou *kitve haqodesch* ("Escrituras sagradas") são usuais[16]. De acordo com a subdivisão tripartite de *Torá* ("Lei"), *Neviim* ("Profetas") e *Ketuvim* ("Escritos"), a Bíblia Hebraica também pode ser designada de "Tanak"[17]. Esse acrônimo, entretanto, só é atestado na Idade Média.

As designações de "Antigo Testamento" e "Novo Testamento" para as duas partes da Bíblia Cristã surgiram apenas gradualmente. Nesse processo o ponto de partida é o termo grego *diathéke*. Com ele, na maioria dos casos, a Septuaginta traduz o hebraico b^e*rit*, que designa a aliança firmada por Deus com Israel que representa o ser humano. O Novo Testamento junta-se a esse uso linguístico, como pode ser depreendido das passagens em que o termo designa as alianças de Deus com Israel[18]. Trata-se da designação da relação entre Deus e o seu povo, determinada em termos de conteúdo pela Torá como mandato divino. O significado mais amplo de "testamento, contrato" pode ser reconhecido na Carta aos Gálatas. Nela Paulo descreve a promessa de Deus a Abraão, cumprida em Cristo, com a imagem de quem faz um testamento, cujo compromisso (*diathéke*) permanece em vigor até ser cumprido. É com esse pano de fundo que também deve ser entendida a contraposição entre velha e nova alianças. Sua base pode ser apreendida de Paulo no terceiro capítulo da 2ª Carta aos Coríntios. Nesse trecho Paulo contrapõe seu próprio serviço para Cristo àquele de Moisés, acentuando ter o "serviço da nova aliança" como "serviço do Espírito" glória maior do que aquele gravado em "tábuas de pedra" como "serviço da morte": "Nossa capacitação vem de Deus, que também nos capacitou para sermos servidores da nova aliança, não da letra, mas do Espírito; pois a letra mata, mas o espírito vivifica" (2Coríntios 3,5s.).

---

16. Outras designações, cf. Leiman (1991).
17. Sobre o termo *Tanak*, cf. Ilan (2012).
18. Romanos 9,4; 11,27; Atos dos Apóstolos 3,25; 7,8.

No mesmo contexto, Paulo fala da "leitura da antiga aliança", sobre o fato de "Moisés ser lido". Aí ele se refere claramente à prática da leitura da Torá no culto sinagogal: "Pois até o dia de hoje o mesmo véu permanece na leitura da antiga aliança, e ele não é removido, porque (só) é removido em Cristo. Mas, até hoje, sempre que Moisés é lido, um véu cobre o seu coração" (2Coríntios 3,14s.).

Aqui, num contexto polêmico, Paulo contrasta velha e nova alianças[19]. A antiga aliança é representada pela Torá, para a qual "Moisés" é citado metonimicamente. Um contraste igualmente polêmico de duas alianças se encontra na Carta aos Gálatas (Gálatas 4,21-31). Aqui Paulo interpreta os dois filhos de Abraão como duas "alianças", das quais uma conduz à liberdade, e a outra, à escravidão.

A "nova aliança" (*kainé diathéke*) também é mencionada na tradição da Ceia em Paulo e Lucas. Ambos designam o cálice da Ceia como "cálice da nova aliança" (1Coríntios 11,25; Lucas 22,20). Dessa forma é caracterizada a aliança entre Deus e os seres humanos, firmada através do sangue de Jesus, que na celebração dessa Ceia é tornada presente. Nesse contexto, o discurso da "nova aliança" faz referência a Jeremias 31,31 (na Septuaginta: 38,31), onde se lê: "Eis que virão dias, oráculo de YHWH[20], em que firmarei uma aliança com a casa de Israel e a casa de Judá".

Esta nova aliança é contrastada a seguir com aquela que Deus firmou com os "pais" quando os tirou do Egito. A nova aliança será caracterizada pelo fato de Deus dar suas leis na mente das pessoas e as escrever em seus corações.

A nova aliança mencionada na Ceia, simbolizada pelo cálice, faz parte desta tradição. Com o "sangue" de Jesus Cristo ao mesmo tempo é feito referência à concepção de uma aliança selada com sangue, testemunhada por Êxodo 24,8.

Estes dois textos também influenciam a Carta aos Hebreus, que igualmente fala de "nova aliança". O texto de Jeremias 31,1-34 (na

---

19. Sobre esse assunto, cf. tb. o cap. 6.
20. YHWH é o nome veterotestamentário de Deus, que provavelmente era pronunciado como "Jahwe", como se pode deduzir com base em transcrições antigas para o grego. Em publicações científicas alemãs essa grafia consonantal se consolidou, por um lado, porque a pronúncia não é totalmente segura, e por outro, em respeito à tradição judaica de não pronunciar o nome de Deus.

Septuaginta, da qual a Carta aos Hebreus cita, é o cap. 38,31-34) é citado exaustivamente em Hebreus 8,8b-12 e interpretado no sentido de que Deus, com o anúncio de uma nova aliança, teria declarado a atual como "velha" e, com isso, fadada ao rápido desaparecimento (Hebreus 8,13). Ao lado disso também se encontra a concepção do "sangue da aliança", de Êxodo 24,8: "Este é o sangue da aliança que YHWH decretou para vós".

Este versículo, que no livro do Êxodo se refere ao selamento da aliança entre Deus e Israel através do sangue de novilhos sacrificados, é citado em Hebreus 9,20 e relacionado com o sangue de Jesus Cristo, como aquele sangue que remove os pecados uma vez por todas, trazendo com isso uma nova ordem. É por isso que ele pode ser designado de "mediador de uma nova aliança" (Hebreus 9,15).

Assim sendo, quando o Novo Testamento fala da velha e da nova alianças não se trata de dois "livros" que são justapostos, mas de duas ordens. A fala sobre uma "nova aliança" ou um "novo testamento" – *testamentum* é a tradução latina de *diathéke* – retoma o anúncio já encontrado em textos judaico-israelenses de uma "nova aliança" e o relaciona com a ação de Deus por meio de Jesus Cristo. Seu sangue pode ser interpretado nesse contexto como "sangue da aliança", ou seja, como sangue que sela a nova aliança.

O tema da aliança também desempenha um papel importante na assim denominada Carta de Barnabé, um tratado teológico surgido por volta do ano de 130. O conteúdo essencial deste escrito é a exposição da aliança de Deus, chegada ao seu cumprimento por meio de Jesus Cristo. Mas, para tanto, a Carta de Barnabé não emprega a linguagem da velha e nova alianças, mas refere-se uma vez à "nova lei de nosso Senhor Jesus Cristo", que não exige holocaustos nem sacrifícios de abate, mas um coração que presta louvores a Deus[21]. De forma polêmica o autor expõe então que, por ter se voltado aos ídolos, Israel perdeu a aliança, e que por isso Moisés teria quebrado as tábuas da aliança, a fim de que a aliança "do amado Jesus fosse selada em nossos corações"[22]. Consequentemente,

---

21. Barnabé 2,4-10.
22. Barnabé 4,8.

os cristãos seriam os herdeiros da aliança, da qual os israelitas não se mostraram dignos[23].

A justaposição de uma antiga e de uma nova aliança pode ser encontrada também em Justino, um teólogo cristão antigo da primeira metade do século II, bem como em Ireneu, que escreveu sua grande obra *Contra as heresias* (*Adversus Haereses*) por volta de 180[24]. Em ambos – como também nos escritos neotestamentários – as duas alianças designam a ação de Deus em Israel e por Jesus Cristo, sendo que, ligado a isso e com recurso a diversas passagens da Escritura, o evangelho de Jesus Cristo é designado de "nova aliança", a que ocupou o lugar da antiga, mas que, simultaneamente, foi firmada pelo mesmo Deus. Aqui, porém, o termo ainda não é empregado como designação para coletâneas de escritos.

A designação de "Antigo Testamento" (ou "Antiga Aliança") para a primeira parte da Bíblia Cristã é encontrada pela primeira vez em uma carta de Melito. Melito foi bispo na cidade de Sardes, na Ásia Menor, e a referida carta data mais ou menos do ano de 170 e é citada por Eusébio em sua *História Eclesiástica*[25]. Ela contém uma lista dos "Livros do Antigo Testamento" (respectivamente da "Antiga Aliança"), que em grande parte coincide com aquela testemunhada um pouco mais tarde também por Orígenes, Cirilo de Jerusalém e Atanásio[26]: cinco livros de Moisés, Josué, Juízes, Rute, quatro livros de Reis (1-2 Samuel e 1-2 Reis), dois livros de Crônicas, Salmos de Davi, Provérbios de Salomão (ou Sabedoria), Eclesiastes, Cântico dos Cânticos, Jó, Isaías, Jeremias, Livro dos Doze Profetas, Daniel, Ezequiel, Esdras. Neemias não é mencionado à parte, pois presumivelmente era considerado *um* só livro junto com Esdras, o que ainda era o caso na tradição hebraica até os inícios da Idade Média[27]. O Livro de Ester igualmente não se encontra mencionado; ele também falta em listas do século IV, como as de Atanásio e Gregório de Nissa. Assim sendo, a listagem em Melito, como também aquelas em

---

23. Barnabé 6,19; 13,1; 14,4.
24. Justino, *Diálogo* 11,3s.; 24,1; 34,1; 43,1; 67,9; Ireneu, *Contra as heresias* 4,9,1.
25. Eusébio, *História Eclesiástica* 4,26, 13s.
26. Cf. tb. o tratado Baba Batra da Mixná 14b-15a.
27. Isso pode ser percebido pelo fato de a chamada massorá final, que, entre outras coisas, informa sobre o número dos versículos do livro anterior, estar faltando no fim do Livro de Esdras, aparecendo somente no fim de Neemias.

outros teólogos cristãos, só contém livros com base hebraica, enquanto os escritos "apócrifos", respectivamente "deuterocanônicos", não são mencionados[28]. Isso por vezes é fundamentado com a referência aos 22 livros que corresponderiam às 22 letras do alfabeto hebraico[29]. A mesma tradição também é encontrada em escritos judaicos[30].

Da carta de Melito, ainda não é possível reconhecer nenhum uso estabelecido de linguagem para o "Antigo Testamento" e também nenhuma colocação lado a lado de "Antigo Testamento" e "Novo Testamento" como dois livros. A formulação de "livros da antiga aliança", empregada por Melito, deve ser entendida, antes, de tal maneira que a "antiga aliança" de Deus com Israel encontra-se representada por meio dos escritos citados, mas não a ponto de esses próprios escritos levarem o nome de "aliança" ou "testamento". A expressão "livros da nova aliança" não se encontra em Melito, o que pode advir do fato de na referida carta ele atender ao pedido do seu amigo Onésimo para saber com exatidão o número e a ordem dos livros da antiga aliança.

A expressão "Novo Testamento" como designação para os livros que representam a nova aliança em termos de conteúdo encontra-se em Clemente de Alexandria[31] e Orígenes[32], ou seja, por volta do fim do século II e no primeiro terço do século III (cf. CAMPENHAUSEN, 1968, p. 308s.). Uma tese que também foi defendida é a de que a designação já poderia ser associada com Marcião, ou seja, com o tempo por volta de 140 (cf. KINZIG, 1994). E já que a obra de Marcião não foi conservada, isso também só poderia ser depreendido indiretamente da disputa crítica de Tertuliano com Marcião do início do século III (cf. MARKSCHIES, 2012, p. 23s.).

Mesmo que se seguisse essa suposição, o emprego por Marcião não configuraria nenhuma evidência para a designação de "Novo Testamento" no sentido de uma coletânea de escritos normativa para a Igreja. Marcião havia reunido uma coletânea própria de uma forma específica

---

28. A exclusividade dos livros com base hebraica encontra-se em Melito, e também em Orígenes, Eusébio, Atanásio, Cirilo de Jerusalém e Epifânio.
29. Assim como em Orígenes, Atanásio e Cirilo.
30. Josefo e 4Esdras também se referem a 22 ou 24 livros, por volta do fim do século I d.C.
31. Cf. Clemente de Alexandria, *Tapetes* I,5,28; II,29,2; V,13,85.
32. *Comentário sobre o Evangelho de João* 10,28; *Das Doutrinas principais* 4,1,1.

do Evangelho de Lucas com cartas de Paulo por ele retrabalhadas, mas que foi veementemente rejeitada por teólogos cristãos[33]. Se ele a chamou "Novo Testamento", isso não poderia ser entendido no sentido de designação de "Antigo Testamento" e "Novo Testamento" como partes da Bíblia Cristã, pela simples razão de Marcião ter rejeitado totalmente o "Antigo Testamento", compilando uma forma bem própria de "Novo Testamento". Marcião, portanto, não desempenha nenhum importante papel para a pergunta pela origem e história das designações atribuídas às partes da Bíblia Cristã.

No fim do século II, as designações de "Antigo Testamento" e "Novo Testamento" para duas alianças passaram a fazer parte das coletâneas de escritos que as representavam. Esse processo pode ser reconhecido pela justaposição do emprego em Ireneu, que com isso designa as alianças, e Clemente, respectivamente Orígenes, que também as relacionam com escritos. Em Tertuliano ainda se encontra no espaço linguístico do latim tanto *testamentum* quanto *instrumentum* como tradução para *diathéke*, embora mais tarde o primeiro termo tenha prevalecido. Nesse processo, em comparação com o uso anterior, por um lado o emprego negativo, respectivamente polêmico, da fala de "antiga aliança", atestado em Paulo, na Carta aos Hebreus e na Carta de Barnabé acaba se modificando e, por outro, os conceitos empregados passam a designar agora expressamente *livros*, fazendo com que os significados de "aliança" ou "testamento" passem a segundo plano.

A partir desse emprego, as designações de "Antigo Testamento" e "Novo Testamento" acabaram por naturalizar-se para ambas as partes da Bíblia Cristã. Foi só no fim do século XX que se levantaram vozes contrárias à designação de "Antigo Testamento" para a Bíblia Hebraica, uma vez que o adjetivo "antigo" seria discriminatório. Em vez disso, sugeriu-se falar de "Primeiro Testamento" (cf. ZENGER et al., 2016, p. 15-17; SANDERS, 2017). Essa sugestão, porém, não conseguiu se impor. Em primeiro lugar, ela contraria uma tradição de longa data; em segundo, ela não faz jus à lógica antiga de que o melhor seria o novo, não o antigo; em terceiro, a justaposição de Antigo/Novo – independentemente do discur-

---

[33]. Voltaremos a nos referir a Marcião no cap. 6, no contexto do surgimento do Novo Testamento.

so polêmico e avaliativo acima mencionado sobre antiga e nova aliança em Paulo e na Carta aos Hebreus – não foi entendida em sentido depreciativo no surgimento da Bíblia Cristã. Isso pode ser depreendido do fato de, na história do cristianismo, Antigo e Novo testamentos sempre terem sido compreendidos e interpretados como testemunhas da ação salvífica de Deus. A expressão "Primeiro Testamento" constitui por essa razão um neologismo desnecessário, o que também implicaria a renomeação do "Novo Testamento" em "Segundo Testamento". Isso, porém, seria histórica e teologicamente extremamente questionável e enganoso. Em discussões atuais, termos como "Bíblia Hebraica", "Bíblia Judaica" ou "Antigo Testamento" podem ser usados de maneira diferenciada, de modo a ficar claro em que sentido as pessoas costumam referir-se às coletâneas de escritos de Israel e do judaísmo: como grandeza literária, como Sagrada Escritura do judaísmo ou do cristianismo.

1.4 Estruturações do texto bíblico

Bíblias judaicas e cristãs são coletâneas de livros. Nos códices bíblicos em regra os diferentes livros iniciam em uma nova página. Em rolos, geralmente cada rolo possui um só livro. Em rolos com vários livros, a exemplo dos rolos da Torá ou dos rolos dos Livros dos Doze profetas, a antiga situação em relação aos arranjos textuais muitas vezes é de difícil avaliação devido ao estado fragmentário de preservação, mas pode-se supor que livros novos sempre começavam com novas colunas. Em bíblias judaicas geralmente os livros eram concluídos com uma assim denominada massorá final, que fornecia informações sobre estatísticas de palavras, como por exemplo, o número de versículos em um livro, o versículo do meio, a palavra do meio ou a letra do meio de cada livro. Isso era especialmente importante para fins de controle: era a forma, pela qual podia ser descoberto se um copista não havia esquecido nada.

Curiosamente em antigos códices com bíblias cristãs completas não se encontra nenhuma marcação especial que sinalize o início do Novo Testamento. O Evangelho de Mateus inicia depois do último livro do Antigo Testamento (que, dependendo do códice, pode ser diferente), sem que isso estivesse marcado por um ponto de inflexão especial. Em termos técnico-literários, nem a Bíblia de Zurique de 1531 contém um ponto de inflexão marcante. O Novo Testamento ali nem sequer inicia com uma nova página. Mesmo que após o Livro de Malaquias haja um título, *"Das neüw Testament"* (O Novo Testamento), ele, não obstante, encontra-se escrito com o mesmo tamanho dos demais títulos; já o título *"Das Evangelion Sanc Matthes"* (O Evangelho de São Mateus) está com uma escrita excepcionalmente menor. Em edições modernas da Bíblia, ao contrário, a distinção entre Antigo e Novo testamentos é marcada com maior clareza, em regra por meio de uma ou mais páginas em branco depois do Antigo Testamento e de um título intermediário.

Um importante auxílio para orientação dentro dos livros bíblicos é a divisão em capítulos e versículos. Uma divisão e numeração de capítulos foi introduzida no ano de 1205 pelo arcebispo inglês Stephen Langton, e a numeração de versículos, pelo impressor francês Robert Estienne (Stephanus) no ano de 1551 em uma edição greco-latina do Novo Testamento. Depreende-se disso que as bíblias da época da Reforma ainda desconheciam a contagem de versículos. O sistema de contagem dos capítulos e versículos difere entre edições individuais da Bíblia. É, sobretudo, na área anglo-saxônica, que as contagens de certos livros e partes de livros no Antigo Testamento diferem mais umas das outras (p. ex., no fim dos livros de Joel ou Malaquias). No entanto, a primeira versão eclesiasticamente revisada da Bíblia de Lutero de 1892 e a Bíblia de Zurique na versão de 1931 ainda difeririam das contagens atuais. As contagens atualmente empregadas em bíblias alemães no Antigo Testamento baseiam-se no esforço para levar em consideração a presumida contagem hebraica original. Este sistema, contudo, não remonta a mais do que uma Bíblia Hebraica impressa por Joseph Athias em 1667. As bíblias rabínicas do século XVI ainda não o conheciam (cf. HAUG, 2001). Seu sistema de estruturação textual mais importante foi a subdivisão do texto em seções, que eram marcadas com caracteres tipográficos de conclusão (chamados de alíneas), como também em versículos, cujos finais eram marcados com o *Sof pasuq* e o *Silluq*. O *Sof pasuq* tem a forma de dois-pontos, o *Silluq* é um pequeno traço vertical abaixo da última sílaba tônica de um versículo. *Sof pasuq* e *Silluq* foram introduzidos pelos massoretas, os escribas "transmissores" da Bíblia no fim da Antiguidade, os quais proveram de sinais vocálicos o texto bíblico com sua escrita consonantal hebraica antiga entre os séculos V e VIII, comentando-o com o recurso da estatística de palavras.

Já que para a Bíblia Hebraica faltam testemunhos textuais da época bíblica, a estruturação textual dos textos bíblicos só pode ser deduzida indiretamente. Os melhores pontos de referência são oferecidos pelos rolos de escritos do Mar Morto, em especial pelo grande rolo de Isaías. Nele se encontram diversos elementos de estruturas textuais: linhas em branco, finais de linhas livres, recuos da primeira palavra no início da linha de um novo parágrafo, espaços (ou seja, espaços maiores dentro de uma linha), mas também diversos sinais especiais, escritos na borda do rolo[34].

Para o período da presumida origem dos textos hebraicos da Bíblia, pode-se supor que eles não foram ou pelo menos não foram exclusivamente escritos em *scriptio continua*, uma grafia sem separação de palavras. Nos rolos de escritos do Mar Morto pode-se reconhecer claramente que as palavras se encontram separadas umas das outras por espaços intercalados.

Em contraste, a evidência epigráfica do período pré-exílico (séculos X a VI a.C.) – devido à predominância do aramaico, praticamente não foram conservadas inscrições hebraicas do período pós-exílico – mostra um quadro heterogêneo. Certos óstracos, como os de Lachisch ou Arad, alinham as letras de um texto sem espaços intercalados ou separadores de palavras. Outros, como o óstraco de Meṣad Ḥašavyahu (WEIPPERT, 2010, p. 370-372), apresentam pontos que separam algumas, mas não todas, as palavras umas das outras. Ao que tudo indica, essa colocação de pontuação não era uma convenção obrigatória.

Os textos do Novo Testamento, ao contrário, foram escritos em *scriptio continua* nos primeiros séculos, ou seja, sem separações de palavras, sinais de pontuação ou outras classificações. Eles consistiam exclusivamente dos assim denominados maiúsculos, ou seja, somente em letras maiúsculas. Essa grafia encontra-se em muitos manuscritos da Antiguidade grega e latina, e perdurou até a Idade Média. Tudo isso não é, pois, uma peculiaridade de manuscritos bíblicos. Manuscritos antigos conhecem, por certo, auxílios de leitura, por exemplo em coletâneas de sentenças ou em diálogos de dramas (*paragraphoi*), também separações de palavras e sílabas, bem como marcações finais de parágrafos individuais

---

[34]. Num extenso estudo, Steck (1998) tentou averiguar o significado da estrutura de texto concreta do rolo de Isaías. Cf. tb. Korpel e Oesch (2000). Mesmo que tais resultados permaneçam necessariamente hipotéticos, a vontade de organização é claramente reconhecível como tal.

ou de toda uma obra (*coronides*). Em manuscritos bíblicos, porém, não se encontram tais auxílios de compreensão e leitura.

Essa grafia poderia facilmente levar a erros de compreensão e leitura se não estivesse claro onde uma palavra deveria ser separada da seguinte[35]. Os arranjos dos manuscritos que facilitavam a sua leitura, como a separação de palavras ou acentuação, só conseguiram se impor gradualmente. Uma estruturação por perícopes – uma técnica adotada em livros –, ou seja, por unidades textuais de sentido, que estejam tipograficamente separadas como tais umas das outras, pode ser demonstrada a partir do século VIII (ALAND; ALAND, 1989, p. 175).

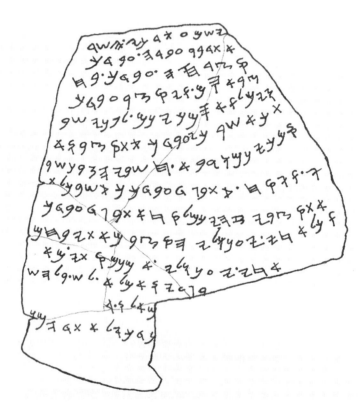

Ostrakon de Mᵉşad Ḥašavyahu, século VII a.C.

Desde o século IX os escritos maiúsculos foram substituídos pelos manuscritos, que eram escritos em letras pequenas, ou seja, "minúscu-

---

35. Exemplos podem ser encontrados em Aland e Aland (1989, p. 286-288).

las". Com a grafia minúscula foi introduzida também, em contraste com a prática antecessora de *scriptio continua*, a separação de sílabas e de palavras. Isso, contudo, não ocorreu de forma sistemática e podia variar de acordo com a vontade do escritor. As separações de palavras podem ser tanto mais constatadas quanto mais recentes forem os manuscritos. Essa prática permaneceu em uso até a invenção da arte de imprimir livros no século XV. A impressão de livros, entretanto, não acabou com a tradição manuscrita. Existem inúmeros manuscritos dos séculos XV e XVI e até mesmo de um período posterior, mas os manuscritos foram adaptados aos tipos de livros impressos (ALAND; ALAND, 1989, p. 89)[36].

Papiro 66 (Papyrus Bodmer II) com o início do Evangelho de João, por volta de 200 d.C.

---

36. Agradecemos a Holger Strutwolf (Münster) por esses esclarecimentos.

1.5 A transmissão do texto bíblico

Quando abrimos uma Bíblia – judaica ou cristã – temos diante de nós uma tradução de textos que, desde que foram redigidos em hebraico ou aramaico e grego, constantemente foram recopiados e, dessa forma, transmitidos através da Antiguidade e Idade Média. A mais antiga Bíblia em língua alemã é uma tradução surgida em Zurique por volta de 1300 a 1320 d.C., providenciada provavelmente pelo dominicano Marchwart Biberli (cf. SCHENKER et al., 2016). Ela estava fundamentada sobre o texto latino da Vulgata. Também foi desse modo na Bíblia-Mentelin de 1466, a primeira Bíblia alemã impressa. Foi só no século XVI que se iniciou a traduzir a Bíblia a partir daquelas línguas nas quais os textos haviam sido redigidos originalmente. Como, porém, os textos bíblicos foram transmitidos até aquela data?

Até o início do século XX, as traduções modernas da Bíblia Hebraica, ou do Antigo Testamento, que se reportam ao texto hebraico original, baseavam-se no texto da assim denominada "Segunda Bíblia dos Rabinos", surgida em 1524-1525, preparada por Jacó ben Chajim e impressa por Daniel Bomberg em Veneza. Esse texto foi usado para as duas primeiras edições da publicação científica da Bíblia Hebraica (1906, 1913). Só com a terceira edição, providenciada por Rudolf Kittel e surgida entre 1929-1937, foi escolhido o Códice Leningradense como texto-base. Trata-se, nesse caso, do manuscrito completo mais antigo da Bíblia Hebraica, do ano de 1008. Desde 1991 o Códice Leningradense é também denominado novamente de Códice Petropolitano, ou – de acordo com o seu número de biblioteca em São Petersburgo – simplesmente de Códice B 19 A. Nele se baseia a maioria das modernas edições científicas da Bíblia Hebraica, como a Bíblia Hebraica Stuttgartensia e a Bíblia Hebraica Quinta[37]. A origem desse manuscrito pertence ao contexto histórico do grupo especial judeu dos caraítas, que atribuíam maior importância à Bíblia Hebraica do que à tradição e que, por isso mesmo, estavam interessados em um texto bíblico transmitido com precisão.

---

37. O *Hebrew University Bible Project*, em cujo contexto até o momento apareceram edições dos livros de Isaías, Jeremias e Ezequiel, está baseado no Códice Aleppo, escrito em 950 d.C., encontrando-se incompleto, sobretudo, na área do Pentateuco. O projeto *Hebrew Bible: A Critical Edition* (editado por Ronald Hendel) oferece um texto eclético, que reúne numa obra mista aquelas leituras consideradas como as melhores.

Diferentemente dos antigos manuscritos bíblicos de Qumran, os manuscritos da Bíblia Hebraica da Idade Média são vocalizados, assegurando dessa forma a leitura e a vocalização corretas do texto de acordo com a opinião dos massoretas. Estima-se que a pontuação do texto bíblico tenha entrado em uso entre os séculos V e VIII. Naturalmente o texto bíblico hebraico é bem mais remoto que seu mais antigo e completo testemunho no Códice B 19 A.

Segunda Bíblia Rabínica de Jacó Ben Chajim, 1524-1525, passagem textual de Gênesis 21,33–22,4. No centro encontram-se o texto hebraico e o Targum aramaico, e ao seu redor, os comentários de Raschi e Ibn Ezra.

Página do Códice Leningradense (B 19 A), o mais antigo manuscrito completo da Bíblia Hebraica, do ano de 1008. A página contém Gênesis 14,12–15,13.

As mais antigas testemunhas do texto grego na Bíblia são os códices da Septuaginta dos séculos IV e V: o Códice Sinaítico, o Códice Alexandrino e o Códice Vaticano. Eles contêm bíblias cristãs completas, abarcando o Antigo e o Novo testamentos.

Até 1947, o "Papiro Nash", segundo seu comprador W.L. Nash, era considerado o mais antigo testemunho de um texto bíblico. Nash adquiriu o fragmento no ano de 1898 e o legou à Universidade de Cambridge em 1903. O texto contém partes do Decálogo, bem como do *Sch^{e}ma Jisrael* ("Escuta, Israel"), sendo que o Decálogo se encontra transmitido numa forma mista de Êxodo 20 e Deuteronômio 5. Devido ao caráter misto do Decálogo e pelo fato de o Decálogo e o *Sch^{e}ma Jisrael* também não seguirem diretamente um ao outro no Deuteronômio, o Papiro Nash não pode ser considerado como um texto bíblico em seu sentido mais estrito.

Uma situação completamente nova para a reconstrução do antigo texto bíblico surgiu quando, a partir de 1947, foram sendo gradualmente encontrados escritos antigos no Mar Morto (cf. STÖKL BEN EZRA, 2016). Entre 1947 e 1956 foram descobertos restos de cerca de novecentos rolos de escritos em onze cavernas no canto noroeste do Mar Morto, os quais podem ser subdivididos em três grupos. Inicialmente se encontraram textos da Bíblia Hebraica, em segundo lugar textos atualmente enquadrados entre os escritos apócrifos ou pseudepígrafos do Antigo Testamento, e em terceiro, textos oriundos do círculo do grupo residente no assentamento de Qumran, seguidamente atribuídos ao grupo dos essênios. A maioria desses rolos escriturísticos encontra-se preservada apenas em pequenos fragmentos, o que vale também em relação aos manuscritos bíblicos[38].

O Códice Sinaítico, do século IV, é a mais antiga Bíblia Cristã existente, contendo o Antigo e o Novo testamentos. Aqui, o fim do Evangelho de Lucas.

---

38. Disponíveis completos em Ulrich (2010).

Uma grande exceção constitui o rolo de Isaías da caverna 1, quase completamente preservado, uma vez que ele, cuidadosamente guardado, conservou-se pelos séculos no interior de uma jarra de argila hermética. Sua origem remonta mais ou menos ao ano de 125 a.C. e contém todos os 66 capítulos do Livro de Isaías. Quando se compara esse texto hebraico com o do Códice Leningradense pode-se deduzir que a transmissão do texto de Isaías deve valer como especialmente fiel ao longo dos pelo menos mil anos que separam Qumran do Códice B 19 A, da Idade Média. É verdade que podem ser constatadas 4.500 variantes ortográficas e 1.375 variantes de conteúdo entre os dois exemplares do texto. Contudo, as diferenças ortográficas devem-se principalmente ao fato de o rolo de Isaías do Mar Morto ser escrito em hebraico não vocalizado (a vocalização usando ponteamento só surgiu a partir do século V) e muitas palavras apresentarem uma escrita denominada de *plene*, ou seja, na qual certas consoantes assumem a função de vogais, podendo o *w* hebraico também ser utilizado em lugar do *o* e *u*. Quanto às variantes objetivas, podem ser encontradas certas diferenças de vocabulário, mas geralmente não têm consequências quanto à mudança de significado. No entanto, em poucas passagens podem ser constatadas diferenças significativas. Uma das principais refere-se ao assim denominado mandato de obstinação em Isaías 6,9. No decorrer da sua vocação profética por meio do próprio Deus, Isaías recebe a seguinte tarefa segundo a versão da maioria dos manuscritos bíblicos, com inclusão do Códice Leningradense: "E Ele [Deus] disse: Vá e diga a este povo: Ouvi, ouvi sempre, mas não compreendei! E vede, vede sempre, mas não entendei!"

Esse texto é curioso: Isaías, em verdade, é aqui conclamado para tornar-se um antiprofeta. O que ele deve conclamar ao povo, esse não deve entender. O mandato de obstinação que, no contexto da pregação profética, aparece como paradoxal, é uma instrução teológica *ex post*, que correlaciona o efeito da profecia de juízo com ela própria. Assim, cria-se a impressão de que, desde o início, a rejeição da profecia de juízo pelos ouvintes de Isaías 6,9 tenha sido assim intencionada ou, pelo menos, prevista. No rolo de Isaías do Mar Morto, porém, Isaías 6,9 apresenta outro conteúdo: "E Ele [Deus] disse: Vai e dize a este povo: Ouvi, ouvi sempre, afim de que assimileis! E vede, vede sempre, a fim de que compreendais!"

No hebraico essa diferença pode ser alcançada pela substituição de um único vocábulo. No Códice B 19 A consta $w^{e^,}al$ "e não", enquanto que no rolo de Isaías de Qumran, $w^{e^,}al$ "e a fim de que". Por razões de conteúdo é muito mais provável que o Códice Leningradense da Idade Média tenha conservado a leitura original, enquanto o rolo de Isaías de Qumran apresenta uma correção desse original: sua leitura representa um polimento teológico, já que é mais fácil explicar o surgimento de uma declaração simples a partir de outra difícil, do que o contrário. Esse caso mostra que a realidade de um manuscrito ainda não diz nada sobre a qualidade de sua transmissão textual.

O Códice Vaticano do século IV, com o fim do Evangelho de Lucas e o início do Evangelho de João.

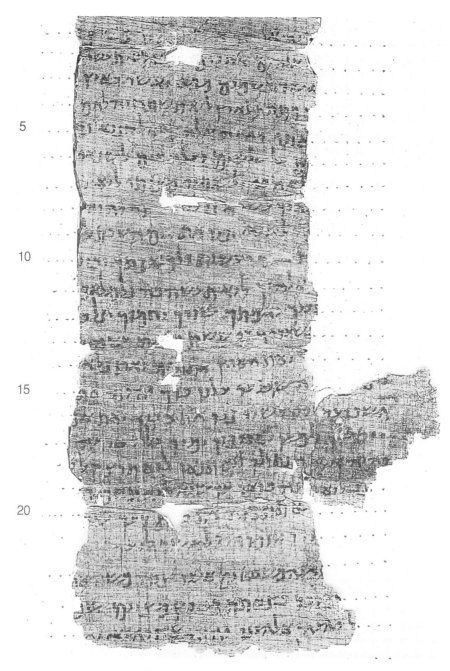

O Papiro Nash do século I a.C.

Fragmentos do Mar Morto, com textos de 1Samuel 23,9-13 e Deuteronômio 32,43.

Trecho do grande rolo de Isaías de Qumran, com Isaías 40,6-20.

Textos bíblicos da época anterior aos achados dos escritos do Mar Morto lamentavelmente não se conservaram. Os manuscritos mais antigos de Daniel encontrados em Qumran estão a apenas algumas décadas dos textos mais recentes do livro bíblico de Daniel, mas também nesse caso não há nenhum ponto de interseção (cf. FLINT, 2001). Em tempos bíblicos, os escritos da Bíblia foram redigidos sobre papiro ou couro; ambos os materiais, porém, são pouco duráveis para conseguir conservar-se por mais de 200 ou 300 anos sob condições normais. Os textos encontrados no Mar Morto constituem uma exceção, pois estavam depositados sob clima de deserto, encontrando-se guardados parcialmente – caso dos rolos bem conservados – em jarras de argila herméticas.

Por esse motivo, quase todas as inscrições conservadas da época bíblica foram escritas sobre fragmentos de cerâmica, denominados de óstracos (cf. RENZ; RÖLLIG, 1995-2003). Óstracos quebrados eram empregados para notícias, anotações, cópias de cartas etc., e tais objetos portadores de escritos naturalmente eram bastante duráveis.

O grau de importância das descobertas de documentos em papiro – por ser o material mais barato de escrita era, por isso mesmo, provavelmente o mais divulgado – no contexto do Israel antigo é mostrado pelo fato de que do tempo de reinado em Israel e Judá só se encontra conservado um pequeno fragmento, também oriundo das cercanias do Mar Morto.

Há apenas uma exceção de um texto bíblico preservado dos próprios tempos bíblicos: os assim denominados amuletos de prata de Ketef Hinnom em Jerusalém (cf. BERLEJUNG, 2008a). Eles foram encontrados num sepulcro, pertencem possivelmente ao século VII a.C. e testemunham restos de um texto que mostra certa proximidade com a assim chamada "bênção de Aarão" em Números 6,24-26: "YHWH te abençoe e te guarde. YHWH faça resplandecer o seu rosto sobre ti e te seja benigno. YHWH levante o seu rosto para ti e te dê paz".

Por um lado, no entanto, o texto foi conservado só de forma muito fragmentária e, por outro, os restos conservados mostram diferenças em relação a Números 6,24-26; isso faz com que se possa falar de uma tradição comum, mas não que aqui se encontre um texto bíblico da época bíblica.

Os mais antigos manuscritos conservados com textos do Novo Testamento datam do século II. Trata-se de fragmentos de papiro de escritos isolados do Novo Testamento, o que indica que eles inicialmente foram redigidos e transmitidos como escritos individuais. O Papiro 52, com alguns versículos do Evangelho de João, é considerado a fonte mais antiga do Novo Testamento, com origem provável na segunda metade do século II. Os primeiros manuscritos com mais escritos juntos datam do século III. Eles reproduzem compilações de cartas de Paulo ou dos evangelhos (ocasionalmente com inclusão dos Atos dos Apóstolos). A interconexão dessas coleções, entretanto, não é atestada antes dos grandes códices bíblicos do século IV. Isso constitui uma evidência clara para o fato de o Novo Testamento ter se originado de coletâneas isoladas que, por seu turno, se baseiam sobre a compilação de escritos originalmente individuais.

O mais antigo testemunho de uma coletânea mais extensa de cartas paulinas se encontra num códice de papiro do início do século III (Papiro 46). Por sua vez, os Quatro Evangelhos e os Atos dos Apóstolos se encontram juntos num códice da metade do século III (Papiro 45).

Outros códices podem, por exemplo, conter duas cartas de Paulo (como é no Papiro 30 do século III, com as duas cartas aos Tessalonicenses) ou dois evangelhos (como o caso do Papiro 75, igualmente do século III, contendo os evangelhos de Lucas e João).

Uma característica importante de manuscritos cristãos são os assim denominados *nomina sacra* (cf. HURTADO, 2006, p. 95-135). Trata-se, nesses casos, de uma ortografia abreviada de termos importantes e seguidamente empregados, sobretudo "Deus", "Jesus", "Cristo", "Senhor", aos quais se acrescentaram mais tarde também "Pai", "cruz", "céu", "ser humano", entre outros. Os termos comumente eram escritos com duas ou três letras (a letra inicial, as letras inicial e final ou também a letra inicial, com uma do meio e a final), sobre as quais que traçava uma linha. A execução dos *nomina sacra* era efetuada de forma diversificada pelos escritores dos manuscritos. Eles também se encontram em outros manuscritos cristãos, como no Papiro Egerton, oriundo provavelmente do fim do século II ou início do século III, e pertencente à tradição sobre Jesus fora do Novo Testamento. *Nomina sacra* se encontram também em manuscritos não gregos, como os coptas e latinos.

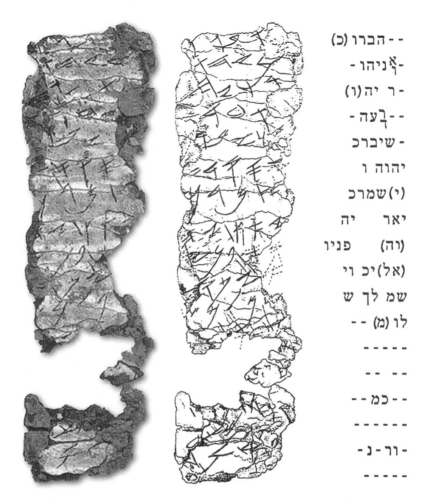

Amuleto de prata de Ketef Hinnom: amuleto, cópia e transcrição.

Uma forma específica de um *nomen sacrum* é o estaurograma. Ele consiste de uma combinação das letras gregas *Tau* e *Rho* e serve para representar as palavras "cruz" (*staurós*) e "crucificar" (*stauróô*).

A pergunta pelas razões de os cristãos usarem *nomina sacra* foi muito discutida, mas, em última análise, não resolvida. A designação de "nomes sagrados" de qualquer forma não provém da Antiguidade, sendo introduzida somente nos inícios do século XX. Claro está que com essa forma de escrita se pretendia enfatizar certos termos. É provável que, como pano de fundo para essa prática, deva-se contar com o fato de YHWH, o nome hebraico de Deus, ter sido assumido em alguns manuscritos gregos em sua forma de escrita hebraica, tendo desse modo sido especialmente ressaltado. É possível que também tenha desempenhado um papel o fato de nomes e atributos honrosos de governantes aparecerem de forma abreviada em inscrições e moedas da época dos imperadores romanos. O nome de Jesus como *nomen sacrum* IHS (as três letras gregas do nome "Jesus": *iota*, *eta*, *sigma*), bem como o símbolo ☧. – as duas letras *Chi* e *Ro* sobrescritas, as letras iniciais de "Cristus" – acabaram por ter emprego diversificado também fora de manuscritos bíblicos, como em lápides, paramentos ou prédios de igrejas.

Outra forma notável, na qual aparecem escritos do Novo Testamento, ou mesmo só versículos isolados, são os amuletos e os códices em miniatura[39]. Assim, num amuleto dos séculos III/IV, por exemplo, descoberto em Ochyrhyncus[40], no Alto Egito, encontra-se o início do Evangelho de Marcos (Marcos 1,1-2). Antes do texto propriamente dito aparece a ordem "Leia o início do evangelho e veja!" Ela se relaciona com o que segue logo adiante, pois o Evangelho de Marcos inicia com "Início do evangelho de Jesus, o Cristo"[41], sendo que "Jesus" e "Cristo" se encontram escritos como *nomina sacra*. O início do Evangelho de Marcos no amuleto é, portanto, entendido como sendo o início do próprio evangelho. De forma correspondente, também se modifica o significado do que segue: a frase "Como está escrito no Profeta Isaías: 'Eis que envio meu mensageiro diante de ti, ele irá preparar o teu caminho'", que no Evangelho de Marcos se refere a João Batista como o precursor de Jesus, transforma-se aqui numa promessa de proteção para o portador do amuleto, formulada por um mensageiro (ou anjo) de Deus.

---

39. Ambas as formas não podem ser claramente distinguidas, mas se interpõem uma à outra. Cf. Jones (2016, p. 120-122).

40. P. Oxy. 5073. Publicação: Smith e Bernhard (2011, p. 19-23).

41. São essas as palavras encontradas sobre o amuleto. Os manuscritos do Evangelho de Marcos dizem "Início do evangelho de Jesus Cristo". Além disso, falta sobre o amuleto o acréscimo "Filho de Deus", encontrado em certos manuscritos, mas ausente em outros.

Cartas de Paulo no Papiro 46 (Papiro Michigan 6238) do início do século III. Aqui, Romanos 15,29-33; 16,25-27.

Papiro 45 (Chester Beatty Papyrus I), da metade do século III, contém os Quatro Evangelhos e os Atos dos Apóstolos. Aqui, Mateus 25,41–26,18.

Papiro 72 (Papyrus Bodmer VIII) dos séculos III ou IV, com o fim da 1ª Carta de Pedro e início da 2ª Carta de Pedro. O códice é uma compilação idiossincrática, à qual pertencem, além das duas cartas de Pedro, ainda, por exemplo, o nascimento de Maria (o "Protoevangelho de Tiago"), a assim denominada 3ª Carta aos Coríntios, a Carta de Judas e mais alguns textos cristãos antigos. A escrita dos *nomina sacra* para Deus e Jesus Cristo é claramente reconhecível. O códice, portanto, atesta que esse sistema não é encontrado apenas em manuscritos "bíblicos" em sentido estrito.

Um segundo exemplo relaciona-se com um pequeno (5,2 × 4 centímetros) amuleto, escrito dos dois lados com o texto do Pai-Nosso[42]. No papiro, fragmentariamente preservado, podem ser lidos os pedidos "Tua (vontade seja feita) assim na terra como no céu, dá-nos hoje nosso pão de cada dia e perdoa-nos nossa culpa".

Depois do pedido por perdão, o texto é interrompido, o que poderia indicar que também versões mais curtas da oração estivessem em circulação. O Pai-Nosso pode ser muito encontrado sobre objetos cristãos – amuletos, placas de madeira, artefatos de cerâmica etc. – o que é um indicador da grande popularidade e da função protetora que se costumava associar a essa oração (cf. KRAUS, 2006).

Sobre os códices cristãos antigos em miniatura (cf. KRAUS, 2016), trata-se de livrinhos bem pequenos, em sua maioria com menos de 10

---

42. P. Ant. 2.54 (BARNS; ZILLIACUS; ROBERTS, 1960, p. 6s.).

Papiro 75 (Papyrus Bodmer XIV–XV), provavelmente do século III, com o fim do Evangelho de Lucas e o início do Evangelho de João. O papiro é um dos primeiros exemplos de dois evangelhos num só códice. Um exemplo para a escrita de estaurograma ocorre em Lucas 14,27.

centímetros de altura, nos quais se encontram versículos de escritos (canônicos ou extracanônicos) cristãos, mas também de livros do Antigo Testamento, sobretudo dos Salmos. Devido às condições fragmentárias de preservação, não é mais possível determinar a quantidade de textos que os códices possuíam. Apesar do seu formato pequeno, contudo, eles podiam ser extensos. Dos quinze códices em miniatura com textos neotestamentários, quatro contêm versículos do Evangelho de João, três, passagens do Apocalipse de João, sendo que dos restantes, dois testemunham versículos do Evangelho de Mateus e um, passagens, respectivamente, de Marcos, 1Coríntios, Gálatas, Tiago, Judas e 2João.

Um conhecido exemplo de texto extracanônico é o Papiro Oxyrhynchus 840, uma pequena folha com o episódio de um encontro entre Jesus e um sumo sacerdote fariseu chamado Levi no átrio do Templo em Jerusalém. Em ambos os lados escritos da folha de pergaminho do século IV, de 8,6 x 7,2 centímetros de tamanho, encontram-se registradas 45 linhas de texto (22 do lado externo e 23 do lado interno) num espaço de 5,5 x 5,2 centímetros.

Os códices em miniatura representam uma evidência de que nos primórdios do cristianismo, "livros de bolso" com textos bíblicos e extrabíblicos eram feitos para uso pessoal. Aparentemente eles eram destinados à leitura privada; mas também é possível que tenham sido usados pessoalmente como proteção divina, à semelhança de amuletos. Digno de nota é o fato de se encontrarem preservados mais códices em miniatura com textos extrabíblicos, do que bíblicos[43]. Isso pode ser casualidade, mas o emprego atestado indica pelo menos que os limites entre textos "canônicos" e "apócrifos" no uso pessoal dos primeiros cristãos não parecem ter desempenhado um papel decisivo.

1.6 "Canônico", "pseudepígrafo", "apócrifo"

Os escritos bíblicos não foram redigidos como textos "canônicos". Eles surgiram, outrossim, em certas situações da história de Israel, do judaísmo e dos inícios do cristianismo a fim de conservar tradições, inter-

---

43. Conhecidos são, entre outros, os códices com os textos do Pastor de Hermas, dos Atos de Paulo e Tecla, da Didaquê, do Protoevangelho de Tiago, da referida Tradição sobre Jesus no P. Oxy. 840 e de uma parte do Evangelho de Maria.

pretar a história ou formular instruções para uma vida segundo a vontade de Deus. Validade normativa eles só adquiriram depois que foram reconhecidos como fundamentais para a autocompreensão, bem como para a vida religiosa, social e privada de judeus e cristãos. Por essa razão foram coletados, reproduzidos, traduzidos e difundidos. Eles são lidos nos cultos, analisados filológica e historicamente em comentários, interpretados para os respectivos presentes por meio de prédicas. Foi dessa maneira que eles adquiriram uma importância no judaísmo e cristianismo que os diferencia de todos os demais escritos. É isso que expressa sua designação como "livros canônicos".

O termo "cânone", que está mais firmemente ancorado no cristianismo do que no judaísmo, já se encontra em duas partes do Novo Testamento com o significado de "norma, regra"[44]. Na Carta aos Gálatas, Paulo resume com esse termo o centro da fé cristã: "Nem circuncisão vale alguma coisa, nem incircuncisão, mas: nova criação. E aqueles que vivem de acordo com esta norma (cânone): Paz e misericórdia sobre eles e sobre o Israel de Deus" (Gálatas 6,15s.).

Um pouco mais tarde, o termo é usado de forma mais geral como designação para regras de fé, por exemplo, para padrões de vida cristã[45]. A partir da metade do século IV, "cânone" passa a ser usado como designação de resoluções sinodais, bem como para os escritos que na Igreja cristã gozam de validade.

Um testemunho importante para o último emprego é a 39ª Carta da Festa de Páscoa do Bispo Atanásio de Alexandria do ano 367. O contexto da carta está representado por disputas sobre a doutrina da Igreja no século IV, que se relacionam principalmente com a pergunta pela relação entre Deus e Jesus Cristo: Eles possuem a mesma essência ou essências semelhantes? Entre Deus e Jesus Cristo deve-se admitir gradação, ou se encontram ambos no mesmo nível? Nesse contexto, Atanásio acusa os seus oponentes de terem escrito "assim denominados apócrifos" e os

---

44. Paulo emprega o termo tanto em 2Coríntios 10,13-16 (três vezes), quanto em Gálatas 6,16.

45. Nesse sentido, o termo é usado na Primeira Carta de Clemente, escrita por volta do fim do século I: "Ensinem-nas (as mulheres), de acordo com a regra (cânone) da subordinação, a honrar o que diz respeito às coisas do lar" (1,3). "Cada um de nós, irmãos, deve em sua própria tarefa agradar a Deus de consciência limpa e não transgredir a regra (cânone) estabelecida de seu serviço, com temor" (41,1).

restringe frente aos "escritos canonizados, transmitidos e testemunhados como divinos". Ele passa a apresentar em seguida uma lista desses últimos, citando 22 "livros do Antigo Testamento" e, a seguir, "os escritos do Novo Testamento". Além disso, Atanásio ainda menciona livros que "não são canonizados", mas recomendados para leitura por iniciantes no cristianismo. Esses são a Sabedoria de Salomão, Sirácida, Ester, Judite, Tobias, a Didaquê (Ensino dos doze apóstolos) e o Pastor de Hermas. Um pouco antes, ou seja, por volta de 350, Atanásio havia formulado em uma observação sobre o Pastor de Hermas, um escrito da primeira metade do século II, que esse "não seria do cânone". O Pastor de Hermas é um escrito extenso, de cunho, sobretudo, ético, cujos conteúdos são apresentados ao autor Hermas como revelação de um anjo, designado de "Pastor".

Por fim, o Sínodo de Laodiceia, realizado nos anos 60 do século IV, prescreveu em sua 59ª resolução (cânone) que na igreja não deveriam ser lidos salmos privados nem "livros não canônicos", mas somente "livros canônicos do Novo e Antigo testamentos". A isso se acrescentou mais tarde uma resolução (cânone) de número 60, que contém uma lista desses livros.

O termo "cânone"[46] servia, portanto, para delimitar os escritos que podiam ser lidos na igreja. Com isso deveria ser assegurada em primeiro lugar a unidade da Igreja e de sua doutrina, preservando-a de outras concepções, rotuladas como "heréticas". Na história do surgimento da Bíblia Cristã, a distinção entre "canônico" e "apócrifo" está, por essa razão, intimamente ligada à legitimidade da doutrina e à autoridade de bispos e sínodos.

Tendo em vista o surgimento da Bíblia, as designações "apócrifos" e "pseudepígrafos" não são isentas de problemas. Elas podem obscurecer a visão para o fato de que as atribuições de escritos a essas categorias residem sobre diversos fatores; além disso, elas também não são nem de longe tão claras como pode parecer à primeira vista. Muitos textos antigos foram redigidos e colocados em circulação de forma "pseudepigráfica", ou seja, com nome de autor falso – por exemplo, com o nome de Homero, Platão, Aristóteles ou Hipócrates –, e entre esses também constam inúmeros textos bíblicos. O Deuteronômio se apresenta como discurso de despedida de Moisés, mas foi escrito por Moisés, como também a "Assunção de Moisés",

---

46. Para mais detalhes sobre a história do conceito, cf. Smith (1998).

surgida no século I d.C. Por vezes, escritos não eram redigidos com um pseudônimo, mas atribuídos posteriormente a uma pessoa conhecida. Esse é o caso dos livros bíblicos dos Provérbios e do Cântico dos Cânticos, bem como do livro mais recente da Sabedoria, escrito em grego: todos eles com autoria atribuída ao nome do rei israelita, Salomão. No Novo Testamento várias cartas paulinas são pseudônimas, valendo o mesmo para as cartas com os nomes de Pedro, João, Tiago e Judas. Pseudepígrafos são também outros escritos judeus e cristãos antigos, como os apocalipses de Henoc, Esdras e Baruc, ou as cartas com os nomes de Clemente e Barnabé.

A distinção entre livros "canônicos" e "pseudepígrafos", portanto, ainda não fornece nenhuma informação sobre quais desses livros realmente são de origem pseudepigráfica. Trata-se, muito mais, de uma categoria com a qual desde o século XVIII foi resumido um grupo de escritos, dos quais alguns (não todos) são de natureza pseudepigráfica, o que eles compartilham com muitos outros escritos, também bíblicos. Dessa maneira eles foram distinguidos dos livros bíblicos do Antigo Testamento, bem como dos escritos denominados de "apócrifos". A eles pertencem, por exemplo, a literatura de Henoc, o Livro dos Jubileus, a Carta de Aristeias, o Martírio de Isaías, o 3º e 4º livros de Esdras, o 3º e 4º livros dos Macabeus, os Testamentos dos doze patriarcas, a Vida de Adão e Eva, o romance de conversão "José e Aseneth", as Odes de Salomão, os Salmos de Salomão, o Apocalipse de Abraão, a Assunção de Moisés, o Apocalipse sírio de Baruc, os Oráculos sibilinos e muitos outros escritos.

"Apócrifo", em verdade, significa "oculto" e se refere a livros com ensinamentos secretos[47]. Dessa forma, o termo também foi usado como autodesignação em alguns escritos cristãos antigos. No início do Evangelho de Tomé, o conteúdo do escrito é caracterizado como "palavras ocultas do Jesus vivo"; outro escrito cristão antigo denomina-se de "Apócrifo de (ou: segundo) João" em seu título. Teólogos cristãos primitivos, por seu turno, usaram o termo sempre em sentido negativo, para designar escritos rejeitados, "falsificados"[48]. Dessa forma, ele também entrou nos registros canônicos cristãos.

---

47. Nesse emprego, o termo aparece, p. ex., em Clemente de Alexandria, Tapetes I 15,69; III 29,I.
48. Assim, p. ex., Ireneu, Hipólito e Tertuliano. Cf. ainda o cap. 6 deste livro: "Visão geral do mundo literário do cristianismo mais antigo.

Considerando-se o emprego atual, a tradição luterana entende sob "apócrifos do Antigo Testamento" os escritos acima citados, compreendidos por Lutero como grupo próprio e que, na Igreja Católica Romana, orientada pela Septuaginta, são denominados de "deuterocanônicos". Nos "apócrifos do Novo Testamento" trata-se, ao contrário, de um amplo espectro de diferentes escritos, alguns dos quais já foram rejeitados por teólogos cristãos na Antiguidade como "falsificados" ou "heréticos", enquanto outros continuaram atualizando os textos do Novo Testamento, enriquecendo-os com tradições lendárias. Os "apócrifos do Novo Testamento" são compilados desde o século XVIII, sendo que as coletâneas se diferenciam quanto a sua abrangência.

Levando-se em conta a história do surgimento da Bíblia, as designações de "apócrifo" ou "apócrifos" devem ser usadas de maneira diferenciada. Por um lado, em termos de história do cânone, os "apócrifos do Antigo Testamento" devem ser analisados de forma diferente do que os "apócrifos do Novo Testamento"; além disso, na linguagem antiga e da Idade Média, "apócrifos" designa sempre escritos cristãos, mas nunca judeus; por fim, devem ser levadas em consideração as conotações negativas que por muito tempo foram atribuídas a esse termo. Assim sendo, em relação ao Antigo Testamento, faria sentido nem empregar o termo, pois histórica e ecumenicamente é problemático e enganoso. Mais apropriado em relação aos livros não bíblicos do Antigo Testamento seria falar de "literatura deuterocanônica e semelhante", ou de "escritos judaicos do período helenístico-romano"[49]. Em relação ao Novo Testamento, deve-se falar mais precisamente de "apócrifos cristãos antigos". Eles compreendem aqueles escritos que surgiram no contexto do Novo Testamento, mesmo sem terem sido incluídos nele.

A partir das avaliações e agrupamentos diferenciados dos livros do Antigo Testamento e escritos afins, desenvolveram-se diversas abordagens da Bíblia nas confissões cristãs. Uma primeira grande ramificação originou-se do fato de que a Vulgata, que, em partes essenciais remonta

---

49. Estes termos também são usados para publicações correspondentes: existe um *"Deuterocanonical and Cognate Literature Yearbook"* ("Anuário de Literatura Deuterocanônica e Cognata"), uma série *"Deuterocanonical and Cognate Literature Studies"* ("Estudos de Literatura Deuterocanônica e Cognata") e uma tradução alemã de escritos judaicos antigos sob o título *"Jüdische Schriften aus hellenistisch-römischer Zeit"* ("Escritos judaicos da época helenístico-romana").

ao trabalho de tradução e revisão de Jerônimo, impôs-se como versão amplamente reconhecida, enquanto as Igrejas primitivas empregaram bíblias gregas, o que ainda é parcialmente o caso até hoje. Além disso, nas Igrejas orientais até os dias atuais as interpretações dos Pais da Igreja – que ali, ao contrário do Ocidente, não se encontram reduzidos a um número determinado – desempenham um importante papel. Quanto ao acervo escriturístico do Antigo Testamento, as diferenças existentes desde a Reforma dizem respeito aos escritos deuterocanônicos, respectivamente, apócrifos. Lutero interveio até ainda mais profundamente no cânone bíblico. Além do grupo de "apócrifos" por ele pessoalmente compilado, que ele tomou de diversos grupos de escritos e reuniu numa sequência obstinada, ele também modificou a sequência no Novo Testamento (cf. METZGER, 1993, p. 230-234; WALTER, 1997, p. 351-363). Aqui ele colocou quatro escritos – a Carta aos Hebreus, a Carta de Tiago e de Judas e o Apocalipse de João – juntos no final, sem dar-lhes, como aos demais escritos, uma numeração contínua. A razão disso foi que, segundo sua concepção, eles não expressavam com suficiente clareza a mensagem central da Bíblia, ou como dizia, "não conduziam a Cristo"[50]. Assim sendo, Lutero criou sua ordenação própria e idiossincrática dos livros bíblicos que, dessa maneira, ainda se encontra até a atualidade só em bíblias luteranas.

No judaísmo, uma concepção comparativamente uniforme das Sagradas Escrituras surgiu desde o fim do século I. Dos grupos que haviam se formado mais ou menos desde o século II a.C. – os fariseus, os saduceus, os essênios e os zelotes[51] – foi só o dos fariseus que sobreviveu à destrui-

---

50. A formulação pode ser encontrada no prefácio de Lutero às cartas de Tiago e Judas nas edições do Novo Testamento de 1522 (o chamado "Testamento de setembro") e 1530. A conhecida caracterização da Carta de Tiago como "epístola de palha" encontra-se no prefácio do Novo Testamento de 1522. Essa caracterização Lutero não repetiu mais tarde. A formulação de 1522, "Por isso não o quero na minha Bíblia entre o número dos principais livros corretos" tem o seguinte teor na edição da Bíblia de 1530: "Por isso não posso colocá-lo sob os principais livros corretos". Assim sendo, Lutero se expressou com um pouco mais de cautela sobre a pergunta pela "canonicidade" da Carta de Tiago em tempos posteriores.

51. Esses grupos são descritos em vários lugares por Josefo (*Guerra Judaica* 2,119-166; *Antiguidades* 13,171-173.288.293.297s.; 18,11-25). Os essênios também são mencionados em Fílon e Plínio o Velho. No Novo Testamento, os fariseus e os saduceus aparecem como oponentes de Jesus. O termo "fariseu" significa "separado" e se refere ao perfil de piedade específico dessa corrente. Ela foi a única que sobreviveu à catástrofe de 70 d.C. Os saduceus se denominavam segundo Zadoque, o lendário sumo sacerdote sob o Rei Davi, e eram um grupo orientado sacerdotalmente. A origem do termo "essênios" é obscura e controversa, já "zelotes" significa "zelosos". Sobre isso, cf. a apresentação de Stemberger (2013).

ção do Templo no ano de 70. Por essa razão, os fariseus tiveram uma influência decisiva na formação do judaísmo rabínico. Por isso também prevaleceu sua visão específica nos escritos determinantes do judaísmo. Vários indícios sugerem que saduceus e essênios tinham concepções diversas daquilo que deveria ser considerado como "Sagrada Escritura". Os saduceus se concentravam na Torá (cf. HEILIGENTHAL, 2011), uma vez que rejeitavam a crença na ressurreição, enraizada nos escritos proféticos e apocalípticos (cf. Marcos 12,18; Atos dos Apóstolos 23,8). A comunidade judaica que vivia em Qumran, que de acordo com opinião generalizada era um grupo especial de essênios, considerava também como normativos outros escritos que se estendiam para além da posterior Bíblia Hebraica, como o Livro dos Jubileus e a literatura de Henoc (cf. cap. 4, "O Livro dos Jubileus e outros textos parabíblicos") (cf. FABRY, 1996).

No judaísmo pré-rabínico ainda não havia, portanto, nenhum "cânone bíblico" amplamente reconhecido. Também aqui podia ser encontrada a concepção de coletâneas normativas de escritos, mas o processo de sua constante interpretação e apropriação é de importância fundamental para o judaísmo. A formação de um "cânone" claramente delimitado de escritos normativos é antes característica do cristianismo que do judaísmo, que se nutre de uma tradição viva, a ser continuamente reapropriada. Isso, é claro, não constitui uma contradição estrita, pois que também no cristianismo se parte de uma multiplicidade de tradições que envolvem e dão continuidade aos escritos "canônicos". A contraposição estrita de escritos "canônicos" e "apócrifos", bem como o acento dado pela tradição reformatória à contraposição entre "Escritura" e "tradição" podem, por isso, ter sua razão em determinadas situações históricas. Mas devem ser relativizados historicamente, pelo fato de judaísmo e cristianismo viverem de uma forte tradição, que em nenhuma época esteve limitada aos escritos "canônicos". Se, pois, um determinado substrato de escritos é considerado como normativo, com isso são definidos certos limites, dentro dos quais devem se mover o credo religioso e uma prática religiosa correspondente. No contexto de tais escritos, contudo, sempre existiram outros textos e tradições que foram importantes para a fé e a vida de judeus e cristãos, e que colocam escritos normativos, "canônicos" sobre uma base mais ampla.

2
Cultura da escrita e produção literária na época do reinado em Israel e Judá, séculos X a VI a.C.

2.1 Os primórdios da Bíblia Hebraica nas perspectivas histórica e bíblica

Os livros da Bíblia não foram escritos como livros da *Bíblia*, mas seus textos e coletâneas de textos só se transformaram em livros gradativamente, e esses, por seu turno, tornaram-se "bíblicos" só com o passar do tempo. Em outras palavras: formação de livro, história literária e história do cânone não coincidem, mas se sobrepõem (cf. SCHMID, 2014a; CARR, 2011). Os textos bíblicos surgiram de contextos e origem bem diferentes. Durante o primeiro milênio antes de Cristo eles foram registrados, coletados, compilados, redigidos e, finalmente, canonizados.

A própria Bíblia, entretanto, descreve sua origem de maneira diferente. O núcleo central do Antigo Testamento, a Torá, contém a revelação de Deus, que Moisés recebeu no Sinai. A Bíblia, portanto, já atribui autoridade divina aos livros que, segundo a sua própria apresentação, são os mais antigos. Em sua visão, a história do cânone coincide com a história da literatura. A partir da concepção da revelação no Sinai, a tradição bíblica atribuiu a Moisés a autoria da Torá. A própria Torá, entretanto, só conhece a redação de determinados textos parciais por Moisés: segundo Êxodo 17,14 ele teria realizado a transcrição da batalha contra Amaleque; de acordo com Êxodo 24,4, o Livro da aliança; Êxodo 34,28 afirma ter ele escrito a segunda versão dos Dez Mandamentos, após ter quebrado a primeira, ou seja, as tábuas escritas pelo próprio Deus; ele anotou as estações da caminhada pelo deserto segundo Números 33,2; a lei deuteronomística anterior, segundo Deuteronômio 31,9; e a canção subsequente de Moisés (Deuteronômio 32), de acordo com Deuteronômio 31,22. A própria Torá não compactua com a concepção de que Moisés a tenha escrito em sua totalidade. Ela é só indicada na formulação de escritos bíblicos posteriores, que falam da "Torá de Moisés" (cf. Daniel 9,11.13; Esdras 3,2; 7,6; Neemias 8,1). Mas o Talmude babilônico, surgido entre os séculos II e VI d.C., afirma que os últimos sete versículos da Torá (Deuteronômio 34,6-12) não provêm de Moisés, mas de Josué (bBB 14b-15a), já que neles são descritos a morte e o sepultamento de Moisés. Por maior que Moisés seja na Torá, é impossível que ele tenha redigido a sua própria morte. Toda a Torá, portanto, não pode provir de Moisés já por razões de lógica narrativa.

Mas também a atribuição de textos parciais da Torá a Moisés é impossível historicamente. Moisés provavelmente foi uma figura histórica (cf. SMEND, 1995, p. 1-19; BLUM, 2012a, p. 37-63). Entretanto, durante sua provável época de vida ainda não existia o hebraico, cuja escrita alfabética acabou se desenvolvendo inicialmente da língua fenícia (cf. SANDERS, 2009). Além disso, a análise histórico-literária da Torá mostrou com certeza que seus textos não pertencem ao segundo, mas ao primeiro milênio a.C. (cf. RÖMER, 2013b, p. 2-24; 2013a, p. 120-168). Isso implica que a época pré-estatal de Israel e Judá necessita ser descartada como tempo de produção literária da Bíblia, mesmo que dentro do referido período tenha havido tradições orais de ditos de sabedoria, narrativas e cânticos, os quais, por sua vez, também poderiam ter entrado de uma ou outra forma na Bíblia.

A época de Davi e Salomão (*c.* 1000 a.C.), os primeiros reis de Israel e Judá, é descrita pela Bíblia como culturalmente muito ativa. Seus reinados são considerados como a idade de ouro da fundação de Israel. De acordo com a Bíblia, Davi e Salomão governaram um bem-sucedido império político, militar, econômico e cultural. Além disso, Davi e Salomão não são apresentados na Bíblia unicamente como reis, mas também como escritores: 73 salmos são atribuídos a Davi[52], e segundo o rolo da Gruta 11 de Qumran, remontam a ele inclusive mais de 4.000 textos (cf. NOAM, 2006, p. 134-149):

---

52. Para o todo, cf. Kleer (1996).

E Davi, filho de Jessé, era sábio e brilhava como a luz do sol, um escritor, e compreensivo e justo em todos os seus caminhos diante de Deus e dos homens. YHWH deu-lhe um espírito de compreensão e iluminação, e ele escreveu salmos: 3.600; e canções, para cantá-las diante do altar para holocausto da oferta regular de cada dia, para todos os dias do ano, 364; 52 canções para o sacrifício do sábado, e 30 cânticos para o sacrifício do início dos meses e para todas as datas festivas, bem como para o Dia da Expiação. Assim sendo, todos os cânticos por ele proferidos somavam 446. E 4 cânticos para brincar, nos dias bissextos. Dessa forma, o total compreendia 4.050 (11QSalmos[a] 27,2-8).

Em relação a Salomão, os livros de Reis constatam ter ele composto 3.000 provérbios e 1.500 cânticos (1Reis 5,12). Além disso, por meio dos títulos dos livros, a tradição bíblica ainda lhe atribui a redação de Provérbios, Eclesiastes, bem como a do Cântico dos Cânticos (Provérbios 1,1; Eclesiastes 1,1; Cântico dos Cânticos 1,1).

A reconstrução histórico-arqueológica da época de Davi e Salomão, porém, mostra um quadro diferente. De forma alguma se pode falar de um grande e próspero reinado, que tivesse levado a uma correspondente expectativa de produção literária. Construções monumentais que pudessem apontar para a existência de um Estado desenvolvido não podem ser comprovadas; tampouco existem extensos textos epigráficos primários que pudessem sugerir a existência de um sistema desenvolvido de escrita. A expansão político-militar relatada na Bíblia para o reinado de Davi (2Samuel 8,2-10) é historicamente impensável para esta época (a população estimada para Israel e Judá na época era de aproximadamente 55.000 pessoas, o que daria um exército de, no máximo, 1.500 soldados, com o qual tal território não poderia ser conquistado nem controlado); baseia-se, isto sim, numa retroprojeção literária das condições posteriores, provavelmente sob Jeroboão II (781-742 a.C.) (FISCHER, 2005, p. 101-128)[53]. Ao que tudo indica, a época de Davi e Salomão representa para Israel uma ideia fundante importante que, porém, se baseia mais em memória criativa do que na história real (cf. HUBER, 2010; GERTZ, 2004, p. 3-29; FINKELSTEIN, 2010, p. 3-28).

---

53. Sobre a época de Jeroboão II e sua importância histórico-literária, cf. tb. Finkelstein (2017a, p. 262-289).

A inscrição Tel-Dan, do século IX a.C., na qual há menção à "Casa de Davi".

Não há, contudo, razão para duvidar da historicidade de Davi e Salomão. Isso já não seria indicado de uma perspectiva interna do Antigo Testamento, uma vez que Davi e Salomão são testemunhados e pressupostos por diferentes corpos textuais traditivos, sobretudo pelos livros de Samuel e Reis. Além disso, desde 1992 cabe mencionar uma inscrição de Tel Dan, que no século IX a.C. se refere explicitamente a *byt dwd*, à "Casa de Davi". Isso se reporta à dinastia davídica. É impossível que Davi, só um século depois do seu reinado, tenha sido inventado como fundador de uma dinastia. A inscrição de Tel Dan é, muito mais, um testemunho importante para a historicidade do Rei Davi (cf. MCKENZIE, 2002; DIETRICH, 2006).

Os inícios de uma cultura literária historicamente relevante em Israel e Judá só ocorrem de um a dois séculos após Davi e Salomão. Testemunhos epigráficos conservados permitem reconstruir esse desenvolvimento em linhas gerais (cf. a seguir "O surgimento da cultura da escrita no Levante"). Inicialmente, porém, cabe lançar um olhar sobre o contexto histórico-religioso dos primórdios históricos da literatura bíblica.

2.2 Da religião de culto à religião de livro

Os escritos mais antigos, que mais tarde se tornaram a Bíblia, surgiram em um contexto no qual textos não possuíam função religiosa relevante. As narrativas, provérbios, cânticos e orações dos séculos IX e VIII a.C. que podem ser reconstruídas da Bíblia com o uso da crítica, eram literatura, mas não escritura sagrada. Para chegar a esse nível, eles só se desenvolveram num processo demorado. Na época anterior ao exílio babilônico se cultivava em Israel e Judá uma religião de culto, que inicialmente se encontrava atrelada aos santuários locais do território e que viabilizava o contato com a divindade por meio de sacrifícios, dádivas e orações. Ao fim da época pré-exílica, quando chegava ao seu término o século VII a.C., as atividades cultuais em Judá foram concentradas no Templo existente em Jerusalém. A Bíblia apresenta esse processo como sendo a reforma cultual de Josias (cf. 2Reis 22s–23) (cf. PIETSCH, 2013). É claro que também textos religiosos tinham seu espaço nesse culto, mas eles não serviam para sua fundamentação ou para o estabelecimento de suas normas. Eles faziam, muito mais, parte dos atos rituais, à semelhança dos instrumentos do Templo. Um exemplo se encontra no Salmo 24,7-10:

> Levantai, ó portas, os vossos frontões, elevai-vos entradas da eternidade, e entre o rei da glória.
> Quem é o rei da glória? YHWH, o forte e herói, YHWH, o herói da guerra.
> Levantai, ó portas, os vossos frontões, elevai-vos entradas da eternidade, e entre o rei da glória.
> Quem é o rei da glória? YHWH dos Exércitos, ele é o rei da glória.

Este Salmo ainda permite reconhecer claramente seu enraizamento em práticas cultuais. Aparentemente ele descreve uma procissão – a entrada de Deus em seu santuário –, acompanhada por um cântico cultual alternado. As imagens empregadas no Salmo sugerem estar Deus sendo imaginado em forma de uma estátua cultual. A pergunta se tal estátua realmente pode ser pressuposta para o santuário de Jerusalém é muito controvertida e provavelmente permanecerá sem resposta para sempre. Possível é que o Salmo 24 tenha sido formulado e evocado também em linguagem com imagens metafóricas, o que é comum em termos histórico-religiosos, mas não válido para o caso de Jerusalém. Indiscutível é, em todos os casos, que nos antigos Israel e Judá tenham existido imagens de Deus no período do reinado (cf. KEEL; UEHLINGER, 2010; HARTENSTEIN; MOXTER, 2016, p. 23-182). A deusa Asera encontra-se testemunhada em numerosas impressões de selos e assim denominadas estatuetas de pilar, e em inscrições dos séculos IX e VIII a.C. ela é denominada de parceira de YHWH. Na Bíblia ela é conhecida, sobretudo, pelo fato de ser rejeitada: "Não plantarás uma asera de madeira ao lado do altar de YHWH, teu Deus, o qual pretendes erigir para ti" (Deuteronômio 16,21).

Também é possível que uma figura de terracota da região montanhosa da Judeia do século VIII a.C. deva ser interpretada como uma representação de YHWH e sua companheira Asera, mas esse achado não está suficientemente documentado pela arqueologia, sendo proveniente do comércio de antiguidades (cf. UEHLINGER, 1990).

A tradição das imagens de touros em Betel e Dan permite inferir que YHWH também podia ser imaginado em forma de touro. A identificação dessas imagens de touros com "bezerros" em 1Reis 12,28 (cf. Êxodo 32,4) baseia-se em sua rejeição na Bíblia. Uma inscrição assíria de Sargão II pressupõe que também no santuário de Samaria existiam imagens cultuais[54]: "27.280 habitantes, além de carros de guerra e dos deuses em quem eles [os samaritanos] confiavam, calculei eu [Sargão II] como presa".

Para Judá cabe ser mencionado em especial o santuário em Arad, ao norte do Negev, cujo objeto mais santo revela que ali YHWH foi venerado em forma de uma "estela", ou seja, uma coluna de pedra. Embora a situação arqueológica não esteja bem clara, os restos encontrados de uma coluna de pedra vermelha, com mais ou menos 90 centímetros de altura, sugerem a probabilidade de ter ela servido para a representação de uma divindade (KEEL; KÜCHLER, 1982, p. 227-233).

Independentemente de como se decida a questão das imagens relacionadas com o Salmo 24, é certo que nesse caso o culto, realizado com objetos, utensílios e atos rituais, era o que determinava o texto, e não o contrário. Até lá havia ainda um longo caminho histórico-religioso a percorrer: uma religião do livro, em cujo centro estivesse unicamente o estudo de textos sagrados, o judaísmo só se tornou após a destruição do segundo Templo pelos romanos em 70 d.C. Com o fim do culto sacrificial

---

54. *Texte aus der Umwelt des Alten Testaments* I, p. 382. Cf. Römer (2018, p. 137-139).

no Templo, a religião transferiu-se inteiramente para o estudo e a celebração da Escritura. Foi também nesse tempo que surgiu a concepção de uma Bíblia como uma coletânea de escritos finalizada e normativa (cf. o cap. 6). Antes disso, seus textos, escritos e livros eram usados religiosamente, mas ao seu lado havia também outros documentos. Pelo fato de a Bíblia naquela época ainda não existir, também não existia uma linha divisória nítida entre literatura bíblica e não bíblica.

No primeiro milênio a.C., a religião de Israel e Judá, portanto, só passou gradualmente à mudança de uma religião de culto para uma religião de livro. Nesse processo, uma primeira função catalisadora importante foi desempenhada pela destruição do Templo em 587 a.C.[55] Com a perda do local central de culto, desenvolveram-se os fundamentos de uma religião não dependente do culto. A época do assim denominado "exílio babilônico" foi de fundamental importância para o surgimento da Bíblia e, de forma correspondente, muitas vezes também se costuma associar com ela o início da época do "judaísmo", ou seja, da forma de religião do antigo Israel e Judá apoiada na Escritura, forma que a associa ao compromisso com a Torá e a fé em um só Deus.

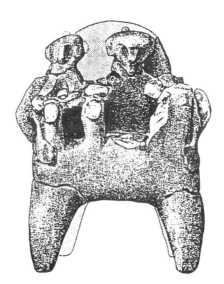

Figura de terracota da região montanhosa da Judeia, possivelmente representando YHWH e Asera, século VIII a.C.

---

55. Para mais detalhes, cf. Schmid (2012, p. 523-546).

O "exílio babilônico", é verdade, ainda não terminou até hoje – o judaísmo ainda se encontra disperso por todo o mundo –, mas com o término do domínio babilônico e o surgimento dos persas foi concedido aos deportados retornarem a Judá e reconstruir o Templo destruído em Jerusalém. Com sua reconsagração iniciou-se o período do segundo Templo (515 a.C.-70 d.C.), marcado fundamentalmente pelo culto sacrificial, de novo instalado. Sim, pode-se presumir que a prática dos sacrifícios no segundo Templo estava bem mais desenvolvida do que no primeiro: neste se ofertava principalmente por ocasião das festas, naquele eram sacrificados diariamente animais em grande número. O culto sacrificial em Jerusalém desenvolveu-se como o motor econômico central da cidade: negociantes de gado traziam os seus animais para a cidade, os quais, uma vez comprados pelos senhores dos sacrifícios, eram sacrificados no Templo. Devido à centralização do culto em Jerusalém, o fator relacionado com a distância fazia com que só poucas pessoas da circunvizinhança imediata da cidade tinham a possibilidade de trazer seus próprios animais como animais de sacrifício.

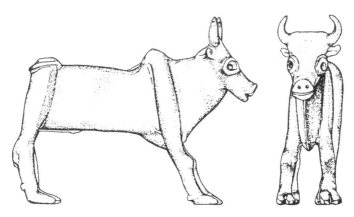

Estatueta de touro em bronze da região montanhosa de Samaria, séculos XII/XI a.C.

Todos os demais necessitavam adquirir seus animais de sacrifício diretamente na cidade. Essa economia em torno do Templo constitui o pano de fundo objetivo da cena da sua purificação em João 2, que se refere ao tempo particularmente agitado da Festa da Páscoa:

> A Páscoa dos judeus estava próxima e Jesus subiu a Jerusalém. E no Templo Ele encontrou os vendedores de gado, ovelhas e pombos e também os cambistas que se sentavam ali. Então Ele

73

> fez um chicote com cordas e a todos expulsou para fora do Templo, também as ovelhas e o gado, e Ele despejou o dinheiro dos cambistas e derrubou as mesas; e para os vendedores de pombos Ele disse: Tirem isso daqui! Não façais da casa do meu pai um mercado! (João 2,13-16).

Depreende-se facilmente que essas disputas no tempo de Jesus não giram em torno de escritos sagrados, mas do culto sacrificial no Templo. Na época, os livros da Bíblia Hebraica claramente já se encontravam finalizados em essência e mui provavelmente também se encontravam disponibilizados no Templo, embora no contexto da religião judaica daquela época não lhes fosse atribuída importância central. No centro estava, muito mais, o Templo de Jerusalém.

A época bíblica está, portanto – excetuando-se a interrupção entre 587 e 515 a.C. – cunhada pela existência de um culto no Templo. Ela, entretanto, conhece diversos escritos e coletâneas de escritos que surgem gradativamente e adquirem importância, ou então caem no esquecimento, sendo eliminados. São só as partes mais recentes da Bíblia Hebraica que testemunham a concepção de que textos possuem santidade, podendo se tornar, eles próprios, objetos de veneração cúltica. Em Neemias 8,5-8 é descrita a leitura da Torá por Esdras. Considerando-se a sua proximidade objetiva com o culto sinagogal, essa apresentação dificilmente poderá ser datada antes dos séculos III ou II a.C.

> E Esdras abriu o livro diante dos olhos de todo o povo. Pois ele estava acima de todo o povo. E quando ele o abriu, todo o povo se levantou. E Esdras bendisse a YHWH, o grande Deus. E todo o povo respondeu com as mãos erguidas: Amém! Amém! E eles se curvaram e se prostraram diante de YHWH com os rostos para a terra. E Josué, Bani, Serebias, Jamin, Acub, Sabatai, Hodias, Maasias, Celita, Azarias, Jozabad, Hanã, Falaías e os levitas explicaram a Lei ao povo, e o povo ficou em seu lugar. E eles liam partes do livro, da Torá de Deus. E eles repassavam entendimento, e se entendia o que era lido (Neemias 8,5-8).

Da crescente importância religiosa atribuída aos escritos bíblicos decorre também que nem tudo o que foi escrito nos antigos Israel e Judá ficou preservado literariamente. Não se pode excluir, por exemplo, que as tradições proféticas salvíficas do tempo pré-exílico também foram fixadas por escrito. Em Jeremias 28 é narrada uma controvérsia entre o Profeta Jeremias e o Profeta Hananias. Ao contrário de Jeremias, o Profeta Hananias é da opinião de que o poder militar babilônico vai se retirar novamente. É possível que também a profecia de Hananias tenha sido anotada por escrito, mas depois não transmitida adiante. Além disso, a própria Bíblia cita alguns escritos não mais existentes atualmente, como o Livro das Guerras de YHWH (Números 21,14), o Livro do Justo (Josué 10,13; 2Samuel 1,18), o Livro do Cântico (1Reis 8,53a LXX), o Livro da História de Salomão (1Reis 11,41), o Livro da História dos Reis de Israel (1Reis 14,19) ou o Livro da História dos Reis de Judá (1Reis 14,29)[56]. Mesmo que alguns desses títulos possam ser fictícios, dificilmente eles foram inventados em sua totalidade. Não sabemos as razões pelas quais esses escritos não se encontram mais disponíveis. Possivelmente eles não se encontravam conformes com as convicções teológicas fundamentais do judaísmo pós-exílico, razão pela qual teriam sido excluídos do processo traditivo.

Assim sendo, a Bíblia Hebraica com certeza contém uma parte importante, mas apenas fragmentária da literatura dos antigos Israel e Judá, que só se conservou parcialmente. A atual seleção de textos só pode ser explicada pela história da repercussão: entrada na Bíblia tiveram aqueles escritos que conseguiram se impor como textos de uso no Templo de Jerusalém e em sua escola do Templo na qualidade de Sagrada Escritura.

2.3 O surgimento da cultura da escrita no Levante

O desenvolvimento da cultura da escrita e do sistema de escrita em Israel e Judá formam a moldura histórico-cultural em que ocorreu o surgimento da Bíblia e seu desenvolvimento em direção à Sagrada Escritura (cf. ROLLSTON, 2010; GRUND-WITTENBERG, 2017, p. 327-345). Vistos em termos históricos, Israel e Judá constituem povos tardios do Oriente Próximo. Os grandes reinos do Nilo, bem como do Eufrates e do Tigre, são de dois a três milênios mais antigos e determinaram o curso da história cultural do antigo Oriente muito mais cedo por um lado, e mui-

---

56. O Livro do "Justo" e o Livro do "Cântico", entretanto, parecem ser idênticos: é provável que o título determinado e, por si só, dificilmente compreensível do "Cântico" tenha se originado por um erro de escrita, trocando *yšr* "justo" por *šyr* "cântico". Além disso, cf. as colocações em McDonald, (2017, p. 128s.).

to mais decisivamente, por outro. O egiptólogo americano James Henry Breasted (1865-1935) (cf. ABT, 2012) cunhou o termo "Crescente Fértil" para a área geográfica que vai do Egito à Mesopotâmia: representa a terra cultivada do antigo Oriente, em cujo meio se encontra o Levante e, portanto, também Israel e Judá.

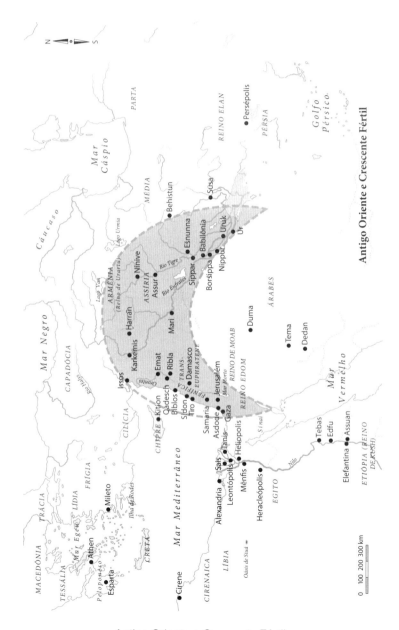

Antigo Oriente e Crescente Fértil.

Na pesquisa teológica e histórica do século XIX e inícios do século XX, isso inicialmente não foi visto com clareza: devido à eminente história da repercussão da Bíblia, dominava a percepção dominante do Antigo Oriente como "entorno" da Bíblia. Egito e Mesopotâmia eram periferia, Israel e Judá, o centro. As ciências bíblicas se ocupavam com a literatura da revelação; egiptologia e assiriologia deveriam assessorá-las como ciências auxiliares. Historicamente, como apontou a pesquisa do Antigo Oriente e das ciências bíblicas no século XX, os pesos estavam colocados ao contrário: Israel e Judá só se tornaram política e culturalmente relevantes em uma época em que as grandes culturas do Antigo Oriente já estavam estabelecidas, definindo o ritmo e o processo do desenvolvimento histórico-cultural também no Levante.

A escrita parece ter surgido no quarto milênio a.C. no Egito e na Mesopotâmia, de forma independente em ambos os lugares. Sua descoberta marca uma, se não a mais importante cesura para a ciência histórica na história da humanidade: ela separa a pré-história (cf. PARZINGER, 2016) da história, que aos poucos é definida pelo fato de existirem fontes escritas para sua reconstrução. De fundamental importância a introdução da escrita também foi em termos antropológicos: com a possibilidade de depositar conhecimento da memória humana para dentro de textos, de acumulá-lo e preservá-lo para gerações futuras, as possibilidades do ser humano se ampliaram enormemente, provocando uma rápida expansão no desenvolvimento da espécie do *homo sapiens*.

As formas de escrita usuais no Egito e na Mesopotâmia trabalham com logogramas e, portanto, com um grande número de caracteres, que simbolizam palavras ou sílabas. Com o desenvolvimento da escrita do alfabeto (cf. FINKELSTEIN; SASS, 2013, p. 149-220), impulsionado, sobretudo, pelos fenícios, a escrita foi enormemente facilitada. Em vez de milhares de caracteres, fazia-se necessário dominar apenas uns bons vinte, que deviam ser combinados de acordo com os termos envolvidos.

O hebraico desenvolveu-se a partir do fenício e, inicialmente, existia na forma de dialetos (israelita, judaico, gileadita, moabita, amonita etc.) (cf. GZELLA, 2012). Tanto a grafia quanto os termos empregados para seus nomes revelam que as letras do alfabeto hebraico se originaram a partir de uma escrita de caracteres: a letra *"aleph"* significa "boi" e tem a forma de uma cabeça de gado (girada em 90 graus), a letra "*bet*" significa "casa" e é sinalizada de forma correspondente, e a letra "*gimel*" é derivada de "camelo" e lembra a corcova de um camelo.

Com o surgimento do aramaico como língua franca no Oriente Próximo desde o século IX a.C., o hebraico se padronizou, tornando-se uma linguagem educacional, com certo grau de uniformidade. Isso explica, pelo menos em parte, por que o hebraico da Bíblia Hebraica, apesar de todas as diferenciações em particularidades – especialmente no tocante à distinção entre "Classical Biblical Hebrew" ("hebraico bíblico clássico") e "Late Biblical Hebrew" ("hebraico bíblico tardio")[57] –, tem mostrado uma surpreendente constância ao longo dos séculos dentro dos quais seus textos surgiram. O hebraico é redigido em uma escrita que apresenta apenas as consoantes. No fim da Antiguidade, a partir do século V d.C., começou-se a acrescentar as vogais por intermédio de uma pontuação do texto consonantal, a fim de assegurar a pronúncia e interpretação do texto bíblico. Além disso, surgiram outros caracteres, que serviram para estruturar o texto. Mas, antes disso, os textos hebraicos existiam sem pontuação. Em decorrência, hoje não é mais possível afirmar-se com absoluta segurança como o hebraico bíblico era pronunciado[58].

בראשית ברא אלהים את השמים ואת הארץ
בְּרֵאשִׁית בָּרָא אֱלֹהִים אֵת הַשָּׁמַיִם וְאֵת הָאָרֶץ

A primeira frase da Bíblia "No início criou Deus o céu e a terra"
em hebraico não pontuado e pontuado.

Como se pode constatar pelas inscrições hebraicas conservadas, a partir do século IX a.C. a direção da escrita (da direita para a esquerda) já se encontrava definida, o que simultaneamente também é um indício de que, a partir dessa época, surgiram textos mais longos que, sem tal convenção, nem poderiam ter ocorrido. A escrita hebrai-

---

57. Sobre esse tema, cf. Kim (2013), Miller-Naudé (2012) e Hornkohl (2014); criticamente, Rezetko e Young (2014). Uma visão geral facilitadora oferece Gesundheit (2016).

58. É possível que algumas indicações sejam fornecidas pelas transcrições de nomes próprios bíblicos por meio das traduções antigas, sobretudo, da Septuaginta, mas também nesses casos não é certo que os tradutores tenham tido um conhecimento suficiente da pronúncia original desses nomes.

ca antiga – rica em variantes – estava em uso até a entrada do século III a.C.; ela ocasionalmente também podia ser empregue mais tarde, como, por exemplo, pelos samaritanos, os descendentes do antigo reino de Israel.

Texto do Pentateuco samaritano de 1215/1216, com Números 34,26–35,8.

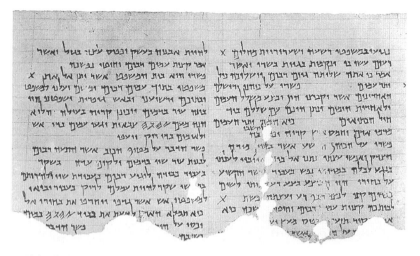

Comentário de Habacuc da Gruta 1 de Qumran, com tetragrama em escrita hebraica antiga.

A escrita hebraica antiga também é empregada de forma arcaica em alguns textos constantes nos rolos de escritos de Qumran, pertencentes ao período do século II a.C. até 68 d.C. Trata-se, entretanto, só de poucos rolos (Levítico e Jó), nos quais isso pode ser constatado em toda a sua extensão. Além disso, alguns rolos oferecem o tetragrama em escrita hebraica antiga. O fato de Levítico e Jó terem sido redigidos em hebraico antigo provavelmente tem a ver com sua lendária ancestralidade: Levítico remonta a Moisés, e Jó é uma figura que, em termos de cenário narrativo, pertence à época dos patriarcas, o ambiente de Abraão, Isaac e Jacó. A escrita hebraica antiga de YHWH, num contexto em que usualmente é empregada a escrita quadrada, indica que naquela época o nome de Deus não era mais pronunciado. A mudança de escrita mostra ao leitor que no processo de leitura ele deve fazer uma pausa, podendo dar continuidade à leitura só depois do nome de Deus. Essa convenção, porém, ainda não se encontrava padronizada: muitos escritos de Qumran apresentam o nome de Deus também em escrita quadrada, e outros colocam quatro pontos no contexto textual, representando o tetragrama.

É provável que a escrita quadrada começou a impor-se gradativamente com a linguagem administrativa do aramaico, usual no reino persa. Seu testemunho mais antigo encontra-se na Inscrição de "Tobias" de Iraq el-Emir, na Cisjordânia (século III a.C.).

Estágios preliminares desse processo já podem ser reconhecidos nos textos da colônia militar judaica sobre a Ilha de Elefantina, no Nilo, perto do atual Assuão, que datam do século V e inícios do século IV a.C. (cf. PORTEN, 1996).

Se contemporizarmos os achados epigráficos dos inícios do primeiro milênio a.C., rapidamente se torna claro que nos séculos X e IX a.C. o desenvolvimento cultural da escrita e do ato de escrever ainda não haviam feito muitos avanços na área de Israel e Judá.

Um dos mais arcaicos documentos escritos do antigo Israel é o chamado Calendário de Gezer, que pode ser datado do século X a.C. Seu conteúdo traduzido é o seguinte:

>Dois meses de colheita
>Dois meses de semeadura,
>Dois meses de semeadura tardia,
>um mês de extração das fibras de cânhamo,
>o mês de colheita da cevada,
>um mês de colheita e medição,
>dois meses de desbaste,
>um mês de colheita de frutos[59].

Não é, porém, totalmente seguro se já podemos ver esse texto como documento hebraico, pois sua linguagem mostra fortes influências fenícias (cf. WEIPPERT, 2010, p. 224). Seu tipo de letra mostra a representação comparativamente rudimentar das letras.

---

59. Tradução segundo Weippert (2010, p. 225). No canto esquerdo inferior do texto ainda se encontra um nome de pessoa ("Abija" ou "Abijahu"), que, contudo, possivelmente foi adicionado só mais tarde.

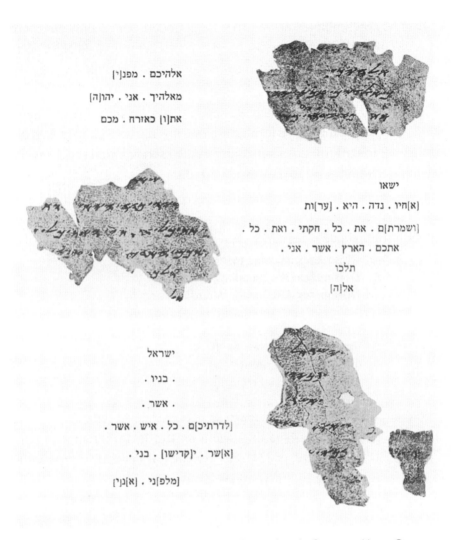

Fragmentos de Levíticos em escrita hebraica antiga da Caverna 11 em Qumran.

Claramente diferente do Calendário de Gezer é uma inscrição em um jarro, encontrado em Jerusalém na área de Ophel: ela data do século X ou IX a.C. e contém oito letras ($m, q, p, ḥ, n, m, ṣ, n$), mesmo que a direção da leitura não esteja clara (cf. LEHMANN; ZERNECKE, 2013, p. 437-450).

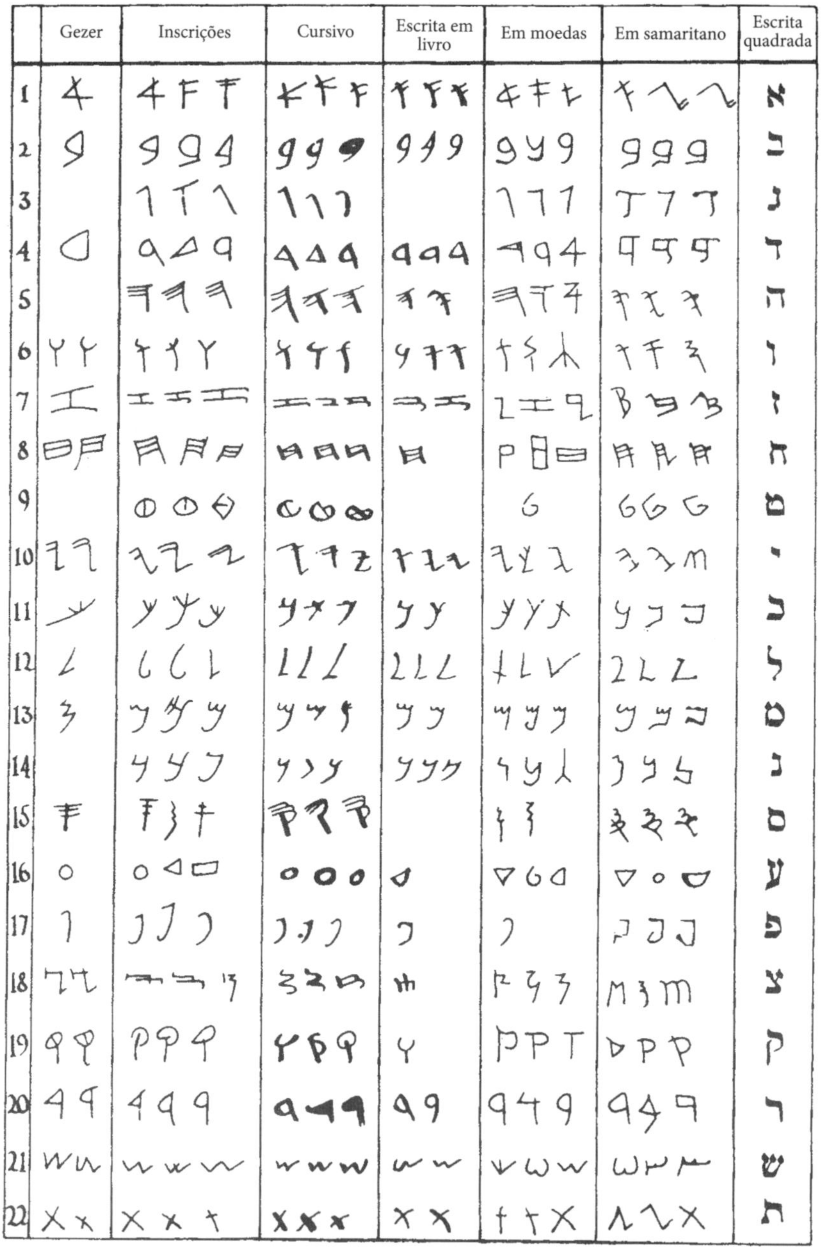

Tabela alfabética de hebraico antigo.

Papiro de Elefantina no Alto Egito, com a carta para Bagohi, 408 a.C.

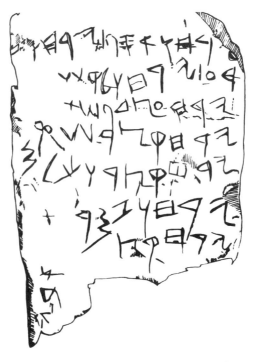

O Calendário de Gezer do século X a.C.

De forma semelhantemente enigmática permanece a chamada Inscrição de Baʿal, de Bet Shemesh, perto de Jerusalém, cuja datação permite ser enquadrada no século XII a.C. (McCARTER, 2011, p. 179-193). Nela se pode ler o nome de "Baʿal", mas o resto da inscrição não é claramente decifrável. O tipo de letra mostra uma escrita inexperiente, semelhante à inscrição do jarro de Ophel.

Um óstraco encontrado em Khirbet Qeiyafa, um local acima do Vale Elah na Shefelá, é geralmente datado do século X a.C. (ROLLSTON, 2011, p. 67-82). Embora várias propostas de tradução estejam à disposição, o conteúdo do óstraco ainda deve ser considerado obscuro. É possível identificar algumas palavras, mas uma leitura clara não é possível. De qualquer maneira, é impossível derivar desse texto encontrado quaisquer conclusões fundamentais sobre o desenvolvimento da cultura de escrita em Judá, uma vez que já foi até questionado se Khirbet Qeiyafa chegou a ser mesmo uma localidade judaica (cf. FINKELSTEIN; FANTALKIN, 2012, p. 38-63; SCHROER; MÜNGER, 2017).

Mais importante em relação a isso é o abecedário de Tel Zayit na Shefela judaica, que pode ser datado do século 10 a.C. (FINKELSTEIN; SASS; SINGER-AVITZ, 2008, p. 1-14; CARR, 2008, p. 113-129). Ele contém todas as letras do alfabeto hebraico, mesmo que não na ordem que se costumava usar mais tarde: *wav* vem antes de *he*, *ḥet* antes de *zayin* e *lamed* antes de *kaf*. Essas variações na sequência não se encontram completamente sem paralelos. Presume-se que *lamed* antes de *kaf* seja devido a um erro, mas as outras duas diferenças são conhecidas de outros abecedários. Como exercício de escrita, este texto permite deduzir um contexto educacional, que para a Judá rural no século X a.C. é notável.

Fragmento de jarro de Jerusalém, séculos XI-X a.C.

Inscrição de Baal, de Bet Schemesch, cerca do século XII a.C.

Outra descoberta importante para a pergunta pelo desenvolvimento da cultura da escrita é a inscrição de parede descoberta em 1967 de Tell Deir Alla, um pequeno assentamento na margem leste, próximo à foz do Jaboque no Jordão (cf. WEIPPERT; WEIPPERT, 1982, p. 77-103; BLUM, 2008b, p. 33-53; 2008a, p. 573-601). O texto permite ser datado arqueologicamente no século IX a.C. Devido a destruições causadas por um terremoto, ele só está conservado fragmentariamente, mas se pode perceber que menciona o "Balaão, filho de Beor", também conhecido na Bíblia (cf. Números 22–24). Muito fala a favor da identificação da sala em que foi descoberta essa inscrição de parede com uma escola de escrita; isso é sugerido por paralelos arquitetônicos com as instalações em Tell Deir Alla. Uma vez que a inscrição foi escrita em um dialeto próximo ao aramaico e não apresenta proximidade histórico-religiosa com Israel e Judá, pode-se pressupor que essa escola constituía um posto avançado de Aram. No entanto, quanto ao desenvolvimento e à avaliação da cultura da escrita no Israel antigo, ela é de grande importância, pois mostra que já no século IX a.C. era possível a redação de textos bastante extensos também em periferias políticas (BLUM, 2016, p. 21-52).

Óstraco de Khirbet Qeiyafa, cerca do século X a.C.

A chamada estela de Mescha (cf. WEIPPERT, 2010, p. 242-248), descoberta em 1868 em Dibon, ao sul da atual Amã, na Cisjordânia, aponta em uma direção semelhante. Ela pode ser datada do século IX a.C. Com um comprimento de 34 linhas, ela fornece informações sobre a história do reinado de Moabe sob seu Rei Mescha, que também é mencionado na Bíblia (2Reis 3,26s.). A estela de Mescha, por seu turno, cita o Rei Omri de Israel, bem como o Deus de Israel, YHWH. A escrita da estela é moabita, intimamente relacionada ao hebraico antigo.

A já mencionada inscrição de Tel Dan também é uma inscrição régia, que igualmente data do século IX a.C. (ATHAS, 2005; KOTTSIEPER, 2007, p. 104-134). Provavelmente é da autoria de Hazael de Damasco, que a usa para vangloriar-se de ter matado os reis Jorão e Acazias, o que na Bíblia, porém, é atribuído a Jeú (2Reis 9). O texto está escrito em língua aramaica.

Inscrição de Balaão de Tell Deir Alla, século IX a.C.

Inscrições de parede de Kuntillet 'Ajrud, século IX a.C.

A primeira inscrição claramente hebraica do antigo Israel e Judá é a inscrição de Siloé, do fim do século VIII a.C. (cf. WEIPPERT, 2010, p. 328s.). Ela relata sobre a perfuração do túnel de Siloé em Jerusalém, o aqueduto subterrâneo da nascente de Giom até o tanque de Siloé, que foi escavado em dois lados. A datação da inscrição e do túnel, no entanto, é incerta. Ela depende da atribuição da construção do túnel a Ezequias de Judá em 2Reis 20,20; 2Crônicas 32,3-4.30 (cf. Sirácida 48,17), o que arqueologicamente não é improvável, mas também não pode ser comprovado (cf. KNAUF, 2001, p. 281-287; REICH, 2011, p. 193-206). Surpreende, entretanto, que a própria inscrição não nomeia um rei, nem provém de um lugar público, originando-se, pois, dificilmente de um contexto oficial: ela foi descoberta em 1880 a seis metros da abertura leste do túnel. Talvez ela seja também uma indicação de que a capacidade de ler e escrever da população da Judeia não se restringia, como de costume, à casta dos escreventes. Tomando por base as descobertas epigráficas, parece cultural e historicamente concebível que a formação de tradições escritas dos textos bíblicos subsequentes iniciou a partir dos séculos IX ou VIII a.C.[60] Mesmo que se tenha que ser cuidadoso com a determinação

---

60. Cf. a discussão cuidadosa de Richelle (2016, p. 556-594), que, por um lado, argumenta acertadamente contra uma visão do século VIII a.C. como um limite estrito da produção literária, mas, por outro, simpatiza com datas de surgimento significativamente anteriores para a literatura bíblica.

de limites históricos estritos em vista da inscrição de Balaão em Tell Deir Alla, essa impressão geral permanece significativa, sobretudo por coincidir com duas outras observações.

A inscrição de Siloé do século VIII a.C.

Por um lado, a profecia escrita em Israel e Judá surgiu numa época em que também a cultura da escrita já estava suficientemente desenvolvida para permitir o surgimento de textos literários, ou seja, no século VIII a.C. Já para Julius Wellhausen chamou atenção que de Elias não se transmitiu nenhum livro próprio, mas que de Isaías sim (WELLHAUSEN, 1965, p. 40)[61]. Entre ambos jaz o surgimento de uma cultura de escrita que já era tão difundida em vários círculos, que estes incluíam Isaías, mas também Amós ou Oseias e/ou seus transmissores.

Por outro, a partir desta época específica Israel e, um pouco mais tarde, Judá são percebidos e correspondentemente mencionados em fontes do Antigo Oriente como estados (TUAT I, 367-409), o que, de forma inversa, permite inferir um certo nível de desenvolvimento cultural, que, não por último, afeta também o sistema da escrita.

Este inventário, entretanto, que sugere circunstâncias modestas, não deveria levar ao equívoco de que a cultura da escrita na área geográfica do antigo Israel e Judá só tenha surgido pela primeira vez um ou dois séculos depois de Davi e Salomão, tendo emergido do nada naquela época. Deve-se levar em conta, isto sim, que já na Idade do Bronze Jerusalém era, comparativamente, uma cidade importante (cf. NA'AMAN, 1992, p. 275-291). Com a chamada correspondência de Amarna, encontra-se atestada inclusive uma intensa troca de correspondência entre o Rei Abdi--ḫepa, da cidade de Jerusalém, e o faraó em Amarna, o que atesta uma prática desenvolvida da escrita em Jerusalém (WEIPPERT, 2010, p. 138-145).

Não apenas Jerusalém, mas todo o Levante era caracterizado na Idade do Bronze por uma cultura citadina destacada, na qual havia, é claro, também escribas formados com base em textos clássicos. Eloquente testemunho a esse respeito é fornecido por um fragmento de tábua de argila da Epopeia de Gilgamesh do século XIV a.C. encontrado em Megido. Ressalte-se que uma análise do material mostra tratar-se de uma argila nativa: a tábua não foi, portanto, importada da Mesopotâmia, mas feita na região sul de Judá e, por isso, com toda a probabilidade, também escrita no próprio país (GOREN, 2009, p. 763-773).

---

61. Historicamente, contudo, a figura de Elias é dificilmente tangível, cf. Albertz (2006).

As cartas de Amarna foram escritas em Jerusalém no século XIV a.C. e são dirigidas a Tutenchamun em Amarna.

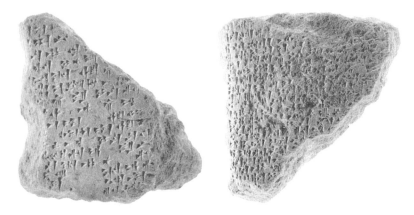
Fragmento da Epopeia de Gilgamesh, século XIV a.C.

Mesmo assim, não há nenhuma continuidade direta dessa cultura da Idade do Bronze com o sistema da escrita em Israel e Judá que, como visto, principia a desenvolver-se a partir dos séculos IX e VIII a.C.: em Canaã os reinados citadinos desapareceram por volta do fim da Idade do Bronze, no século XI a.C. Na pesquisa do século XX, essa ruína foi frequentemente associada com a chamada "tempestade dos povos do mar", a ascensão dos filisteus, enquanto que hoje se tende mais a contar com vários fatores, também naturais, como, por exemplo, um longo período de seca, que pode ser comprovado arqueológica e botanicamente (FRITZ, 1996)[62].

As escolas de escrita, que também deveriam ser admitidas para a época do reinado em Israel e Judá, serviam para a formação de funcionários e sacerdotes[63], que se encontravam ocupados com textos de conteúdo administrativo, mas que provavelmente também redigiam e atualizavam – mormente para fins de formação – material tradicional do que era transmitido religiosa e culturalmente (cf. CARR, 2015). O quadro epigráfico de Israel resultante durante o tempo dos reis em Israel em relação à escrita e ortografia indica – devido ao grau de padronização, comparativamente alto – com certeza suficiente que havia locais de formação correspondentes ("escolas"), em que o escribas eram treinados. De outra forma tais padronizações não seriam explicáveis. Não fica claro, porém, como

---

62. Cf. tb. as contribuições em Grabbe (2016).
63. Sobre escritoras, cf. Halton e Svärd (2017); bem como Schroer (2003, p. 28s.).

nós devemos imaginar tais escolas. Na Bíblia elas só são mencionadas em Sirácida 51,23 e Atos dos Apóstolos 19,9. A posição ocupada pelo escriba está bem testemunhada, tanto epigráfica quanto biblicamente[64]. As designações "escriba do rei", respectivamente "escriba régio" (2Reis 12,11; 2Crônicas 24,11; Ester 3,12; 8,9) indicam que tal formação provavelmente se dava inicialmente no palácio real, onde, segundo Jeremias 36,12, existia também uma "sala do escriba". Também assuntos militares foram documentados por escribas, como evidenciado pelo cargo de um "escriba do chefe do exército" (2Reis 25,19; Jeremias 52,25). Uma nova investigação de dezesseis óstracos de conteúdo militar de Arad, uma importante base militar no Negev, datados do início do século VI a.C., mostra que a capacidade da escrita em redutos militares aparentemente era bastante difundida na época. A análise da escrita indica que os óstracos não remontam a um único escriba profissional, mas que pelo menos seis mãos diferentes deveriam ter participado da escrita (FAIGENBAUM-GOLOVIN, 2016, p. 4.664-4.669). Ao que tudo indica, portanto, mais pessoas pertencentes aos quadros militares eram detentoras da capacidade de escrever.

2.4 A literatura da fase inicial do reinado

Mesmo que agora se possa assumir que os textos mais antigos da Bíblia não foram escritos antes dos séculos IX ou VIII a.C., isso não significa que seus materiais não possam ser mais antigos. Muitas das histórias, canções, provérbios ou ditos legais da Bíblia são de natureza tradicional e – como mostra a comparação de reflexões histórico-culturais – remetem a uma história traditiva oral por vezes longa. Esta, no entanto, em regra é difícil de captar, quanto mais de reconstruir em detalhes. Mesmo assim, a cesura marcada pelo processo de escrita a que foram submetidas tradições transmitidas oralmente ao longo de gerações não deve ser subestimada. Os textos são fixados dentro de determinada sequência e forma linguística, pode-se fazer referência a eles, e eles permitem ser interpretados e atualizados. Tudo isso também ocorreu desde o início de sua transformação por escrito com a literatura do antigo Israel e Judá no período que se seguiu (cf. BOSSHARD-NEPUSTIL, 2015).

---

64. Cf. exemplos em: 2Samuel 8,17; 1Reis 4,3; Jeremias 32; 36; 43; 45; Esdras 7,6.12-26; Neemias 13,12s.; Sirácida 38s.

2.4.1 Os dois reinos: Israel e Judá

Para o início da formação literária na época do reinado, deve-se fazer uma diferenciação entre os dois reinos de Israel e Judá. A Bíblia apresenta o estabelecimento da realeza de tal forma que, após a conquista da terra em Canaã, as doze tribos de Israel desejam um rei para si. Esse pedido do povo é condenado pelo Profeta Samuel e pelo próprio Deus, mas Samuel finalmente acaba por deferi-lo:

> Mas foi ruim aos olhos de Samuel quando eles disseram: Dá-nos um rei para que ele nos governe! E Samuel orou a YHWH. E YHWH disse a Samuel: Ouça a voz do povo em tudo o que eles disserem a ti; porque não rejeitaram a ti, mas a mim, para que eu não me torne rei sobre eles (1Samuel 8,6-8).

Com esta avaliação negativa do reinado, levada a efeito na Bíblia ainda antes do seu estabelecimento, o reinado terrestre é visto em concorrência direta com o reinado de Deus. Tematicamente essa visão crítica é preparada pelo capítulo 24 de Josué, que informa sobre a eleição de YHWH como rei por Israel: Josué reúne as tribos de Israel em Siquém, um lugar tradicional da eleição do rei (1Reis 12,1), onde elas se comprometem com YHWH como seu Deus. No entanto, a perspectiva teocrática de Josué sobrepõe-se a textos interpretativos mais antigos nos livros subsequentes, que se relacionam de forma claramente amigável com o reinado. Esta avaliação diferenciada e provavelmente mais antiga do reinado pode, por exemplo, ser reconhecida em 1Samuel 9,15-17:

> Mas um dia antes da vinda de Saul, YHWH havia revelado o seguinte a Samuel: Amanhã a estas horas te enviarei um homem da terra de Benjamin, e tu o ungirás por príncipe sobre meu povo de Israel. E ele livrará o meu povo das mãos dos filisteus, porque eu tenho visto o meu povo e o seu clamor chegou a mim. Quando Samuel viu Saul, YHWH disse a ele: Veja, este é o homem de quem eu disse a ti: Este deve governar o meu povo.

O reinado aparece aqui como um meio de salvação divina para Israel de seus inimigos. Saul é então realmente ungido rei por Samuel. Ele é seguido por Davi e Salomão, ambos residentes em Jerusalém. Para a Bíblia, isso constitui a era de ouro da monarquia unida, amplamente apresentada nos livros de Samuel e Reis, bem como nos de Crônicas. Para a Bíblia a época de Davi e Salomão não constituiu somente uma época brilhante política, econômica e militarmente, mas também cultural e literariamente. De acordo com 1Reis 12, depois da morte de Salomão as tribos do norte se separam de Judá, e a história do reinado passa a desenvolver-se em ambos os reinos de Israel e Judá, que são abolidos em 722 a.C. (Israel) e 587 a.C. (Judá). Israel, como Reino do Norte, é retratado como ímpio pela Bíblia e nenhum rei é avaliado positivamente, já que eles não se orientam pelo santuário central em Jerusalém, o que revela esta cidade como o local de residência do mais importante narrador dos Livros dos Reis. Judá, como Reino do Sul, é avaliado consideravelmente melhor, mesmo que por vezes seja criticado o fato de que o povo continuava a sacrificar nos lugares altos e a queimar incenso, violando dessa forma a prerrogativa do Templo de Jerusalém.

Esta visão bíblica da relação entre os dois reinos de Israel e Judá foi corrigida de forma decisiva nas últimas quatro décadas com o enorme desenvolvimento da pesquisa arqueológica em Israel[65]. Enquanto a Bíblia parte do pressuposto de que Jerusalém, como local de residência e culto de Davi e Salomão, era a capital dos seus grandes reinos, e que Israel, como reino do norte, constituía uma separação ilegítima do grande reino davídico-salomônico e uma grandeza religiosa sincretista, os achados arqueológicos de Israel e Judá sugerem um quadro diferente (cf. FINKELSTEIN, 2015a). Israel, como Reino do Norte, parece ter se desenvolvido mais cedo, mais rápido e mais fortemente que Judá, o Reino do Sul, o que se pode deduzir da arquitetura, dos artigos de luxo encontrados, da epigrafia e também das menções extrabíblicas a Israel e Judá. Esses resultados encontrados também não são nada surpreendentes do ponto de vista geopolítico, porque em termos técnicos de tráfego, Israel se encontrava consideravelmente mais central que Judá, que tinha Jerusalém nas montanhas da Judeia como centro. Os acentos históricos entre o norte e o sul são, portanto, diferentes dos bíblicos.

---

65. Para uma visão geral, cf. Vieweger (2012).

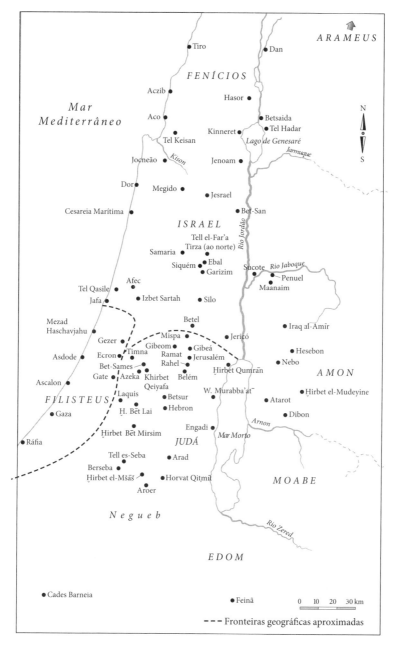

Israel, o Reino do Norte, e Judá, o Reino do Sul, no século VIII a.C.

Ao mesmo tempo, é preciso imaginar os inícios dos reinos no norte e no sul como política e socialmente mais modestos do que a Bíblia sugere. Os reinados de Saul, Davi e Salomão e de seus primeiros sucessores devem ser caracterizados como reinados patrimoniais, cujas sortes eram dirigidas em primeiro lugar por um líder militar, bem como por sua clientela (cf. KEEL, 2007, p. 155). Uma sociedade diferenciada, com uma corte real desenvolvida e uma classe de nobreza, diferenciada dos cidadãos livres, se desenvolve somente em meados dos séculos IX e VIII a.C. Nessa época também ocorre a formação de grandes diferenças sociais e econômicas, retratadas, por exemplo, na crítica social profética dentro dos livros de Amós e Isaías.

Para a produção de literatura em Israel, no Reino do Norte, entram especialmente em cogitação como centros da arte da escrita os santuários reais de Betel e Dã, bem como a capital Samaria, fundada pelo Rei Omri. Pois no Levante, bem como em outras partes do Antigo Oriente, tanto a formação na escrita como a atividade da escrita eram vinculadas à corte real ou ao Templo. Essas instituições necessitavam de documentação de anais e de dados econômicos, o que só poderia ser feito por meio de escribas que – principalmente no Templo – zelavam também pelas tradições religiosas. Um papel destacado deve ter desempenhado a época de Jeroboão II, já que foi marcada por um surto de expansão cultural, mostrando-se, portanto, adequada para, de forma especial, valer como um tempo de coleta e escrita de tradições do norte de Israel (cf. FINKELSTEIN, 2017a).

Na verdade, dificilmente ainda podem ser feitas declarações mais precisas sobre a literatura do antigo reino de Israel. Muitos escritos provavelmente se perderam na queda da capital Samaria em 722 a.C., quando os assírios conquistaram Israel, e aquilo que havia sobrado só se conservou à medida que pôde ser salvo por refugiados no sul[66]. Além disso, cabe considerar que a atual Bíblia Hebraica é fortemente cunhada por Judá e não admite nenhum outro local além de Jerusalém como detentor de capacidade cultural *atual* (cf. Deuteronômio 12,13-19). Como resultado desse axioma, foram sorteados provavelmente ainda outros textos que no século VII a.C. haviam chegado até Jerusalém, mas que, em virtude de sua heterodoxia, não encontraram recepção no acervo da Bíblia em gestação. Assim sendo, é possível que existiram outros textos usados em Dã, Samaria ou Betel, mas que agora estão perdidos.

---

66. Sobre isso, cf. a discussão entre Na'Aman (2014, p. 1-14) e Finkelstein (2015b, p. 188-206); cf. tb. Knauf (2017).

2.4.2 As tradições de Jacó

No entanto, ainda existem algumas referências à literatura do reino de Israel a serem obtidas criticamente, que poderiam ter sido transmitidas nos santuários de lá. Os textos sobre o ancestral Jacó de Gênesis 25–35 parecem ter sido transmitidos e cultivados no santuário real em Betel[67], o que pode ser reconhecido pela função proeminente deste santuário no contexto do ciclo de Jacó (BLUM, 1984; 2012b, p. 181-211; PURY, 1991, p. 147-169; FINKELSTEIN; RÖMER, 2014b, p. 317-338). Em Betel Jacó recebe uma revelação decisiva de Deus (Gênesis 28,12-15), e ali ele faz um voto que acaba terminando na criação de um imposto templário em Betel:

> Então Jacó fez um voto e disse: Se Deus está comigo e me guardar neste caminho que agora estou trilhando, se Ele me der pão para comer e roupas para vestir, e se eu voltar em segurança para a casa de meu pai, então YHWH será o meu Deus. E esta pedra, que erigi como estela, é para se tornar uma casa de Deus, e eu certamente darei o dízimo de tudo o que me deres (Gênesis 28,20-22).

Dificilmente poder-se-ia esperar que tal declaração ainda pudesse ser possível após a centralização do culto em Jerusalém, provavelmente datada do fim do século VII a.C. Por isso é possível contar com o fato de a matéria do ciclo de Jacó ser mais antiga que a época de Josias. O fato de as histórias sobre Jacó terem se originado no Reino do Norte pode-se deduzir também pelas localidades geográficas citadas nestes textos: Jacó nunca vem a Jerusalém, Hebrom, Gerar ou Mamre. Todos esses lugares situam-se no sul e aparecem nas tradições sobre Abraão e Isaac. Jacó, por seu turno, pode ser encontrado em narrativas que se desenrolam em Siquém, Maanaim, Pnuel e Betel, que pertencem ao Reino do Norte.

Mesmo que as histórias de Jacó tenham a forma de histórias de família e se desenrolem numa época em que ainda não existiam estados no Levante, elas não deixam – como grandezas literárias – de estar profundamente moldadas pela política. Parte-se do pressuposto de que já sua

---

67. Sobre os panos de fundo arqueológicos, cf. Finkelstein e Singer-Avitz (2009, p. 33-48); diferentemente argumenta Lipschits (2017, p. 233-246). Uma pergunta fundamental nesse contexto diz respeito à localização do santuário de Betel. Encontrava-se ele na própria cidade, ou fora dela? Para a segunda possibilidade parecem apontar Gênesis 12,8; 13,3, bem como Gênesis 28,19b (em conexão com Josué 16,2).

forma literária mais antiga esteja relacionada com as unidades políticas que são representadas pelas figuras dos ancestrais[68]: Jacó é Israel, Esaú é Edom[69]. As narrativas sobre Jacó possivelmente tinham fases preliminares orais (cf. WAHL, 1997), que ainda não possuíam um foco político. Mas já as versões escritas mais antigas, com as quais se pode contar a partir do século VIII a.C., relacionam Israel com os estados vizinhos de Edom e Aram[70].

Quanto ao santuário real em Dã, no extremo norte, aventou-se a possibilidade de que salmos individuais, que mais tarde foram levados para Jerusalém, poderiam ter surgido ali, a exemplo dos Salmos de Coré ou dos Salmos 29 e 68. Esta suposição tem alto grau de probabilidade, especialmente no que se refere ao Salmo 29, já que ele parece ter sido projetado com base num modelo ugarítico (MÜLLER, 2008; KRATZ, 2003b). Ugarit era uma importante cidade-Estado ao norte da Síria; contatos culturais e econômicos diretos com Ugarit são muito mais fáceis de imaginar para o Reino do Norte, cujo santuário localizava-se em Dã, do que para o Sul. Deve-se, contudo, levar em consideração que nos séculos X e IX a.C. Dã ainda não pertencia a Israel, mas a Aram. A lenda da fundação do santuário em 1Reis 12, que faz remontá-lo a Jeroboão I, e é provavelmente uma retroprojeção literária da época de Jeroboão II (781-742 a.C.) (cf. FINKELSTEIN, 2017a). Foi só sob o seu comando que Dã provavelmente se tornou israelita. O Salmo 20 é uma adoção comparativamente direta de um salmo aramaico, testemunhado no papiro Amherst 63 (SMELIK, 1985, p. 75-81; DELCOR, 1993, p. 25-43; TOORN, 2017, p. 633-649).

Finalmente, deve ser admitido também para o santuário da capital Samaria, construído no século IX a.C. pelos omridas, que ele chegou a conhecer, uma literatura cultual própria (cf. HENSEL, 2016). Omri, um ex-comandante militar no exército de Israel, conseguiu ascender ao trono do Reino do Norte por volta de 880 a.C. Sob ele, Israel pela primeira vez

---

68. Cf. Wellhausen (1883, p. 336): "A matéria aqui (isto é, na história dos patriarcas) não é mítica, mas nacional". Cf. tb. a nota de rodapé anterior.

69. Coisa semelhante também vale para as narrativas de Abraão: Abraão é o pai de Isaac, que igualmente é referido em lugar de Israel (cf. Amós 7,9.16), e Ló é o pai de Moabe e Amom, que carregam os nomes das nações correspondentes ao leste do Jordão. Cf. Finkelstein e Römer (2014b, p. 3-23): as narrativas sobre Abraão parecem ser um pouco mais recentes.

70. Cf. detalhadamente Schmid (2017, p. 33-67).

se tornou uma potência política a ser levada a sério no Levante. Arqueologicamente, o santuário da cidade de Samaria, fundada por Omri, não pode ser provado, mas em primeiro lugar, não deixa de ser provável que a nova capital de Israel, se não desde o início, então não muito tempo depois passou a ter um templo dedicado ao deus nacional YHWH. Em segundo lugar, na Bíblia é mencionado um templo de Baal, que Acabe, filho de Omri, teria edificado em Samaria (2Reis 16,32). Essa notícia é plenamente verossímil em relação à construção do Templo. O fato de a Bíblia atribuir o santuário a Baal e não a YHWH pode ser explicado pela tendência dos livros de Reis, de orientação hierosolimita: de sua perspectiva, o templo em Samaria não era um templo de YHWH, mas de Baal, o que faria com que fosse teologicamente desacreditado. Em terceiro lugar, em inscrições de Kuntillet 'Ajrud (cf. MESHEL, 2012), que devem ser datadas do século IX a.C., encontra-se atestada a expressão "YHWH de Samaria", que não seria convincentemente explicável sem a presença de um templo de YHWH em Samaria. Um "YHWH de Samaria" só é concebível como forma de manifestação cultual diferenciada e especial de YHWH, assim como Ele era venerado no templo dessa localidade.

2.4.3 A narrativa sobre Moisés e o êxodo

Além das tradições de Jacó, também a narrativa Moisés-êxodo pertence originalmente ao norte. Seus estágios orais preliminares contam entre o acervo da tradição mais antiga da Bíblia, como mostram as múltiplas referências formalizadas fora da Torá sobre o significado da saída de Israel do Egito para a identidade de Israel (cf. BECKER, 2005, p. 81-100). Seu herói, Moisés, foi provavelmente uma figura histórica, para o que apontam o seu nome egípcio e a narrativa, de acordo com a qual ele foi casado com uma mulher estrangeira: ambas as coisas dificilmente teriam sido inventadas mais tarde se a tradição já não tivesse dado referências a respeito (cf. BLUM, 2012a, p. 37-63). Os panos de fundo históricos do próprio êxodo são difíceis de aclarar. Por um lado, é certo que ele não ocorreu assim como é descrito na Bíblia: tal êxodo em massa teria deixado vestígios que poderiam ser descobertos arqueologicamente, o que, porém, não é o caso. Acima de tudo, entretanto, ainda não existia o grande Israel, que poderia ter saído conjuntamente do Egito. Ele só emergiu gradativamente na própria terra de Canaã. Como mostram a falta de diferenças culturais e turbulências civilizatórias no fim da Idade do Bronze, Israel se desenvolveu a partir de Canaã principalmente devido a processos de diferenciação internos (cf. FRITZ, 1996).

Por outro lado, a descrição bíblica do Êxodo poderia remontar a diversas experiências históricas, condensadas numa tradição original mítica. Migrações de grupos populacionais cananeus entre o Egito e o Levante estão bem documentadas. Documentos egípcios de funcionários de fronteira, por exemplo, mencionam nômades de passagem, que permanecem no Egito sazonalmente, mas depois retornam novamente para o espaço asiático. Da mesma forma, a retirada dos egípcios do Levante no fim da Idade do Bronze, condicionada por política interna, pode ter influenciado a tradição do êxodo, só que sob circunstâncias opostas: é Israel que sai do Egito[71]. É provável que foram, sobretudo, grupos do norte que introduziram no repertório traditivo de Israel as experiências migratórias para e do Egito.

O domicílio histórico-traditivo da narrativa Moisés-êxodo ao norte deduz-se, principalmente, do fato de a história da construção de dois santuários reais ao norte – um em Betel, o outro em Dã – por Jeroboão I relacionar os dois bezerros de ouro com a tradição do êxodo (cf. DONNER, 1994, p. 71-75; RÖMER, 2018, p. 122s.).

> Então o rei foi aconselhar-se, mandou fazer dois bezerros de ouro e disse ao povo: Vocês por muito tempo fizeram peregrinações para Jerusalém! Eis que estes são os teus deuses, Israel, que te fizeram subir da terra do Egito (1Reis 12,28).

Mesmo que esta narrativa provavelmente não seja histórica e pertença, antes, ao tempo de Jeroboão II do que de Jeroboão I (Dã só se tornou parte de Israel no século VIII a.C.)[72], ela demonstra de forma crível a estreita relação da tradição do êxodo com o culto estatal ao norte. Na mesma direção aponta a observação de que o êxodo desempenha um papel bem mais proeminente entre os profetas do Reino do Norte, Oseias e Amós (cf. LANG, 2003, p. 27-29; HOFFMAN, 1989, p. 169-182;

---

71. Cf. a discussão abrangente em Levy et al. (2015).
72. Cf. Pakkala (2008, p. 501-525) e Berlejung (2009, p. 1-42). Sobre a pertença de Dã a Israel somente a partir do século VIII a.C., provavelmente desde Jeroboão II, cf. Finkelstein (2011, p. 230) e Arie (2008, p. 6-64). Jeroboão I, portanto, não pode ter estabelecido ali um santuário real no século X a.C.

DOZEMAN, 2000, p. 55-70), do que, por exemplo, em Isaías e Miqueias, que provêm do Reino do Sul. A história dos dois bezerros de ouro de 1Reis 12 foi retomada em Êxodo 32 e, secundariamente, transferida pelo Rei Jeroboão I para todo o povo de Israel. Com isso fica claro: a idolatria em Israel não é apenas um pecado pelo qual o rei teria se tornado culpado, mas todo o povo é considerado responsável. O fato de Êxodo 32,4 ter sido influenciado por 1Reis 12,28 e não o contrário pode ser depreendido com segurança do emprego do plural ("deuses [...] que te fizeram subir da terra do Egito") em ambos os textos: "E ele [Aarão] recebeu-o das suas mãos, trabalhou-o com o cinzel e fez um bezerro fundido com ele. Então eles disseram: Estes são os teus deuses, Israel, que te fizeram subir da terra do Egito" (Êxodo 32,4).

Apenas em 1Reis 12 são feitos dois bezerros; em Êxodo 32 é feito apenas um. O plural, portanto, está ancorado em 1Reis 12, e foi incorporado dali em Êxodo 32.

Na narrativa atual do Pentateuco, a narrativa Moisés-êxodo desempenha a função de dar continuidade ao Gênesis, sendo que, com seu fim natural, a apresentação da conquista da terra no Livro de Josué aponta para além do Pentateuco. Originalmente, porém – tanto em forma oral como escrita –, ela constituía um complexo traditivo para si, tendo sobrevivido como tal provavelmente até o fim da época exílica ou mesmo até o início da época pós-exílica[73]. Sua autonomia original deduz-se por um lado do fato de a narrativa Moisés-êxodo apresentar temática e teologicamente um suficiente acabamento, e por outro, também pelo fato de a história dos patriarcas em Gênesis 12–50, por si só, não conduzir organicamente à narrativa Moisés-êxodo (cf. PURY, 1991, p. 78-96; SCHMID, 1999). Ao contrário, tende a impor-se a suposição de que, com os patriarcas e o êxodo, dois complexos traditivos, originalmente independentes, acabaram sendo unificados literariamente. Nesse sentido chama especial atenção Êxodo 1,6-8:

> E José morreu e todos os seus irmãos e toda aquela geração. Mas os israelitas foram fecundos e se multiplicaram bastante; tornaram-se numerosos e muito poderosos, e a terra encheu-se deles. Então, um novo rei se ergueu sobre o Egito, que nada sabia sobre José.

---

73. Cf. a tentativa de reconstrução de Germany (2018).

Dentro desses três versículos é criado um equilíbrio, logo reconhecível como tal, entre a história de José narrada anteriormente e a história do Êxodo que agora principia: primeiramente, devem ser apagadas todas as memórias da ascensão de José e seus benefícios ao Egito, a fim de que o motivo da opressão possa ser introduzido de forma plausível. O preço pago em Êxodo 1,8 por essa plausibilidade é que o novo faraó acaba precisando ter esquecido José, o segundo homem sob seu predecessor no Egito. Essa dificuldade se explica pelo esforço em conectar narrativamente da forma mais breve possível as tradições dos patriarcas e do êxodo.

Assim sendo, originalmente a narrativa Moisés-êxodo foi transmitida de forma independente da história dos patriarcas. Não é fácil decidir se sua versão escrita mais antiga surgiu ainda antes da queda do Reino do Norte, ou só depois. Chama a atenção que tanto ela como a narrativa de Jacó conseguem apresentar suas histórias sem a figura de um rei. Em qualquer caso, é provável que a forma literária da narrativa Moisés-êxodo, que começa com a história do nascimento de Moisés em Êxodo 2,1-10, tenha surgido apenas depois de 722 a.C., e isso devido a sua clara tendência antiassíria. Êxodo 2 parece ser uma recepção crítica da lenda de Sargão, transmitida em neoassírio[74]:

> Sharrukin [Sargão], o poderoso rei, o rei da Acádia sou eu. Minha mãe era uma sacerdotisa, meu pai não conheço. O irmão do meu pai mora nas montanhas. Minha cidade é Azupiranu, que fica às margens do Eufrates. Fui concebido por minha mãe, a sacerdotisa, que me deu à luz em segredo. Ela me colocou em um cesto de cana e, com azar, trancou a tampa sobre mim. Ela me colocou no rio, do qual eu não deveria sair. O rio me levou para Akki, para o criador da água ele me trouxe. Akki, o criador da água, me tirou quando se ergueu seu balde criador. Akki, o criador da água, me criou em lugar de um filho, Akki, o criador da água, me colocou em sua posição de jardineiro. Por causa do meu trabalho como jardineiro, Ishtar começou a me amar e, assim, exerci o reinado por [5] 4 anos (TUAT *Ergänzungslieferung*, 56).

Sargon relata que sua mãe era uma sacerdotisa-*enitu*, proibida de contrair matrimônio. Seu pai seria desconhecido para ele. Apesar de sua des-

---

74. Cf. Gerhards (2006, p. 70-105). Gerhards contesta, porém, a autonomia original de Êxodo 2 em relação a Êxodo 1 (2012, p. 103-122). Cf. tb. Blum (2002, p. 146s.).

cendência duvidosa, ele é escolhido pelos deuses, o que se mostra em sua milagrosa preservação no cesto e no fato de a deusa Ishtar lhe presentear com seu amor, o que significa lhe conceder o reinado. O perfil objetivo de Êxodo 2,1-10 pode ser determinado de uma maneira muito semelhante: a preservação e resgate de Moisés quando ele foi abandonado no Nilo mostra que Deus está com ele. O pano de fundo traditivo neoassírio de Êxodo 2,1-10 mostra exemplarmente a orientação crítica, antiassíria da narrativa Moisés-êxodo: em lugar do grande rei assírio, aparece a figura não régia de Moisés como objeto de eleição divina, que liberta Israel do trabalho servil imperial.

Com a narrativa Moisés-êxodo surge pela primeira vez em Israel um documento literário claramente anti-imperial, mas que, por seu turno, agora confere ao próprio Deus poder absoluto, "imperial". A narrativa do êxodo trata da libertação de Israel da "*servitude*" ao Egito para o "*service*" a Deus (cf. AUZOU, 1961). Este motivo básico da descrição de Deus como absolutamente soberano, que acarreta uma dependência fundamental do seu povo a Ele, haveria de revelar-se como um clássico histórico-teológico de importância central, sobretudo, para a formação do monoteísmo. Ele está baseado num empréstimo de um padrão assírio básico, embora em inversão antiassíria. Na narrativa-Moisés-êxodo, essa orientação antiassíria foi transferida para um cenário egípcio prototípico imaginário: Egito e seu faraó, que não por acaso permanece anônimo, não representam nenhum poder imperial concreto, mas a instituição de impérios terrestres por excelência.

2.4.4 Salmos da época do reinado

Outro texto que pode ter tido sua origem em Samaria é o Salmo 45, um salmo régio. Ele descreve que o rei decantado se casa com filhas reais estrangeiras, o que combina com a política de casamento dos omridas, que se aparentavam com os fenícios: particularmente conhecido é o matrimônio entre Acabe e Jezabel, uma princesa fenícia, que na formação traditiva bíblica ascendeu a uma déspota e perversa por excelência, tendo influenciado negativamente também o seu esposo nessa função. Enquanto na Bíblia mulheres estrangeiras são frequentemente vistas como causa de males – elas veneram outros deuses e induzem seus maridos à mesma prática –, o Salmo 45 aparentemente não vê nenhuma dificuldade pelo fato de a "filha de Tiro", a cidade portuária fenícia mais importante, ser exaltada pelo salmista em toda a sua exuberância:

> Meu coração está comovido por uma bela palavra, quero apresentar minha obra ao rei. Minha língua é a pena de um escritor treinado. [...] Filhas de reis estão entre os teus tesouros, à tua direita encontra-se a esposa com ouro de Ofir. [...] Também a filha de Tiro aparece diante de ti com um presente, os mais ricos do povo procuram por teu favor. A filha do rei é puro esplendor nos aposentos, sua veste está ornamentada de ouro. Ela é conduzida ao rei em vestidos bordados com cores vivas, virgens a seguem, suas amigas são conduzidas a ti. Elas são acompanhadas de vivas e exultações, elas entram no palácio do rei (Salmo 45,2.10.13-16).

O Salmo 45 provavelmente deve sua sobrevivência literária no Saltério ao fato de não se ter entendido suas afirmações como se referindo a um rei terreno, mas ao próprio Deus, que recebe a homenagem dos povos.

O império do norte de Israel, originalmente mais poderoso, contrasta com o império menor e menos importante do sul de Judá, cuja tradição se tornou muito mais importante em termos de história da repercussão. Judá detinha apenas um centro cultural e político notável, Jerusalém[75]. Diferentemente do que é o caso nos santuários do Reino do Norte, o Templo de Jerusalém passou por uma história especial, que, apesar de sua dupla destruição (587 a.C. pelos babilônios e 70 d.C. pelos romanos), conservou literariamente elementos consideráveis de sua lírica cultual e do seu acervo transmissivo restante: no livro dos Salmos ficou preservada uma série de textos que, com bons motivos, permitem ser atribuídos ao serviço cultual no primeiro e segundo templos. Ao lado disso encontram-se salmos que dificilmente alguma vez tiveram função cultual (p. ex. os Salmos 1; 49; 73; 78; 104; 119; 136) (cf. STOLZ, 1983). O Saltério como um todo, aliás, em sua forma atual, deve ser entendido mais como um livro de meditação para piedosos da Torá do que propriamente como livro cultual, ou no sentido de um livro de hinos da comunidade pós-exílica (cf. ZENGER, 1998, p. 1-57; JANOWSKI,

---

75. Detalhadamente sobre isso, cf. Keel (2007).

2017, p. 223-261). Isso se torna particularmente claro na abertura do Saltério por meio do primeiro Salmo, que não vem acompanhado de título e que abre o Saltério como um Saltério de leitura com qualidade da Torá (cf. JANOWSKI, 2007, p. 18-31):

> Feliz quem não segue o conselho dos ímpios e não anda pelo caminho dos pecadores, nem se assenta no círculo dos zombadores, mas tem o seu prazer na Torá de YHWH e murmura sobre sua lei dia e noite. Ele é como uma árvore plantada junto a um riacho, que dá seu fruto em seu devido tempo, e suas folhas não murcham. E tudo quanto faz é bem-sucedido. Os ímpios não são assim, eles são como palha, dispersada pelo vento. Por isso, os ímpios não subsistirão ao julgamento, nem os pecadores na comunidade dos justos. Pois YHWH conhece o caminho dos justos, mas o caminho dos ímpios perece (Salmos 1,1-6).

É provável que o primeiro Salmo pense inicialmente na Torá que nós conhecemos quando se refere à "Torá de YHWH", mas ao mesmo tempo todo o Saltério também vale para ele como Torá, pois, como a Torá, se encontra subdividido em cinco partes (Salmos 1–42; 43–72; 73–89; 90–106; 107–150). A imagem ideal para a apropriação dos Salmos consiste em meditar sobre eles, ou – como se deve traduzir literalmente o termo *hāgāh* – em murmurar suas palavras diante de si. Na Antiguidade a leitura, mesmo aquela feita para si próprio, não era silenciosa, mas parcialmente alta. Com isso, o processo de leitura se tornava mais intenso, já que, dessa forma, a omissão de termos se tornava impossível.

Raramente é contestado o fato de o Saltério conter textos poéticos de épocas muito diferentes. O que gera bastante incerteza é o enquadramento histórico dos textos, muitas vezes só possível por aproximação. Isso não é nenhuma coincidência, mas tem a ver com os temas tratados nos salmos: Lamentações, cânticos de ações de graça, bem como hinos, dificilmente contêm – em termos de conteúdo – quaisquer referências a circunstâncias históricas concretas. Sim, o caráter desses textos como formulários litúrgicos inclusive exige a manutenção de certa abertura, a fim de que as distintas pessoas que oram possam se reencontrar nas situações abordadas. O próprio primeiro Salmo é provavelmente um dos mais recentes. Ele representa uma percepção dos Salmos como textos de leitura individual, e não como cânticos e orações comunitárias cultuais.

Existe apenas um salmo que contém uma alusão suscetível de ser avaliada historicamente, a saber, o Salmo 137. No versículo 1, ele afirma: "Junto aos rios da Babilônia, estávamos sentados e chorando, pensando em Sião". Obviamente, esse Salmo pressupõe o exílio na Babilônia, e provavelmente ele pertence a essa situação. O quanto diverge o espectro de datação sugerida para os demais salmos pode ser visto pelo fato de que na pesquisa clássica dos Salmos, o Salmo 137 poderia ser o mais recente para Ivan Engnell (1967, p. 176, nota 2)[76], e o mais antigo para Bernhard Duhm (1922, p. xxi-xxii). Ivan Engnell foi um representante da pesquisa escandinava de Salmos na primeira metade do século XX. Essa pesquisa pressupunha ou construía um determinado evento cultual por trás de praticamente todos os salmos, enquanto já por volta de 1900 Bernhard Duhm considerou como prováveis extensas atividades escriturísticas do judaísmo pós-exílico na composição de textos do Antigo Testamento, tendo datado inúmeros salmos na época dos hasmoneus, ou seja, por volta do fim do século II a.C.

O enquadramento histórico dos salmos é inevitavelmente difícil, visto tematizarem, por via de regra, situações humanas gerais, que justamente não apontam para contextos históricos ou políticos específicos. No entanto, alguns indícios relacionados ao conteúdo permitem uma classificação aproximada.

Em primeiro lugar, pode-se presumir dos Salmos régios 2; 18; 21; 72 e 110 que eles tenham surgido numa época em que também Judá não era mais um reino soberano, mesmo que, posteriormente, tenham sido recebidos e transmitidos como tradições que representavam um tempo ideal. No contexto do Oriente Próximo, é de se esperar que o culto do Templo fundamente e garanta o reino terreno; os Salmos régios citados atendem a essas expectativas.

Também é concebível que algumas das chamadas lamentações individuais (cf. Salmos 6; 13 e outros) fossem originalmente textos régios, porque na época dos reis o rei era provavelmente a única pessoa fora da classe sacerdotal que tinha acesso total ao culto do Templo. Em Jerusalém o Templo estava completamente integrado na área do palácio régio, constituindo, como o santuário do Reino do Norte em Betel, um

---

76. Sobre isso, cf. Laato (2015, p. 336-370).

"santuário do rei e santuário do reino" (Amós 7,12; cf. 1Reis 12,26s.). Os Salmos 56,8 e 59,6.9, de qualquer forma, veem os povos estrangeiros como inimigos da pessoa que ora, de modo que uma interpretação régia não é improvável (cf. DAY, 2004, p. 225-250): a oposição entre indivíduo e povos, do lado do indivíduo, só faz sentido para os reis. Basicamente, para a tradição do primeiro Templo de Jerusalém, deve-se ter sempre em mente que este, em termos de arquitetura, não constituía senão uma dependência da corte real.

Além disso, por razões histórico-religiosas, as palavras da dedicação do Templo proferidas por Salomão, transmitidas fora do Saltério e reconstruídas a partir do Primeiro Livro de Reis, devem ser datadas no início da época dos reis:

> Naquela época, Salomão disse: YHWH pôs o sol no céu; Ele mesmo declarou que queria morar no escuro. Portanto, agora construí uma casa para servir-te de morada, um lugar onde serás entronizado por toda a eternidade. Assim consta no Livro do Cântico (1Reis 8,12s. / LXX 1Reis 8,53).

Esse texto documenta a posse do santuário de Jerusalém por YHWH, que com probabilidade foi consagrado originalmente à divindade do sol, tendo em razão desse fato o próprio YHWH assumido características solares (cf. KEEL, 2002, p. 9-23; 2008, p. 215-218)[77]. O fato de Jerusalém demonstrar tradicionalmente uma afinidade com o culto ao sol já se pode deduzir unicamente pelo nome da cidade, que provavelmente significava em sua origem "Cidade de Šalim", ou seja, da divindade do crepúsculo. No Antigo Oriente, a divindade do sol era responsável por lei e justiça. Com a introdução do culto a YHWH em Jerusalém, provavelmente na época de Davi, o próprio YHWH, originalmente uma divindade da montanha e do clima, assumiu o papel de garantidor da lei e justiça. O aparecimento dessa herança teológica significou um passo decisivo para a universalização da ideia de Deus em Israel e Judá, que determinou de forma tão central sua história posterior.

A literatura do culto pré-exílico do Templo mostra contornos de uma concepção teológica abrangente, que tem sido designada por tradição

---

77. Criticamente em relação a Keel, cf. Rösel (2009, p. 402-417). Cf. tb. Janowski (1995, p. 214-241; 1999, p. 192-219).

cultual de Jerusalém[78]. Em seu centro está o poderoso Deus de Sião, que protege Jerusalém e seu rei dravídico, e que é responsável pela prosperidade da circunvizinhança e pela manutenção de direito e justiça. A concepção básica nesse contexto é que Deus defende o cosmos favorável à vida contra o caos contrário à vida. Nas teologias citadinas cananeias esse antagonismo era frequentemente ilustrado com o motivo da batalha do caos. A lírica cultual do Antigo Testamento conhece e tematiza esse motivo, mas transforma a batalha num cenário já totalmente pacificado:

> YHWH é rei.
> YHWH está vestido com esplendor, YHWH está vestido, Ele cingiu-se com poder.
> O mundo está fixo, não vacila.
> Firme está o teu trono desde o início, Tu és desde a eternidade.
> Os rios elevaram, YHWH, rios elevaram suas vozes, rios levantam seu rugido.
> Mais forte do que o estrondo de águas torrenciais, mais imponente do que as ondas do mar, é poderoso YHWH nas alturas (Salmos 93,1-4).

Deus é retratado nesse Salmo como um poder absolutamente soberano. No passado distante, as águas do caos elevaram suas vozes contra Ele, mas uma luta contra elas nem se fazia necessária em vista do poderoso trono de Deus acima delas. Dessa forma, o Salmo 93 mostra claramente o enraizamento da tradição cultual de Jerusalém em seu entorno, mas também seu próprio perfil teológico (cf. JEREMIAS, 1987).

A ideia de uma tradição cultual de Jerusalém foi desenvolvida numa época em que se partia do pressuposto de que um extenso acervo textual do Saltério provinha do culto pré-exílico do Templo. Essa suposição possui uma justificativa modificada ainda hoje, uma vez que textos litúrgicos costumam ser conservadores quanto às suas tradições, ou seja, podem conter tradições de épocas mais antigas, mesmo que tenham surgido só posteriormente na forma literária transmitida. O melhor exemplo disso são provavelmente os textos de Isaías 40–55, que se conhecem pelo nome de Dêutero-Isaías. Por um lado, eles podem ser claramente datados da

---

[78]. "Sob a tradição cultual de Jerusalém é entendida a concepção globalmente abrangente, reflexiva e fechada na qual se baseia a maioria dos Salmos e que é mutuamente complementada e referenciada, especialmente nos Salmos de Sião, Salmos da criação, Salmos régios e de Javé como rei, articulados liturgicamente em elementos essenciais" (STECK, 1972, p. 9).

época do exílio babilônico, já que pressupõem a queda de Jerusalém (Isaías 40,1s.) e citam explicitamente o rei persa Ciro (Isaías 44,28; 45,1); por outro, eles se encontram numa tradição litúrgica dada, que deveria remontar à época do primeiro Templo em Jerusalém. Por isso também se presume atualmente que Isaías 40–55 poderia remontar a um grupo de cantores exilados do Templo (cf. BERGES; BEUKEN, 2016; BERGES, 2017, p. 11-33). Correto é provavelmente que as concepções religiosas dos Salmos da época dos reis demonstram certa convergência, que pode ser interpretada no contexto da matriz cosmos-caos.

2.4.5 A literatura sapiencial

Aos textos do Antigo Testamento da época do reinado pertencem também as tradições mais antigas, compreendidas sob o conceito de "literatura sapiencial". Sob "sabedoria" entende-se no Antigo Oriente uma estrutura de orientação que condensa conhecimento baseado em experiência de maneira prática para a vida, e que pode ser expressa por intermédio de diferentes formas linguísticas, como provérbios, discursos instrutivos ou narrativas didáticas. Devido a sua peculiaridade, ela é tanto orientada internacionalmente (conhecimento humano experimental básico compreende a área cultural comum do Antigo Oriente) quanto não cunhada explicitamente de forma religiosa – Deus pode, mas não precisa necessariamente ser mencionado nestas tradições. No contexto do Antigo Testamento, é provável que, sobretudo, os provérbios e as composições reunidas em Provérbios 10–29 sejam de datação bem antiga (cf. SAUR, 2012). Seu lugar sociológico-literário não está bem claro. As origens orais da literatura sapiencial podem estar nas tradições familiares; muitos enunciados "sapienciais" retratam convicções atreladas ao senso comum, difundidas também fora de Israel e que não podem ser atribuídas sem mais nem menos a *um* único segmento separado da história social de Israel e Judá. Em Provérbios 22–24, entretanto, se encontram também materiais intimamente relacionados a modelos egípcios, que dificilmente poderiam ter surgido fora de um ambiente de escrita erudita que estivesse de posse dos contatos culturais correspondentes (cf. SCHIPPER, 2005, p. 53-72, 232-248).

2.5 A queda de Israel e suas consequências para Judá

O reino de Israel teve apenas cerca de 200 anos de existência soberana antes de ter perdido em 722 a.C. sua autonomia política com a conquista da Samaria, transformando-se em província assíria. "Israel", entretanto, continuou a existir também após 722 a.C. de maneira diversificada. A diáspora israelense na Mesopotâmia foi aquela que, inicialmente, deixou os menores vestígios. Os assírios não costumavam estabelecer partes deportadas da população de áreas conquistadas em colônias fechadas, mas as misturavam com a população local. Por isso existem algumas poucas notícias sobre israelitas deportados na Mesopotâmia após 722 a.C., mas seus rastros se perdem rapidamente (cf. ALBRIGHT, 1958, p. 33-36; BECKING, 1992, p. 61-73; 2002, p. 153-166; NA'AMAN, 1993, p. 104-124; ODED, 1995, p. 205-212).

Por outro lado, também pessoas assírias eram estabelecidas em áreas conquistadas, o que, por essa razão, também deve ser admitido para o Israel conquistado (cf. NA'AMAN; ZADOK, 2000, p. 159-188), sendo apresentado dessa forma pela Bíblia em 2Reis 17,24-41. O objetivo era destruir a identidade étnica e política das áreas conquistadas. No caso de Israel essa política teve êxito, já que, pelo menos da perspectiva judaica e, mais tarde, judia, a população remanescente no território do Reino do Norte foi difamada como "cuteus" – uma referência à origem de parcelas da população mesopotâmica trazida para Israel de Cuta (2Reis 17,24). Na verdade, porém, quem se desenvolveu depois de 722 a.C. na área do antigo reinado de Israel foi a comunidade dos samaritanos (cf. KNOPPERS, 2013; HENSEL, 2016), que desde os tempos iniciais persas mantinham também seu próprio santuário no Monte Garizim (cf. STERN; MAGEN, 2002, p. 49-57; MAGEN, 2007, p. 157-211; MAGEN et al., 2004; 2008, p. 167-205). Essa comunidade ainda existe na atualidade, mesmo sendo bastante pequena, com cerca de mil membros. Na Antiguidade, entretanto, os samaritanos chegaram a constituir por longos períodos um grupo de importância igual ao dos judeus e, por vezes, até mais numeroso (cf. o cap. 4, "Os samaritanos...").

Tempo e espaço do antigo reino de Israel após 722 a.C. parecem representar inicialmente o pano de fundo histórico para algumas das narrativas do Livro de Juízes na Bíblia, cuja pré-história oral, porém, provavelmente remonte ao período anterior à queda[79]. Em sua forma atual, o Livro de Juízes é composto como *intermezzo* entre a história salvífica de Israel – esta vai desde as promessas feitas aos patriarcas, passa pela saída de Israel do Egito e termina com a tomada da terra – e a história subsequente do reinado. Os assim denominados juízes – figuras salvíficas carismáticas – aparecem em situações de grande angústia e salvam Israel graças a sua posse do Espírito concedido por Deus. Israel, porém, se afasta recorrentemente de Deus, de modo a se formar um círculo de eventos (Juízes 2,11-19). Dessa forma, o Livro de Juízes faz a transição para a apresentação da época dos reinados de Israel e Judá nos livros de Samuel e Reis, que então não falam mais de ações salvíficas periodicamente recorrentes, mas descrevem a apostasia de Deus ocorrida com Israel e Judá, que culmina com as respectivas ruínas nacionais (2Reis 17 e 2Reis 25).

O Livro de Juízes, entretanto, não foi composto como elo entre os livros de Josué e Samuel, e a teoria cíclica de salvação e renovada apostasia pertence a sua revisão exílica. Seu núcleo literário se encontra em Juízes 3–9 e contém uma coletânea de histórias de salvadores da era assíria. O fato de que, com exceção de Otniel (Juízes 3,7-11), todos os juízes – Aod, Samgar, Débora, Barac, Gedeão, Abimelec – provêm do antigo Reino do Norte, sugere que em Juízes 3–9 foram preservadas especificamente tradições do norte de Israel. Elas propagam a possibilidade de uma existência não estatal para Israel, sem um rei próprio. Contra um reinado próprio em Israel alerta especialmente o episódio de sua institucionalização fracassada por Abimelec em Siquém (Juízes 9), que historicamente deve pressupor a destruição de Siquém em 722 a.C. Os incidentes em torno da implantação de um reinado siquemita em Juízes 9 podem ser lidos, inclusive, como resumo dos piores delitos dos reis do Reino do Norte. A história de Abimelec concentra literariamente dois séculos de reinado israelita num só capítulo[80]. Também os contornos específicos dos inimigos de Israel em Juízes 3–9 apontam para o período assírio: Moabe,

---

79. Finkelstein (2017b, p. 431-449) confirma a proveniência do norte, mas opta por uma datação mais antiga no século VIII a.C., antes da queda do Reino do Norte (p. 450). Não pesa muito, porém, o argumento de que as narrativas pressupõem o território do reinado intacto; diferente é, contudo, o peso a ser atribuído à falta de uma figura real nas narrativas do Livro de Juízes.

80. Cf. Guillaume (2004, p. 55-72), e, com crítica literária minuciosa, Müller (2004, p. 93-118).

por exemplo, só aparece como Estado que poderia oprimir Israel com o surgimento do Rei Mesa por volta de 845 a.C. (cf. STEINER, 2014, p. 770-781, esp. p. 772; DION, 2010, p. 205-224) (Juízes 3,12-14). Coisa semelhante ocorre na descrição dos conflitos com os midianitas, que parecem refletir as experiências de Israel com os árabes desde o século VII a.C. (cf. KNAUF, 1988, p. 31-42).

Assim sendo, o núcleo do Livro de Juízes nos capítulos 3–9 provavelmente deve ser entendido como um escrito programático da época posterior ao reinado, que se posiciona contra um reinado institucionalizado em Israel e a favor de uma política conduzida por Deus por meio de figuras carismáticas salvadoras. Tem-se a impressão de que essa liderança israelita interna não precisa necessariamente entrar em conflito com estruturas organizacionais políticas abrangentes. As narrativas do Livro de Juízes se defendem da acusação implícita de que o antigo Reino do Norte seja um território ímpio: Deus age ali por intermédio de figuras carismáticas salvadoras. O programa político de Juízes 3–9 tem uma orientação claramente pró-assíria e, nesse sentido, constitui certo contraprograma à narrativa Moisés-êxodo.

Arqueologicamente pode ser provado de forma indireta – o que também, historicamente, não passa de mera probabilidade – que, após 722 a.C., grande número de refugiados do reino de Israel acabou vindo para Judá, situada ao sul, tendo se estabelecido por lá[81]. Jerusalém, em particular, cresceu bastante durante o século VII a.C. A Jerusalém régia tradicional estava localizada na área da cidade de Davi, no contraforte sudeste do monte do Templo. No século VII a.C. a área foi povoada em direção ao contraforte sudoeste, o que é designado na Bíblia em 2Reis 22,14 de "cidade nova" (cf. OTTO, 2008b). É bem provável que esse reassentamento repentino esteja relacionado ao acolhimento de refugiados do norte. É claro que esses refugiados não trouxeram consigo apenas os seus bens materiais, mas também textos e tradições. Foi dessa forma que provavelmente chegaram até Jerusalém a tradição de Oseias, alguns Salmos, mas também determinadas tradições, então incorporadas ao Deuteronômio.

Mas Israel não sobreviveu apenas na diáspora do Reino do Norte e nos "samaritanos", assim denominados posteriormente – aquele agrupa-

---

81. Exemplos podem ser encontrados em Aland e Aland (1989, p. 286-288).

mento étnico e religioso que vivia no solo do antigo Reino do Norte com o santuário no monte de Garizim e que é percebido pela Bíblia, sobretudo, como concorrência ao judaísmo judaico em torno do segundo Templo em Jerusalém[82] –, e sim, também na própria Judá. O nome prestigioso e importante de "Israel" parece ter sido adotado pela própria Judá após 722 a.C. O nome pode representar um neologismo, ou então "Israel" já compreendia antes da queda do império do norte uma grandeza mais abrangente do que meramente as dez tribos, sem Judá (e Benjamim)[83]. É facilmente concebível que já nos tempos do reino de Israel, por exemplo, sob o longo e próspero reinado de Jeroboão II, existisse uma ideologia israelita global, que, no entanto, partia da liderança exercida pelo norte, e não do sul. No sul é, sobretudo, o Livro de Isaías que retrata claramente a transferência da terminologia de "Israel": segundo Isaías 5,3, o cântico da vinha é dirigido aos "habitantes de Jerusalém e homens de Judá"; o versículo interpretativo de 5,7, porém, assegura: "A vinha de YHWH dos exércitos é a casa de "Israel", e os homens de Judá são sua plantação preferida". Israel e Judá, portanto, não são aqui percebidos como grandezas complementares, mas Judá é um subconjunto de Israel: em Isaías 5,7, "Israel" abrange Israel e Judá.

Na tradição profética do Livro de Isaías, a identificação de Judá com Israel é de importância teológica fundamental com vistas ao julgamento vindouro que paira sobre Judá. O Livro de Isaías não poupa esforços para deixar claro que o juízo de "Israel" ainda não acabou com a queda do Reino do Norte. As afirmações e fundamentações teológicas eventualmente mais importantes para a unidade "teológico-judicial" de Israel e Judá encontram-se no assim chamado poema de refrão em Isaías 5,25-30; 9,7-20; 10,1-4, que se refere à tradição do Profeta Amós, do Reino do Norte, e com isso, ao tema do julgamento de Israel, refletindo sua importância para Judá. O poema é textualmente identificável com clareza por meio do refrão "Apesar de tudo isso, sua ira não se amainou e seu braço ainda continua estendido" (cf. 9,11.16.20; 10,4; 5,25), e esse refrão oferece informações suficientemente claras sobre o que esse poema pensa a respeito do julgamento de Deus a Israel. Den-

---

82. Sobre isso, cf. Hensel (2016), e o cap. 4 deste livro.
83. Cf. por um lado, Kratz (2013a), e, por outro, Weingart (2014).

tro do poema de refrão é inicialmente a afirmação de Isaías 9,7-9 que é reveladora no tocante às referências a Amós:

> O Senhor enviou uma palavra contra Jacó, e ela caiu sobre Israel, e todo o povo deverá reconhecer: Efraim e todos os que moram em Samaria.
> Com soberba e altivez de coração diziam: As paredes de tijolos caíram, mas construiremos com pedras lavradas; Sicômoros (vigas) foram cortados, mas vamos substituí-los por (madeira de) cedro.

Isaías 9,7 recorda explicitamente uma palavra profética que já foi dirigida a Israel (isto é, ao Reino do Norte, como mostram os endereços "Efraim", "Samaria", mas também "Casa de Jacó") (repare nos tempos passados "envi*ou*", "ca*iu*"). O endereço do reino no norte dificilmente permite que algo além da tradição de Amós entre em questão. Isso também é sugerido pelo motivo do terremoto indicado em Isaías 9,8, que é central para o título do Livro de Amós (Amós 1,1s.), bem como especialmente pelo contexto subsequente em Isaías 9,12, que também aponta para Amós: "Mas o povo não se voltou para quem lhe bateu, e não buscou a YHWH dos exércitos".

Esse versículo está repleto de alusões ao Livro de Amós. A afirmação de que o povo não "voltou" a Deus retoma o refrão de Amós 4,6-12, de que Deus "feriu" Israel, cita Amós 4,9, e a reprovação por Israel não ter "buscado" a Deus refere-se a Amós 5,4-6, onde a "casa de Israel" é conclamada a "buscar" a Deus. O sentido dessas referências a Amós é claro: o julgamento de Judá proclamado por Isaías não configura nenhum evento novo, mas está baseado na ira de Deus contra Israel, que continua dirigida contra seu povo. O julgamento contra Judá proclamado por Isaías é, portanto, a extensão e continuação do julgamento contra o Reino do Norte de Israel (cf. BLUM, 1997, p. 13-16).

Assim sendo, Israel e Judá são vistos como uma unidade para o julgamento vindouro, sendo que para esse evento historicamente a queda de Judá de forma alguma já necessita estar pressuposta: ao contrário, é bem mais plausível que a convicção da tradição de Isaías, de que com a queda de Samaria o juízo a "Israel" ainda não tenha passado, deva ser datada ainda antes da queda de Judá no ano de 587 a.C., já que os textos de Isaías acentuam mais do que todos os demais livros proféticos a rejeição da mensagem profética entre os seus ouvintes. Isso fica particularmente compreensível a partir de uma situação histórica em que Israel como unidade política já pereceu, mas Judá ainda persiste. Esse exemplo ilustra a eminente importância histórico-teológica da época entre a queda do Reino do Norte e do Reino do Sul como sendo uma época de novos ordenamentos teológicos fundamentais. Não foram primeiramente a catástrofe de Jerusalém em 587 a.C. e o exílio babilônico que se comprovaram como forças motrizes elementares da teologia veterotestamentária. Pelo contrário, esses eventos só puderam ser trabalhados teologicamente de uma maneira a não conduzir ao término da religião de YHWH, porque a formação de tradições no século anterior já havia tomado medidas decisivas a respeito (cf. KÖCKERT, 2014, p. 357-394).

Esses processos da história espiritual foram de importância decisiva para que os textos bíblicos se transformassem em escritos. A tradição de Amós havia provado sua veracidade aos olhos dos transmissores de Isaías e por isso entrou em cogitação como ponto de referência teológico para a tradição de Isaías. Por meio dessa recepção específica, o Livro de Amós em formação adquiriu certa autoridade; inversamente, o Livro de Isaías em formação pôde se beneficiar dessa autoridade, por ligar-se objetivamente à tradição de Amós.

2.6 Os primórdios da profecia escrita

Para a transformação da Bíblia em livro escrito a profecia não é apenas importante por causa da recepção da tradição de Amós no Livro de Isaías em formação, ocorrida cedo, mas faz parte da essência de sua transmissão das mensagens de Deus que ela – em forma escrita – desempenha um papel decisivo na formação da concepção de textos normativos.

A profecia é um fenômeno conhecido não apenas em Israel e Judá[84], mas também em outros lugares do Antigo Oriente. Os mais conhecidos são os textos proféticos de Mari, no alto Eufrates, do século XVIII a.C., e de Assur, do século VII a.C.[85] A antiga profecia oriental deve ser vista no

---

84. Cf. Kratz (2003) e Nissinen (2018). Para o que segue, cf. o trabalho detalhado em Schmid (2014b, p. 462-476).
85. Cf. *TUAT* II/1, p. 83-93; 56-82.

contexto mais amplo da premonição (cf. KÖCKERT; NISSINEM 2003; MAUL, 2013; STÖKL, 2012; NISSINEN, 2018): por intermédio de técnicas específicas, especialistas procuram obter conhecimento sobre o futuro, divinamente intermediado, com o objetivo de aconselhar a corte real em questões militares, econômicas ou políticas de ordem geral. Há alguns anos, Manfred Weippert propôs uma definição comparativamente ampla do que vem a ser um profeta ou uma profetisa, que pode ser aplicada tanto à profecia do Oriente Antigo como da Bíblia, e que diz o seguinte: "Um(a) profeta(isa) é uma pessoa do sexo masculino ou feminino que 1) participa de uma experiência cognitiva, uma visão, audição, um sonho ou coisas semelhantes, em que haja revelação de uma divindade ou de várias divindades, e 2) sabe-se comissionada pela(s) divindade(s) correspondente(s) a transmitir a revelação em forma de linguagem ou metalinguagem (por atos simbólicos ou representados por sinais) a um terceiro, o verdadeiro destinatário" (WEIPPERT, 1988, p. 289s.; 2014, p. 89s.).

São quatro as coisas que chamam a atenção nessa definição: ela também se refere a contextos politeístas, razão pela qual fala de "divindades" no plural. Em segundo lugar, de acordo com o seu horizonte oriental antigo, ela também leva explicitamente em consideração profetisas (cf. STÖKL; CARVALHO, 2013), testemunhadas com destaque na profecia neoassíria. A terceira coisa consiste no fato de ela considerar a profecia não verbal, que na Bíblia, por exemplo, encontra-se atestada em 1Samuel 10,5s. E em quarto lugar, ela deixa em aberto o aspecto da predição do futuro. Ela define a profecia a partir da essência do mensageiro; a predição do futuro naturalmente se encontra incluída nesse contexto, mas sem ser especialmente destacada.

Profecia é, portanto, transmissão de conhecimento divino a destinatários humanos. Tal processo também é conhecido na Bíblia, sendo descrito em 1Reis 22,6-22. O rei de Judá, Josafá (*c.* 871-852 a.C.), e o rei de Israel, Acabe (*c.* 871-852 a.C.) deliberam sobre a conveniência de empreenderem uma batalha conjunta contra Ramot de Galaad, e, para tanto, Acabe busca uma avaliação competente entre os seus profetas da corte, aparentemente em número de quatrocentos, o que já mostra a destacada importância dessa instituição. A informação prestada pelos profetas é clara: eles encorajam o Rei Acabe a pôr em prática sua campanha militar. Mas, ali há ainda o profeta da oposição, Miqueias, filho de Jemla, que profetiza o contrário para o rei: Israel será derrotado. Na ocasião, Miqueias filho de Jemla também explica ao seu Rei Acabe como se originou a profecia de todos os demais profetas que predisseram o contrário, a saber, por meio de um espírito da mentira, enviado pelo próprio Deus. Essa percepção excogitada da profecia não explica o fenômeno da falsa profecia a nível dos próprios profetas, mas conta com algo como uma falsa profecia "autêntica". O próprio Deus teria fascinado os seus profetas e lhes insuflado uma mensagem falsa.

O episódio de 1Reis 22,6-22 é um caso especial. Claramente reconhecível nele, entretanto, é a problemática fundamental da profecia institucionalizada, que determina o conteúdo emitido pelos seus peritos a partir das expectativas que implícita ou explicitamente são trazidas a eles. Temos conhecimento desse tipo de profecia porque os livros dos Reis nos informam a respeito. Mas ele não se tornou por si só formador de tradições. Não existe um livro nem vários livros sobre os quatrocentos profetas que estiveram a serviço do Rei Acabe.

Livros proféticos só foram preservados de figuras individuais, que atualmente constituem a parte do cânone denominada de "Profetas posteriores". Apesar de toda a proeminência que acabaram tendo os profetas Isaías, Jeremias, Ezequiel e os doze denominados "Profetas menores" – os personagens por trás desses livros não representaram inicialmente senão uma subcultura marginal devido às suas mensagens de crítica ao regime e ao culto, tendo evoluído para figuras renomadas somente depois das catástrofes nacionais de 722 e 587 a.C., a queda inicialmente do Reino do Norte, e depois, do Reino do Sul. Em virtude da autenticidade do entorno social de suas tradições, sobretudo, devido às suas histórias repercussivas já cedo detectáveis, não pode haver dúvidas de que esses profetas devem valer em sua maioria como figuras históricas. Unicamente Malaquias e Joel representam provavelmente construções literárias: Malaquias ("meu mensageiro") é um nome fictício, e já foi percebido diversas vezes que o núcleo do livro se relaciona estreitamente com a tradição anterior de Zacarias, dando continuidade a esta (cf. BOSSHARD; KRATZ, 1990, p. 27-46). A tradição de Joel renuncia completamente a uma autolocalização histórica e está toda caracterizada com determinados textos cunhados por escribas (cf. BERGLER, 1988). Não se consegue detectar nenhuma figura profética individual por trás desse escrito.

Algumas figuras que ficaram conhecidas como profetas de escrita parecem ter se distanciado explicitamente da profecia institucionalizada. Amós, por exemplo, reage da seguinte forma a sua expulsão do santuário em Betel: "Eu não sou profeta e não sou discípulo de um profeta, mas sou vaqueiro e cultivo sicômoros. Mas YHWH tirou-me de junto das ovelhas, e YHWH me disse: "Vá, profetiza ao meu povo Israel!" (Amós 7,14s.).

Esta réplica só é compreensível diante do pano de fundo sociológico ilustrado por 1Reis 22: Amós não nega em relação a si que ele mesmo profere profecias, mas se distancia dos "profetas" institucionalizados que constroem suas aptidões previsíveis. O próprio Amós atesta não estar envolvido diretamente em nenhum desses contextos institucionalizados; ele apenas cuida de ovelhas e cultiva sicômoros, embora tenha a Palavra de Deus.

A situação problemática especial dos que mais tarde são denominados de profetas de escrita torna-se reconhecível também no Livro de Isaías: na visão de comissionamento em Isaías 6, Isaías recebe o seguinte encargo, verdadeiramente absurdo, de Deus:

> E Ele [Deus] disse: Vai e dize a este povo: Deveis ouvir, sempre ouvir, mas não deveis entender! Deveis ver, sempre ver, mas não deveis entender! Embota o coração deste povo, torna-lhe pesados os ouvidos, e fecha-lhe os seus olhos para que não possa ver com os seus olhos e ouvir com os seus ouvidos, e para que o seu coração não compreenda e para que não se converta e obtenha cura (Isaías 6,9s.).

Nas ciências bíblicas muitas vezes foi especulado sobre como deveria ser interpretada essa incumbência (cf. MÜLLER, 2012). A ideia mais plausível é ainda a assim denominada hipótese de retroprojeção: em Isaías 6,9s., o efeito malogrado da pregação de Isaías foi pensado em conjunto com a sua incumbência. Isso significa: por trás da formulação da incumbência de Isaías como profeta já consta a experiência do seu fracasso.

Dessa forma, duas coisas se tornam compreensíveis para os leitores do Livro de Isaías. Por um lado, esse texto explica por que Isaías não foi ouvido no seu tempo, e, por outro, a fixação por escrito da sua mensagem mostra que ela é importante para tempos posteriores, nomeadamente para o presente dos seus leitores, que irão ler o livro após o cumprimento do juízo anunciado.

O surgimento da profecia escrita em Israel coincide temporalmente com a queda do Reino do Norte de Israel, estando talvez até mesmo condicionado a esse fato[86]. De qualquer forma, o término da existência de um Estado no norte deve ter favorecido em muito o êxito da profecia escrita. Pode-se contar com o fato de o cerne da profecia do Antigo Testamento ter sido originalmente oral. Isso é indicado pelo emprego de certas formas e gêneros típicos da pregação oral. Até a literatura narrativa, que relata sobre a profecia, sugere essa suposição. No entanto, os textos dessas unidades originalmente orais dificilmente ainda podem ser reconstruídos com segurança. Deve-se presumir, isto sim, que o processo da primeira escrita de certos ditos tenha ocorrido com acompanhamento simultâneo de adaptações interpretativas, de modo que as palavras individuais só devem ser entendidas em seu novo contexto de leitura surgido. Isso pode ser reconhecido com muita clareza em Oseias 4–11. Esse espaço textual não é interrompido por títulos intercalados e força os leitores a também não interromperem a leitura entre os diferentes textos. A convicção aí subjacente evidentemente é a de que as palavras proféticas, agora registradas por escrito, só podem ser assumidas apropriadamente quando consideradas em seu conjunto (cf. JEREMIAS, 1983).

2.7 A tradição do direito

Ao lado da tradição profética, foi sobretudo a tradição legal a responsável pelo fato de a Bíblia ter sido capaz de se tornar a Bíblia (cf. OTTO, 2008a; MORROW, 2017). Só a particularidade de a Bíblia conter material legislativo já a insere no contexto daquilo que é considerado como normativo. Para os textos legais veterotestamentários é particularmente importante valerem todos eles como direito divino. Na versão atual da Torá, eles se encontram narrativamente inseridos na biografia de Moisés, de Êxodo até Deuteronômio. A maioria das determinações está ligada ao Sinai, e o Livro de Deuteronômio foi concebido como discurso de despedida de Moisés na margem leste do Jordão, antes da

---

86. Cf., por um lado, Jeremias (2013, p. 93-117), e por outro, Kratz (2013b, p. 635-639).

entrada na terra prometida. São, principalmente, três as coletâneas que podem ser identificadas: o Livro da Aliança, assim denominado de acordo com Êxodo 24,4: (Êxodo 20–23), a Lei da Santidade (Levítico 17–26), bem como a Lei Deuteronômica (Deuteronômio 12–26). Essas coletâneas compreendem parcialmente ditos legais semelhantes, de modo que se torna possível uma datação relativa dos três corpos: o Livro da Aliança parece ser a coletânea mais antiga. No Deuteronômio, ele é interpretado de acordo com a centralização do culto; as leis deuteronômicas, por seu turno, são interpretadas com a tradição sacerdotal dentro da Lei da Santidade.

Ao contrário do que sugere o enquadramento bíblico em uma pré-história nômade de Israel, o Livro da Aliança já é uma coletânea de direito que pressupõe o sedentarismo de Israel com a agricultura incluída, como fica claro pelos casos nele tratados. Parte-se, pois, do princípio de que o Livro da Aliança tenha surgido no século VIII a.C.; o Deuteronômio pertence ao fim do século VII a.C., enquanto a Lei da Santidade deve ser datada na época persa (cf. RÖMER, 2014, p. 52-166).

Para compreender a peculiaridade dos textos jurídicos bíblicos mais antigos é necessário interpretá-los em seu antigo contexto oriental. Desde o fim do terceiro milênio a.C., o Antigo Oriente conhece uma extensa tradição legal escrita, que por um lado compreende o direito do rei e, por outro, é antes de natureza descritiva do que prescritiva. Os grandes livros jurídicos, atrelados aos nomes dos reis Hamurábi, Eschunna ou Lipit-Istar e surgidos no início do segundo milênio a.C., representam antes "uma ajuda, mas nenhuma diretriz na descoberta do direito aplicável" (ASSMANN, 2000, p. 179). Essa orientação não normativa permite ser fundamentada, sobretudo, com duas observações: por um lado, suas cláusulas jurídicas não cobrem nem de longe todos os casos legais possíveis e suscetíveis de ocorrer tanto na vida privada quanto pública. Pelo contrário, os casos abordados muitas vezes são bem especiais e complexos, parecendo ter servido como exemplos para o treinamento em erudição jurídica. E, por outro lado, os documentos processuais conservados do Antigo Oriente (cf. BORGER, 1982, p. 80-92) pouco ou nada coincidem com as disposições dos livros jurídicos, que também não são particularmente citados. A descoberta concreta de leis aplicáveis, portanto, não teve que se basear nas coletâneas jurídicas escritas.

A instância legislativa no Antigo Oriente não é constituída pelas disposições legais escritas, mas pelo rei. O fato de não haver leis fixadas por escrito no Egito pré-helenístico – com exceção de um decreto do rei Haremhab na 18ª dinastia – não é, portanto, nenhuma exceção, mas só a consequente ilustração dessa situação, do que a concepção grega e romana do rei como *nomos emphsychos* ou *lex animata* não representava senão uma expressão manifesta.

A peculiaridade de livros jurídicos do Antigo Oriente pode ser percebida com muita clareza pelo início do Códice Eschnunna, que data de cerca de 1790 a.C. (TUAT I/I, *Gütersloh*, 2005, 33). Nos primeiros dois parágrafos, ele inicia com uma lista de preços para produtos:

> §1 Um coro de cereal por um siclo de prata, três litros de óleo fino por um siclo de prata, um alqueire e dois litros de óleo por um siclo de prata, um alqueire e cinco litros de banha de porco por um siclo de prata, quatro alqueires de óleo líquido (?) por um siclo de prata, seis minas de lã por um siclo de prata, dois coros de sal por um siclo de prata, um coro de álcali por um siclo de prata, três minas de cobre por um siclo de prata, duas minas de cobre trabalhado por um siclo de prata. §2 Um litro de óleo em pequenas quantidades corresponde a três litros de cereais, um litro de banha de porco em pequenas quantidades corresponde a dois alqueires e cinco litros de cereais, um litro de "óleo líquido" (?) em pequenas quantidades corresponde a oito litros de cereais.

Até esse ponto poder-se-ia denominar o Códice Eschnunna antes de documento econômico, do que legal. Nos parágrafos seguintes, o texto inicialmente segue de forma semelhante, estipulando aluguéis para meios de transporte:

> §3 Para um carroção com seus bois e seu dirigente, o aluguel é de um alqueire e quatro alqueires de cereais. Se (em) prata (for pago), o aluguel é de 1/3 de siclo. Ele dirige (o carroção para isso) por um dia inteiro. §4 O aluguel de um navio com um coro (capacidade) é de dois litros, 24 e 1/3 de litros é o aluguel do barqueiro. Ele dirige (o navio para isso) por um dia inteiro.

Com o parágrafo 5, no entanto, em vez de listas de preços econômicas, são agora oferecidos preceitos legais, mantidos – quanto à linguagem – na estrutura clássica de se – então:

§5 Se o capitão afundar o navio por negligência, então deverá pagar integralmente tudo o que afundou. §6 Se, de forma perversa, um cidadão pegar um navio que não lhe pertence, então ele deverá pagar dez siclos de prata.

Pode-se ver nesses seis parágrafos introdutórios que o gênero literário de um livro jurídico ainda não se encontra determinado: o Códice Eschnunna regula os preços, mas também as disputas que podem decorrer de problemas inerentes à vida econômica. Nos parágrafos seguintes, o códice avança para os casos legais comuns. Mas, assim como os preços nem sempre permanecem os mesmos em todos os lugares, vale também para as prescrições jurídicas que elas mostram a relação da tradição do direito com a vida e seu enraizamento na vida do dia a dia. A lei é promulgada pelo rei; um componente divino é inerente a ela só à medida que o rei se orienta na ordem cósmica e corresponde a esta com sua legislação.

Isso também vale para o famoso Códice Hamurábi: a estela sobre a qual está inscrito, oferece em sua parte superior uma representação pictórica de Hamurábi diante do deus sol Samas, o qual é tradicionalmente responsável por lei e justiça. Hamurábi recebe anel e bastão do deus sol, provavelmente as insígnias de seu poder como rei, mas não o texto do códice, que pode ser lido na parte inferior da estela. A estela, portanto, representa a legitimação divina do rei, mas não a origem divina de suas leis.

Não há dúvida de que os livros jurídicos do Antigo Oriente não foram escritos em *splendid isolation* uns dos outros, mas aparentemente faziam parte de uma cultura jurídica erudita. Suas cláusulas legais estão frequentemente relacionadas entre si, tanto linguística quanto objetivamente, como o mostram, por exemplo, as disposições sobre um boi que chifra e que podem ser encontradas no Códice Esnunna e no Códice Hamurábi:

Códice Hamurábi, baixo-relevo na parte superior da estela, *c.* 1750 a.C.

Se um boi chifra e for denunciado a seu dono, mas ele não cuida do seu boi e ele chifra e mata um homem livre, o dono do boi deverá dar dois terços de uma mina de prata [uma mina corresponde a 60 siclos]. Se ele chifra um escravo e o mata, ele deverá dar 15 siclos de prata (CE §54s.).
Se um boi chifrou e matou um homem enquanto caminhava na rua, essa questão legal não desencadeia nenhuma demanda (acionável) em juízo. Se o boi de um homem chifra e lhe foi dito que chifra, mas ele (apesar disso) não cortou seus chifres ou não amarrou seu boi, e então aquele boi chifrou o filho de um homem livre e o matou (no ato), ele deverá pagar uma mina de

125

prata. Caso se trate de um escravo de um homem, ele deverá pagar um terço de uma mina de prata (CH §250-252).

Fica claro que essas disposições legais se referem basicamente ao mesmo caso; ao mesmo tempo, verifica-se que explicações e o grau de detalhamento diferem claramente entre si. Disso é possível deduzir que certos casos valiam como casos-modelo, mas podiam ser detalhados de forma diversa em diferentes tradições jurídicas.

A lei do Antigo Testamento tem claramente participação na antiga tradição jurídica oriental (cf. OTTO, 2010, p. 1-26). A evidência mais notória disso pode ser ilustrada pelo fato de a Torá também conhecer o caso do boi que chifra (cf. JACKSON, 2006, p. 255-290).

> Se um boi chifrar um homem ou uma mulher e causar sua morte, o boi será apedrejado e não se deverá comer a sua carne; mas o dono do boi será absolvido. Mas se o boi já dantes era dado a chifrar e o seu dono é avisado, mas não cuida dele, e ele mata um homem ou uma mulher, o boi será apedrejado e também o seu dono será morto. Se lhe for exigido resgate, dará então como resgate da sua vida tudo o que lhe for imposto. Se [o boi] chifrar um filho ou uma filha, este julgamento lhe será aplicado. Se o boi matar um escravo ou uma escrava, ao seu dono se pagarão 30 siclos de prata e o boi será apedrejado (Êxodo 21,28-32).

Este exemplo, aliás, também deixa claro que é preciso ter cuidado com a suposição de que o direito se torna sempre mais humano no transcurso da história jurídica: apenas a disposição da Torá prevê que, no caso de um gado ofensivo, seu proprietário moroso pode ser morto, e só na Torá é previsto que o boi deve ser apedrejado e sua carne não deve ser comida. Na Bíblia o apedrejamento serve para eliminar uma ameaça iminente (Êxodo 8,22; 17,4; 19,12s.; Josué 7,24s.; 1Samuel 30,6), e não comer a carne parece querer excluir qualquer possibilidade de uso do boi por parte do proprietário.

Esse ordenamento jurídico é típico do núcleo literário do Livro da Aliança. Em tais determinações, Deus não aparece nem explícita nem implicitamente. Ele não é legislador nem juiz, mas no máximo garantidor e guardião da ordem legal. Dentro do Livro da Aliança, a impressão que subjaz ao atual contexto de leitura, de que todo o direito dentro da Torá seja o direito de Deus, surge principalmente pela introdução em

Êxodo 20,22–21,1: "E YHWH disse a Moisés: Assim dirás aos israelitas: Vistes que vos falei do céu. [...] E esses são os estatutos legais que lhes proporás".

Essa introdução, contudo, não pertence à substância literária do Livro da Aliança, mas à sua molduragem secundária, que está a serviço de sua "teologização" (cf. ALBERTZ, 2003, p. 187-207; SCHMID, 2016, p. 129-153). Ela faz do direito profano, formado em consonância com a tradição jurídica do Antigo Oriente, um direito divino, que configura um posicionamento característico único da Bíblia. Quantos anos tem essa "teologização"? Dificilmente ela poderá ser entendida historicamente sem darmos uma olhada na história do surgimento do Deuteronômio. Pois é nesse livro que reside o núcleo histórico da concepção de que direito é direito divino.

2.8 O Deuteronômio como cerne do cânone posterior

A redação de uma primeira versão do Deuteronômio, que provavelmente compreendeu em especial o núcleo do livro em Deuteronômio 12–28, representou um passo importante para a formação da Bíblia (cf. FINSTERBUSCH, 2012). Pressupôs-se que Deuteronômio provavelmente tenha sido o primeiro escrito bíblico redigido sobre um rolo (de couro), já que o livro se denomina a si próprio de "esta Torá" (Deuteronômio 1,5; 4,8; 27,3) ou de "este livro da Torá" (Deuteronômio 29,20; 30,10; 31,26) (cf. STERN, 2017, p. 17). Antes disso, o material de escrita preferido era o papiro. No entanto, as passagens mencionadas não podem carregar o ônus dessa suposição, já que pertencem a partes moldurais mais recentes do livro e desempenham uma função literária especial – elas enfatizam a forma escrita da vontade de Deus atestada em Deuteronômio.

Seu nome "Deuteronômio" o livro recebeu de sua história da recepção em latim e, antes dessa, em grego, que nele reconhecia a "segunda" lei (cf. Deuteronômio 17,18) após a grande legislação ocorrida no Monte Sinai. De acordo com a lógica narrativa do Pentateuco, em Deuteronômio, que é concebido como o discurso de despedida de Moisés no último dia de sua vida, este repassa a Israel as leis que recebeu de Deus no Sinai. Mas, antes disso, provavelmente Deuteronômio já tenha sido uma coletânea independente. O fato de ela se encaixar tão bem em seu atual lugar no Pentateuco está condicionado à circunstância histórico-literária de ter surgido como nova edição, sobretudo, do Livro da Aliança (Êxodo 20–23). O arranjo literário do Deuteronômio depois da dádiva da lei no Sinai reflete, portanto, o fato de esse texto encontrar-se historicamente em dependência do Livro da Aliança.

No contexto da história literária da Bíblia, Deuteronômio é o livro que, pela primeira vez, se concebe a si próprio como texto normativo. Dessa forma, em certo sentido, ele é desde os seus inícios um texto "bíblico" (cf. CRÜSEMANN, 1987, p. 63-79), mesmo que na época essa categoria ainda nem existisse. Essa característica, por sua vez, está relacionada à sua origem: o Deuteronômio – respectivamente, seu núcleo literário – pode ser datado no fim do século VII a.C., no reinado do Rei Josias de Judá (640-609 a.C.). Essa constatação pertence aos reconhecimentos mais antigos e duradouros da ciência bíblica histórico-crítica. Depois de alguns predecessores, Wilhelm Martin Leberecht de Wette reconheceu e justificou em sua dissertação de 1815[87] a estreita relação entre as exigências teológicas do Deuteronômio e a reforma cultual de Josias em Jerusalém, apresentada em 2Reis 23, cujos pontos em comum têm sido descritos com a fórmula "unidade de culto e pureza de culto": YHWH só pode ser venerado em Jerusalém, e só a YHWH cabe veneração, nenhuma outra divindade além dele pode ser venerada. O modo pelo qual De Wette teve acesso a essa tese ainda se encontrava moldado pela convicção da historicidade fundamental da apresentação da reforma cultual de Josias em 2Reis 23, que valia como documento de sua época. Atualmente tem-se como certo que 2Reis 23,4-24 não é um texto literariamente uniforme, mesmo que com isso não esteja excluída a possibilidade de que um núcleo literário básico ainda possa remontar ao fim do século VII a.C.[88]

Mas a datação do núcleo do Deuteronômio ainda no período neoassírio pode ser justificado de forma plausível mesmo sem a referência a 2Reis 23. Já sabemos desde os anos de 1960 e 1970 (cf. FRANKENA, 1965, p. 122-154; WEINFELD, 1972) que, quanto à linguagem e concepção teológica, o Deuteronômio apoia-se claramente em tratados

---

87. Texto em Mathys (2008, p. 171-211).
88. Cf. a discussão detalhada em Pietsch (2013).

vassalos neoassírios. Com a ajuda de tais tratados, o grande rei assírio colocava seu domínio dos territórios conquistados sobre uma base legal. Tais tratados até há pouco tempo só eram conhecidos no leste do reino, mas em 2012 também foi encontrado um exemplar no oeste, em Tel Tayinat, no norte da atual Síria (cf. LAUINGER, 2012, p. 87-123; STEYMANS, 2013, p. 1-13). Dessa forma, fica confirmado aquilo que por intermédio do próprio Deuteronômio é sugerido indiretamente: também no oeste do reino assírio, os povos subjugados deviam obediência ao grande rei assírio por meio de tais tratados de vassalos. Para o caso de Judá é perfeitamente concebível que tal tratado tenha sido redigido em aramaico, a língua franca da época no Oriente Médio, mesmo que uma comprovação do fato não seja possível.

O Deuteronômio retoma a estrutura básica dos tratados de vassalos assírios, mas transfere a relação de obrigação ali encontrada entre o grande rei assírio e seus vassalos para o Deus de Israel e seu povo: exige lealdade incondicional não ao grande rei assírio, mas a YHWH. Assim, Deuteronômio pode ser considerado como uma recepção subversiva dos tratados de vassalos neoassírios[89].

Por meio da substituição lógica do rei assírio por Deus, surge com o Deuteronômio pela primeira vez na história jurídica do Antigo Oriente a concepção de um legislador divino e de uma lei divina (cf. SCHMID, 2016, p. 129-153). Em sua forma atual, o Deuteronômio é concebido como discurso de despedida de Moisés na margem leste do Jordão. Dentro do corpo de leis em Deuteronômio 12–28, o "eu" aparece no atual contexto de leitura como o "eu" de Moisés. Mas essa impressão é devida ao trabalho de incorporação secundária do Deuteronômio na Torá. Em algumas passagens, como Deuteronômio 6,17 e 28,45, o texto ainda revela claramente que nele o legislador originalmente pensado não foi Moisés, e sim, Deus (cf. LOHFINK, 1990, p. 387-391; 1995, p. 157-165):

> Guardai os mandamentos de YHWH, vosso Deus, e suas ordenanças e seus estatutos *que ele te ordenou* (Deuteronômio 6,17).

---

[89]. Cf. Otto (1996, p. 1-52) e Levinson (2005, p. 123-140). De forma crítica, mas pouco convincente, Crouch (2014) se dirige contra a tese da recepção de novos tratados de vassalos assírios no Deuteronômio.

> E todas essas maldições virão sobre ti e te perseguirão e elas vão te alcançar até que sejas aniquilado, pois não ouviste a voz de YHWH, teu Deus, para guardar os seus mandamentos e estatutos *que Ele te ordenou* (Deuteronômio 28,45).

Da perspectiva do Deuteronômio, a interpretação do direito como direito de Deus também parece ter retroagido sobre o Livro da Aliança, que agora, reemoldurado teologicamente, foi elevado ao mesmo nível do Deuteronômio.

O desenvolvimento da concepção do direito divino dificilmente pode ser superestimado dentro da história intelectual (cf. BRAGUE, 2007). Com isso não só o direito é interpretado como proveniente do próprio Deus, mas ele também recebe uma qualidade fundamentalmente normativa – uma inovação sem paralelo no contexto da história jurídica do Antigo Oriente (cf. LEFEBVRE, 2006; FITZPATRICK-MCKINLEY, 1993). Mas a atribuição de autoridade divina a cláusulas jurídicas também traz consigo um problema fundamental: tais cláusulas jurídicas não podem mais ser simplesmente substituídas ou rejeitadas. Foi só por meio de interpretação no seio da própria Bíblia que foi possível atualizar e revestir tal lei de uma nova forma, o que sempre de novo se fez necessário devido aos novos tempos e aos novos problemas que iam surgindo[90]. A reformulação da antiga lei dos escravos de Êxodo 21,2-7, em Deuteronômio 15,12-18, fornece um exemplo marcante para tal nova interpretação (cf. LEVINSON, 2006, p. 281-324:

---

90. "A Lei era de origem divina e, portanto, sua validade era 'permanente'; não poderia ser revogada. Consequentemente, uma 'nova lei' era considerada uma forma de lei antiga. Ela era ambas as coisas, idêntica e diferente. Em termos práticos, apenas uma nova formulação 'atualizada' era válida" (SKA, 2006, p. 52).

Tratado assírio de vassalos de Tel Tayinat, século VIII a.C.

Deuteronômio 15,12-18: Se o teu irmão, um hebreu ou uma hebreia, se vender a ti, ele te servirá por seis anos, e no sétimo ano tu o libertarás de ti. 13 E quando o libertares, não o deixes partir de mãos vazias [...] 16 E se ele te disser: 'Eu não quero te deixar', por amar a ti e a tua casa, e porque contigo ele está bem, 17 então toma uma sovela, e lhe fura a orelha na porta, e ele será o teu escravo para sempre. Faça também o mesmo com a tua escrava. 18 Não te seja penoso libertá-lo; pois nos seis anos em que foi o teu escravo, só te custou a metade do que um diarista. E YHWH, teu Deus, te abençoará em tudo o que fizeres.	Êxodo 21,2-7: Se comprares um escravo hebreu, ele servirá seis anos, e no sétimo deverá ser libertado gratuitamente. [...] 5 Mas se o escravo disser: Amo meu senhor, minha mulher e meus filhos, não quero ser libertado, 6 então o dono o levará diante de Deus. Ele o conduzirá até a porta ou no umbral, e ali o seu senhor lhe furará a orelha com uma sovela, e ele será para sempre o seu escravo.

A escravidão como tal é tida como normal em Êxodo 21 ("se comprares um escravo"): em Deuteronômio 15, entretanto, ela é aceita, mas vista criticamente ("se ele se vender a ti" significa "tem que se vender a ti"; "irmão"). Ao ser libertado, o escravo é de tal forma equipado em Deuteronômio 15, de modo a poder construir sua própria existência e não cair logo de novo na escravidão por dívidas. Caso, porém, o escravo queira servir para sempre na casa de seu senhor, isso é selado por um rito, que em Êxodo 21 aparentemente é de natureza sagrada ("diante de Deus"), enquanto em Deuteronômio 15 aparece de forma profana. O que chama particular atenção é, por último, a parte final em Deuteronômio 15, que por um lado formula uma fundamentação motivadora para a libertação de escravos, e por outro oferece a perspectiva da bênção divina para o cumprimento desse mandamento: aparentemente o direito no Deuteronômio procura fazer-se valer por meio de percepção, não de poder executivo.

A recepção de provavelmente ambas as determinações empreende ainda um passo interpretativo adicional no contexto da Lei da Santidade em Levítico 25 (cf. HIEKE, 2014, p. 975-1046).

> E se teu irmão que vive ao teu lado empobrecer e tiver que se vender a ti, não lhe imponhas trabalho de escravo. Ele deve estar contigo como um assalariado, um agregado. Trabalhará contigo até o ano jubilar. Então ele se afastará de ti, ele e, com ele, os seus filhos, e voltará a sua família e à propriedade dos seus pais. Pois são escravos meus, eu os fiz sair da terra do Egito, eles não deverão ser vendidos, como se vende um escravo. Não o domines com dureza (*bᵉpārek*), mas teme a teu Deus. Entretanto, os escravos e criadas que podes possuir, comprareis dos povos que moram ao vosso derredor. Deles comprareis escravos e criadas. Podereis comprá-los também dos filhos daqueles que moram convosco como estranhos, e do seu clã que vive convosco, que os gerou em vosso país, e eles poderão tornar-se vossa propriedade. E podereis deixá-los como propriedade hereditária aos vossos filhos. Podereis deixá-los trabalhar como escravos para sempre. Quanto aos vossos irmãos israelitas, porém, não os domines com dureza, um sobre o seu irmão (Levítico 25,39-46).

Levítico 25,39-46 proíbe a posse de escravos de Israel, pois, como afirma o versículo 42, as pessoas em Israel são escravas *de Deus*, não escravas umas das outras. A formulação em Levítico 25,43.46 "dominar com dureza (*bᵉpārek*)" foi extraída de Êxodo 1,13s. (*bᵉpārek*) e alude à opressão de Israel no Egito (cf. LEVINSON, 2005, p. 617-639; 2012). Assim como os egípcios dominaram sobre Israel, os israelitas não podem dominar sobre israelitas. De acordo com Levítico 25 é permitida unicamente a posse de escravos estrangeiros.

Esta relação entre texto e comentário é de importância teológica decisiva: do ponto de vista bíblico, não é a lei em si que é normativa, mas a lei *e* sua interpretação. Em outras palavras: a dinâmica da interpretação já está ancorada no próprio cânone e, dessa maneira, também aponta para além dele. Não existe na Bíblia uma lei divina atemporal; também e especialmente a lei divina necessita de atualização permanente.

3
O judaísmo emergente e os escritos bíblicos nas épocas babilônica e persa, séculos VI a IV a.C.

3.1 Época da narrativa e época dos narradores

A Bíblia Hebraica assenta o cenário de suas passagens narrativas principalmente no período pré-exílico. Isso vale, sobretudo, para a apresentação contínua de Gênesis até 2Reis, que descreve a história do mundo e de Israel (a partir de Gênesis 12) desde os inícios até a queda de Jerusalém em 587 a.C. – com uma breve previsão do indulto ao Rei Joaquin na Babilônia. O exílio babilônico e a época persa são retratados só nas partes finais dos livros de Crônicas, nos livros de Esdras e Neemias, bem como de Daniel e Ester. Também a tradição profética ocorre em sua grande maioria na época dos reis. Unicamente os livros de Ageu, Zacarias e Malaquias se situam na época persa. Por fim, também muitos Salmos, bem como a literatura sapiencial e o Cântico dos Cânticos são enquadrados na época anterior ao exílio babilônico devido à atribuição de suas autorias a Davi, Salomão e outras figuras dos tempos remotos.

O mundo narrado na Bíblia Hebraica pertence, portanto, sobretudo ao período entre a criação do mundo e a queda de Jerusalém em 587 a.C. Mas o mundo narrado é também aquele dos seus narradores? Até mesmo a pesquisa pré-crítica não via Adão, mas Moisés como o primeiro autor da Bíblia. Assim sendo, já antes do surgimento da crítica bíblica no século XVIII estava claro que esses mundos não coincidiam – e desde então ficou claro que isso igualmente não é o caso para o tempo subsequente a Moisés. O mundo narrado e o mundo dos narradores da Bíblia Hebraica são coincidentes só à medida que alguns textos bíblicos realmente são anteriores ao exílio babilônico, mas só no tocante ao seu tempo de redação. À parte disso, porém, a Bíblia Hebraica não contém nenhum livro que exista em qualquer outra forma que não seja a de sua revisão pós-exílica. Mesmo que a maior parte das datações de textos bíblicos seja controversa, a tendência atual da maioria das pesquisadoras e pesquisadores é de que não só partes marginais, mas também significativas da tradição bíblica devem ser enquadradas no período pós-exílico. Nesses casos, por via de regra, não se trata de escritos completos ou livros, antes de revisões redacionais anexadas a textos previamente existentes. Em sua forma atual, a Bíblia Hebraica é um testemunho dos primórdios do judaísmo[91].

A razão para a divergência histórica entre mundo narrado e mundo do narrador em muitos textos bíblicos tem como motivo fundante sua estrutura explicativa retroprojetada: eles esclarecem fatos do seu presente, transferindo-os para um tempo idealizado: a Torá, por exemplo, fundamenta o monoteísmo e a lei judaica na revelação do Sinai que, segundo a cronologia bíblica, deveria ser datada por volta de 1200 a.C. Historicamente, porém, o monoteísmo bíblico só se desenvolveu a partir do período tardio do reinado, tendo encontrado suas primeiras formas de expressão explícitas somente em textos do exílio babilônico (Isaías 45,5-7) (cf. KEEL, 2007; LEUENBERGER, 2010). Em termos histórico-religiosos, também exigências centrais da lei como a circuncisão (cf. GRÜNWALDT, 1992; RUWE, 2008, p. 309-342; WAGNER, 2010, p. 447-464; RÖMER, 2016, p. 227-241) ou o descanso sabático (cf. GRUND, 2011) não ocorreram antes da época do exílio. E, não obstante, são ancorados dentro da Torá já com Abraão (Gênesis 17), ou Moisés (Êxodo 16; 31,12-17). Por fim, a Torá desempenha um papel também em longos trechos (de Êxodo até Deuteronômio) no exterior: durante a peregrinação pelo deserto do Egito até a Cisjordânia, pouco antes da entrada na Terra Prometida. Essa localização narrativa com inclusão

---

91. Cf. os estudos básicos de Levin (2018) e Kratz (2013b), bem como de Teeter (2013, p. 349-377). Hendel e Joosten (2018, p. 125) chegam a uma conclusão diferente, orientando-se principalmente em pontos de vista histórico-linguísticos, mas contando de forma só muito limitada com o fato de que textos mais recentes da Bíblia Hebraica poderiam ter sido escritos de forma arcaica. Sua reconstrução sugere uma proximidade muito maior entre tempo narrado e tempo dos narradores da Bíblia Hebraica do que costuma ser aceito na pesquisa mais recente. Cf. a discussão crítica em Gesundheit (2016) e Blum (2016).

da promulgação de toda a lei fora de Israel só pode ser compreendida como fundamentação de um Israel "em exílio": a Torá em sua forma e versão atuais pressupõe a existência de diáspora de Israel. Em outras palavras: a Torá é um documento do judaísmo antigo, que se apresenta em sua substância intelectual tão antiga quanto o próprio Israel antigo (cf. GERTZ, 2002, p. 3-20).

É só a partir dessa característica que se pode entender que o livro do Gênesis permite ao ancestral Abraão – sua terra natal histórico-traditiva fica no próprio país, na região de Hebrom e Mamre (Gênesis 18) – ter imigrado de Ur na Caldeia, ou seja, da Babilônia (Gênesis 11,28-32; 15,7), e que Jacó receba um sonho em Betel, predizendo a seus descendentes que haverão de se disseminar por todo o mundo:

> E eis que YHWH estava diante dele e disse: Eu sou YHWH, o Deus de teu pai Abraão e o Deus de Isaac. A terra sobre a qual dormes, eu a darei a ti e à tua descendência. E teus descendentes serão como o pó da terra, e estender-te-ás para o ocidente e oriente, para o norte e o sul, e por ti e por teus descendentes serão abençoados todos os clãs da terra (Gênesis 28,13s.).

Por trás desses textos está a experiência dos deportados para a Babilônia, que desejavam que seu retorno a Judá fosse antecipado já por Abraão no início do período pós-exílico e que não interpretavam a dispersão na diáspora – diferentemente de como a vê, por exemplo, a tradição profética (cf. Jeremias 24,9s.) – como expressão de castigo divino, mas como meio usado pela vontade salvífica divina para beneficiar todo o mundo: Israel teve que ir ao exílio para que o mundo pudesse receber bênçãos dele (cf. Gênesis 12,2s.).

3.2 O fim do culto do Templo em Jerusalém e suas consequências

A destruição de Jerusalém e seu Templo pelos povos babilônios em 587 a.C. é o evento mais incisivo na história do Judá antigo e, com isso, também de Israel num sentido abrangente (cf. HAHN, 2002). Zedequias, o último rei de Judá, rebelou-se contra o domínio babilônico sobre Judá, razão pela qual em seu nono ano, no dia 10 do décimo mês (2Reis 25,1, isto é, no ano de 588 a.C.) o exército babilônico deu início ao cerco de Jerusalém. Um ano e meio mais tarde, no décimo primeiro ano, no dia 9 do quarto mês (2Reis 25,2s., isto é, no ano de 587 a.C.) Jerusalém caiu. Um mês mais tarde a cidade foi destruída, tendo sido o rei levado preso e deportado, seus filhos mortos (25,7), o Templo saqueado (25,13-17) e queimado juntamente com o palácio e inúmeras casas (25,9), a muralha derrubada (25,9s.; cf. Jeremias 52,12) e os principais sacerdotes e funcionários mortos (25,18-21). Após a perda do reinado, Estado e Templo, a população de Judá teve que se conceber de forma completamente nova em termos políticos e religiosos. Sob Gedalias (Jeremias 39–41, 2Reis 25,22-26), originário do partido pró-babilônico dos safanidas, uma família em torno do escriba real Safã surgiu em Mispa, uma localidade a poucos quilômetros ao norte de Jerusalém, um modesto reino ulterior sob o beneplácito da Babilônia, que, porém, não durou muito (cf. STIPP, 2015, p. 409-432). A Bíblia descreve Gedalias apenas como governador. Visto historicamente, entretanto, é provável que ele tenha sido um rei vassalo da Babilônia, o qual pouco mais tarde foi assassinado num golpe nacionalista. Isso, contudo, não levou a nenhum sucesso político de longo prazo. Os assassinos de Gedalias, aparentemente sob um líder pertencente à descendência davídica (Jeremias 41,1.10), não toleravam que alguém fora da linhagem davídica ocupasse uma função régia.

Jeremias 41,5 relata atos de culto no santuário destruído ("Casa de YHWH"). Não está bem claro, porém, se nesse caso a referência é ao Templo de Jerusalém ou, talvez antes, ao de Betel, pois os participantes do culto são do Reino do Norte, de Siquém, Silo e Samaria. Independentemente disso, no entanto, a destruição do Templo de Jerusalém como local central de culto e habitação de Deus sobre a terra deve ter representado uma cesura extraordinária. Se considerarmos os estados vizinhos do antigo Judá, Amom, Moabe e Edom, eles também terminaram com a conquista neobabilônica dos seus territórios em 582 a.C. (Amom e Moabe), respectivamente 553 ou 551 a.C. (Edom). Suas divindades centrais, Milcom, Camos e Cos não desapareceram imediatamente, mesmo que não tenham sobrevivido à Antiguidade. Seus nomes ainda se encontram numa inscrição do norte da Arábia (HAYAJNEH, 2015, p. 79-106): uma inscrição de construção de Kerak cita o Deus Camos e sua esposa Sarra (BEYERLIN, 1975, p. 261s.). Isso comprova que a adoração de

Camos ainda perdurou até a época helenista[92]. Depois disso desaparecem os vestígios das divindades de Amom, Moabe e Edom.

No antigo Judá ocorreu outro desenvolvimento de longo prazo, cujo fator mais impressionante é dado pela existência continuada do judaísmo e o surgimento de suas religiões afiliadas, como atestado pela documentação. Ao contrário da religião moabita, amonita ou edomita, o judaísmo não desapareceu com a Antiguidade, mas existe ainda hoje. O mesmo vale para o cristianismo, cuja história principiou como seita judaica, bem como para o islamismo, surgido na Antiguidade tardia e influenciado de muitas maneiras pelo judaísmo e cristianismo. Mas, também os desenvolvimentos de curto prazo foram notáveis. A política de deportação dos babilônios no ano de 587 a.C.[93] diferenciava-se claramente daquela dos assírios, que em 722 a.C. haviam conquistado o Reino do Norte. Os judeus deportados para a Babilônia não foram dispersos, mas assentados em colônias, e as comunidades judaicas desses locais parecem ter preservado suas identidades cultural e religiosa próprias (PEARCE, 2016, p. 43-64; 2015, p. 7-32; PEARCE; WUNSCHE, 2014). É até provável que no exílio babilônico tenha sido erigido um templo para a comunidade do exílio, mesmo que isso não seja passível de comprovação com o necessário grau de segurança (cf. ENCEL, 2012). O fato de ter sido, sobretudo, a classe alta que foi deportada, implica que também importantes portadores da tradição devem ter permanecido ativos no exílio.

Mesmo que a Bíblia em certas passagens dê a impressão de que, humanamente, o país estava quase ou mesmo por completo deserto durante o exílio na Babilônia (2Reis 24,14; 25,21; 2Crônicas 36,20s.), os dados arqueológicos em relação a Judá na época do exílio permitem inferir que partes significativas da população permaneceram por lá[94]. É só com

---

92. Chama a atenção um óstraco idumeu do período helenístico, que cita três templos atribuídos às divindades Uzzā, Yahō e Nabû: "Pode-se especular que os templos serviam principalmente a idumeus com as seguintes influências: árabe para o de Uzzā, judaica para o de Yahō e aramaica para o de Nabûs" (WEIPPERT, 2010, p. 513, nota 335). Surpreendentemente, no entanto, nenhum Cos é mencionado.

93. Ao lado disso ocorreram também outras deportações, cf. Jeremias 52,28-30. Cf. Lipschits (2005, p. 56-62).

94. A discussão na arqueologia, entretanto, novamente se alterou um pouco nos últimos anos. Por volta do fim do século XX ainda se partia de números comparativamente grandes da população rural durante o exílio; recentemente, no entanto, é mais enfatizada a considerável

dificuldades que se pode dizer quais foram os textos bíblicos que aqui surgiram. Com certeza foram transmitidas adiante as partes tradicionais do Saltério e das tradições sapienciais; as tradições dos anais, testemunhadas pelos livros dos Reis, foram complementadas e acrescidas com uma avaliação teológica até o fim do reinado e mesmo para além dele (cf. BLANCO WISSMANN, 2008). Quem mais claramente reflete a situação do exílio na própria terra de Judá é, no entanto, o assim denominado Livro das Lamentações. Ele compreende uma coletânea de cinco cânticos, sendo que os seus primeiros quatro foram redigidos de forma acróstica, ou seja, seus 22 versos ou estrofes (Lamentações 3 compreende 66 versos) seguem o alfabeto hebraico com as suas 22 letras. O quinto cântico igualmente possui 22 letras, embora suas letras iniciais não sigam a ordem alfabética. A tradição grega confere a Jeremias a autoria das Lamentações (provavelmente com base na notícia de 2Crônicas 35,25, atribuindo a Jeremias um canto de lamentação ao Rei Josias)[95]. Os cânticos refletem sobre a queda de Jerusalém e desenvolvem uma teologia de culpa da cidade, à qual responde especialmente o prólogo do livro de Dêutero-Isaías em Isaías 40,1s., isentando Jerusalém de culpa. Nesse contexto a cidade é percebida e apresentada como figura de direito próprio, e não somente como a totalidade dos seus habitantes (cf. STECK, 1989, p. 261-281; 1992, p. 126-145; MAIER, 2008). A configuração acróstica dos cânticos sugere conclusão e perfeição; é também possível que a composição mais aberta do quinto cântico sugira uma dinâmica para todo o livro que vá além da deplorável condição de Jerusalém. A declaração final, de qualquer forma, parece ter sido escolhida com ponderação: "Faze-nos voltar a ti YHWH, e voltaremos. Renova nossos dias, como eram outrora. Ou será que nos rejeitaste totalmente, estás irritado sem medida contra nós?" (Lamentações 5,21s.).

---

dimensão das deportações, embora, como de costume, ainda tenham deixado uma população rural significativa no país (cf. LIPSCHITS, 2003, p. 323-376; 2004, p. 99-107; FINKELSTEIN, 2010, p. 39-54; BEN ZVI, 2010, p. 155-168).

95. Lamentações 1,1 é mais extenso na versão grega do que na hebraica, contendo o seguinte texto adicional: "Depois que Israel foi conduzido para o exílio e Jerusalém havia sido destruída, aconteceu que Jeremias se sentou chorando e clamou com a seguinte lamentação sobre Jerusalém, dizendo: [...]".

Devido ao destino contínuo de exílio, no entanto, as Lamentações de Israel como tais permaneceram atuais ao longo dos séculos, tendo sido transmitidas de forma correspondente.

Placas de Al Yahudu, "cidade judaica", do exílio babilônico, século VI a.C.

A sobrevivência da religião de YHWH no exílio, seja na Babilônia, no Egito ou no próprio país, tem a ver inicialmente com a maneira como foi superada a catástrofe do Reino do Norte há quase 150 anos antes, no ano de 722 a.C. Visto que Israel e Judá adoravam o mesmo Deus nacional (cf. KÖCKERT, 2010, p. 357-394), YHWH, a queda de Israel, do Reino do Norte, já havia trazido consigo uma transformação decisiva do entendimento de Deus que, com a migração do norte para o sul, também deveria ter se tornado conhecido em Judá: Deus não se esgota em ser mero garantidor da prosperidade e do sucesso político e econômico dos seus veneradores. Após a queda de Samaria, grandes contingentes populacionais do Reino do Norte chegaram ao sul[96]. As estratégias teológicas de superação do norte, portanto, provavelmente já eram aplicadas também por círculos portadores no sul em finais do século VIII e no século VII a.C. As mesmas estratégias de superação do norte foram seguidas pelas modificações teológicas na literatura bíblica do exílio babilônico, as quais livraram a religião do antigo Judá como judaísmo agora emergente dos distúrbios da política terrena e começaram a pensar Deus independentemente do êxito ou fracasso dos seus elementos condutores da política.

3.3 Produção literária no exílio da Babilônia

Mesmo que a quantidade das deportações realizadas pelos babilônios de Judá para a Mesopotâmia seja controversa, não há dúvida de que havia notáveis assentamentos de judeus semelhantes a colônias na Mesopotâmia, aos quais pertenciam camadas populacionais de classes superiores e que, correspondentemente, também possuíam conhecimentos religiosos e culturais (PEARCE, 2016, p. 43-64; 2015, p. 7-32).

Em sua apresentação dos eventos (2Reis 25,18), os livros dos Reis mencionam explicitamente os sacerdotes entre os deportados. Correspondentemente não pode causar surpresa, e, sim, é até de se esperar que no exílio babilônico não tenha sido só cultivada a literatura tradicional, mas que também pôde surgir literatura nova. O contato com os grupos letrados da Babilônia levou a uma intelectualização do labor literário. Para tanto é preciso ter em mente que na época a Babilônia valia há tempo como centro consagrado do mundo intelectual do Oriente Próximo, possuindo uma exploração científica em atividade já há mais de dois milênios (cf. PICHOT, 1995; HOROWITZ, 1998).

Textos do Antigo Testamento cunhados, sobretudo, por sacerdotes, como o assim denominado Escrito Sacerdotal – uma fonte por escrito do Pentateuco, surgida provavelmente no exílio babilônico ou nos primórdios da época persa, compreendendo possivelmente uma descrição

---

96. Cf. Knauf (2017) que apresenta e avalia criticamente a controvérsia fundamental entre Finkelstein e Na'Aman.

da história desde a criação até a promulgação da lei no Sinai e podendo valer em termos técnico-redacionais como "escrito básico"[97] do Pentateuco[98] –, a tradição de Dêutero-Isaías (Isaías 40–55) e o Livro de Ezequiel apresentam inequivocamente influências babilônicas. É difícil imaginar que eles não deveriam ter surgido na Babilônia ou, pelo menos, que não remontem a círculos de autores que viveram na Babilônia. O próprio Livro de Ezequiel localiza seu protagonista entre o grupo de judeus deportados para a Babilônia com o Rei Joaquin já em 597 a.C. (2Reis 24,14). O Rei Joaquin é até citado em documentos babilônicos, em que são listadas as rações de comida destinadas a pessoas na corte real da Babilônia (WEIPPERT, 2010, p. 425-430).

O Escrito Sacerdotal encontra-se num diálogo estreito com a erudição babilônica no que concerne, principalmente, a suas partes textuais em Gênesis 1–11, que se referem à criação do mundo e à sua mais antiga história. De acordo com o seu conteúdo básico, sua cosmologia desenvolvida em Gênesis 1 foi extraída do poema épico babilônico sobre a criação do mundo, denominado de Enuma Elisch (cf. GERTZ, 2009, p. 137-155; SCHMID, 2015, p. 51-104), sendo que temática e desenvolvimento da perícope do dilúvio foram inspirados nos poemas épicos de Atrahasis e na décima primeira tabuleta de Gilgamesch (cf. HOLLOWAY, 1991, p. 328-355). Naturalmente pode-se aventar que seus autores foram sacerdotes retornados da Babilônia, que trouxeram junto o seu conhecimento. A concepção que o Escrito Sacerdotal tem do santuário – como santuário para Israel ele concebe uma tenda móvel, doada e construída no deserto (cf. Êxodo 25–31; 35–40) – é em suas características pensada em termos de "exílio", não deixando reconhecer que ela já pressupõe o segundo Templo em Jerusalém, de modo que uma localização geográfica de seus autores na Babilônia se torna mais provável.

No entanto, a adoção de matéria babilônica no Escrito Sacerdotal não foi motivada simplesmente pelo fato de ela ser conhecida e difundida na Mesopotâmia. Torna-se claro, muito mais, que os autores bíblicos atuantes no exílio babilônico se abriram para a intelectualidade de seu entorno, que provavelmente lhes pareceu superior à sua própria e, por

---

97. Cf. a apresentação clássica de Nöldeke (1869, p. 1.144).
98. Cf. Pury (2007, p. 99-128; 2010, p. 13-42); bem como, para a discussão, Hartenstein e Schmid (2015).

isso mesmo, digna de ser levada em consideração. O relato da criação do Escrito Sacerdotal constitui, assim, um antigo testemunho do diálogo entre tradição religiosa e conhecimentos científicos, por mais superficial que essa distinção possa ser para a Antiguidade: no contexto de novos conteúdos de conhecimento, ficou clara a necessidade de adaptar as próprias tradições ao novo estado do saber, a fim de permanecer, dessa forma, cientificamente competitivo[99].

A tradição do Dêutero-Isaías (Isaías 40–55) remonta a um profeta anônimo atuante no exílio babilônico ou a um grupo de profetas, e foi incorporada ao Livro de Isaías. O prólogo, com sua concepção de uma poderosa e milagrosa procissão de YHWH através do deserto e de regresso a Sião, parece se basear em experiências feitas por judeus exilados, que haviam participado da monumental Festa de Ano-novo na Babilônia com suas suntuosas procissões de deuses (cf. PONGRATZ-LEISTEN, 1994) e que, para o retorno do seu próprio Deus a Jerusalém, não se imaginava nada menor, antes um evento de proporções ainda mais milagrosas (cf. EHRING, 2007):

> Ouve, um proclamador: Abri o caminho de YHWH no deserto, na estepe aplainai o caminho para o nosso Deus! Todo vale será aterrado, e todos os montes e colinas serão nivelados, o que estiver acidentado ficará sem relevo, e o que for escarpado, tornar-se-á planície (Isaías 40,3s.).

Também as descrições das visões no Livro de Ezequiel só são compreensíveis levando-se em conta o pano de fundo babilônico; elas mostram que a esfera numinosa do Deus bíblico não poderia ficar em des-

---

99. Esse confronto com a ciência antiga foi realizado ainda muito mais intensamente no período helenístico. Um exemplo particularmente impressionante oferece o equilíbrio científico entre a apresentação bíblica da criação e o diálogo platônico *Timaios* na Septuaginta, a tradução grega do Antigo Testamento: a terminologia e as concepções implícitas no texto grego de Gênesis 1 procuram harmonizar a cosmologia. De acordo com a concepção da Septuaginta, o mundo descrito pela Bíblia não é diferente do que o da filosofia e ciência gregas. A proximidade com *Timaios* pode, p. ex., ser visualizada em Gênesis 1,2: a Septuaginta descreve o estado do mundo antes da criação, chamado proverbialmente em hebraico de "Tohuwabohu", como "invisível e rústico", com o que parece estar sendo sugerida uma correspondência com a distinção entre o mundo das ideias e o mundo material, como é norteadora no *Timaios*. Também a tradução de rāqia' ("firmamento") em Gênesis 1,6, com *steréoma* ("estrutura") provavelmente pode ser explicada a partir do *Timaios*, uma vez que nele o adjetivo correspondente *stereós* ("firme, sólido") várias vezes é aplicado aos corpos celestes (31b; 43c e outros). Cf. a respeito Rösel (1994, p. 31, 36, 60, 81-87). Cf. tb. a apresentação diferenciada em Karrer (2010, p. 191-212).

vantagem quando comparada com suas contrapartes mesopotâmicas (UEHLINGER; MÜLLER TRUFAUT, 2001, p. 140-171). Em sua visão de vocação, Ezequiel vê seres de quatro asas com patas de touro (Ezequiel 1,6), que carregam a abóbada celeste (Ezequiel 1,22), acima da qual se encontra entronizada a glória de Deus (Ezequiel 1,25-28). Uma comparação de Ezequiel 1 com o programa de imagens de um antigo selo cilíndrico oriental da época de Assurbanipal (669-627 a.C.) pode mostrar o quão fortemente essa visão está moldada pelas diretrizes mesopotâmicas (KEEL-LEU; TEISSIER, 2000, selo n. 236).

A cena retratada mostra uma divindade alada em seu centro, que se encontra sobre um cavalo, conectada na área do quadril a uma placa e carregada por duas pessoas em forma de touros. Acima à esquerda pode ser vista uma estrela com oito feixes luminosos, e na parte superior direita pode ser reconhecida uma meia-lua. A representação se encontra emoldurada à esquerda por um sacerdote com uma roupagem de peixe, e à direita por alguém que ora, voltado para Deus. Este conjunto indica claramente que aqui se trata do deus sol, representado em forma antropomórfica, que está vinculado ao firmamento celestial, sendo este carregado por seres híbridos.

Selo cilíndrico da época de Assurbanipal (669-627 a.C.), com a representação de um Deus sobre a abóbada celeste.

Esta constelação cosmológica constitui o pano de fundo de Ezequiel 1. Semelhante ao programa de imagem do selo, o Livro de Ezequiel descreve uma abóbada celeste carregada por seres híbridos, que separa o âmbito terreno do divino. Diferentemente do que é representado no selo, o Livro de Ezequiel não localiza a figura de Deus na própria placa, mas seu trono se eleva por sobre a placa. Ficam evidenciados tanto proximidade quanto distanciamento da arte do selo e do texto bíblico, ambos significativos.

Ao lado de sua babilonização, a visão de Ezequiel 1 também está determinada pelo fato de a concepção de Deus de Israel após a destruição de Jerusalém em 587 a.C. se encontrar parcialmente atrelada à esfera celeste. Os textos presumivelmente régios de Jerusalém são amplamente omissos sobre o "céu" como morada de Deus (cf. especialmente Isaías 6,1-11). Aparentemente, "as concepções hierosolimitas pré-exílicas de locais de moradia não conheciam nenhuma localização explícita do trono de Deus na área cósmica do céu" (HARTENSTEIN, 1997, p. 226; 2001, p. 126-179). Esta só surgiu ao longo das transformações religioso-tradicivas depois da perda do primeiro Templo, as quais modificaram a estreita relação entre Deus e o local de culto – mesmo que de forma diferenciada e com acentos diversos: o local de moradia de Deus encontra-se agora no céu e, portanto, afastado de todas as turbulências políticas e militares (cf. 1Reis 8,30-39.44-45; Salmos 2,4; entre outros)[100]. Em alguns desses textos, porém, fica visível o esforço de ressaltar que também o céu, em verdade, não consegue abarcar Deus: "Mas será verdade que Deus habita na terra? Eis que o céu, o mais alto céu não pode te conter, quanto menos então esta casa que construí!" (1Reis 8,27).

3.4 O surgimento do judaísmo e do monoteísmo

Em termos de efeitos históricos, a mais importante consequência da destruição de Jerusalém e da deportação de partes populacionais importantes para a Babilônia foi o surgimento do judaísmo[101]. Esse processo moldou a Bíblia por completo. A pergunta pela data do início do judaís-

---

100. Cf. Schmid (2005, p. 111-148), e para o todo, cf. Koch (2018).
101. Cf. Levin (2014, p. 1-17); cf. tb. *Encyclopedia of Judaism*, v. 2, Leiden, 2005, p. 1.275.

mo é controversa e, dada a sua natureza, impossível de ser respondida com clareza e exatidão. "O judaísmo" nunca existiu e, correspondentemente, as determinações de seus inícios vão depender daquilo que se entende ser "o judaísmo". As posições extremas documentadas na literatura determinam Moisés como o início mais antigo[102] e a destruição de Jerusalém pelos romanos em 70 d.C. como o fim mais tardio (NOTH, 1950, p. 386). Nem uma nem a outra posição se sustentam. De qualquer maneira, esses dois marcos ao menos dão o espectro dentro do qual o judaísmo se desenvolveu gradativamente desde a religião dos antigos Israel e Judá (cf. BRETTLER, 1999, p. 429-447; MASON, 2007, p. 457-512). De qualquer forma é certo que o surgimento do judaísmo é um processo sem clareza quanto ao seu início e seu final, mas que agrupou diversos desenvolvimentos, provocando ao mesmo tempo o surgimento de uma série de diferentes características a partir de si próprio (cf. COHEN, 1999). Foi por isso que nos espaços de fala inglesa acabou por se estabelecer um modo não muito bonito, mas objetivamente correto de falar em *"Judaisms"* (ou seja, "judaísmos") (cf. EDELMAN, 1995), para cujo termo não há um equivalente em alemão.

O termo "judaísmo" remonta ao grego *ioudaismós*. Este termo é atestado primeiramente na época helenista, tendo sido cunhado como vocábulo contrário ao "helenismo". Particularmente relevantes são as passagens do 2º Livro dos Macabeus como 2,19-21: "A história de Judas Macabeu e seus irmãos que [...] defenderam o judaísmo com bravura competitiva, de forma que, apesar de seu pequeno número, [re]conquistaram todo o país e expulsaram as hostes bárbaras".

A palavra "judaísmo" descreve, pois, uma grandeza teologicamente qualificada e que, acima de tudo, se distingue da posição contrária. Esta delimitação social é claramente reconhecível em 2Macabeus 8,1: "Mas Judas Macabeu e seus camaradas [...] levaram consigo os que permaneceram com o judaísmo".

De acordo com esse texto, não se é seguidor do "judaísmo" por descendência ou local de residência, mas devido a uma decisão consciente. A grandeza designada com o termo "judaísmo" – uma religião diferenciada, independente de estruturas estatais, definida por meio de determinados

---

102. *Encyclopedia Judaica*, 2nd ed., Detroit et al., v. 11, p. 514, 2007.

conteúdos confessionais e certa coerência genealógica – é mais antiga em seu cerne e remonta aos primórdios do exílio babilônico. Julius Wellhausen expressou isso de forma politicamente incorreta, mas acertada segundo as categorias do pensamento de seu tempo: "A Igreja judaica surgiu, mas o Estado judaico sucumbiu" (1894, p. 169, nota 1). Mas, o que havia antes disso? Falando novamente com Wellhausen: "A religião israelita só gradualmente conseguiu avançar a partir do paganismo; e é exatamente nisto que reside o conteúdo de sua história" (1894, p. 34). A moderna pesquisa histórico-religiosa se oporia veementemente à categoria depreciativa do "paganismo" e à metáfora evolucionista do "avanço"; esquemas de evolução ou decadência lineares dificilmente são adequados para descrições histórico-religiosas. Abstraindo-se, porém, dessas categorias e terminologias problemáticas, a ciência bíblica atual tende a ver confirmada a imagem de Wellhausen sobre o curso da história religiosa israelita e judaica, e isso por meio de inscrições e pequenos achados religiosos da época do reinado, mas também por intermédio de reconstruções histórico-literárias nos textos bíblicos. De fato, nos últimos trinta anos formou-se uma imagem – amplamente documentada na atualidade – da religião (ou religiões) do antigo Israel e Judá na época do reinado (cf. KEEL; UEHLINGER 2010; ZEVIT, 2001; HARTENSTEIN, 2003, p. 2-28), que confirma em traços gerais a suposição de Wellhausen: ícones de bênção e fertilidade, emblemas de proteção, símbolos de deusas e deuses, objetos sepulcrais falam uma linguagem muito clara a esse respeito, mesmo que seja necessário prevenir-se contra uma simples dicotomia entre uma religião de Israel e Judá da época do reinado, caracterizada como "politeísta", e a religião do judaísmo posterior, classificada como "monoteísta" (cf. FREVEL, 2013; FREVEL; PYSCHNY, 2014, p. 1-22; RÖMER, 2018). A história religiosa de Israel não transcorreu num processo de duas fases, mas conhece diversos desenvolvimentos que transcorrem de forma paralela, nos quais igualmente podem ser constatadas descontinuidades e continuidades.

Na Bíblia Hebraica ainda há lembranças do passado pré-monoteísta da religião de Israel e Judá que dificilmente podem ser reconstruídas como fragmentos literários conservados da época do reinado, mas foram expressas por meio de "jogos de linguagem politeístas" que apontam para essa época[103]. Deuteronômio 32,8s., por exemplo, parece conter uma reflexão sobre a diversidade das religiões entre os povos: "Quando o Altíssimo deu os povos em herança[104], quando Ele espalhou os seres humanos, Ele fixou os limites dos povos segundo o número dos 'filhos dos deuses'. Sim, a parte de YHWH é o seu povo, Jacó é o lote de sua propriedade".

No texto de Deuteronômio 32,8s. consta "segundo o número dos filhos de Israel", embora a versão apresentada acima seja apoiada por 4QDeut e pela Septuaginta. A leitura atual provavelmente seja o resultado de uma correção ortodoxa, que pretendia eliminar os tons politeístas subjacentes ao trecho. Na versão apresentada acima, Deuteronômio 32,8 defende a posição de que Deus estabelece os povos segundo o número das divindades inferiores, só Israel ("Jacó") tem para Ele como Deus supremo o valor de povo diretamente agregado. O título "o Altíssimo", relacionado no presente texto a YHWH, desperta, porém, associações histórico-religiosas com o El, o maioral dos deuses, a quem esse título remonta. Deuteronômio 32,8s., portanto, ainda preserva de modo suave a lembrança de que mesmo YHWH nem sempre foi o maior entre os deuses.

Um texto com características semelhantes encontra-se no Salmo 82, contido no chamado "Saltério Eloísta" (Salmos 42–82), uma seção do Livro dos Salmos, em que o tetragrama YHWH foi continuamente substituído pelo termo hebraico *Elohim* ("Deus"). Pode-se presumir, pois, que originalmente o Salmo 82 falava de YHWH. Também esse texto tem um perfil monoteísta: YHWH é o único Deus, os demais deuses necessitam morrer (v. 7). No entanto, com o cenário imaginado de juízo, tendo YHWH como acusador e afirmando serem os deuses filhos do "Altíssimo", ele se move dentro de um mundo imaginário politeísta e fictício.

> Deus (YHWH) está na assembleia de Deus, no meio de deuses
> Ele detém o julgamento:
> Por quanto tempo quereis julgar injustamente e favorecer os ímpios? Sela.
> Defendei o direito do pequeno e do órfão, fazei justiça ao fraco e ao necessitado.
> Eu disse: vós sois deuses, e filhos do Altíssimo sois todos vós.

---

103. Detalhadamente sobre isso, cf. Schmid (2006a, p. 105-120).
104. Sobre a tradução, cf. Weippert (1997, p. 5, nota 15, com referência a Isaías 49,8).

Porém: morrereis como um ser humano e caireis como um dos príncipes.
Levanta-te, ó Deus, (YHWH), julga a terra, pois todos os povos constituem a tua herança.

O Salmo 82 dificilmente ainda pode ser datado no período pré-exílico, embora pareça ter preservado memórias de pré-formas da religião judaica. O Salmo formula seu programa monoteísta no contexto de um jogo de linguagem politeísta.

Com o surgimento do judaísmo no tempo do exílio babilônico iniciou um desenvolvimento histórico-religioso, que nos 2.500 anos subsequentes se evidenciou como altamente bem-sucedido no contexto global: o judaísmo e suas religiões afiliadas estabeleceram o padrão para aquilo que poderia acabar por se impor como "religião". O judaísmo é a primeira "religião secundária"[105] da história mundial que se desenvolveu a partir da "religião primária" dos antigos Israel e Judá sob as condições da existência de diáspora e sob influências babilônicas, persas e helenistas. Cristianismo e islamismo unem-se ao judaísmo na qualidade de "religiões secundárias", mas com características próprias. Também eles não interpretam religiosamente a realidade de forma linear, mas recorrem a um acervo de escritos sagrados, normativos para a interpretação da realidade.

3.5 O Segundo Templo e sua literatura

Ao contrário do que ainda pensava a pesquisa clássica dos séculos XIX e XX, a época do segundo Templo é a mais importante época para a formação da literatura bíblica. O segundo Templo foi construído por volta de 515 a.C. contra a resistência de Samaria e parcialmente também do próprio povo (cf. Ageu 1,2-11). Quanto a suas dimensões ele deve ter sido comparável com o primeiro Templo[106]. Os dados bíblicos a esse respeito, porém, não são arquitetonicamente confiáveis nem para um nem para o outro caso. Não sabemos ao certo como era a exata aparência do primeiro e segundo templos em Jerusalém[107]. Também sociologicamente

---

105. Cf. Sundermeier (1999), e para a aplicação na ciência bíblica, cf. Wagner (2006).
106. Confronte 1Reis 6,2s. com Esdras 6,3; cf. tb. Josefo, *Contra Apionem* I,21s.
107. Cf., porém, a apresentação ponderada de Zwickel (1999).

o segundo Templo deve ter apresentado estruturas semelhantes às de sua instituição predecessora. Ali atuavam sacerdotes e escribas, que também se preocupavam com a transmissão dos escritos normativos no Templo. Na época pós-exílica, entretanto, os sadoquitas, a família sacerdotal tradicional no Templo de Jerusalém, parecem ter sido relegados um pouco a segundo plano. Eles se reportam como oriundos de Sadoc, o sumo sacerdote lendário, talvez legendário sob o Rei Davi. Também os levitas, anteriormente um grupo influente, que na época dos reis eram responsáveis pelos cuidados cultuais dos santuários locais, perderam influência, pois aparecem como uma espécie de *clerus minor* no segundo Templo (cf. SCHAPER, 2000). Depois do exílio, entretanto, a família sacerdotal dos aaronidas, que se referiam ao irmão de Moisés como seu ancestral, ganhou em importância. Isso deve ter relação com a deportação para a Babilônia: o sacerdócio judaico na Babilônia desenvolveu uma própria autoconsciência e se distinguiu genealogicamente da equipe que tradicionalmente servia ao Templo em Jerusalém. Aos seus olhos, cabia a Aarão, como irmão de Moisés, uma autoridade superior *à* de Sadoc, o sumo sacerdote de Davi.

Devido às modestas condições econômicas e sociais de Jerusalém nos tempos persas (cf. FINKELSTEIN, 2016, 3-18; 2008, p. 501-520), às vezes se duvidou que nessa época pudessem ter surgido inúmeros textos da Bíblia posterior[108]. De fato, é provável que a maioria das atividades literárias se deva ao trabalho de revisão de textos já existentes, mas que em termos de conteúdo foram de grande importância: monoteísmo, aliança e lei são características do antigo judaísmo, que não desenvolveram sua função como criadores de marcos diferenciadores na formação de identidade antes do exílio babilônico[109]. E ainda assim suas ancoragens literárias na Bíblia Hebraica tornaram quase totalmente impossível fazer

---

[108]. Cf. a discussão em Carr (2011, p. 222-224) e Finkelstein (2016, p. 14). Algumas vezes foi levantada a hipótese de que, devido à falta de inscrições em hebraico na época persa – a maioria delas encontra-se em aramaico – a Bíblia Hebraica se originou essencialmente no período pré-exílico (SCHNIEDEWIND, 2004, p. 167-172; HENDEL; JOOSTEN, 2018). Essa hipótese tem, porém, toda a probabilidade histórica contra si. É claro que as inscrições do período persa, aliás oriundas principalmente do Egito, estão na língua franca daquela época, a saber, em aramaico. Mas, os textos da Bíblia Hebraica da época, como produto literário da erudição, continuaram sendo reescritos em hebraico.

[109]. Sobre a discussão a respeito das mudanças histórico-religiosas, cf. Frevel (2013).

leitura dela sem essas características, mesmo que ela contenha partes textuais consideráveis, que são mais antigas do que o exílio.

A história teológica da época do segundo Templo está cunhada pelo antagonismo de "teocracia e escatologia", como Otto Plöger certa vez descreveu abertamente esse conflito[110]. Posicionamentos "teocráticos" reconhecem na situação política, social e cultural do judaísmo na época persa o objetivo do plano salvífico de Deus com o mundo e o seu povo. Já "posicionamentos escatológicos" entendem ser escandaloso o domínio estrangeiro e a existência da diáspora, e aguardam uma transformação total da situação no futuro: Deus haverá de intervir mais uma vez na história e restituir seu povo de acordo com as diretrizes vigentes no tempo do reinado. Embora a contraposição generalizada de "teocracia e escatologia" tenha sido criticada muitas vezes, não se deveria interpretar mal esses conceitos como categorias rigidamente opostas, dentro das quais seria possível subdividir totalmente a literatura pós-exílica. Trata-se, isto sim, de duas opções fundamentais, dentro das quais podem ser ancorados textos ou escritos individuais em maior ou menor distância aproximativa.

A linha mais importante de recepção de conteúdos traditivos das grandes potências da Assíria e Babilônia esteve cunhada por rejeição e subversão fundamentais no antigo Israel. Em relação ao reino persa e sua supremacia sobre Israel, no entanto, pode ser observado o oposto em relação à vertente teocrática da literatura pós-exílica. Isso se baseia no fato de os persas, diferentemente dos reinados anteriores, terem praticado uma política comparativamente tolerante com os povos por eles subjugados, concedendo-lhes uma ampla autonomia no que concernia à língua, culto, leis e cultura (cf. FREI; KOCH, 1996) – nem tanto por considerações (pré-)humanistas, antes por pura necessidade que a grandeza do reinado requeria.

3.5.1 Projetos "teocráticos": Escrito Sacerdotal e os livros de Crônicas

A ideologia imperial persa de um estado multiétnico pacificado, sob manutenção das respectivas peculiaridades culturais e religiosas, encontrou sua expressão, por exemplo, na Inscrição de Behistun Dario I (*TUAT* I, 419-450). Como comprovam descobertas de sua versão aramaica em

---

110. Cf. Plöger (1962); cf. tb. a discussão em Dörrfuss (2012, p. 92-115).

Elefantina, ela também se encontrava em circulação como texto escolar, e foi positivamente retomada e apropriada sobretudo em concepções da literatura bíblica da época persa influenciadas pelo culto, como por exemplo, no denominado Escrito Sacerdotal[111], no Pentateuco ou nos livros de Crônicas.

Esses escritos partem do pressuposto de que com o domínio persa e com a tolerância cultural em relação ao judaísmo a ele atrelado, foi alcançado o objetivo salvífico da história de YHWH com Israel e o mundo – para ser bem preciso, no sentido de uma *realized eschatology*[112]. É claro que esse objetivo ainda necessitava de aperfeiçoamentos em diversos pontos, mas fundamentalmente a chegada da salvação é vista como definitivamente presente. Essa posição, em princípio, nada mais é do que a recepção judaica da ideologia imperial e oficial persa.

No Escrito Sacerdotal, essa imagem de um mundo ordenado pacificamente, inspirada na época persa, encontra-se na assim denominada tabela das nações em Gênesis 10, que descreve o repovoamento do mundo após o dilúvio (Gênesis 6–9). Ela possui um refrão que descreve a ordem diversificada do mundo de acordo com línguas, clãs e povos.

> Os filhos de Jafé [...] nos seus países, segundo as suas línguas, segundo os seus clãs, nos seus povos. [...] Estes são os filhos de Cam, de acordo com seus clãs, suas línguas, em seus países, de acordo com seus povos. [...] Estes são os filhos de Sem de acordo com seus clãs, suas línguas, em seus países, de acordo com seus povos (Gênesis 10,2.5.20.31).

O pacifismo e a concepção de ordem teocrática do Escrito Sacerdotal aparecem também em seu texto teológico programático de Gênesis 9, o estabelecimento da aliança de Deus com Noé. Depois do dilúvio, Deus estabelece o seu arco nas nuvens. O termo hebraico para "arco" pode – como no alemão – designar também o "arco de guerra". A imagem do arco nas nuvens indica, portanto, a renúncia de Deus à violência contra a sua criação. Em vez disso, lhe garante uma duração permanente (Gênesis 9,14s.). A violência de Deus é um tema que, para o Escrito Sacerdotal, o próprio Deus já encerrou no passado distante, depois que o dilúvio praticamente

---

111. Cf. acima a nota 97.
112. Assim a conhecida conceituação de Dodd, mesmo que por ele relacionada com a pregação de Jesus.

destruiu todas as formas de vida. Deus pode, é verdade, voltar-se contra os seres vivos da terra; mas isso é interpretado como um traço pré-histórico, não mais atual do seu ser: "Então disse Deus a Noé: O fim de toda carne chegou diante de mim; porque a terra está cheia de iniquidade por parte deles[113]. Portanto, eu os destruirei da terra" (Gênesis 6,13).

Esta declaração dura do "fim" que "chegou" não foi inventada pelo Escrito Sacerdotal, mas tirada da profecia de julgamento:

> E ele disse: O que vês, Amós? Eu respondi: Um cesto de frutas (*qyṣ*). Então YHWH me disse: Chegou o fim (*qṣ*) para o meu povo Israel; não quero mais perdoá-lo (Amós 8,2).
> Tu, filho do homem, dize: Assim diz o Senhor YHWH à terra de Israel: Chega um fim! Chega o fim para os quatro cantos da terra! Agora chega o teu fim [...] (Ezequiel 7,2s.).

Dessa forma, o Escrito Sacerdotal retoma a mensagem da profecia de juízo pré-exílica e exílica, mas a quebra em termos proto-históricos: sim, houve uma decisão divina para o "fim", mas ela reside no passado, não no futuro.

De forma teologicamente correspondente, encontra-se alinhada a mensagem do Escrito Sacerdotal para Israel: assim como a aliança de Noé em Gênesis 9 garante a duração eterna do mundo, também a aliança de Abraão em Gênesis 17 garante a proximidade duradoura de Deus a Israel – ambos os casos são afirmados sem a formulação de quaisquer condições. Para o Escrito Sacerdotal a "aliança" é uma promessa salvífica unilateral da parte de Deus. Por certo, pessoas isoladas podem cair fora dessa aliança (quando, p. ex., não realizam a circuncisão), mas não as grandezas coletivas dos descendentes de Abraão.

Além disso, o Escrito Sacerdotal também é responsável pela introdução proto-histórica do Pentateuco em Gênesis 1–11, pelo menos em partes essenciais. Com isso a tradição nacional e religiosa de Israel e Judá é colocada dentro de um contexto universal, tanto em termos geográficos quanto temporais. Historicamente isso se torna compreensível a partir da presumida situação de surgimento do Escrito Sacerdotal nos inícios da época persa: a contextualização global de uma tradição particular não

---

113. "Toda carne" engloba pessoas e animais, cf. Stipp (2013, p. 95-116). Os peixes, entretanto, não estão incluídos, razão pela qual o dilúvio também não os atinge como castigo.

é senão óbvia dentro do contexto de perspectiva exílica em que seus autores se encontram.

Na Crônica – os dois livros de Crônicas contavam como um só na Antiguidade – pode-se reconhecer em Davi e Salomão em sua qualidade de iniciadores e construtores do Templo, inclusive os modelos "proto-históricos" para Ciro e Dario, que, por um lado, possibilitaram a construção do Templo (Ciro, por meio de um edito), e, por outro, mandaram executá-la (Dario). Na Crônica, Davi e Salomão são despojados de praticamente todas as suas funções políticas e caracterizados prioritariamente como fundadores do culto do Templo (cf. MATHYS, 2013, p. 29-47). Esse é também o motivo pelo qual a Crônica emprega a maior parte de sua apresentação no tempo de Davi (1Crônicas 11–29) e Salomão (2Crônicas 1–9) e porque em sua descrição histórica ela silencia a respeito do Reino do Norte: o norte não tem nenhuma participação no Templo de Jerusalém e, portanto, sua história política é irrelevante. Na teologia da Crônica as tribos do norte, no entanto, continuam sendo parte de Israel, e a Crônica mostra abertura para a opção de o norte voltar a unir-se ao Templo de Jerusalém.

No contexto dessa visão de mundo teocrática também pertencem as designações notórias de governantes estrangeiros como admiradores, sim escolhidos do Deus bíblico em partes secundárias dos livros de Jeremias e Isaías. Assim, por exemplo, o grande rei babilônio Nabucodonosor, que afinal destruiu Jerusalém e seu Templo, é intitulado em Jeremias 25,9; 27,6 e 43,10 como "servo" de Deus; o grande rei persa Ciro pode ser tratado como "meu Messias" em Isaías 44,28. Aqui também cabe referência às histórias de Daniel em Daniel 1–6, cada qual terminando com uma confissão do dominante estrangeiro ao Deus de Israel. Do ponto de vista histórico tais posicionamentos podem ser entendidos, no máximo, a partir do pano de fundo da época persa, na qual foi desenvolvida a ideia de que Deus, para reinar sobre o mundo, também pode se servir de reis estrangeiros. Essa concepção "teocrática" pressupõe o afastamento da religião do antigo Israel de um quadro de pensamento atrelado ao seu próprio Estado e ao reinado, bem como sua expansão universalizante, coisas só existentes a partir da época persa.

3.5.2 Proposições "escatológicas": textos proféticos e deuteronomistas

A posição escatológica é cultivada no período persa, sobretudo, na literatura profética contemporânea, bem como no entorno do assim denominado deuteronomismo. Sob esse termo entende-se um movimento intelectual que se ligou aos princípios teológicos do Deuteronômio, desenvolvendo-os adiante (cf. SCHMID, 2012, p. 369-388). Seus textos falam a linguagem do Deuteronômio e compartilham suas convicções básicas: Deus compromete o seu povo com a sua lei, cuja observância traz bem-estar, e cuja desobediência acarreta desgraça. A posição deuteronomista é: sem reinado próprio e sem terra própria, Israel se encontra sempre sob o juízo, e por própria culpa.

Ela aparece em atualizações do Deuteronômio e dos profetas anteriores (Josué–1/2Reis), mas também especialmente no Livro de Jeremias. A tradição desse profeta, que apareceu imediatamente antes e durante a época da catástrofe em Jerusalém, foi particularmente adequada para – em atualizações literárias – refletir sobre os motivos, mas também sobre a duração do juízo.

> Desde o dia em que vossos antepassados saíram da terra do Egito até hoje, tenho enviado todos os meus servos, os profetas, a vós diariamente; com zelo, os tenho enviado sempre de novo. Eles, porém, não me ouviram e não deram ouvidos a mim, mas endureceram a sua cerviz, eles eram piores que seus ancestrais. E tu lhes dirás todas estas palavras, mas eles não vão te ouvir. E tu os chamarás, mas eles não vão te responder (Jeremias 7,25-27).

A história de Israel e de Judá é apresentada como uma história de desobediência, que se estende até o tempo de Jeremias e – assim provavelmente esse texto deve ser entendido – também até o tempo dos leitores de seu livro. Textos deuteronomistas do exílio e do período persa frequentemente expandem a visão deuteronomista da história, incluindo nela também perspectivas de salvação, que aguardavam a conversão de Israel no exílio, a misericórdia de Deus no juízo e, por vezes, até o retorno ao seu país[114]. Mas, tais eventos, mesmo que já tenham ocorrido, ainda

---

114. 1Reis 8,46-53, Deuteronômio 4,25-31; 28,45-68; 30,1-10; Levítico 26,32-45; Zacarias 1,2-6; 7–8; Malaquias 3.

não trazem a salvação definitiva consigo. Apesar do alívio na situação de juízo por meio da construção do Templo, de certa autonomia, bem como de movimentos de retorno, esperava-se ainda pela intervenção de Deus na história, já que somente com ela viria a mudança histórica decisiva.

Do ponto de vista desses teólogos deuteronomistas, também o raciocínio contrário é permitido: não é só a desobediência que resulta em desgraça, mas ausência de salvação também permite inferir falta de orientação de Israel pela vontade de Deus. Para a história teológica pós-exílica é significativo que mais e mais se desvanece a concepção de que por forças próprias o ser humano possa dar ouvidos à voz de Deus e obedecer a sua vontade (cf. NEWSOM, 2012, p. 5-25; NIDITCH, 2015). Mais e mais se consolida o reconhecimento de que o ser humano não é senhor na própria casa. Por isso, textos proféticos da época persa desenvolveram visões que têm um novo ser humano como proposta. No contexto da promessa de uma nova aliança, Jeremias 31,33s. espera que a Torá seja escrita nos corações de Israel, de modo que conversão recíproca nem seja mais necessária:

> Esta é a aliança que farei com a casa de Israel depois daqueles dias, oráculo de YHWH: Eu dei minha Torá no fundo de seu ser, e vou escrevê-la em seus corações. E eu serei Deus para eles, e eles, eles serão o meu povo. Então ninguém mais ensinará seu vizinho e ninguém ensinará seu irmão e dirá: Conhecei YHWH! Mas, do menor ao maior, todos eles me conhecerão, oráculo de YHWH, pois vou perdoar sua culpa e não pensarei mais em seus pecados (Jeremias 31,33s.).

Com esta visão, Jeremias 31,33s. se coloca contra a convicção básica do *Sch^ema Jisrael* (Deuteronômio 6,4-9) de que a lei necessita de constante atualização e transmissão: "[...] E tu as [estas palavras] inculcarás aos teus filhos e delas falarás quando estiveres sentado em tua casa e andando em teu caminho, quando te deitares e quando acordares".

A internalização da Torá, ao contrário, acaba tornando a Torá escrita e a instrução mútua supérfluas. Portanto, não deve surpreender que Jeremias 31,31-34 praticamente não tenha sido assumido no judaísmo[115]. Torá e aprendizado da Torá eram vistos como irrenunciáveis.

---

115. Certa exceção constituem os rolos de escritos do Mar Morto. No Escrito de Damasco (CD 14,19), a comunidade se entende como estando numa "nova aliança".

Além disso, existe a ideia mais ampla de que Deus não apenas preencherá o coração humano com um novo conteúdo, mas substituirá o antigo coração humano por um novo:

> Dar-vos-ei um coração novo, e porei no vosso íntimo um espírito novo. E tirarei do vosso corpo o coração de pedra e vos darei um coração de carne. Porei no vosso íntimo o meu espírito e farei com que andeis de acordo com meus estatutos e guardeis as minhas normas e as pratiqueis (Ezequiel 36,26s.).

Para o Livro de Ezequiel, não basta implantar novos conteúdos no coração humano, mas este deve ser transplantado, e somente um novo coração, que substitua por completo o antigo, pode se tornar o lugar do espírito divino no ser humano (cf. KRÜGER, 2009, p. 107-136).

Além da esperança por um novo ser humano, a literatura profética da época do exílio e pós-exílio também gerou expectativas de governo que permitiam vislumbrar a restauração do reinado davídico[116]. Para esses escritos era inconcebível que uma vida teologicamente legítima, significativa e repleta de sentido fosse possível sob um domínio estrangeiro. De acordo com a compreensão dos textos, enquanto Israel não estivesse restituído de forma unificada sob um novo rebento da dinastia davídica ou mesmo um novo Davi, ou seja, um *David redivivus*, ainda se encontraria sob o juízo de Deus.

3.5.3 O retardamento da salvação

No período inicial do segundo Templo, as posições teocráticas continham uma evidência direta no mundo da vida: a salvação de Deus se realizaria nas experiências políticas contemporâneas. Com o passar do tempo, porém, a avaliação teológica das situações experimentais vividas também passou por transformações no campo teocrático. A deplorável situação de Judá e Jerusalém, apesar da construção do Templo, foi interpretada mais como um "retardamento da parúsia": como atestam as condições sociais precárias narradas em Neemias 5, as condições

---

116. Cf. Jeremias 23,5s.; 33,14-26; Ezequiel 17,22-24; 34,23s.; 37,21-25; Amós 9,11s.; Ageu 2,20-23; Zacarias 4,6-10; 6,9-14; 9,9s. Pertencentes ainda à época pré-exílica poderiam ser Isaías 7,14-16; 9,1-6; 11,1-5; Miqueias 5,1-5, o que, entretanto, é controverso. Cf. Schmid (2005).

econômicas eram muito modestas. O número de habitantes em Jerusalém e em toda a Judá havia decrescido bastante. Essa problemática pode ser reconhecida, sobretudo, nos textos que comumente são denominados de "Trito-Isaías" em Isaías 56–66. Com exceção do núcleo um pouco mais antigo de Isaías 60–62 (cf. SPANS, 2015), esses textos provavelmente devem ser datados dos séculos IV e III a.C.: a salvação prometida por Dêutero-Isaías não se cumpriu nem na proporção nem no momento imediato apresentado em Isaías 40–55. Na esteira das experiências feitas em seu tempo com carências, necessidades e injustiças, os autores de Isaías 56–66 procuravam por razões e as identificavam em obstáculos à salvação, em comportamentos errôneos do povo de Deus nos âmbitos cultual e social. As advertências e acusações encontradas em Isaías 56–66 constituem o resultado desses esforços de raciocínio: Israel precisa se arrepender, necessita se preocupar com os males existentes, caso contrário a salvação decidida por Deus não conseguirá se impor. Ao contrário da hipótese mais antiga, Isaías 56–66 não remonta à pregação oral anterior de um profeta independente ("Trito-Isaías"). Esses capítulos devem ser vistos, muito mais, como profecia de transmissores versados nas escrituras, e nunca existiram a não ser como textos para um livro (cf. STECK, 1991, p. 3-45). Exemplarmente esse caráter de habilidade escriturística, bem como o perfil teológico modificado de Isaías 56–66 em relação a Isaías 40–55, podem ser reconhecidos na recepção de Isaías 40,3 por Isaías 57,14:

| Ouça, uma voz clama: no deserto *abri* o caminho de YHWH; na estepe aplainai um *caminho* reto para o nosso Deus. (Isaías 40,3) | E ele diz: *Abri, abri*, abri um *caminho*! Removei todos os tropeços do caminho para o meu povo! (Isaías 57,14) |

Isaías 40,3 pede para que seja aberto um caminho de procissão para Deus, a fim de que este possa retornar a Sião/Jerusalém em seu santuário. Isaías 57,14 retoma esse apelo, mas o reinterpreta eticamente: os males sociais e religiosos dentro do povo precisam ser eliminados para que a salvação possa irromper.

A posição defendida em Isaías 56–59, porém, não se comprovou como solução perene para o problema do retardamento temporal da salvação. Os textos em Isaías 63–66 transformam as advertências e acusações de Isaías 56–59: agora a esperada chegada da salvação prometida não é mais dependente de condições cada vez mais abrangentes, mas limitada a um grupo dentro de Israel, aos "piedosos", ao qual também podem aderir adeptos dos povos. Com isso é abandonada a unidade teológica do povo de Deus: os textos finais do Livro de Isaías em Isaías 65–66. só veem ainda salvação para os justos. Os ímpios, ao contrário, ficarão sujeitos a julgamento (Isaías 65,1-15; 57,20s.).

Em termos histórico-teológicos, esse passo sinaliza cesura radical: a abolição da grandeza salvífica "Israel", amplamente aceita no período pré-helenístico, abriu o caminho para a individualização da religião judaica, mostrada inicialmente na formação da assim denominada apocalíptica: O mais importante e decisivo constitui o comportamento e o destino do indivíduo. Essa tendência foi então intensificada, sobretudo, depois da queda de Jerusalém em 70 a.C. e influenciou decisivamente também desta forma o cristianismo: sua mensagem salvífica não diz mais respeito a nenhum coletivo étnico, social ou político, mas a cada homem e mulher, considerados individualmente.

3.6 A formação da Torá no contexto da autorização persa para o reinado

Considerando-se a formação posterior de uma coletânea de escritos normativos, um processo deve ser contado entre os mais importantes para esse desenvolvimento: a formação da Torá ("lei") na época persa, como corpo textual concluído, considerado como normativo pelo judaísmo de então. Com ela, foi estabelecido pela primeira vez na história intelectual do Antigo Oriente um corpo de leis de caráter normativo e independente de um rei, e gradualmente também adotado como tal (cf. SCHMID, 2016a): instância normativa no Antigo Oriente era o rei – leis podiam assisti-lo na tomada de decisões, mas não o tornavam dependente delas nessas ocasiões. A Torá da época persa foi o primeiro texto de leis do Levante a reivindicar normatividade para si próprio.

Do ponto de vista literário, a Torá é um corpo muito heterogêneo, e permite reconhecer facilmente seu caráter de composição também ainda em sua forma atual[117]. Duas observações são particularmente importantes: por um lado, está claro que a Torá não tem um enredo completo. Em termos de lógica narrativa, pode-se continuar a leitura do Deuteronômio sem lacunas no Livro de Josué e encontrar aí a continuação da história da fundação de Israel narrada na Torá, que tem continuidade até os livros dos Reis. É óbvio que a cesura dada com a delimitação da Torá dentro do grande complexo narrativo de Gênesis até 2Reis é de natureza secundária, separando coisas que, originalmente, pertenciam juntas (cf. FREVEL, 2011, p. 13-53; RÖMER, 2015, p. 1-18). A razão pela qual a sequência narrativa de Gênesis até Deuteronômio foi delimitada como Torá pode-se explicar pelo fato de as disposições legais se encontrarem todas ali, sobretudo no contexto da biografia de Moisés, que vai do Êxodo até Deuteronômio. Dito de outra forma: a Torá compreende aquela parcela da história bíblica de Israel caracterizada pela dádiva da lei e sua pré-história (cf. MORROW, 2017).

Por outro lado, não é difícil reconhecer que, em si, a Torá compreende materiais textuais diversificados, que não pertenciam juntos desde o início. As passagens narrativas e legais parecem ter origens diferentes, sendo que as leis provavelmente só foram incorporadas gradualmente no processo narrativo. Mas são principalmente os grandes blocos narrativos da história dos patriarcas em Gênesis 12–50 por um lado, e da história Moisés-Êxodo, por outro, que mostram terem sido eles unificados secundariamente: a história dos patriarcas não conduz de forma ininterrupta à história Moisés-Êxodo – pelo contrário, em Êxodo 1,6-8 ela até certo ponto precisa ser suspensa, antes que a história Moisés-Êxodo possa iniciar –, nem a história Moisés-Êxodo depende da história dos patriarcas como introdução (cf. GERTZ, 2015, p. 233-251), o que em outros escritos da Bíblia Hebraica posterior, ou seja, do Antigo Testamento é mostrado pela expressão generalizada sobre Israel como "Israel do Egito" (cf. BECKER, 2005, p. 81-100). Também as porções da assim denominada proto-história em Gênesis 1–11 não pertencentes ao Escrito Sacerdotal mostram uma certa autonomia (cf. GERTZ, 2012, p. 107-136), que pode-

---

117. Sobre a discussão atual, cf. Gertz et al. (2016).

ria ser explicada com o fato de uma vez terem constituído uma narrativa própria. Na formação da Torá, portanto, provavelmente se deve contar com dois processos fundamentais, por diversas vezes escalonados e não simultâneos, que compreendem por um lado a conexão literária dos materiais em Gênesis até Deuteronômio, e por outro, a delimitação da Torá dentro do complexo que vai de Gênesis até 2Reis (cf. RÖMER, 2013a, p. 120-168; 2013b, p. 2-24; 2014, p. 52-166; SCHMID, 2014, p. 239-271).

O fato de a Torá ter encontrado um destino comparativamente firme no período persa resulta de várias observações e considerações. Em primeiro lugar, deve ser mencionado o surgimento de sua tradução para o grego, que pode ser datada de meados do século III a.C.[118] Em termos histórico-linguísticos o grego da Torá mostra semelhanças com os papiros de Zenon e os fragmentos de Demétrio[119]. As diferenças entre a Torá hebraica e a grega são comparativamente pequenas (o texto grego difere do hebraico em algumas passagens de Êxodo 35–40) (cf. WADE, 2003), de modo que se pode pressupor que o acervo textual da Torá estava concluído em sua essência já em época pré-helenística.

Além disso, as referências à "Torá" nos dois livros de Crônicas (1Crônicas 16,40; 22,12; 2Crônicas 12,1; 17,9; 31,3.4; 34,14; 35,26), em Esdras (Esdras 7,10) e Neemias (Neemias 9,3) mostram que nesses escritos está pressuposto um corpo correspondentemente organizado. O fato de que nesse contexto seguidamente é feito referência acentuada à "Torá de YHWH" sugere que a Torá já era percebida em seu conjunto e de forma decidida como direito de Deus.

A isso acrescenta-se, por fim, que na Torá não se encontram reflexos significativos sobre o colapso ocorrido com a dominação mundial persa, que gerou nos livros proféticos a concepção de um abrangente juízo cósmico do mundo (cf. Isaías 34,2-4). Para a Torá a primeira criação é a única e a constância de céu e terra é de tal monta, que em Deuteronômio 30 eles podem ser evocados como testemunhas eternas contra Israel (cf. SCHMID, 2016d).

---

118. Cf., p. ex., Siegert (2001, p. 42-43), Görg (2001, p. 115-130), Kreuzer (2011, p. 3-39), Krauter (2011, p. 26-46), Albrecht (2013, p. 209-243).

119. O manuscrito mais antigo do Pentateuco grego é o Papiro Rylands 458 da metade do século II a.C.; cf. Wevers (1977, p. 240-244), Troyer (2008, p. 277), Dorival (1988, p. 39-82).

Mas, por que e como se chegou a uma conclusão da Torá? (cf. SCHMID, 2006b, p. 494-506; KNOPPERS; LEVISON, 2007). Sua formação deve ser vista em conexão com a organização jurídica do reino persa, que desconhecia um direito central do reino válido para todos os povos subjugados; ele permitia, antes, que eles vivessem de forma descentralizada, cada qual regido por suas próprias normas jurídicas, que, porém, careciam de autorização persa. O processo pelo qual se dava a autorização de normas locais pelo reino central persa encontra-se suficientemente atestado por diversos decretos e regulamentos (cf. FREI; KOCH, 1996). Para a Torá, contudo, tal processo ainda carece da dedução de vários indícios, e como um todo não permaneceu indiscutível na pesquisa. A suposição de um estímulo externo, entretanto, ainda deveria oferecer a explicação histórica mais plausível para a formação da Torá, que reúne coisas tão distintas em seu seio.

Além disso, a crítica à tese de uma autorização da Torá pelo reino persa é frequentemente baseada no mal-entendido de que os persas teriam criado um registro central de todas as legislações locais. Isso naturalmente não foi o caso, e a tese também nem o afirma: trata-se unicamente do fato de a Torá ter adquirido o *status* de lei do reino devido ao seu reconhecimento central pelos persas[120].

Uma indicação chamativa da autorização persa encontra-se na carta credencial que o rei persa Artaxerxes deu ao escriba Esdras para Jerusalém (Esdras 7,12-26). Por ordem do rei, Esdras leva para Jerusalém "a lei do Deus do céu" – uma referência às leis da Torá. No fim dessa missiva é ordenado: "E quem desobedecer a lei de teu Deus e a lei do rei deve ser rigorosamente castigado, seja com morte ou com exílio, seja com multa ou com prisão" (Esdras 7,26).

Nesta formulação, a duplicação de "a lei do teu Deus e a lei do rei" é altamente notória: anteriormente, só havia referência à lei do Deus de Esdras, o "deus do céu", e o reino persa não dispunha de nenhuma lei central do reino, à qual a expressão "a lei do rei" pudesse ter se referido. A maneira mais simples de entender essa duplicidade é se "a lei do teu Deus e a lei do rei" se referem a uma e mesma grandeza, a saber, às leis da Torá, que são citadas ora da perspectiva judaica ("a lei do teu Deus"),

---

120. Para detalhes, cf. Schmid (2006b).

ora da perspectiva persa ("a lei do rei"). Nessa terminologia – assim a explicação mais simples – se reflete o *status* da Torá como uma lei local dos judeus, autorizada pelo governo central persa.

Com a formação da Torá como um corpo textual normativo, a orientação teológica do restante da tradição não vinculada à Torá desenvolveu-se paralelamente a essa tradição básica. Isso pode ser verificado com especial clareza nos livros proféticos. Alguns deles passaram por uma revisão identificável, que agora fazem aparecer os profetas homônimos como pregadores da Torá. Isso é mais claramente o caso em Jeremias (cf. OTTO, 2009, p. 515-560), e em proporção reduzida, também em Amós. Não é casualidade que esses profetas são justamente aqueles que surgiram na época da queda dos reinos do norte e sul. Por essa razão eles foram especialmente interessantes para a formação da tradição. Nesses livros foram ancorados os modelos centrais de interpretação teológica, e o Livro de Jeremias como – biblicamente assim percebido – testemunha temporal da queda de Jerusalém cresceu a ponto de tornar-se, inclusive, o livro mais longo da Bíblia (em termos de número de palavras).

Mesmo que a Torá aparente ter sido formada como corpo textual normativo, sua importância real no judaísmo antigo deve, contudo, ser relativizada em vários sentidos. Inicialmente os achados da colônia de mercenários judeus em Elefantina, uma ilha do Nilo, sobre a qual se havia instalado uma colônia de mercenários judeus no Egito, mostram que o judaísmo da época persa no Egito de maneira alguma estava organizado de forma fiel à Torá em todos os lugares (cf. KRATZ, 2007; 2013a). Entre as descobertas de papiro não se encontra nenhuma evidência da Torá, como inclusive nenhum único texto bíblico pôde ser comprovado ali. Pode-se interpretar o fato como sendo casualidade, mas considerando-se os resultados sincretistas das descobertas em Elefantina – além de YHWH, aparentemente ainda outras divindades eram adoradas por lá –, isso é pouco provável. Além disso, os judeus também possuíam seu próprio templo na ilha do Nilo, o que era contrário à Torá, que declara como legítimo um único santuário, a saber, aquele em Jerusalém (Deuteronômio 12,13-19).

Quanto à diáspora babilônica do judaísmo, faltam as fontes relacionadas com esse período, apesar de não estar de forma alguma excluído que também ali a fidelidade à Torá não constituía o maior critério para a vida religiosa e cultural, como, sobretudo, os indícios – mesmo que não claros – de um templo próprio na referida diáspora sugerem[121].

Adicionalmente há ainda o fato de que em textos proféticos das épocas persa e helenística se encontram declarações que estão em direta contradição com a Torá. Em Isaías 56,3-7, por exemplo, é dito que pessoas sexualmente mutiladas e estrangeiros podem se agregar à comunidade de YHWH – em uma correção óbvia da assim denominada lei comunitária em Deuteronômio 23,1-7, em que exatamente isso é proibido (cf. DONNER, 1994). E em Isaías 65,17-25 são prometidos um novo céu e uma nova terra – sobre isso a Torá nada sabe nem gostaria de saber alguma coisa. Para ela céu e terra, uma vez criados, existem para sempre. Sim, em Deuteronômio 30,19; 31,28 e 32,1 eles podem ser conclamados como testemunhas contra Israel, o que pressupõe sua existência permanente.

Assim sendo, a Torá pôde se estabelecer só gradualmente com sua reivindicação de normatividade. No contexto de Israel foram os textos de Qumran, portanto, a partir do século II a.C., que pela primeira vez forneceram indicações claras de que um grupo dentro de Israel se baseava totalmente na Torá, fazendo todo o possível para obedecer às suas instruções. Após a destruição do Templo pelos romanos no ano de 70 d.C., a Torá conseguiu se impor definitivamente no judaísmo rabínico – principalmente porque, entre as tendências do antigo judaísmo em Israel após 70, sobreviveu, sobretudo, a linha farisaica, que deu continuidade às tendências rabínicas.

3.7 Interpretação da Escritura dentro da própria Bíblia

Um dos mais importantes reconhecimentos da mais recente ciência bíblica é que a Bíblia não é apenas texto, mas a união de texto e comentário[122]. Pode-se presumir que muitas narrativas, salmos, ditos proféticos e de sabedoria inicialmente existiram em sua forma oral. No entanto, já a primeira transcrição desses textos significou um processo fundamental de interpretação, uma vez que a escolha das palavras e o seu arranjo modifi-

---

121. Cf. Wallraff (2012, p. 38s., ilustração 9, p. 72) e McDonald (2017, v. 1, 3).
122. Básico aqui é Fishbane (1985); cf. tb. Kratz (2004, p. 126-156), Gertz (2014, p. 9-41) e Schmid (2016c).

caram inevitavelmente o material oral. Assim que os textos estavam disponíveis por escrito, eles parecem ter se transformado em objeto de interpretação intrabíblica de diversas maneiras. Para o surgimento da Bíblia esses processos possuem importância central. Eles mostram que já comparativamente cedo diversos textos foram percebidos como tão importantes, que foram considerados capazes e necessitados de interpretação. Os processos intrabíblicos de interpretação escriturística são responsáveis pelo fato de seus textos terem sobrevivido por muito tempo: se eles não tivessem sido ativamente reescritos e sempre atualizados para dentro de novas situações, cedo teriam sido esquecidos e perdidos. É somente a essa atribuição de um significado supra-histórico que os textos bíblicos devem sua transcrição e existência centenárias, que não sobreviveram somente à Antiguidade, mas também à Idade Média e, caso se queira, inclusive à Idade Moderna.

O fenômeno da interpretação intrabíblica da Escritura torna-se particularmente evidente em textos que foram entendidos como expressão da vontade ou planejamento divinos, como, por exemplo, as leis do Pentateuco (KRATZ, 2004, p. 126-156; SCHMID, 2015; LEVINSON, 2012; GERTZ, 2014, p. 9-41). Isso se deve principalmente ao fato de que, como já vimos, o material legislativo do Pentateuco foi interpretado cedo como lei de Deus no transcurso do seu desenvolvimento histórico-literário. As cláusulas legais mais antigas do Livro da Aliança eram – seguindo costume do Antigo Oriente – formuladas na terceira pessoa e valiam como lei do rei. Foi só com o Deuteronômio que surgiu a ideia de proclamar Deus como instância legislativa e interpretar a lei como lei de Deus (cf. SCHMID, 2016a, p. 129-153). Isso acarretou uma consequência decisiva: uma vez que a lei havia sido dotada de qualidade divina, ela não podia mais ser modificada sem prévia averiguação. Foi só por meio de interpretação bíblica que tal lei podia ser atualizada e receber uma nova forma (cf. SKA, 2006, p. 52). Nesse sentido, a interpretação erudita de uma lei nas Escrituras é uma consequência direta da afirmação de sua procedência divina (cf. LEVINSON, 2012).

Na literatura profética há uma situação comparável à tradição legal: também ali declarações dotadas de autoridade divina necessitam ser atualizadas, complementadas ou corrigidas no decorrer do tempo. Aparentemente, também na profecia são aplicadas técnicas provenientes da tradição jurídica (cf. OTTO, 1991, p. 119-150). Uma palavra profética era considerada como ainda aberta ao seu cumprimento; ela também podia compreender vários cumprimentos sucessivos, o que poderia manifestar-se em atualizações correspondentes. Uma "cadeia de atualizações" pode, inclusive, ser encontrada, por exemplo, em Jeremias 23,1-6. Ela principia com uma unidade independente em 23,1s., que em termos de história das formas é elaborada como uma palavra profética de juízo, sendo finalizada com a fórmula do dito de Deus. Ela contém uma palavra de juízo contra os reis de Judá ("pastores"), que são culpabilizados por terem dispersado o seu povo.

> Ai dos pastores que destroem as ovelhas do meu pasto e as dispersam! diz YHWH. Portanto, assim diz YHWH, o Deus de Israel, sobre os pastores que pastoreiam meu povo: Vós dispersastes, expulsastes minhas ovelhas, e delas não cuidastes. Eis que serei eu que vou cuidar da maldade de vossas ações, dito de YHWH (Jeremias 23,1s.).

Isso é seguido em Jeremias 23,3ss. por um trecho que claramente provém de outra mão, porque aqui não são os reis que "dispersaram" seu povo, mas o próprio Deus é o ator por trás desse processo. Jeremias 23,3s., portanto, deixa muito claro que a deportação de Judá não é um engano, mas, em última análise, faz parte do plano histórico de Deus, que então incluirá também a reunificação da diáspora:

> E eu mesmo reunirei o resto do meu rebanho de todos os países para onde os espalhei e os conduzirei de volta ao seu pasto; e eles serão fecundos e se multiplicarão. Então, colocarei pastores sobre eles, que os apascentarão, e eles não terão mais medo nem se assustarão, e não precisarão mais ser cuidados, dito de YHWH (Jeremias 23,3s.).

Os versículos subsequentes em Jeremias 23,5s. distinguem-se mais uma vez do que veio anteriormente, e acrescentam a especificação de que os novos pastores que Deus colocará sobre o seu povo serão da descendência davídica:

> Eis que vêm dias, dito de YHWH, em que farei brotar para Davi um rebento justo; Ele reinará como rei e governará com sabedoria e porá em prática a justiça e o direito no país. Em seus dias, Judá será salvo e Israel habitará em segurança; e esse é o nome pelo qual Ele será chamado: "YHWH é nossa justiça!" (Jeremias 23,5s.).

A sequência de atualização, portanto, reflete o manuseio literariamente produtivo do Livro de Jeremias com a declaração básica em Jeremias 23,1s., que no transcurso do tempo foi vista como necessitando de atualização. Assim sendo, Jeremias 23,3s. teve que contrapor-se ao mal-entendido de que Deus não teria tido nada a ver com a dispersão de Judá entre as nações, e Jeremias 23,5s. surgiu da necessidade de recrutar os futuros reis da dinastia de Davi. Fica logo claro também que essas atualizações não representam interpretações do respectivo texto anterior em sentido estrito, pois não se limitam ao desenvolvimento de potencialidades implícitas de sentido, mas formulam novos pontos de vista que, em termos de conteúdo, vão além das respectivas diretrizes anteriores.

No caso de Jeremias 23,1-6, os processos de atualização se conectaram literariamente sempre com os textos diretamente anteriores. Mas também existem numerosos exemplos na Bíblia posterior em que as partes doadora e receptora se encontram literariamente bastante afastadas. A promessa de um novo céu e uma nova terra em Isaías 65,17-25 foi formulada em clara recepção da contraposição entre "antigo" e "novo" êxodo em Isaías 43,16-21 ("não deveis ficar lembrando as coisas de outrora") e indica que na situação de "Trito-Isaías" de Isaías 65, quando comparada com a situação de "Dêutero-Isaías" de Isaías 43, não é mais suficiente "só" reformular a história salvífica de Israel, não, é preciso que a ordem da criação como tal – quando comparada com aquela de Gênesis 1 – seja renovada[123].

| Assim diz YHWH, que abre um caminho no mar e uma vereda nas águas impetuosas, que deixa saírem carros e cavalos, exército e poderosos [...] *Não vos lembreis mais das coisas passadas*, nem considereis as antigas. *Eis* que agora *eu* faço *coisas novas*; já está brotando, não reconheceis? (Isaías 43,16-21). *No início, Deus criou os céus e a terra* (Gênesis 1,1). | Portanto, diz o Senhor YHWH assim: Eis que meus servos comerão, vós passareis fome! Eis que meus servos beberão, vós tereis sede! Eis que meus servos se alegrarão, vós sereis envergonhados! Pois *eis que eu crio um novo céu* e uma *nova terra*; *as coisas anteriores não serão mais lembradas* e ninguém mais se lembrará delas (Isaías 65,13-17). |

---

123. Para mais detalhes, cf. Schmid (2011a, p. 185-205).

Interpretações intrabíblicas podem se encontrar bem distantes umas das outras, não somente em termos literários, mas também objetivos. A posição profética de Isaías 65–66. com inclusão dos seus desdobramentos posteriores na literatura apocalíptica (cf. a seguir o cap. 4) encontrou forte oposição, por exemplo, na literatura sapiencial. O Livro de Eclesiastes apresenta uma clara rejeição às esperanças de longo alcance de uma futura intervenção escatológica de Deus na história do mundo. Em relação às esperanças de um "novo céu" e uma "nova terra" a partir de textos simultâneos do Livro de Isaías, Eclesiastes acentua que não há "nada de novo":

| O que foi voltará a ser, e o que aconteceu voltará a acontecer: não há nada de *novo* sob o sol. É verdade que se diz: olha isso! É novo! Mas já se encontrava lá há muito tempo, nos tempos que existiram antes de nós. *Das coisas anteriores já não há mais lembrança, e também das posteriores que virão, também delas não haverá mais lembrança por parte daqueles que virão depois delas* (Eclesiastes 1,9-11). | Pois eis que crio um *novo* céu e uma *nova* terra; *não haverá mais lembrança das coisas passadas, e ninguém se lembrará mais delas* (Isaías 65,17). |

A rede intrabíblica de interpretação da Bíblia liga seus textos uns aos outros de maneira complexa. Dessa forma, a Bíblia dá testemunho de uma abordagem histórica e objetivamente diferenciada em relação às perguntas teológicas que aborda. Essa constatação só pode ser teologicamente problemática para uma compreensão fundamentalista da Bíblia. Na verdade, essas diferenciações intrabíblicas são, em última instância, responsáveis pelo fato de a Bíblia ter sido capaz de impor-se de forma global e duradoura como texto normativo: certa complexidade de escritos normativos é a condição para suas auditorias os acatarem como normativos por um longo período de tempo.

3.8 Uma nova concepção do ser humano

A história literária pós-exílica dos textos bíblicos posteriores atesta mudanças notáveis na percepção do ser humano. No Antigo Oriente, o rei era a autoridade normativa por excelência. Os reis formavam uma classe própria de pessoas, da qual diferiam os livres e os escravos. O rei era responsável perante os deuses e, perante o povo, era tanto a autoridade legislativa quanto judicativa. É evidente que, em sua jurisprudência e legislação, o rei devia corresponder aos princípios cósmicos, mas nas decisões concretas ele só devia satisfação a si mesmo. Por isso ele também constituía o tema central da formação de tradições que, em grande medida, institucionalmente se encontravam atreladas à sua corte. No antigo Israel e na Judá da época do reinado a situação não foi diferente. Com a perda do reinado, no entanto, essa matriz necessitou passar por profunda transformação (cf. RENZ; RÖLLIG, 1995-2003).

Em Judá, porém, as bases intelectuais para esses processos de transformação foram criadas ainda por volta do fim da era do reinado. Com a primeira versão do Deuteronômio não surgiu unicamente a concepção de prescrições jurídicas divinas, mas também de Deus como legislador (sobre isso, cf. SCHMID, 2016a, p. 129-153). Nessa época Judá era politicamente dependente de Assur, e o Rei Josias subiu ao trono com oito anos de idade. Dessa forma, a fonte que, em última análise, era decisiva em termos de normatividade, passou do âmbito monárquico para o numinoso. Com a queda do reinado em Israel e Judá, deixou de existir a classe dos reis, e surgiu – pela primeira vez no Antigo Oriente – um sistema de pensamento que advogava uma proximidade direta de Deus para com o ser humano. A maior clareza quanto a isso é fornecida pelo relato bíblico da criação em Gênesis 1, no qual as pessoas são criadas unicamente segundo sua diferenciação sexual, e não social, e no qual tanto o homem como a mulher desfrutam da imagem de Deus (Gênesis 1,26-28; 5,1; 9,6). Isso lhes confere dignidade régia, pelo menos do ponto de vista funcional (cf. MATHYS, 1998, p. 35-55; GROSS, 1999, p. 37-54; JANOWSKI, 2004, p. 183-214; JANOWSKI, 2008, p. 140-171).

Na esteira dessa decisão antropológica básica, difundiu-se uma visão individual do ser humano, que não considerava mais somente o rei como ser humano no sentido pleno da palavra, capaz de decisões responsáveis e impulsos emocionais decisivos e que entrava cogitação como objeto do cuidado divino, mas que concedia essa posição outrora privilegiada também a cada indivíduo.

Ao mesmo tempo, porém, parece ter-se imposto um ceticismo cada vez mais aprofundado em relação à possibilidade de o indivíduo isolado poder estar de posse de um controle total sobre suas próprias decisões. Na época do reinado, em que, em princípio, o contexto de orientação era movido por um "direcionamento externo" das pessoas, isso não desempenhou um papel decisivo, já que as decisões mais importantes eram da alçada do rei (cf. ASSMANN, 1993, p. 81-112; 2009, p. 95-120. ASSMANN; STROUMSA, 1999). Ao que tudo indica, no contexto de uma sociedade pós-monárquica, a problemática antropológica básica, a saber, de que o ser humano nem sempre pode confiar em seu "direcionamento interno", pôde impor-se como introspecção de forma comparativamente rápida. A ela foi atribuída tal importância fundamental que a proto-história bíblica em Gênesis 2–3 e Gênesis 6,5-8; 8,20-22 problematiza tanto a capacidade humana de conhecimento – em Gênesis 2–3 as pessoas recebem a capacidade para diferenciar entre o bem e o mal, mas isso lhes acarreta a perda do paraíso – quanto o centro humano de pensamento e planejamento, o "coração", que descreve como "mau" desde a juventude (Gênesis 8,21).

No que diz respeito à normatividade da Escritura, esses desenvolvimentos são de grande importância. Com a eliminação da instância do reinado, antes completamente normativa, e a tomada de consciência da limitação fundamental da capacidade humana de cognição e julgamento, ocorrida ao mesmo tempo, cresceu um vínculo ainda maior com os escritos que se tornavam cada vez mais normativos: o "direcionamento interno" falho do ser humano permitiu ser compensado por meio da observância de textos sagrados.

3.9 O Livro de Jó

Um caso especial dentro da literatura do judaísmo da época persa é o Livro de Jó (Ijob) (cf. SCHMID, 2010; 2005, p. 105-135; WITTE, 2018). Trata-se da poesia mais extensa e unificada da Bíblia. Ao mesmo tempo é provavelmente aquele livro da Bíblia que mais fortemente foi concebido como literatura teológica problemática, até mesmo como um experimento de pensamento. Nem mesmo a literatura rabínica tradicional pressupõe que Jó seja uma figura histórica. O Livro de Jó descreve o seu protagonista como um portador de problemas teológicos, não como uma figura real de vida: Jó é sobremaneira piedoso e justo (Jó 1,1), e ao mesmo tempo é "maior do que todos os outros que moram no Oriente"

(Jó 1,3). Como pode ser pensada a divindade de Deus diante de catástrofes, que podem atingir até alguém como o justo Jó?

O Livro de Jó provavelmente foi redigido a uma distância histórica de um ou dois séculos da destruição de Jerusalém em 587 a.C.[124] Mas as catástrofes descritas, que destroem seu protagonista Jó até sua mera sobrevivência, são transparentes em relação a esses eventos: entre as hordas que roubam sua propriedade e matam seus servos estão os "Kasdim" (Jó 1,17), ou seja, os novos babilônios. Mesmo que o cenário do Livro de Jó aponte fundamentalmente antes para a época dos patriarcas e a localização na terra de Uz (Jó 1,1) é situada fora de Judá, Jó 1,17 torna esse cenário transparente para a situação de Jerusalém em 587 a.C. e deixa Jó vivenciar individualmente aquilo que atingiu Judá como um todo. A terra natal de Jó em Uz (Jó 1,1) deve ser pensada na área de Edom (cf. Gênesis 36,28) (cf. KNAUF, 1988, p. 65-83); mas, também é possível que Uz seja um nome fictício, significando algo como "enigma". De qualquer forma, pretende-se indicar com isso que o destino de Jó e a reflexão sobre ele são, simultaneamente, de relevância humana geral.

O perfil do conteúdo do Livro de Jó é revelado por meio de sua estrutura: em primeiro lugar, encontra-se subdividido em uma estrutura de prólogo e epílogo (Jó 1s.; 42,7-17) e uma parte de diálogo (Jó 3,1–42,6), sendo que essa parte de diálogo também ainda pode ser subdividida em outras partes: consiste de um diálogo de Jó com seus três amigos (Jó 3–27s.), um monólogo de Jó (Jó 29–31), os discursos de Eliú, a conversa com um quarto amigo (Jó 32–37), dois discursos de Deus (Jó 38–41), bem como de uma das respostas de Jó (42,1-6). Esse desdobramento faz sentido, e o ponto alto do Livro de Jó resulta da interação tensa dessas três partes do livro: o prólogo de Jó (Jó 1s.) expõe o problema de Jó, mas já oferece aos leitores a resposta à pergunta por que Jó necessita sofrer: ele se tornou objeto de uma prova celestial. Os diálogos com amigos, que seguem ao prólogo, oferecem praticamente toda a gama de explicações possíveis para o sofrimento de Jó. Talvez Jó realmente tenha pecado, ao contrário de seu conhecimento, talvez ele tenha que sofrer porque, como todos os seres humanos, ele também é culpado, talvez ele também deva ser educado para certa introspecção. Jó, entretanto, se rebela contra todas essas

---

124. Cf. a discussão em Oorschot (2007, p. 165-184) e Schmid (2008, p. 145-153).

tentativas de explicação, e os leitores de seu livro sabem que ele está certo: seu sofrimento não é devido ao fato de ele ter desobedecido presentemente a Deus, também não pelo fato de que, como ser humano diante de Deus, ele nem pode ser justo; também as medidas educacionais divinas devem ser eliminadas. A razão do sofrimento de Jó reside unicamente na prova celestial, que Deus e satanás colocaram sobre ele.

A sequência entre prólogo e diálogos aparentemente foi disposta de tal forma que o prólogo critica objetivamente e com antecedência as posições dos amigos nos diálogos. Mas ele é também – talvez de forma até ainda mais decisiva – de relevância para os discursos divinos que seguem os diálogos em Jó 38,1–40,2; 40,6–41,26. Eles respondem ao problema exposto no prólogo apenas indiretamente: a descrição das sequências reguladas na natureza e no mundo animal, bem como o motivo da batalha do caos, explicitado nos exemplos do hipopótamo e do crocodilo representam uma teologia da ordem do mundo que não menciona o sofrimento de Jó, embora o coloque num contexto mais amplo: Jó sofre, mas Jó não é o mundo. A vida de Jó não funciona, mas o mundo funciona. Jó se encontra no caos, mas o mundo como um todo é o cosmos preservado e dirigido por Deus. No entanto: o postulado da ordem nos discursos de Deus recebe por meio do prólogo um contrapeso considerável: o sofrimento de Jó não se encaixa na ordem mundial, nem mesmo em uma ordem mundial invisível ou dinâmica, mas é resultado de um teste cruel. Acerca dos eventos do prólogo no céu não há uma única referência de Deus em sua resposta a Jó.

Com isso, continua em outro plano a mesma linha objetiva já observada nos diálogos: o prólogo não critica somente a teologia dos amigos, mas critica também a revelação de Deus. Da perspectiva do prólogo de Jó, Deus não pode ser deduzido por meio da fala humana ou divina sobre Ele. Mas como se pode então falar de Deus? Uma possível resposta que o Livro de Jó reserva para seus leitores pode ser encontrada na declaração final de Deus sobre Elifaz e seus amigos em Jó 42,7: "Minha ira se acendeu contra ti e teus amigos, porque não falastes corretamente a mim, assim como meu servo Jó".

O texto hebraico fala aqui sucintamente de "falar *a* Deus" e não de "falar *de* Deus". Com isso, o Livro de Jó rejeita o *disputare de Deo*, mas ao mesmo tempo reforça um direcionamento transformado da fala para

Deus na situação de sofrimento, ou seja, o lamento. Por intermédio de Jó 42,7 fica explicitamente legitimado que Jó se volte para Deus em lamento, sim, até mesmo em acusação. A teologia do Livro de Jó encontra-se dessa forma caracterizada pela privação fundamental da reflexão do ser humano sobre Deus, que, no entanto, é pelo menos parcialmente recuperável por meio do lamento existencial.

Curiosamente, o Livro de Jó termina com a dupla restituição feita a Jó pelo próprio Deus: tudo o que ele perdeu em propriedade é devolvido a ele duas vezes (Jó 42,10-12). Dessa forma, Deus em última análise se comporta como a Torá prevê quanto à devolução de propriedade fraudada ou roubada: ela deve ser restituída duas vezes (Êxodo 22,3.6). Dessa maneira, Deus é implicitamente considerado como justo, mesmo que não esteja sujeito à sua própria lei.

No contexto da pergunta pelo surgimento da Bíblia, a razão de o Livro de Jó ser tão notável é porque critica amplamente posições clássicas e estabelecidas da teologia bíblica[125]. Ele se volta contra a profecia e a literatura deuteronomista, que inculca a seus leitores que as calamidades devem ser interpretadas como castigo divino por culpa humana. Contra isso, o Livro de Jó mostra que o agir divino também pode destruir sem motivo. Ele também se volta contra a teologia da presença da salvação dos Salmos e da literatura sacerdotal, que deixam Deus agir e trabalhar para os seus. O caso de Jó deixa claro, porém, que Deus não se permite ser obrigado a dar ajuda e salvação aos seus adoradores. A liberdade de Deus é maior do que seu auxílio prestado às pessoas.

Com o Livro de Jó, posições importantes da literatura bíblica têm simultaneamente seus antípodas dentro da Bíblia, o que a torna teologicamente menos clara, mas mais interessante e mais viável a longo prazo.

É difícil imaginar quem poderia ter escrito um texto teologicamente tão heterodoxo como o Livro de Jó. Alguns pensaram em uma origem fora do contexto social usual para a redação de textos religiosos no segundo Templo em Jerusalém, mas isso dificilmente é provável devido à grande erudição do livro[126]. Em vez disso, é provável que o Livro de Jó tenha realmente sido escrito dentro do meio sacerdotal em Jerusalém,

---

125. Para mais detalhes, cf. Dell e Kynes (2013).
126. Cf., por um lado, Knauf (1988), e, por outro, Dell e Kynes (2013).

para cuja diversidade interna fornece uma impressionante comprovação. Para o desenvolvimento posterior da Bíblia por escrito isso é de grande importância à medida que, com ele, a crítica relacionada ao conteúdo de posições teológicas eminentes da literatura bíblica deu entrada no cânone. A Bíblia, com inclusão do Livro de Jó, apresenta-se assim como unidade teológica discursiva.

4
Escritos e seu uso no judaísmo da época helenístico-romana, séculos III a.C. a I d.C.

4.1 O fim do reinado persa e o surgimento do helenismo

Por meio da campanha de conquista de Alexandre o Grande (356-323 a.C.), "global" em termos de dimensões antigas, foi dado um fim ao domínio persa na área oriental do Mediterrâneo. Essa campanha, ocorrida entre os anos de 334-324 a.C. e partindo da Macedônia, conduziu Alexandre e seu exército inicialmente para a Ásia Menor e o Egito, depois para o Oriente Próximo e Oriente Médio, e, finalmente, até a Índia[127]. Uma consequência essencial dessas conquistas de longo alcance foi a penetração de língua, religião, arquitetura, filosofia e poesia gregas nas áreas do Mediterrâneo e Oriente Próximo. Esse desenvolvimento, que também influenciou fundamentalmente o judaísmo e que pode ser pressuposto para o cristianismo emergente, é designado desde Johann Gustav Droysen (2014) com o termo "helenismo"[128]. Em verdade os gregos já desempenhavam um importante papel no Oriente antes de Alexandre (cf. BURKERT, 2003). Entretanto, por intermédio da difusão de sua cultura até o Indo e com a consequente influência exercida sobre tradições locais nas diferentes regiões agora passadas para o domínio grego, as culturas dos povos atingidos foram moldadas com uma intensidade nunca

---

127. Sobre os reflexos a respeito de Alexandre o Grande na literatura veterotestamentária, cf. Ego (2014).

128. Para um inventário mais recente com importantes observações críticas sobre a origem e o emprego do termo "helenismo", cf. Markschies (2012).

ocorrida. Isso também se aplica ao judaísmo e, posteriormente, ao cristianismo emergente.

A cultura grega influenciou o judaísmo de tantas maneiras[129], que também foi designada de "judaísmo helenístico" para este período. Os desenvolvimentos correspondentes começaram no século III a.C. e duraram até o século I d.C. Com a formação do judaísmo rabínico como reação à destruição de Jerusalém e do Templo, bem como ao surgimento do cristianismo, iniciou uma nova fase na história do judaísmo, sendo que também no judaísmo rabínico influências gregas podem ser constatadas.

O grau de "helenização" do judaísmo era variado nas diferentes regiões do Mediterrâneo. Em princípio, a abertura à cultura grega ocorria com maior probabilidade na diáspora, principalmente em Alexandria, do que em Israel e Judá. Mas aí também havia "processos de helenização", mesmo que esses ocorressem sob diferentes circunstâncias políticas e religiosas (cf. HENGEL; MARKSCHIES, 1996). Se alguns escritos do período helenístico – especialmente o Livro de Daniel e os livros dos Macabeus – dão a impressão de que a cultura grega tenha sido rejeitada pela maioria do judaísmo (cf. PORTIER-YOUNG, 2010), isso só reflete uma, a saber, a tendência "ortodoxa", anti-helenística do judaísmo, que mais tarde conseguiu impor-se amplamente no judaísmo clássico. O "helenismo", porém, também encontrou aceitação entre os contemporâneos, razão pela qual, sobretudo no judaísmo da Palestina, surgiram parcialmente duras controvérsias entre defensores e oponentes de uma aproximação das culturas judaica e helenista.

Um importante testemunho para a influência da cultura grega sobre o judaísmo foi a tradução da Torá (e mais tarde também dos outros escritos da Bíblia Hebraica) para o grego (cf., a seguir, "O surgimento da Septuaginta"). Por meio desse recurso, os escritos normativos do judaísmo foram tornados acessíveis para as comunidades judaicas de fala grega, bem como para a sociedade não judaica. Com isso ocorreu ao mesmo tempo um importante processo dentro da interpretação desses próprios escritos, que com sua tradução para a língua grega foram, simultaneamente, abertos para o pensamento grego. Inversamente, por seu turno, também a língua grega pôde experimentar uma importante expansão, uma vez que uma

---

129. Para a apresentação clássica sobre este tema, cf. Hengel (1969).

série de termos e expressões passou por uma moldagem inovadora de conteúdo devido à tradução do hebraico ou aramaico para o grego. Essas moldagens de termos e construções gramaticais gregas também exerceram influência posterior sobre a escrita de textos judaicos em grego.

A vinculação de tradição judaica com pensamento grego pode ser reconhecida claramente em traduções e escritos judaicos redigidos em grego, como, por exemplo, em Jesus Siraque, Pseudo-Focílides, ou na Sabedoria de Salomão. Isso se torna particularmente claro em Sirácida 24,23 ou Baruc 4,1, em que Torá e sabedoria são diretamente identificadas entre si: a Torá judaica não é senão a sabedoria que se tornou escrita. Quem se ocupa da Torá dedica-se, de forma concentrada, à filosofia grega. Isso é consoante à reivindicação de ser a Torá, em substância, equivalente à sabedoria, mas, simultaneamente, mais do que ela, uma vez que provém do Deus único, o criador e senhor do mundo.

4.2 Literatura apocalíptica de revelação e o projeto bíblico oposto do Eclesiastes

A época a partir do século III a.C. é caracterizada não unicamente pelo helenismo, mas também pelo surgimento da assim denominada apocalíptica (cf. TILLY, 2012; FÖRG, 2013; HAAG, 2003; BEYERLE, 2005). Esta forma específica de observação e teologia históricas leva o seu nome do Apocalipse bíblico de João, que em seu título (1,1) se dá a conhecer como "Apocalipse ('revelação' ou 'manifestação') de João". A apocalíptica fortaleceu-se gradativamente na região do Mediterrâneo e permaneceu viva no judaísmo até o fim do século I, e no cristianismo até cerca do século V d.C. Suas raízes histórico-religiosas, contudo, permanecem desconhecidas. Até a metade do século XX o Livro de Daniel, finalizado no tempo dos combates dos Macabeus contra o domínio helenista (167-168 a.C.), mais particularmente os seus capítulos 7 a 12, valiam como o mais antigo escrito apocalíptico do judaísmo. Por intermédio dos achados de Qumran, entretanto, ficou claro que a literatura de Henoc, já pelas evidências dos manuscritos, deve ser mais antiga do que as partes correspondentes do Livro de Daniel, remontando à época anterior aos Macabeus. Assim sendo, as origens literariamente constatáveis da apocalíptica judaica se encontram nos livros de Henoc (cf. BÖTTRICH, 2014).

Trata-se aí de uma obra coletiva, que consiste em vários escritos, originalmente independentes. Também os achados de Qumran mostram que algumas partes da literatura de Henoc ainda existiam como livros individuais. Os componentes mais antigos podem ser encontrados em 1Henoc 72–82, no assim chamado Livro Astronômico (cf. ALBANI, 1994). Devido a isso, é bem provável que tenha sido conhecimento especial sacerdotal o que originalmente formou a base das especulações cosmológicas e histórico-mundiais da apocalíptica. Nesse contexto, parece que também influências mesopotâmicas e talvez até persas desempenharam um papel, mesmo que essas por vezes tenham sido superestimadas na história da pesquisa.

Fundamentais para o surgimento da literatura apocalíptica são experiências históricas realizadas e separadas por vários séculos (fim do século IV a.C. até o século I d.C.), mas que, em sua importância para o judaísmo e para sua interpretação da história, são comparáveis: o colapso do Império Persa em decorrência da campanha militar de Alexandre, a profanação do Templo de Jerusalém pelo governante Antíoco IV em 164 a.C. (cf. KEEL; STAUB, 2000), bem como a completa destruição do Templo pelos romanos em 70 d.C. O primeiro evento tornou-se importante, sobretudo, para a fase inicial da apocalíptica, o segundo, para as visões da segunda metade do Livro de Daniel (Daniel 7–12), e o terceiro, para a literatura apocalíptica do século I d.C., como o Livro de 4Esdras ou o livro siríaco de Baruc.

A literatura apocalíptica trata de perguntas teológicas fundamentais que, como resultado de experiências de opressão, dominação estrangeira e dispersão, questionavam radicalmente a fé na justiça de Deus: Onde está Deus? Ele se ocultou? Ele chegou até a rejeitar o seu povo? Textos apocalípticos dão respostas específicas a essas perguntas, que são anotadas por escrito por meio de um visionário, ao qual é revelado o curso da história mundial até o seu final. Esses eventos fazem parte de um plano divino abrangente, cujo objetivo último é fazer com que os pecadores sejam castigados e os justos, recompensados. Nesses prognósticos, o fim da história terrena seguidamente coincide com a destruição do mundo presente por meio de acontecimentos cósmicos, os quais, nos textos apocalípticos, são descritos de forma drástica, muitas vezes também violenta. Apesar – ou talvez por causa – deste caráter muitas vezes irritante de tais textos, não deve ser esquecido que, em seu caso, se trata de uma forma específica de teologia histórica, cujo objetivo é a reflexão sobre a tensão existente entre as experiências negativas do presente e a fé no poder de Deus sobre o mundo e na sua justiça.

A destruição do segundo Templo de Jerusalém no ano de 70 d.C. representou um desafio especial em relação à pergunta pelo poder de Deus, visto ter sido ele o local central da presença de Deus segundo convicção judaica. Por isso não surpreende que esse evento estava a requerer um modo específico de superação teológica. Esta se encontra de forma densa nos livros de 4Esdras e 2Baruc, surgidos por volta do fim do século I d.C. Eles desenvolvem a concepção de uma doutrina de dois éons, segundo a qual Deus não teria criado só um, mas dois mundos, ou tempos mundiais (éons). O primeiro éon estaria caracterizado por uma retirada contínua da vontade salvífica de Deus da história, que culminaria com um juízo final. Nesse juízo só sobreviveriam os piedosos e fiéis à lei. No segundo éon vindouro, estes então receberiam uma vida nova, eterna.

Com seus relatos visionários, a literatura apocalíptica liga-se à tradição profética (cf. Amós 7–9; Isaías 6; Ezequiel 1–3; 3,8.11.37; 40–48; Zacarias 1–6), colocando seus posicionamentos como conhecimento obtido por revelação, e não como resultado de reflexão humana. Na verdade, porém, um escrito apocalíptico naturalmente reflete o posicionamento teológico do seu autor, obtido por meio da visão teológica conjunta de tradição e experiência (cf. TOORN, 2004). Um traço específico da maioria dos apocalipses judeus e cristãos (o Apocalipse de João no Novo Testamento representa uma exceção) reside no fato de a visão ser colocada na boca de uma importante pessoa da história de Israel (como Henoc, Daniel, Moisés, Esdras, Abraão ou Baruc), que já viveu há muito tempo. Deus teria revelado a esses personagens o curso da história, o qual eles – a partir de sua localização histórica fictícia – visualizam até o seu final. O Livro de Daniel, por exemplo, surgiu na primeira metade do século II a.C., na época do governo do selêucida Antíoco IV, embora transponha sua narrativa para a corte do rei babilônico Nabucodonosor, portanto, para a época do exílio babilônico do povo de Israel no século VI a.C.

No entanto, a visão apocalíptica da história também desencadeou posições contrárias. O Livro de Eclesiastes – muitas vezes designado em bíblias alemãs de "Pregador Salomão" – posicionou-se contrariamente à fuga do mundo da apocalíptica. Sua datação provável é o fim do século III a.C. e leva como título "Palavras de Coélet, filho de Davi, rei em Jerusalém" (Eclesiastes 1,1). Com isso, o escrito é atribuído a Salomão. "Coélet" é uma palavra artificial e significa algo como "o que junta" ou "o que prega". A configuração do livro em forma de coletânea de ditos lembra a forma de discurso das assim denominadas "diatribes" da filosofia popular grega. Em termos de conteúdo, muitas vezes foi postulada uma proximidade do Livro de Eclesiastes com o antigo ceticismo, bem como com os ensinamentos de vida da Stoá e do epicurismo. Não há dúvida de que existem pontos de contato objetivos, que provavelmente também remontam a contatos culturais, mas o posicionamento do Livro de Eclesiastes se diferencia em diversos pontos do ceticismo no âmbito da filosofia grega: para este é constitutivo que o conhecimento em si não seja possível e, por isso, as pessoas fariam bem em abster-se de juízos sobre Deus e o mundo. Também Eclesiastes acentua os estreitos limites do conhecimento humano, embora extraia disso uma dedução diferente. Ele recorre ao desempenho e limites do conhecimento humano para uma fundamentação elementar de sua filosofia prática: o ser humano não pode conhecer o mundo, mas ele pode usufruir de comida, bebida e alegria de vida como dádivas que Deus dá às pessoas.

> Tudo Ele [Deus] fez de tal forma que é bonito a seu tempo. Também o tempo distante Ele colocou no coração das pessoas, só que o ser humano não consegue compreender do início ao fim a obra que Deus realizou. Percebi que eles não podem fazer nada melhor do que alegrar-se e praticar o bem na vida. E quando qualquer pessoa come e bebe e desfruta de coisas boas em todos os seus esforços, também isso é um presente de Deus (Eclesiastes 3,11-13).

Dessa forma, o Livro de Eclesiastes elogia as ordens fundamentais da vida, como nos mostra a proto-história da Torá[130] em Gênesis 1–11. Ao mesmo tempo, ele rejeita todas as perspectivas escatológicas, especialmente em disputa com a profecia e a apocalíptica contemporâneas, porque não há "nada de novo sob o sol" (Eclesiastes 1,9)[131]. O ser humano

---

130. Cf. Krüger (1997), e, para o todo, Uehlinger ([s.d.]).
131. O conhecido final do Livro de Eclesiastes em 12,12-14 por vezes tem sido associado ao término dos *Ketuvim*, mas isso não pode ser comprovado pela formulação concreta.

é, portanto, remetido a este mundo, assim como ele é. Ele não consegue entender suas ordens, mas pode alegrar-se pelas suas boas dádivas.

4.3 A orientação da profecia pela Torá e o término dos *Neviim*

Helenismo e apocalipse são os dois importantes pontos da história intelectual do período tardio no surgimento da Bíblia Hebraica. Mas seus livros foram também atualizados e reorientados por meio do trabalho letrado, determinado em especial por desenvolvimentos teológicos internos no judaísmo.

Mesmo antes do surgimento do helenismo, a Torá havia recebido uma forma mais sólida (cf. SCHMID, 2011). Adições ou retoques também foram feitos na época helenística, como a menção dos "*Kittim*" em Números 24 (cf. SCHMITT, 1994; WITTE, 2002), que designam os gregos e, portanto, provavelmente pressupõe as campanhas guerreiras de Alexandre o Grande, no Oriente. Mudanças também foram introduzidas no sistema cronológico da história mundial por ela projetada, que data o êxodo no ano de 2666 *anno mundi*[132]. Isso corresponde a dois terços de 4.000 anos, que vale como uma era do tempo mundial, que, portanto – caso se extrapole mais ainda a contagem bíblica do tempo – chega a sua meta na época dos macabeus.

A Torá, entretanto, agora adquire um *status* de instrução normativa de Deus, e torna-se ao mesmo tempo o núcleo dos escritos normativos e de autoridade no judaísmo. A formação de corpos normativos no judaísmo e, mais tarde, no cristianismo, em cujo início encontra-se a validade da Torá como texto normativo, pode, por essa razão, ser entendida como "processo canônico"[133], mesmo que se deva levar em consideração que, no antigo judaísmo, o termo "cânone" não tenha sido associado nem com a Torá nem mesmo com os escritos considerados como normativos. Falar de uma conclusão definitiva do "cânone" – independentemente de quando esta tivesse ocorrido na história – é, entretanto, claramente mais difícil, já que, tanto no antigo judaísmo quanto no antigo cristianismo os

---

132. Cf. a discussão crítica em Hendel (2012).
133. A expressão "processo canônico" é usada com mais frequência na ciência bíblica. Sobre isso, cf. Sanders (1999), Frey (2009, p. 60-63), Zenger e Frevel (2012, p. 160-162).

textos considerados como normativos eram entendidos, sobretudo, como instruções e orientações para a vida, e interpretados e atualizados de forma correspondente. Além disso, as distinções entre textos normativos e outros do seu entorno podiam variar em diferentes áreas e formas das duas religiões.

Para a validade da Torá no judaísmo, isso significa que ela foi cada vez mais sendo entendida como uma grandeza normativa, segundo a qual a autocompreensão e a vida dentro do judaísmo deveriam ser orientadas (cf. COLLINS, 2017, p. 184s.). No entanto, é bem provável que nas épocas persa e helenística ela tenha permanecido em grande medida um texto para a elite. Não existem fontes seguras da época anterior a Qumran, de que suas leis de fato eram seguidas. A respeito da comunidade judaica sobre a Ilha de Elefantina no Nilo, que provavelmente não tinha uma Torá escrita nem parece ter sido estritamente monoteísta, já nos referimos (cf. o cap. 3: "A formação da Torá") (cf. KRATZ, 2007; 2013). A literatura de Henoc, atestada no cânon bíblico etíope, mas surgida no judaísmo antigo, dá testemunho de um judaísmo não mosaico, que se reportava mais à figura de Henoc do que à de Moisés como grandeza detentora de autoridade (cf. COLLINS, 2017, p. 62-76). E no que se refere ao judaísmo da diáspora persa, o Livro de Ester também sinaliza certa distância da Torá: em todo o Livro de Ester, Moisés e a Torá não são nem explicitamente citados nem implicitamente pressupostos (cf. COLLINS, 2017, p. 76-79).

Também o acervo textual da Torá ainda não era inviolável naquela época. A chamada "fórmula canônica", que aparece duas vezes na Torá (Deuteronômio 4,2; 13,1)[134], não deve ser interpretada preponderantemente no sentido de a Torá ter sido considerada como texto fixo e imutável, mas de ter sido entendida como instrução teologicamente completa de Deus para a vida do seu povo, como imaginado pelo Deuteronômio. Mesmo ainda nos manuscritos da Bíblia de Qumran pode-se

---

134. Como "fórmula canônica" é designada a recomendação de não retirar nem acrescentar nada à Palavra de Deus (Cf. tb. Jeremias 26,2, bem como Provérbios 30,6, dois textos em que se encontram uma parte dessa fórmula, e Apocalipse 22,18s.). Aplicada em textos bíblicos, no entanto, a expressão é anacrônica, pois os processos de interpretação e atualização intra-bíblicos são claramente mais abertos e flexíveis do que o termo "cânone" e termos relacionados sugerem em seu entendimento atual. Sobre os panos de fundo histórico-religiosos, cf. Levinson (2012).

perceber que pequenas variações na ortografia e no vocabulário eram plenamente possíveis.

A importância fundamental da Torá no contexto da literatura bíblica pode ser vista a partir do fato de que nos textos dos séculos III e II a.C., fora da Torá, podem ser observadas claras tendências de uma orientação objetiva na Torá como grandeza teológica norteadora. A Torá é declarada profecia de Moisés em seus versículos finais, uma profecia superior a todas as demais posteriores: "E em Israel nunca mais apareceu um profeta como Moisés, a quem YHWH conhecia face a face" (Deuteronômio 34,10) (cf. ACHENBACH, 2011). Por um lado, a Torá recebe sua autoridade da profecia – Moisés também é um profeta – mas, por outro, ela também se coloca acima da profecia: Moisés é o profeta por excelência, diante de cuja profecia todas as demais profecias advindas depois dele devem ser avaliadas criticamente. Esta não constitui apenas uma exaltação da pessoa de Moisés, mas também contém importantes decisões teológicas: na literatura profética, por exemplo, pode ser aguardada a nova criação do céu e da terra (Isaías 65,17-25). Para a Torá, o céu e a terra, uma vez criados (cf. Gênesis 1,1-8), não são grandezas perecíveis. Por isso eles também podem ser evocados por Moisés como testemunhas eternas das obrigações de Israel para com Deus (Deuteronômio 30,19; 31,28; 32,1).

Na esteira da formação da Torá, os profetas foram cada vez mais entendidos como sua aplicação e interpretação: como pregadores da lei mosaica. Isso se manifestou mais claramente na formação da parte canônica dos *Neviim* ("Profetas"), que não apenas compreende os livros clássicos dos profetas de Isaías a Malaquias, mas também os livros históricos de Josué a 2Reis, que estão entre a Torá e Isaías. Os Livros de Josué, Juízes, Samuel e Reis também são considerados como "profetas", o que está relacionado ao fato de garantirem a continuidade entre Moisés, o primeiro de todos os profetas, e os profetas clássicos, que literariamente iniciam com o Livro de Isaías.

Assim sendo, em vários lugares nos livros de Josué a Reis[135], bem como em Malaquias 3,22, é feita referência dentro dos livros proféticos à "Torá de Moisés" ou a algo semelhante (cf. Daniel 9,11). Com isso se alu-

---

135. Cf., p. ex., Josué 8,31s.; 23,6; 1Reis 2,3; 2Reis 14,6; 18,6; 21,8; 22,8-13; 23,25.

de à Torá escrita de Gênesis a Deuteronômio, que agora deve valer (ou deveria ter valido) como critério para as ações dos reis e do povo na história. Do ponto de vista histórico isso naturalmente configura um anacronismo, já que a Torá, pelo menos em sua forma final, é mais recente que a etapa da história de Israel retratada de Josué até Reis. Biblicamente, porém, a Torá de Israel foi dada desde Moisés e, por essa razão, também pode ser considerada como normativa desde Moisés.

As séries de livros de Josué a Reis e de Isaías a Malaquias presumivelmente valeram também como normativas durante o período de sua formação literária, da mesma forma como a própria Torá, que ainda se encontrava em elaboração. Mas, com a conclusão da Torá, os livros, de Josué a Malaquias, foram teologicamente realinhados. Particularmente importante é sua inserção em torno de toda a parte canônica dos *Neviim* (Josué a Malaquias) por meio de Josué 1,7.9 e Malaquias 3,22-24, que por um lado a subordina à Torá e, por outro, a apresenta aos leitores como sua interpretação:

Apenas seja forte e muito determinado a fazer exatamente tudo o que *meu servo Moisés* te prescreveu. [...] Este livro da *Torá* não deve se desviar da tua boca e tu deves ponderar / murmurar sobre ele dia e noite [...] *Lembra-te* da palavra que *Moisés, o servo de YHWH*, vos *prescreveu*: YHWH, vosso Deus, vos dá descanso e vos dá esta terra (Josué 1,7s.13).	*Lembra-te da Torá de Moisés, meu, meu verso,* para quem *prescrevi* estatutos e direitos todo o Israel em Horebe (Malaquias 3,22).

Com a referência inicial do primeiro para o último capítulo dos *Neviim* e vice-versa, com a referência retroativa do último para o primeiro capítulo, fica claro que, ao nível dessas passagens interpretativas, todo o corpo textual inserido entre Josué e Reis é considerado como observância da Torá, bem-sucedida ou fracassada, e válida para o futuro.

Devido à formação dos *Neviim* como a parte da Bíblia que segue a Torá, também o Livro de Malaquias, como escrito autônomo, parece ter sido separado da tradição de Zacarias, a qual provavelmente pertenceu em sua origem[136]. Só assim os profetas menores atingem o número de doze, e os três grandes e os doze pequenos profetas acabam entrando numa certa função de analogia a Abraão, Isaque e Jacó e aos doze ancestrais de Israel, os filhos de Jacó, com o que a profecia é paralelizada com a Torá. O fato de Malaquias não ter sido originalmente um livro próprio é indicado tanto pelo sistema de título empregado em Zacarias 9,1, que é estruturalmente idêntico a Malaquias 1,1; 12,1, bem como por numerosos contatos em termos de conteúdo (cf., p. ex., a citação de Zacarias 1,3 em Malaquias 3,7) e, por fim, também pelo fato de "Malaquias" não ser nem um nome bíblico nem se encontrar presente em inscrições. Em vez disso, parece ser um nome artificial extraído de Malaquias 3,1, cujo significado de "meu mensageiro" provavelmente seja uma referência à promessa do retorno de Elias (Malaquias 3,22-24) dada no fim do livro. Essa referência a Elias, que, segundo 2Reis 2,11s. não morreu, mas ascendeu ao céu, provavelmente quer sinalizar que a profecia como um fenômeno atual acabou e que um profeta diretamente ligado a Deus só se levantará mais uma vez quando Elias retornar.

Na literatura rabínica também se encontra a ideia do fim da profecia (cf. GOTTLIEB, 2016, p. 403; PETERSEN, 1988; UTZSCHNEIDER, 1992; GREENSPAHN, 1989). Essas passagens, no entanto, só enfocam os profetas individuais que agem oralmente como profetas. De um ponto de vista histórico, porém, já desde os inícios da tradição profética se pode contar também com profetas transmissores versados na Escritura, que interpretavam e atualizavam textos a eles dados, à luz de novas experiências. Na literatura de pesquisa clássica dos séculos XIX e XX eles seguidamente eram descartados como "adicionadores" (cf. SCHMID, 1996). Na realidade, contudo, alguns dos textos mais inovadores da literatura profética remontam a eles. Além disso, o fato de terem inserido suas atualizações em livros proféticos já existentes, mostra que eles próprios também os entendiam como proféticos.

Essa profecia relacionada a transmissores versados na escrita continuou até o fim do trabalho literariamente produtivo na Bíblia Hebraica. Na época helenística, ela estava ativa, sobretudo, nas passagens de

---

136. Cf. Sotah 13 na Tosefta e Sotah 48b; Yoma 9b; Bava Batra 12a, 14b-15a no Talmude babilônico. Sobre isso, cf. tb. Bosshard e Kratz (1990).

Isaías e do Livro dos Doze Profetas (cf. STECK, 1991). Ela é responsável, por exemplo, pelos arranjos dos cenários dos eventos finais em Isaías 65–66 e Zacarias 9–14 (cf. GÄRTNER, 2006) que tratam do julgamento de YHWH aos povos e da separação final entre justos e ímpios. Nesses textos se refletem, entre outras coisas, as turbulências políticas do século III a.C.: os ptolomeus – a família governante que dominou sobre o Egito depois da morte de Alexandre – se encontravam em conflito permanente com os selêucidas (cf. GRAINGER, 2010), que dominavam sobre a parte mesopotâmica do antigo reino de Alexandre. Juntamente com todo o Levante, Israel se encontrava entre as duas potências, tendo sido particularmente afetado pela situação geopolítica instável. Não deve surpreender que nesse tempo tenham se formado as concepções da retirada de Deus da história mundial e da preparação de um juízo final abrangente: em Israel cada vez mais ia se perdendo a fé na restauração de uma teocracia terrena, como se havia crido tê-la vivenciado sob os persas. O mundo havia perdido sua ordem experimentável, e orientação se buscava, sobretudo, nas tradições conhecidas do passado.

No início do século II a.C. também cessou o trabalho letrado junto aos livros proféticos. A coletânea dos livros proféticos ocorreu em época pré-macabeia. Isso é deduzível, sobretudo, do fato curioso de que o Livro de Daniel, no qual os eventos da crise religiosa da época macabeia são amplamente tematizados (cf. KRATZ, 2001), não pôde mais ser aceito no cânone profético, embora seja um livro profético segundo o seu gênero literário. Mas por que os livros proféticos chegaram a um final? É provável que esse processo esteja relacionado com a política de Antíoco III que, orientado pela ideia persa da autorização central de normas locais, permitiu que os judeus vivessem uma cidadania de acordo com as suas "leis paternas" (Josefo, *Antiguidades judaicas* 12,142.145)[137]. É provável que as "leis paternas" sejam inicialmente uma menção à Torá, mas os Profetas (de Josué até Malaquias), em sua forma compilada nos *Neviim*, valiam simultaneamente como sua interpretação normativa. Ao mesmo tempo surgiu uma subdivisão dos escritos sagrados do judaísmo em "Lei e Profetas", uma expressão também encontrada no Novo Testamento. Um

---

137. Cf. os estudos básicos de Bickerman (1935), Schröder (1996, p. 82s.) e Lefebvre (2006, p. 174s.); cf. tb. Fitzpatrick-Mckinley (1999).

importante testemunho disso é o prólogo da tradução grega do Livro de Sirácida – surgido provavelmente no primeiro terço do século II a.C. –, escrito pelo neto de Jesus Siraque (*c.* 132 a.C.)[138]:

> *Na Lei e nos Profetas, bem como nos outros [escritos] que os seguiram*, nos foram dadas muitas coisas gloriosas, pelas quais Israel merece o louvor de moralidade e sabedoria. [...] Meu avô Jesus, que se esforçou muito para ler a Lei, os Profetas e os outros livros dos pais e havia adquirido uma grande familiaridade com esses escritos, sentiu-se, por isso, impulsionado a escrever também de próprio punho algo sobre moralidade e sabedoria para que, aqueles que estivessem ansiosos por aprender, pudessem fazê-lo e progredir ainda mais em um estilo de vida obediente às leis. [...] Não só esta [obra], mas até *a Lei, os Profetas e os outros escritos* são consideravelmente diferentes na língua original. Quando eu vim para o Egito no 38º ano [132 a.C.] do Rei Evergetes e fiquei por aqui durante seu reinado posterior, encontrei não poucas oportunidades de instrução. Por isso, considerei como absolutamente necessário mostrar alguma diligência e labor próprios para traduzir esse livro. Portanto, durante todo o tempo, muitas vezes até tarde da noite, apliquei [toda a minha] experiência para terminar o livro e também para publicá-lo aos [israelitas] no exterior, que estão ansiosos para aprender e levar suas vidas de acordo com a Lei.

Essa introdução mostra que os escritos normativos de Israel consistem em duas partes para o neto de Jesus Siraque: a Lei e os Profetas. A "Lei" é detentora de uma especial autoridade entre os livros bíblicos, como mostram as múltiplas e enfatizadas formas de falar sobre a condução da vida segundo a Lei. Já os "outros livros", por seu turno, representam uma categoria aberta e geral, que, em princípio, pode ser mais ampliada (cf. WITTE, 2012).

A expressão "na Lei e nos Profetas, bem como nos outros [escritos]" no prólogo do Sirácida não deveria, portanto, ser interpretada a partir da Bíblia Judaica, desenvolvida posteriormente em três partes, mas no contexto do emprego desses escritos dentro do próprio Livro de Sirácida. Ainda outros escritos poderiam ser arrolados nesse contexto. A expressão

---

138. Cf. Lange (2006) e Wright (2003).

"a Lei e os Profetas" também é encontrada em 2Macabeus 15,9[139] e, mais tarde, em 4Macabeus 18,10[140]. Com isso, essas passagens (o 2º Livro dos Macabeus provavelmente se originou por volta de 100 a.C., o 4º Livro dos Macabeus, por volta de 100 d.C.)[141] se integram a uma maneira sumarizada de falar acerca dos escritos normativos do judaísmo, que também pode ser encontrada em Qumran e no Novo Testamento. Voltaremos a isso mais tarde. Nesse ponto, pode-se afirmar inicialmente que era possível recorrer ao núcleo central dos escritos normativos do judaísmo com a expressão "a Lei e os Profetas". Com isso delineava-se um acervo de escritos, cuja autoridade pode ser reconhecida, não por último, pelo fato de ele ter sido interpretado, comentado e atualizado. Isso ocorreu, entre outros, com aqueles escritos que, na atualidade, são designados com a expressão *"Rewriten Bible"*.

4.4 *Rewritten Bible* [Bíblia reescrita]

Com a padronização progressiva dos escritos bíblicos no fim dos períodos persa e helenístico, surgiu uma nova forma de literatura que, com os Livros de Crônicas, foi capaz de ancorar-se literariamente inclusive no cânone bíblico posterior[142]. Trata-se dos escritos da literatura da *Rewritten Bible*[143], que tomam por modelo escritos ou séries de escritos já existentes,

---

139. "E ele (o macabeu Judas) encorajou-os (os judeus) por meio da lei e dos profetas".

140. "Quando ele (o pai dos sete irmãos que sofreram o martírio) ainda se encontrava entre vós, ele vos ensinou a Lei e os Profetas". Em 2Macabeus 2,13 consta que Neemias fundou uma biblioteca, reunindo ali "os livros referentes aos reis e aos profetas, os livros de Davi e as cartas dos reis sobre as oferendas". A Torá não é mencionada, mas as demais menções mostram que os livros históricos e proféticos, bem como os Salmos foram considerados como normativos para a história e as tradições de Israel.

141. Menção cabe fazer também ao Testamento de Levi 16,2. Num discurso (fictício) sobre os últimos dias Levi aqui anuncia que então Israel haverá de pecar contra Deus: "E tornareis a Lei irreconhecível e desprezareis as palavras dos profetas". Em sua forma atual, os "Testamentos dos doze patriarcas" constituem um escrito cristão, baseado em tradições judaicas. Em relação à expressão "a Lei e os Profetas" isso não é decisivo, já que ela é testemunhada como sendo empregada tanto em escritos judeus quanto cristãos.

142. Os Livros de Crônicas às vezes são datados bem mais tarde, cf. Steins (1995) e Finkelstein (2011; 2012; 2015). Essa posição, entretanto, não conseguiu impor-se até o momento. Em particular, o problema das datações no período hasmoneu é que a interpretação cúltica e apolítica do reinado nos livros de Crônicas não se coaduna com a autocompreensão dos reis hasmoneus.

143. Sobre esse conceito, sua história e aplicação, cf. Zsengellér (2014) e Feldman e Goldman (2014); cf. tb. Zahn (2012) e Segal (2012).

passando a recontá-los de uma perspectiva própria. Eles, portanto, não inscrevem seus posicionamentos teológicos em textos já existentes, mas recontam os eventos concernentes mais uma vez em escritos próprios. Uma razão para tanto poderia residir no fato de que Torá e Profetas já eram considerados tão obrigatórios, que acréscimos maiores não mais eram possíveis sem motivo imperante. Além disso, as peculiaridades conceituais dessas obras eram tão fortes, que iam além da revisão redacional de escritos já existentes.

4.4.1 A obra histórica do cronista: Crônicas – Esdras – Neemias

Um dos primeiros exemplos dessa forma de recontar e atualizar escritos já existentes encontra-se nos livros de Crônicas, surgidos provavelmente no século III a.C. Uma vez que estes, por seu turno, fazem parte do acervo da Bíblia Judaica ou do Antigo Testamento cristão, ocorre aqui um caso de interpretação intrabíblica: os livros de Crônicas recontam o conteúdo dos livros de Gênesis a 2Reis de uma perspectiva própria, com um foco claro na história de Judá, no Templo de Jerusalém e no culto ali praticado. Com esta "nova edição", a recontagem atualizada de livros históricos já existentes foi diretamente ancorada na Bíblia Judaica, ou Antigo Testamento. De certa forma, o surgimento de múltiplas histórias sobre Jesus no Novo Testamento pode ser comparado com a referida nova edição: os evangelhos de Mateus e Lucas são "novas edições" do Evangelho de Marcos, e o Evangelho de João, com sua narrativa teologicamente proeminente sobre Jesus, como o Logos encarnado, coloca-se mais uma vez ao lado – ou acima – desses três evangelhos. A justaposição de quatro evangelhos no Novo Testamento pode, portanto, ter sido motivada por novas recontagens atualizadas e teologicamente aprofundadas de histórias de Jesus já existentes, o que configura uma analogia com a literatura da *Rewritten Bible*[144].

O fato de os livros de Crônicas representarem uma nova edição dos livros narrativos de Gênesis até 2Reis já pode ser deduzido do conteúdo quase idêntico de ambas as obras históricas: elas contam a história de

---

144. Com isso não pretende ser afirmada nenhuma relação entre esses fenômenos. Aqui se trata tão somente de chamar a atenção para um fenômeno literário que pode ser encontrado nas bíblias Judaica e Cristã.

Israel desde o primeiro ser humano até o exílio babilônico; o 2Reis termina com o indulto do rei deportado Joachim na Babilônia, e o 2Crônicas com o edito de Ciro, o rei persa, que abre aos judeus deportados a perspectiva de um retorno e da construção do Templo. Ao mesmo tempo, fica claro que os livros de Crônicas pretendem dar uma nova interpretação de suas fontes. A diferença objetiva mais clara em relação à narrativa de Gênesis até 2Reis deduz-se da estrutura bruta: a época anterior a Saul é resumida numa genealogia (1Crônicas 1–9) e, depois do episódio em torno de Saul (1Crônicas 10), é concedido amplo espaço para os reinados de Davi (1Crônicas 11–29) e Salomão (2Crônicas 1–9), que são apresentados de forma idealizada. Assim sendo, do ponto de vista dos livros de Crônicas, a época decisiva da fundação de Israel não é constituída nem pelos patriarcas, nem pelo êxodo, ou Sinai, ou tomada da terra, nem por qualquer outra época da história salvífica de Israel, e sim, pelas épocas de Davi e Salomão; o "átrio genealógico" de 1Crônicas 1–9 serve apenas como introdução. Assim sendo, os livros de Crônicas determinam como período essencial da fundação de Israel a época inicial do reinado: Davi e Salomão como fundadores do culto são, simultaneamente, as figuras fundantes de Israel; além disso, eles também são retratados de acordo com os reis persas Ciro e Dario: assim como Davi preparou a construção do primeiro Templo, vale que Ciro decretou o edito correspondente à construção do segundo Templo; e assim como sob Salomão foi construído o primeiro Templo, o segundo foi edificado sob Dario.

Com isso, os livros de Crônicas defendem uma concepção de origem claramente autóctone para Israel, que veicula estreitamente a época da monarquia unificada ao tempo dos patriarcas; o êxodo e a tomada da terra não são desconsiderados, mas colocados em segundo plano. Moisés não aparece nas Crônicas como o líder do êxodo, mas como o legislador de Israel. O próprio êxodo é mencionado apenas seis vezes nos livros de Crônicas (1Crônicas 17,5.21; 2Crônicas 5,10; 6,5; 7,22; 20,10). Na reprodução direta de 1Reis 8,21 em 2Crônicas 6,11 ele é até mesmo excluído: a aliança de YHWH, em 1Reis 8,21 ainda firmada com os pais, quando ele os conduziu para fora da terra do Egito, é designada na formulação paralela de 2Crônicas 6,11 apenas como firmada com os israelitas.

| 1Reis 8,21: E lá eu preparei um lugar para a arca em que se encontra a aliança de YHWH que ele fez com nossos pais quando os tirou da terra do Egito. | 2Crônicas 6,11: E ali dentro coloquei a arca em que se encontra a aliança de YHWH que ele firmou com os israelitas. |

A ênfase na época de Davi e Salomão é acompanhada por uma perspectiva política que defende um ideal de doze tribos para Israel, com inclusão dos reinos do norte e do sul. Chama a atenção que as Crônicas ignoram completamente a história do Reino do Norte, considerado como ilegítimo em termos de culto. Mas também fica claro que o "Israel" das Crônicas é mais do que apenas "Judá": aparentemente, Judá e Jerusalém são considerados como o centro, mas ao mesmo tempo trabalha-se em favor da anexação do norte a esse centro, ou seja, dos samaritanos, para dessa forma restituir "Israel" como unidade de culto.

Para os livros de Crônicas não há "represamento" histórico de culpa. Em vez disso, cada geração é diretamente responsável perante Deus, e é diretamente punida por Deus quando incorre em transgressões. Essa "teologia da culpa individualizada" reflete um pano de fundo sacerdotal: o funcionamento do culto expiatório pressupõe a responsabilidade pessoal pela culpa. As Crônicas, porém, não pensam moralmente em seus relatos, mas histórica e teologicamente: catástrofes necessitam ser associadas com culpa; já os tempos de prosperidade dão testemunho de comportamento justo e piedoso. Isso pode ser reconhecido com especial clareza na apresentação que as Crônicas oferecem de Manassés. Manassés governou em Jerusalém por 55 anos (2Reis 21,1), razão pela qual ele deve ter sido um homem piedoso, ao contrário de sua representação em 2Reis 21. De maneira comparável, também o exílio é atribuído à culpa do último rei de Judá, Zedequias, e apenas de sua geração, que é retratada de forma correspondentemente negativa (2Crônicas 36,11-14).

Intimamente relacionados aos livros de Crônicas estão os livros de Esdras e Neemias, que na Antiguidade formavam um só livro. A divisão em dois livros só ocorreu nos inícios da Idade Média. A tradição Esdras-Neemias provém do mesmo círculo de autores de Crônicas e, possivelmente, é um pouco mais antiga, tendo sido vinculada só secundariamente com Crônicas por intermédio da costura literária em 2Crônicas 36,22s./ Esdras 1,1-3. O conjunto de Esdras-Neemias relata acerca da restauração em Judá e interliga de forma peculiar as atividades do sacerdote Esdras e as do comissário de reconstrução Neemias: a descrição do retorno ao lar e da construção do Templo em Esdras 1–6 é seguida inicialmente por um trecho sobre a atividade de Esdras em Jerusalém (Esdras 7–10); Neemias 1–7 relata sobre providências tomadas por Neemias, Neemias 8–10 dirige a atenção novamente para Esdras e sua leitura da lei, sendo que Neemias 11–13 contém informações sobre outro ordenamento de Neemias. Com isso, a nível de composição, é sugerido de forma aparentemente consciente a simultaneidade do aparecimento de Esdras e Neemias, mesmo que historicamente haja pouca probabilidade de isso ter ocorrido: Neemias é suficientemente tangível como figura histórica, enquanto para Esdras isso não está completamente claro. No entanto, independentemente de como decidimos: a reconstrução do muro da cidade de Jerusalém, ordenada por Neemias, é presumida em Esdras como já realizada. Neemias, portanto, deve ter atuado antes de Esdras em Judá. Esdras é anteposto na tradição, já que merece a prioridade como sacerdote.

A profecia desempenha um papel especial em Esdras-Neemias: em Esdras 1–6, o sucesso da reconstrução do Templo requer apoio profético, e a restauração é implicitamente apresentada como o cumprimento de promessas proféticas de salvação (cf. Isaías 60,7.9.13; Esdras 7,27). A ideia teológica por trás disso parece ser a concepção de uma contraparte positiva da profecia de juízo: enquanto ali a desobediência à lei e a rejeição dos profetas levaram ao juízo, Esdras-Neemias mostram, inversamente, como a observância da lei e a escuta dos atuais profetas Ageu e Zacarias (cf. Esdras 5,1; 6,14) levam à prosperidade da comunidade em Judá.

Assim sendo, o contexto geral que compreende Crônicas – Esdras – Neemias, também designado de "obra histórica do cronista"[145], não apenas apresenta uma *Rewritten Bible* de Gênesis a 2Reis, o que se aplica apenas aos livros de Crônicas, mas também inclui a tradição profética subsequente de Isaías a Malaquias. Com isso os livros de Crônicas constituem um exemplo impressionante da literatura denominada de *Rewritten Bible*. Eles mostram que interpretação da Escritura e formação da Escritura pertencem intimamente juntas e que a própria interpretação da Escritura podia tornar-se parte da "Escritura", ou seja, da Bíblia em formação.

---

145. A designação remonta a Zunz (1992).

4.4.2 O Livro dos Jubileus e outros textos parabíblicos

Além da "obra histórica do cronista", também pertencem à *Rewritten Bible* escritos do judaísmo antigo que não deram entrada nas bíblias Judaica e Cristã[146]. Exemplo relevante para isso é o Livro dos Jubileus, também denominado de "Pequena Gênesis" (*Leptogenesis*). Surgiu mais ou menos na metade do século II a.C., encontrando-se preservado completamente apenas em uma tradução etíope. O livro contém uma recontagem de Gênesis 1 a Êxodo 24 e enfatiza que partes da Torá já eram conhecidas e observadas pelos patriarcas. A história está inserida em uma moldura narrativa, na qual um anjo explica isso a Moisés no Sinai. O interesse do Livro dos Jubileus reside, portanto, em uma "moisaicização" da história dos patriarcas e dos pais, que é incorporada na "teologia da Torá" da narrativa de Moisés, que inicia só no Livro do Êxodo. O problema colocado pelo fato de os patriarcas ainda não poderem ter conhecido a Torá, o Livro dos Jubileus resolve por meio da narrativa de "tábuas do céu", mostradas aos patriarcas, e em virtude das quais eles podiam viver de acordo com os mandamentos da Torá.

Além do Livro dos Jubileus, também o apócrifo de Gênesis de Qumran (1Q20) contém uma reprodução narrativa elaborada de partes do Gênesis (cf. cap. 4, "Os escritos do Mar Morto") (cf. BERNSTEIN, 2013; MACHIELA, 2009). A literatura de Henoc igualmente deve ser considerada como parte textual da *"Rewritten Bible"*. Nas diversas partes do complexo Livro de Henoc são recontadas partes de Gênesis (especialmente a história da queda dos anjos, de Gênesis 6,1-4). Além disso, visões em sonhos revelam a Henoc a história de Israel, desde o dilúvio até a época das lutas dos macabeus. Por fim, a literatura de Henoc contém também uma visão apocalíptica da história, na qual ele é informado sobre o transcurso do mundo até o seu final.

À literatura da *Rewritten Bible* também pertence o escrito do judaísmo antigo, conhecido sob o título *Liber Antiquitatum Biblicarum*, que foi preservado apenas em uma tradução latina. Ele foi provavelmente escrito

---

146. Uma boa visão geral é fornecida por Nickelsburg (1984). Cf. tb. Siegert (2016). O Livro dos Jubileus faz, aliás, parte do Antigo Testamento no cânone bíblico da Igreja Etíope.

por um autor desconhecido no século I d.C.[147] e narra de maneira própria a história bíblica desde Adão até a morte do Rei Saul. Enquanto algumas passagens dos textos bíblicos são expandidas, outras são apenas brevemente resumidas ou ignoradas por completo. Em extensos discursos de figuras destacadas da história de Israel, é constatada a eleição do povo, que perdurará mesmo em situações de perigo, porque Deus continuará sendo leal a Israel.

A literatura da *Rewritten Bible*, que inclui ainda uma série de outros escritos além dos aqui mencionados, mostra que no judaísmo dos tempos persa e helenístico-romano certos escritos tornaram-se normativos por terem sido contados de maneira nova e, dessa maneira, terem se tornado frutíferos para situações modificadas na história de Israel ou do judaísmo. Essa apropriação por recontagem constitui um importante passo em direção ao surgimento da Bíblia Judaica. A isso se agrega a interpretação de escritos em *Pescharim*, ou seja, em comentários filológicos ou exegéticos. Isso nos leva à transição para outra área importante da literatura judaica do período helenístico-romano, a saber, para os manuscritos do Mar Morto.

4.5 Os escritos do Mar Morto

Os rolos de escritos encontrados entre 1947 e 1956 no Deserto da Judeia junto ao Mar Morto são de grande importância para a interpretação e atualização dos escritos do judaísmo em fase de se tornarem normativos. Os textos descobertos em onze cavernas na proximidade imediata do antigo assentamento de Qumran são os que fornecem, de forma especial, importantes *insights* sobre a tradição e a compreensão de textos bíblicos no judaísmo. Ao lado disso, também em outros lugares ao longo da costa oeste do Mar Morto – em Wadi Murabbaʻat, em Naḥal Ḥever e na Fortaleza de Massada – foram encontrados rolos de escritos, entre os quais também textos bíblicos. Nas cavernas de Qumran descobriram-se mais de novecentos manuscritos, sendo que, de textos bíblicos, foram um pouco mais de duzentos (cf. VANDERKAM, 1998; 2012; XERAVITS; POR-

---

147. Antigamente ele foi atribuído erroneamente a Fílon de Alexandria, razão pela qual atualmente costuma ser designado de "Pseudo-Fílon".

ZIG, 2015; STÖKL BEN EZRA, 2016; MAGNESS, 2002; SCHIFFMAN; VANDERKAM, 2008; FREY, 2009). Muitos desses escritos encontrados compreendem fragmentos bem pequenos, e os que foram preservados quase que em sua totalidade são só nove rolos. Com exceção do Livro de Ester, entre os escritos de Qumran encontram-se representados todos os livros bíblicos[148]. A esmagadora maioria dos manuscritos é hebraica, mas também se encontram alguns escritos em aramaico e em grego. Em parte, trata-se nesses casos de traduções de textos hebraicos. Manuscritos de textos bíblicos também foram encontrados nos demais locais mencionados, mas significativamente menos do que em Qumran.

A pesquisa discute há tempo a relação existente entre os textos encontrados nas cavernas e o assentamento de Qumran localizado nas proximidades imediatas. Importantes nesse contexto são aqueles textos que se relacionam com a vida de um grupo judeu no assentamento de Qumran, como, por exemplo, a "Regra da Comunidade", encontrada na caverna 1 (1QS, às vezes infelizmente também referida como "Regra da Seita"), bem como a "Regra da Congregação", que também vem da caverna 1 (1QSa), e o "Rolo dos hinos" (1QH). Frequentemente é admitido ter o grupo residente no assentamento de Qumran pertencido à antiga orientação judaica dos essênios, sobre a qual existem notícias em Flávio Josefo, Fílon e Plínio o Velho[149]. Plínio menciona explicitamente que essênios teriam vivido no Mar Morto e que a cidade da Engada (En-Gedi) estaria localizada ao sul (*infra*) deles. Essa descrição combina com a localização geográfica de Qumran. Sobre o perfil mais exato dos essênios e dos moradores do assentamento, como sobre suas atitudes em relação aos bens comuns, à observância do sábado ou ao matrimônio, as antigas testemunhas revelam informações diferenciadas. Josefo, do qual provém o

---

148. O Fragmento 4Q550 de Qumran foi considerado por alguns pesquisadores como "Proto--Ester". Essa suposição, porém, dificilmente pode ser sustentada. As razões pelas quais o Livro de Ester não foi encontrado em Qumran ainda não conseguiram ser explicadas com clareza. Cf. White Crawford (1996; 2002) e Troyer (2000).

149. Fílon relata sobre os essênios em seu escrito "Que todo laborioso seja livre" (*Quod omnis probus liber sit*), 75-91, numa passagem da *Hypothetica* (EUSÉBIO, *Praep. Evang.* 8,11,1-18), contida em Eusébio, bem como no escrito *De vita contemplativa* ("Sobre a vida contemplativa"). Josefo caracteriza os essênios detalhadamente em seu escrito *De bello Judaico* ("Sobre a Guerra Judaica"), livro 2,119-161. Por fim, encontra-se ainda uma notícia no autor romano Plínio o Velho em sua *Historia naturalis* ("História da natureza"), livro 5,73.

relato mais detalhado sobre os essênios[150], informa que eram numerosos em cada cidade, viviam sem necessidades e de forma celibatária, davam pouco valor às riquezas, conviviam em comunhão de bens e eram muito piedosos. Existiria, porém, ainda outro grupo de essênios, que tinha uma visão diferente do matrimônio, não vivendo de forma ascética, mas em união conjugal[151]. Fílon informa igualmente que os essênios viviam sem necessidades e sem propriedades privadas e que nenhum essênio tinha esposa. Este último detalhe também pode ser encontrado em Plínio. Ele faz remontar o fato de os essênios ainda existirem, mesmo rejeitando a reprodução natural, à aceitação de sempre novos recém-chegados.

Entre os textos de Qumran se encontram tanto escritos que descrevem uma vida familiar quanto também tais que pressupõem um grupo ascético, de vida rigorosa. Ao primeiro grupo pertencem o assim denominado Escrito de Damasco, do qual foram achados em Qumran fragmentos de dez rolos, bem como uma versão da já citada Regra da Congregação (1Q28a = 1QSa), da qual em Qumran foram descobertos fragmentos de outros onze manuscritos. Tanto o Escrito de Damasco quanto a Regra da Comunidade tinham, portanto, uma grande importância para a comunidade que vivia em Qumran. Mas, como podem ser explicadas as diferenças entre eles?

É concebível que no assentamento de Qumran vivessem dois grupos de essênios: um mais rigoroso, o *yaḥad*, e um menos rigoroso, representado pelo Escrito de Damasco. A suposição de que em Qumran não vivia apenas uma comunidade rigorosamente celibatária é apoiada pelo fato de que em seu cemitério também foram encontradas sepulturas de mulheres. Assim sendo, os dois grupos podem ter vivido simultaneamente ou um após o outro no assentamento ou nas cavernas circundantes. Com base nos textos sobre os judeus residentes no assentamento de Qumran, pode-se, portanto, reconhecer algo sobre o perfil religioso dos judeus que ali viviam.

Em relação aos rolos com textos bíblicos de Qumran pode-se presumir que pelo menos alguns deles foram produzidos e usados por habitantes do assentamento, enquanto outros foram trazidos para Qumran

---

150. *Guerra Judaica* 2,119-161.
151. *Guerra Judaica* 2,160s. Sobre a discussão, cf. Rupschus (2017).

de outros lugares. Esta última inferência já se deduz do fato de alguns rolos serem mais antigos do que o primeiro assentamento comprovado de Qumran. A maioria dos rolos, porém, data do período de assentamento, o que indica que foram produzidos em Qumran mesmo. O assentamento de Qumran foi destruído pelos romanos em 68 d.C. Os rolos mesmos, no entanto, escaparam da destruição, provavelmente porque eles (pelo menos a maioria deles) haviam sido escondidos nas cavernas pelos habitantes do assentamento.

Os textos do Mar Morto datam do período entre o século III a.C. e o início do século II d.C. Sua importância reside, assim, no fato de os manuscritos bíblicos ali encontrados serem cerca de mil anos mais antigos do que os manuscritos antes conhecidos de textos bíblicos em hebraico e aramaico. As descobertas de textos aclaram também que, para o período de tempo em questão, ainda não se pode presumir nenhum material textual fixado por escrito, muito menos composições textuais fixas para os livros bíblicos[152].

O fato de manuscritos de praticamente todos os escritos bíblicos terem sido encontrados nas cavernas do Mar Morto pode, inicialmente, ser visto como uma indicação de que esses escritos eram considerados como textos normativos, que deveriam ser lidos e interpretados. Assim sendo, os achados do Mar Morto se enquadram nos processos de autorização já apresentados, pelos quais certos escritos se tornavam cada vez mais importantes no judaísmo da época helenístico-romana. Ao lado disso, em Qumran também foram encontrados escritos que costumam ser enquadrados nos "apócrifos" e "pseudepígrafos" do Antigo Testamento, ou nos textos designados como *Rewritten Bible*. A esses pertencem a literatura de Henoc, já referida na seção anterior, bem como o Livro dos Jubileus, do qual em Qumran foram achados vários fragmentos, principalmente em aramaico[153]. Em Qumran também foram encontrados fragmentos hebraicos e aramaicos dos Livros de Sirácida e Tobias, do que se deduz terem

---

152. Para o que segue, cf. Frey (2017; 2009, p. 44-63) e Stökl Ben Ezra (2016, p. 171-236).

153. Sobre as partes do Livro de Enoque encontraram-se 11 fragmentos aramaicos na Gruta 4, bem como um fragmento grego na Gruta 7. Curiosamente, em Qumran se encontraram fragmentos de todas as partes que compõem o Livro de Henoc, com exceção do assim denominado Livro de Parábolas em Henoc 1,37-71. O motivo disso não está bem claro. Trata-se, possivelmente, de uma parte mais recente da literatura de Henoc.

esses livros sido escritos originalmente em hebraico ou aramaico, e depois traduzidos para o grego: de Tobias apareceram em Qumran quatro fragmentos aramaicos e um hebraico (4Q196-200). Do Livro de Sirácida, que por muito tempo só era conhecido em tradução grega e do qual foram encontrados já no fim do século XIX fragmentos em hebraico no depósito de uma sinagoga do Cairo, foram descobertos em Qumran e em Massada mais fragmentos em hebraico. Isso é importante à medida que, assim, não só para a Septuaginta, mas também para a área de fala hebraica ou aramaica do judaísmo da época helenístico-romana é testemunhada a justaposição de textos "bíblicos" e daqueles que, mais tarde, foram contados entre os "apócrifos" e "pseudepígrafos".

Digno de nota é que, além disso, manuscritos dos Salmos de Qumran mostram sequências diferentes dos salmos e, além disso, às vezes contêm trechos entre salmos individuais que, ou eram desconhecidos até o presente, ou provêm de tradições textuais não hebraicas. Alguns contêm, por exemplo, o Salmo 151, também presente na Septuaginta, na versão hebraica original (cf. JAIN, 2014). Outra conexão com a Septuaginta mostra-se pelo fato de que fragmentos de uma versão mais curta do Livro de Jeremias foram encontrados em Qumran, versão também atestada em grego pela Septuaginta: o livro grego de Jeremias é cerca de um sétimo mais curto que o hebraico e bem provavelmente representa uma versão mais original. Aos textos da *Rewritten Bible* pertencem, além disso, um grande número de textos que atualizam ou interpretam livros bíblicos como Gênesis, Jeremias, Ezequiel ou Daniel. Nisso tudo se revela uma história viva de transmissão e interpretação dos livros bíblicos. Por conseguinte, atualizações de textos normativos e de textos da *Rewritten Bible* acabam se fundindo, não podendo ser claramente separadas umas das outras.

Isso leva a mais uma importante constatação nos textos de Qumran. Além de escritos bíblicos e daqueles pertencentes à chamada *Rewritten Bible*, existem também numerosos textos semelhantes a comentários, que interpretam livros bíblicos para sua atualidade. Esses escritos, denominados de *"Pescharim"* e documentados unicamente em Qumran, interpretam, por exemplo, livros proféticos (como o de Habacuc, Isaías ou Oseias) ou também os Salmos.

À literatura interpretativa de Qumran também pertence o chamado Gênesis Apócrifo (1Q20). Do rolo que, em seu original em língua aramaica, era seguramente mais extenso, foram conservadas apenas poucas colunas de difícil identificação. Trata-se de uma reprodução interpretativa de partes do Gênesis, orientada nas pessoas de Lameque, Henoc, Noé e Abraão, e contada principalmente na primeira pessoa. As narrativas vão claramente além das narrações do Gênesis, entrando em contato com outras paráfrases de Gênesis, como os Livros de Henoc e o Livro de Jubileus.

Textos da Torá de Qumran apresentam, por vezes, características especiais. Alguns manuscritos são redigidos em uma escrita especial, o assim denominado "Paleo-hebraico"[154]. Essa escrita era usual no período pré-exílico, mas foi então substituída pela escrita quadrada hebraica. O fato de ela ter sido usada em Qumran para os rolos da Torá a faz parecer marcadamente antiga, o que poderia estar relacionado com o seu *status* especial. Rolos com toda a Torá ainda não foram encontrados em Qumran, e sim alguns que possuem dois livros: Gênesis e Êxodo, Êxodo e Levítico, ou Levítico e Números. Um rolo do Wadi Murabba'at contém inclusive fragmentos de três livros da Torá (Gênesis, Êxodo, Números). A partir disso, pode-se inferir que houve uma compilação desses livros, possivelmente também de toda a Torá. Em 4QMMT^d (4Q397) é falado do "Livro de Moisés" no singular, o que poderia sugerir uma compilação dos cinco livros da Torá em um único rolo. Nesse contexto, também é digno de nota que em textos de Qumran se fala mais frequentemente de "Moisés" como pessoa que ensinou a Torá. Assim sendo, a Torá, que está firmemente ligada a Moisés como seu autor ou professor (razão pela qual "Moisés" também pode representar metonimicamente a Torá), é percebida, sobretudo, como instrução viva de Deus, que cabe ensinar, interpretar e, naturalmente, seguir.

Outra especificidade dos textos de Qumran são os fragmentos 4Q158, bem como 4Q364-367, seguidamente designados de "Pentateuco *Reworked*". Eles apresentam formas próprias de texto, organizam o material parcialmente de maneira específica e contêm, além disso, acréscimos em relação aos textos já conhecidos da Torá, por exemplo, alguns acréscimos às leis em 4Q365 (cf. ZAHN, 2011; PERRIN, 2012; STÖKL BEN EZRA, 2016, p. 208-211; TIGCHELAAR, 2009, p. 74-76). É digno de nota que,

---

154. Eles são designados de 4QpalaeoGen; 4QpalaeoExod etc. Também um rolo de Jó se encontra escrito em paleo-hebraico, provavelmente devido ao fato de o Livro de Jó estar ancorado em um cenário semelhante às narrativas dos patriarcas de Gênesis.

mesmo com o pressuposto de a Torá já estar sendo vista como grandeza normativa, sua forma de texto aparentemente continuava aberta a acréscimos e adaptações interpretativas. Pode-se até perguntar se esses fragmentos devem ser vistos como uma revisão de um texto pressuposto da Torá, ou não, antes, como versões de textos independentes. Aberta a discussões permanece a pergunta se esses textos pertencem à *Rewritten Bible*, ou seja, se representam versões independentes de textos mais antigos, ou se devem ser enquadrados na literatura comentada ou interpretada – e se essas categorias ou distinções têm alguma possibilidade de serem adequadas para descrever o fenômeno aqui em questão.

Como já mencionado, alguns dos textos do Mar Morto estão redigidos em grego ou aramaico. Particularmente digno de nota é um rolo encontrado em Naḥal Ḥever com o texto grego do Livro dos Doze Profetas, que presumivelmente data do século I a.C. (eventualmente também só do século I d.C.), e que, portanto, pertence aos mais antigos textos bíblicos gregos conservados (cf. a seguir "O surgimento da Septuaginta"). Além disso, foram também encontrados em Qumran fragmentos gregos de livros da Torá[155] e de outros livros bíblicos, como Isaías, Ezequiel e os Salmos. Traduções aramaicas parafraseadas de livros bíblicos (*Targumim*) encontram-se nos Livros de Levíticos e Jó.

De diversas maneiras os textos de Qumran fazem referências à história de Israel de tal forma que Moisés e os profetas são nomeados como pessoas que proclamaram as instruções normativas de Deus a Israel[156]. Assim sendo, Moisés escreveu a Torá confiada a ele por Deus, e os profetas, baseados nela, atuaram em Israel, podendo, portanto, também ser chamados de "servos" de Deus ou de seus "santos ungidos". Com isso, ao mesmo tempo, é feita referência à Torá, ou seja, aos cinco livros de Moisés, e aos *Neviim*, ou seja, aos livros dos Profetas. A atuação de Deus por meio de Moisés e dos profetas, bem como os escritos que eles escreveram a seu mando, são, por isso, também normativos para o presente.

---

155. Nas grutas 4 e 7 foram encontrados fragmentos gregos dos livros de Êxodo, Levítico, Números e Deuteronômio. Chama a atenção que todos os fragmentos encontrados na gruta 7 compõem-se de textos gregos. A conjetura por vezes expressa, de que entre eles também se encontrariam fragmentos de textos neotestamentários, não se confirmou. Os textos do Mar Morto são todos textos judeus, não cristãos. Cf. Enste (2000).

156. Cf. CD 5,21–6,1 (4Q266, Frg. 3, col. V,21–6,1); 1QS 1,3; 8,15s.; 4Q504, Frg.2, col. III,12–14.

Uma importante passagem para a designação sintetizada de grupos de escritos normativos encontra-se no já aludido fragmento de Qumran 4QMMT^d (4Q397). Ali diz o seguinte: "Nós te [escrevemos] que deverias entender o Livro de Moisés [e] os Livr[os dos Pr]ofetas e Davi[d ...] [os Anais] de cada geração"[157]. Isso constitui, além do prólogo ao livro grego de sirácida (cf. anteriormente "A orientação da profecia na Torá"), um dos testemunhos mais antigos para a enumeração de grupos de escritos judaicos normativos. Nesse caso são pressupostos tanto a Torá como um corpo concluído quanto a coleção dos livros proféticos. Ao que se referem "David" e "os anais de cada geração" já está menos claro. Às vezes presume-se que "David" se refira aos Salmos, já que Davi no judaísmo era considerado como seu autor. Nesse caso a lacuna poderia ser complementada por "[os Salmos de] Davi[d]"[158]. Isto inclusive poderia ser avaliado como testemunho de uma estrutura da Bíblia Judaica em três partes, em que "David" representaria a terceira parte dos *Ketuvim* como um todo. Mas, também é possível contar "David" como pertencente aos Profetas e os Salmos, correspondentemente, aos livros proféticos. Nesse caso a leitura deveria ser: "os livros dos profetas e de David". Em favor disso poderia falar que nos textos de Qumran – de forma semelhante como também no Novo Testamento – Davi era tido como autor profeticamente inspirado, e que os Salmos, válidos como por ele compostos, eram correspondentemente interpretados[159]. Por fim também é possível que Davi estivesse sendo considerado como pessoa, e que em 4QMMT se fizesse referência a seu exemplo. Os "Anais", finalmente, podem ser uma referência aos livros de Crônicas, que eram considerados como escritos adicionais.

Assim sendo, a formulação de 4QMMT provavelmente não se refere a três ou mesmo quatro grupos diferentes da Bíblia Judaica. A verdade é que, ao lado de "Moisés e os Profetas", são adicionados outros escritos, igualmente válidos como profeticamente inspirados, ou que geralmen-

---

157. A tradução segue a reconstrução de García Martinez.
158. É assim que J. Maier entende a formulação em sua tradução dos textos de Qumran para o alemão.
159. De forma correspondente, encontram-se *Pescharim* sobre os Salmos em Qumran (p. ex. 1QpPs, 4QpPs^a, 4QpPs^b). Também devido à notícia em 11QPs^a 27,11, que interpreta os Salmos como "profecia" de Davi, é provável que eles não sejam contados adicionalmente aos profetas, mas destacados à parte: "E todos estes ele [Davi] falou por meio de profecia, que lhe havia sido dada pelo Altíssimo".

te gozam de autoridade, sem com isso já formar um grupo fixo de um "cânon" emergente. Isso corresponde à situação geral daquela época, na qual, além da Torá e em certa medida os profetas, ainda não se podia pressupor grupos de escritos concluídos, muito menos um "cânon" rigidamente delimitado. A formulação em 4QMMT deve, pois, ser entendida de forma semelhante àquela do Prólogo de Sirácida: ao lado da Torá de Moisés, considerada como normativa, também livros proféticos e outros escritos gozavam de certa autoridade.

A situação dada com a descoberta dos escritos de Qumran é de grande importância para os processos de autorização de escritos ou grupos de escritos no judaísmo da época helenístico-romana. Torá e *Neviim* já valiam na época do surgimento do Novo Testamento como coletâneas normativas. Também outros escritos, como os Salmos frequentemente atestados, o Livro de Jó, o Livro dos Provérbios, o Cântico dos Cânticos ou o Livro de Daniel eram reconhecidos como válidos. Além disso, em Qumran é testemunhada uma ampla gama de literatura explicativa que interpreta esses escritos para o seu próprio tempo ou com vistas ao fim dos tempos, conferindo-lhes, portanto, o *status* de revelações que apontam para além de si mesmas. Essa maneira de lidar com os escritos de Israel também é encontrada no Novo Testamento. Também ali eles são entendidos como testemunho profético, por meio do qual a Palavra de Deus também pode ser ouvida no presente, conseguindo ser igualmente interpretada com vistas ao futuro.

Além disso, os escritos de Qumran mostram que tanto a extensão como a forma textual desses escritos ainda seguiam um curso não concluído. Sobre a Torá podem ser encontradas várias versões e reproduções parafraseadas, não vinculadas de modo a comprometer a uma forma textual específica. Por isso, é impróprio falar de um acervo normativo de escritos já existente. Escritos como o Livro dos Jubileus, a literatura de Henoc e o Rolo do Templo, bem como as várias versões textuais de livros bíblicos, tendem a indicar, muito mais, que o acervo normativo de escritos e de suas respectivas formas textuais válido para uma comunidade judaica podia ser diferente do que veio a ser a Bíblia Judaica posterior. Isso permite, simultaneamente, uma melhor visualização da história daqueles livros não pertencentes ao acervo escriturístico das bíblias Hebraica, Grega e Latina.

A literatura de Henoc foi preservada ao longo dos séculos por intermédio de sua recepção no Antigo Testamento da Igreja etíope. Os escritos aramaicos de Henoc, que em Qumran ainda não haviam sido compilados em um único livro, fornecem uma visão de um mundo apocalíptico de pensamento independente, que se encontra em claro distanciamento do judaísmo orientado na Torá. Destaque especial cabe ao "Livro dos Guardiões" (1Enoque 1-36). Ele desenvolve largamente o episódio bíblico da união de filhos de deuses e filhas de seres humanos de Gênesis 6,1-4, empregando-o como ponto de partida para a descrição do vazamento de segredos celestiais aos seres humanos (cf. BACHMANN, 2009). Não por último, é provável que a escolha de Henoc como portador pré-mosaico da revelação tenha sido o fator desencadeante de suspeita em relação à literatura produzida em seu nome, impedindo sua recepção no judaísmo rabínico.

O chamado Rolo do Templo (11Q19-21), provavelmente de origem pré-qumrânica, contém instruções para a construção de um templo que leva em consideração as especificações bíblicas do Escrito Sacerdotal (Êxodo 25–29 e 35–40) e do Livro de Ezequiel (Ezequiel 40–48). O texto, porém, não se encontra totalmente preservado. Inicia com a coluna 2, que, no entanto, devido à recepção de Êxodo 34,10-16 em conexão com Deuteronômio 7,25s., mostra que o cenário imaginado aparentemente se refere à revelação da lei antes da conquista da terra. O Rolo do Templo, contudo, não permite ser interpretado com segurança como documento (fictício) de uma revelação adicional ocorrida no Sinai. O Rolo do Templo unifica a revelação do Sinai do Livro de Êxodo com a outra na margem leste do Jordão do Livro de Deuteronômio, organiza as diferentes leis tematicamente, formulando-as como discurso direto de Deus. É possível que o Rolo do Templo também queira ser entendido como escrito que sobrepujava a Torá. Isso explicaria por que ele não foi transmitido adiante no judaísmo clássico.

4.6 O surgimento da Septuaginta

A "Septuaginta" é uma tradução da Torá hebraica – os cinco livros de Moisés – para o grego[160]. O termo "Septuaginta" (usado no grego para

---

160. Cf. Kreuzer (2016), que oferece uma introdução informativa sobre a Septuaginta quanto ao estado atual da pesquisa. Cf. tb. Tilly (2005). Desde 2009, existe uma tradução da Septuagin-

"setenta") refere-se à grandeza arredondada para as 72 pessoas que, segundo a lenda, subscrevem como responsáveis por essa tradução (em algumas fontes fala-se também de 70 tradutores). Posteriormente o nome "Septuaginta" foi expandido para englobar também outros escritos judaicos traduzidos para o grego, bem como para escritos judaicos redigidos em grego. Em tradição cristã, "Septuaginta" designa o Antigo Testamento grego[161].

4.6.1 A Carta de Aristeias

Os inícios da Septuaginta estão intimamente ligados ao judaísmo de fala grega em Alexandria. Foi ali que ocorreu o projeto de tradução na época do reinado de Ptolomeu II Filadelfo (282-246 a.C.) sobre o Egito. Com isso a Septuaginta é, simultaneamente, a mais antiga tradução de escritos bíblicos para outra língua. Sobre sua causa e origem relata a assim denominada Carta de Aristeias, escrita provavelmente na segunda metade do século II a.C. (cf. BRODERSEN, 2008; KREUZER, 2016, p. 30-49). De acordo com ela, a iniciativa partiu do responsável pela biblioteca de Alexandria, Demétrio de Faleron, que teria sugerido ao rei preparar uma versão grega da obra sobre a lei judaica para a grande biblioteca de Alexandria. De acordo com a imaginação lendária de Aristeias, o rei seguiu a sugestão e dirigiu-se com um pedido correspondente ao sumo sacerdote de Jerusalém que, em seguida, enviou 72 estudiosos para Alexandria, seis de cada tribo de Israel, para realizarem ali a obra de tradução. Estes foram recebidos pelo próprio rei imediatamente após a sua chegada. No centro da apresentação, contudo, não consta a descrição do trabalho de tradução propriamente dito. Sua conclusão em 72 dias é constatada, muito mais, só na última parte da carta, em que simultaneamente é notificado ser ela imutável a partir daquela data. A parte principal do texto é, ao contrário, tomada pela descrição detalhada de um banquete com duração de 7 dias, no qual o rei teria debatido com os tradutores judeus sobre a forma correta de conduzir a vida. Nessa ocasião,

---

ta para o alemão: cf. Kraus e Karrer (2010). Traduções da Septuaginta para o inglês e francês já existem há tempo.

161. Empregada nesse sentido, a designação encontra-se pela primeira vez mais ou menos na metade do século II no teólogo e filósofo cristão Justino.

as normas de comportamento judaicas se comprovam como a forma mais elevada de doutrina ética, da qual o rei tira grande proveito para o seu reinado, como conclui ao final[162]. O autor da Carta de Aristeias, portanto, não estava em primeiro lugar preocupado em narrar sobre a tradução da Torá para o grego. Ele queria, isto sim, ressaltar, sobretudo, a importância da sabedoria e ética judaicas, que não seriam só equivalentes, mas até superiores à filosofia grega.

Sobre o surgimento da Septuaginta também relata o historiador judeu Aristóbulo, igualmente no século II a.C.[163] Mais tarde, a lenda da tradução da Carta de Aristeias foi ainda mais paramentada pelo estudioso judeu Fílon, que também vivia e atuava em Alexandria. De acordo com ele, os tradutores, embora trabalhando cada qual para si, teriam chegado a traduções exatamente idênticas[164]. Também Josefo (*Antiguidades judaicas* 12,11-118), bem como autores cristãos – por exemplo, Justino, Ireneu, Clemente de Alexandria e Tertuliano – conheciam a lenda do surgimento narrado pela Carta de Aristeias[165]. Nesse contexto, o número de 72 tradutores foi alterado para 70 (assim em Josefo, Justino, Ireneu e Clemente), encontrando-se também ainda outras modificações da narrativa na Carta de Aristeias[166].

Na pesquisa foi admitido por muito tempo que o relato da Carta de Aristeias não possuía valor histórico em virtude do seu caráter lendário. O surgimento da Septuaginta não teria sido proposto pelo rei ptolemaico, mas deveria ser procurado nas necessidades do judaísmo alexandrino. Alexandria, fundada em 331 a.C. por Alexandre o Grande, era uma importante metrópole cultural, científica e religiosa, que tinha importantes instituições científicas como o *Museion*, uma espécie de centro de estu-

---

162. *Carta de Aristeias* 294.
163. Em Eusébio, *Praeparatio Evangelica* 13,12,2.
164. Fílon, *De Vita Mosis* 2,29-43.
165. Justino, I. *Apologia* 31 (cf. *Diálogo* 71); Ireneu, *Contra as heresias* 3,21,2; Clemente Alexandrino, *Stromateis* I, 22,148-149; Tertuliano, *Apologeticum* 18.
166. Assim, p. ex., segundo Justino a tradução só ocorreu no tempo de Herodes, o Grande, ou seja, em proximidade temporal direta com a atuação de Jesus. Além disso, Justino caracteriza os escritos judaicos traduzidos do hebraico para o grego como "livros proféticos", cujo sentido os próprios judeus não compreenderiam. Isso revela polêmica cristã contra os judeus, decorrente do fato de Justino pretender reivindicar os escritos judaicos como testemunhos sobre Jesus, contestando por essa razão sua interpretação judaica.

diosos, e a famosa biblioteca (cf. NESSELRATH, 2013). Todos os ramos importantes da ciência daquela época floresciam em Alexandria – entre outros, a filosofia, filologia, medicina, matemática e a geografia –, além do que a cidade era também um importante centro religioso.

Alexandria possuía também uma proporção significativa de judeus em sua população. Os judeus de Alexandria eram organizados como *politeuma* próprio, tendo, portanto, o direito de se autogovernar em questões jurídicas e religiosas. É por essa razão perfeitamente plausível que em Alexandria os judeus de fala grega tenham providenciado uma tradução da Torá para o grego, já que provavelmente possuíam só pouco ou mesmo nenhum conhecimento do hebraico. Eles dificilmente teriam tido condições de acompanhar a leitura da Torá no culto sinagogal ou de fazer uso da Escritura para leituras privadas.

Em tempos recentes, entretanto, chamou-se a atenção para o fato de que, nesse caso, seria difícil explicar por que as antigas fontes mencionadas relatam unanimemente uma iniciativa que justamente não veio dos próprios judeus de Alexandria, mas foi iniciada de fora. É muito improvável que tal tradição fosse baseada em livre-invenção. Por que teriam autores judeus inventado uma iniciativa pagã para a tradução de seus escritos sagrados, quando esses, em verdade, teriam tido sua origem nos próprios judeus? Mais provável é, por isso, que no surgimento da Septuaginta esteja retratada a situação cultural e religiosa de Alexandria e do seu judaísmo. Não há dúvida de terem a Carta de Aristeias e as fontes judaicas e cristãs dela dependentes paramentado com teor legendário o surgimento da Septuaginta, colocando-o a serviço dos seus próprios interesses. A situação em Alexandria, criada ou pelo menos fomentada pela administração política, provavelmente foi captada de forma correta na apresentação da Carta de Aristeias. A forte presença de ciência e cultura, a filologia altamente desenvolvida – especialmente na exegese de Homero –, bem como a situação religiosa de Alexandria, representavam um contexto específico para o judaísmo que lá vivia, que com grande probabilidade foi significativamente influenciado pelas instâncias políticas. É esse o contexto descrito pela Carta de Aristeias quando deixa Demétrio, o dirigente da biblioteca de Alexandria, escrever ao Rei Ptolomeu que, para completar a biblioteca, os livros judaicos da lei deveriam ser guardados ali numa tradução criteriosa, já que se tratava de uma "legislação filosófica e pura, por ser divina"[167].

Por essa razão, no surgimento da Septuaginta dois fatores provavelmente se complementaram: de um lado, a peculiaridade religiosa, cultural e científica de Alexandria, fomentada pelo lado político e administrativo, e de outro, o interesse do judaísmo alexandrino de não empregar unicamente suas tradições e escritos para as suas próprias assembleias e para a leitura, mas de também os inserir no discurso social e intelectual de Alexandria. Dessa maneira, a situação específica de Alexandria fez surgir uma tradução da Torá para o grego como aquela língua que, desde as conquistas de Alexandre o Grande, havia se tornado língua predominante na região do Mediterrâneo. Por isso mesmo, a importância da Septuaginta ultrapassa em muito o contexto de Alexandria. Para tanto contribuiu, não por último, que ela – como mostram as citadas lendas da Carta de Aristeias e em Fílon – valia como versão imutável da Torá, inspirada pelo espírito divino e cujo valor é equivalente ao de sua forma hebraica. Assim sendo, a Septuaginta gozava de grande reconhecimento no judaísmo de fala grega. Isso só mudou depois que o judaísmo foi reformado como judaísmo rabínico após a destruição de Jerusalém e do Templo, concentrando-se nos escritos em hebraico e aramaico.

Depois da Torá, também outros escritos foram traduzidos para o grego: os livros históricos, os Profetas, os Salmos, escritos de sabedoria, como os Provérbios e o Livro de Jó, bem como os cinco Megillot (os "rolos festivos" Rute, Cântico dos Cânticos, Eclesiastes, Lamentações e Ester). Além desses, acrescentaram-se ainda outros livros que foram escritos em grego ou que só se conservaram em tradução grega, a saber, aqueles denominados posteriormente de "escritos deuterocanônicos" ou "apócrifos". Esses livros compunham juntos o acervo de escritos da Septuaginta, que então se transformou no "Antigo Testamento" das bíblias cristãs gregas. Isso, porém, se relaciona, sobretudo, com a forma da língua grega. Em relação à abrangência, tanto no judaísmo quanto no cristianismo conservou-se uma consciência para a diferenciação entre textos de origem hebraica e outros, acrescidos posteriormente e em língua grega. Ainda voltaremos a isso mais tarde.

---

167. Cf. *Carta de Aristeias* 29-32; o citado se encontra em 31.

4.6.2 Reelaborações judaicas e cristãs

A ocupação com a tradução grega do texto bíblico permaneceu viva no judaísmo mesmo após o surgimento da Septuaginta. Isso é indicado por adaptações efetuadas, que tinham por objetivo aproximar o texto grego de sua forma de linguagem hebraica. Um importante exemplo é a recensão-*kaige*, assim denominada por reproduzir sempre a partícula hebraica *gam* ("também") com *kaí ge* ("e também"). A essa recensão pertence também o Rolo dos Doze Profetas de Naḥal Ḥever, mencionado acima. Um pouco mais tarde, no século II d.C., surgiram traduções gregas mais recentes (por isso denominadas de *recentiores*), que, comparadas com a Septuaginta, se orientavam bem mais rigorosamente pelo texto hebraico. Essas traduções encontram-se principalmente associadas aos nomes de Áquila, Símaco e Teodócio, sobre as quais, fora isso, pouco é conhecido[168]. De todas essas traduções – tanto da Septuaginta "original" (também chamada de "*Old Greek*") quanto de suas recensões e das traduções judaicas mais tardias – só se encontram conservados fragmentos. Textos gregos completos só apareceram em manuscritos bíblicos cristãos a partir do século IV.

O judaísmo primitivo conhecia, portanto, diferentes formas do texto bíblico. Além da versão hebraica, havia ainda várias versões gregas, além dos *Targumim* parafraseados. Eles surgiram a partir do século I d.C., primeiramente no judaísmo palestino, mais tarde no babilônico na qualidade de versões em aramaico do texto bíblico hebraico (já fizemos referência aos *Targumim* entre os escritos de Qumran). Os *Targumim* muitas vezes são de cunho interpretativo. Estágios preliminares com essas características podem ser encontrados já em Qumran nos livros de Levítico e Jó. Devido a sua peculiaridade de não só traduzir, mas também parafrasear e detalhar os textos, os *Targumim* não constituem traduções em sentido estrito, mas transposições[169].

O próprio texto hebraico igualmente existia em diversas formas e também, quanto à sua abrangência, não estava rigorosamente delimitado. Isso é indicado pelos achados de textos em Qumran, que divergem do cânone hebraico fixado posteriormente tanto na forma textual

---

168. Sobre isso, cf. Tov (1987) e Kreuzer (2016).
169. Acessível em Sperber (1959-1973).

hebraica quanto em sua abrangência. Eles mostram que na virada do século ainda não existia nenhum texto padronizado do Antigo Testamento, mas que seus livros circulavam em versões levemente diferenciadas umas das outras. Traduções gregas diferenciadas baseavam-se em diferentes originais hebraicos.

A Septuaginta desempenhou um importante papel também para o cristianismo emergente. Citações frequentes dos livros bíblicos a partir de traduções gregas podem ser constatadas já nos autores dos escritos neotestamentários, o mesmo ocorrendo com autores cristãos posteriores. Os citados às vezes coincidem rigorosamente com os manuscritos da Septuaginta atualmente conhecidos, embora por vezes também difiram deles. Não é fácil responder à pergunta sobre quais versões dos textos gregos se encontravam disponíveis aos autores cristãos primitivos, justamente pelo fato de as traduções gregas pré-cristãs só se encontrarem conservadas fragmentariamente.

Os primeiros cristãos ocuparam-se de maneira própria com as traduções bíblicas gregas em sua relação com o texto hebraico. Uma obra impressionante a esse respeito é a assim denominada *"Hexapla"* (a "Sêxtupla"), que o teólogo cristão-primitivo Orígenes (em torno de 185-253) provavelmente produziu por volta de 230 em Cesareia marítima. A obra compreende seis colunas dispostas sinopticamente. Seu objetivo foi o de apresentar uma versão confiável do texto bíblico por meio da comparação do texto hebraico (primeira coluna) e sua transcrição para o grego (segunda coluna) com as traduções gregas de Áquila, Símaco e Teodócio (terceira, quarta e sexta colunas). Para tanto Orígenes revisou na quinta coluna o texto da Septuaginta à luz do texto hebraico e das traduções gregas. Com isso, já em tempos antigos, apresentava-se um problema relacionado com as diferentes formas textuais e traduções: se existem diferentes versões desses textos, coloca-se inevitavelmente a pergunta sobre qual versão deve ser o alvo de nossa preferência – ou, então, se de versões diferenciadas deve-se elaborar um texto próprio, que se aproxime da melhor forma possível do texto bíblico original. Com essas perguntas a pesquisa dos textos bíblicos e de suas histórias se ocupa até a atualidade.

Além da recensão cristã de Orígenes, havia outras revisões cristãs do texto da Septuaginta. A partir do século IV os textos gregos foram incluídos nas bíblias gregas completas. As mais antigas testemunhas textuais da Bíblia Grega do Antigo e Novo testamentos são o Códice Sinaítico, o Códice Vaticano e o Códice Alexandrino. Por isso, nesses códices se baseia também a edição da Septuaginta de Alfred Rahlfs, publicada pela primeira vez em 1935. Entrementes, a pesquisa no texto da Septuaginta não só levou a uma edição revisada da edição de Rahlfs[170], mas, acima de tudo, a 24 volumes com edições textuais críticas, elaboradas entre 1936 (1º Livro de Macabeus) e 2014 (2º Livro de Crônicas) pelo empreendimento Septuaginta de Göttingen, que tem sede na Academia de Ciências dessa cidade[171]. Outros volumes estão em preparação. O objetivo deste empreendimento é a criação de um texto que não se baseie apenas nos códices cristãos dos séculos IV e V, mas que se aproxime o máximo possível das traduções originais (dos chamados textos *"Old Greek"*).

Como versão grega das escrituras bíblicas, a Septuaginta desempenhou um papel importante tanto para o judaísmo do período helenístico-romano quanto para o cristianismo antigo. Para as Igrejas ortodoxas ela permaneceu em vigor como o "Antigo Testamento", enquanto no oeste foi substituída pela Vulgata. Tanto no antigo judaísmo quanto no antigo cristianismo a consciência da base hebraica dos textos bíblicos permaneceu viva. O judaísmo rabínico retornou à Bíblia Hebraica no transcorrer de sua reconstituição após o ano 70. No cristianismo, entretanto (em analogia a alguns testemunhos judaicos), eram indicados os 22 (ou 24) livros do "Antigo Testamento", que ocasionalmente também eram enumerados explicitamente[172]. Esses livros são aqueles que seguem o "cânone" dos escritos bíblicos hebraicos. Ao lado disso, contudo, ainda outros escritos no judaísmo puderam angariar validade normativa, como ficou particularmente claro à luz das descobertas de Qumran. No cristianismo, os escritos "deuterocanônicos" ou "apócrifos" também foram transmitidos de maneira semelhante como parte da Septuaginta e também da Vulgata. Isso indica que os escritos "canônicos" sempre existiram no contexto de outros textos e tradições. A concepção de um "cânone", que de qualquer

---

170. Robert Hanhart foi o responsável por esta edição, que foi (como também suas antecessoras) publicada em 2006 pela *Deutsche Bibelgesellschaft* (Sociedade Bíblica Alemã) em Stuttgart.

171. O empreendimento foi concluído em 2015. Desde então, o trabalho é realizado pela *Komission zur Edition und Erforschung der Septuaginta* (Comissão de edição e pesquisa da Septuaginta) da Academia de Ciências de Göttingen.

172. No cap. 1 já foi apontado para o mais antigo testemunho cristão sobre os livros do "Antigo Testamento" em Melito de Sardes. No cap. 6 abordaremos outros testemunhos.

maneira é problemática para o judaísmo, encontra-se inserida também no cristianismo em contextos que indicam que os textos considerados como normativos foram empregados na liturgia e para a leitura privada.

4.7 Os samaritanos e o Pentateuco samaritano

Para traçar a origem da Bíblia Hebraica nos tempos persa e helenístico, especialmente a Torá, é necessário atentar para um grupo no antigo Israel que não se considera como pertencente ao judaísmo, mas representando uma grandeza com características próprias: os samaritanos (cf. KARTVEIT, 2009; FREY, 2012; KNOPPERS, 2013; cf. também BÖHM, 2002, p. 113-127). Eles se retiraram para o antigo reino do norte de Israel, sendo que o seu nome advém de seu estabelecimento local na região de Samaria, a antiga capital do reino de Israel. Também eles reconhecem para si a Torá como Escritura Sagrada, mas não os demais livros bíblicos da Bíblia Hebraica. Os samaritanos formam uma comunidade religiosa que se autodenomina de "israelitas". Ela subsiste até hoje em duas comunidades em Holon, em Tel Aviv, e sobre o Monte Garizim, mesmo que só com alguns milhares de membros. Os samaritanos têm um sumo sacerdote próprio, suas próprias sinagogas, e celebram a Festa da Páscoa com sacrifícios de cordeiros, de acordo com as prescrições da Torá. É provável que na Antiguidade eles representassem uma grandeza muito mais poderosa, e que, quantitativamente, poderia ter até superado o número de habitantes de Judá.

Como delimitação para a designação de "samaritanos" muitas vezes é empregada a expressão "os de Samaria", quando a referência é à população em torno de Samaria, que também podia pertencer a outras religiões. Na literatura rabínica, os samaritanos são pejorativamente chamados de "*Kutim*"[173], uma alusão à referência em 2Reis 17,24 à localidade de Cuta na Mesopotâmia, o lugar de origem presumido da parte da população assíria associada a esse grupo[174].

---

173. Cf. no Talmude babilônico os Tratados Gittin 10a und Qidduschin 76a, entre outros.
174. Cf. Josefo, *Antiguidades judaicas* 9,290 para a identificação explícita entre "samaritanos" e "cuteus".

211

A avaliação negativa dos samaritanos na tradição rabínica segue a visão depreciativa da Bíblia[175]: Após a descrição da queda do Reino de Israel em 2Reis 17,5-23, a passagem de 2Reis 17,24-41 conta como, depois do exílio de sua população para a Assíria, o rei de Assur, inversamente, transferiu contingentes populacionais da Assíria para a área do antigo reino do norte:

> E o rei de Assur trouxe habitantes da Babilônia, Cuta, Ava, de Emat e Sefarvaim, e, no lugar dos israelitas, estabeleceu-os nas cidades da Samaria. E esses tomaram posse de Samaria e moraram nas cidades de Samaria (2Reis 17,24).

Embora a Bíblia faça parecer que a população foi completamente substituída por essa medida, o correto historicamente nessa notícia é que os assírios sempre realizavam deportações em duas direções, a fim de fragmentar a identidade cultural e religiosa dos povos subjugados. Isso, entretanto, afetava sempre só uma determinada parte da população.

De sua perspectiva judaica, a Bíblia apresenta a situação religiosa na área do antigo Reino do Norte como um sincretismo pronunciado: a população provinda da Assíria teria trazido consigo seus próprios deuses e imagens de deuses, mantendo-os também depois de terem iniciado adicionalmente com o culto local de YHWH: "E assim essas nações temiam YHWH e ao mesmo tempo serviam às suas próprias imagens; também seus filhos e os filhos de seus filhos fazem até hoje como seus ancestrais faziam" (2Reis 17,41).

O que é descrito em 2Reis 17,24-41 é a lenda de origem dos samaritanos, biblicamente distorcida. Esse grupo existe desde o século V a.C. como uma grandeza cultural própria, uma vez que desde aquela época é possível a comprovação arqueológica de um santuário no Monte Garizim (cf. STERN; MAGEN, 2002, p. 49-57; MAGEN, 2007; 2004; 2008, p. 167-205). É possível que o templo sobre o Monte Garizim tenha sua origem em círculos sacerdotais dissidentes de origem sadoquídica em Jerusalém, que entenderam não poder concordar com a política de reformas pós-exílica sob Esdras e Neemias.

---

175. Também a conhecida história do chamado "samaritano misericordioso" em Lucas 10,30-35 pressupõe a avaliação geralmente negativa dos samaritanos: pela vítima de roubo passam – no sentido de um clímax decrescente – um sacerdote, um levita e um samaritano, e é a figura de menor reputação, o samaritano, que ajuda o homem ferido à beira da estrada.

Assim sendo, nos períodos persa e helenístico os samaritanos se encontravam em certo regime de concorrência com Jerusalém (cf. Esdras 4,1-5); a ruptura final com o judaísmo de Judá, contudo, parece ter se dado só no século II a.C., devido à destruição do templo sobre o Garizim pelo rei hasmoneu João Hircano (cf. HENSEL, 2016).

Os samaritanos conhecem a Torá como escritura sagrada, mas ela foi transmitida entre eles numa forma levemente modificada: as diferenças mais importantes referem-se todas à fundamentação explícita e exclusiva do Garizim como o local de culto escolhido por Deus. Para os samaritanos, o "Monte da Bênção", o único santuário legítimo não é Jerusalém, mas o Monte Garizim. Essa intensificação é conseguida inicialmente pela revisão do decálogo, que na Torá samaritana contém um mandamento adicional após Êxodo 20,17 e Deuteronômio 5,22, que recomenda a Israel construir estelas e um altar sobre o Garizim. Esse mandamento é uma compilação de Êxodo 13,11a e Deuteronômio 11,29b; 27,2b-3a; 27,4-7; 11,30. Para manter o número dez dos mandamentos do decálogo, os samaritanos deixaram a contagem iniciar não com o preâmbulo, mas com a proibição de outros deuses e imagens como sendo o primeiro mandamento, pelo que ficou livre o décimo lugar para o mandamento de Garizim[176]. Em segundo lugar, no Deuteronômio a fórmula "o lugar que YHWH escolher" (cf., p. ex., Deuteronômio 12,14; 16,2 etc.) é reproduzida no perfeito: "o lugar que YHWH escolheu". Dessa forma, o olhar é dirigido para longe de Jerusalém, que não é (ou só é indiretamente: cf. "Salém" em Gênesis 14,18 e "Moriá" em Gênesis 22,2) citado no Pentateuco, e dirigido para o Garizim, sobre o qual, de acordo com a leitura do Pentateuco samaritano em Deuteronômio 27,4, deve ser construído um altar para Deus: "Quando houverdes passado o Jordão, erijireis estas pedras, como hoje vos ordeno, sobre o Monte Garizim; e as caiarás. E lá edificarás um altar para YHWH, teu Deus, um altar de pedras" (Deuteronômio 27,4s.).

---

176. Um problema fundamental reside no fato de que os Dez Mandamentos não são apresentados nem em Êxodo 20 nem em Deuteronômio 5 como "Dez Mandamentos", muito menos claramente assim delimitados uns dos outros. Otto (2006, p. 66), p. ex., diz bem acertadamente que, quando nos orientamos pela sintaxe do texto, Deuteronômio 5 parece ser antes um pentálogo do que um decálogo. A contagem judaica é atestada só no Talmude babilônico (bMakkot 24a), e o resumo samaritano do preâmbulo, da proibição de deuses e imagens estrangeiras é estabelecido no sistema ponteado dos massoretas de Êxodo 20,2-7, que, aliás, não é mais antigo do que o Talmude (aproximadamente século V d.C.).

Nos manuscritos judaicos do Pentateuco consta em Deuteronômio 27,4 "Monte Ebal", em vez de "Monte Garizim". É muito provável, no entanto, que a leitura do Pentateuco samaritano seja original[177] e que a substituição de "Monte Garizim" por "Monte Ebal" esteja baseada em polêmica antissamaritana. Segundo Deuteronômio 11,29 e 27,13, o Ebal é o monte da maldição, de maneira que dificilmente se pode admitir que nas palavras originais do texto estivesse prevista a construção de um altar nesse local.

O reconhecimento comum da Torá pelos samaritanos e judeus – mesmo que também com diferenças textuais específicas – é um fato notável, que requer explicação (cf. NOCQUET, 2017). Há um trabalho conjunto de samaritanos e judeus nesse reconhecimento? As circunstâncias do surgimento da Torá não podem ser totalmente elucidadas devido à falta de informações correspondentes. De qualquer forma, a Torá representa claramente uma concepção de Israel, que abrange tanto o norte quanto o sul. O império do norte desapareceu do cenário político em 722 a.C., mas seu território e sua população permaneceram uma grandeza cultural e religiosa autônoma, que continuava se entendendo como "Israel". Esse nome também foi reivindicado no sul, por Judá, o mais tardar no século VII[178]. Partes importantes da Torá, como a narrativa de Jacó, a narrativa Moisés-êxodo e o Deuteronômio, parece remontarem originalmente a tradições do Reino do Norte. Isso permitiu que os samaritanos as aceitassem como um corpo textual normativo, e era impossível para os judeus do sul ignorar o fato. Se a Torá foi escrita principalmente em Judá, para o que apontam vários fatores[179], ela, de qualquer forma, parece ter incluído conscientemente também o norte (cf. NIHAN, 2007, p. 191-223). Somente dessa forma ela pôde ter se tornado escrito normativo tanto para os samaritanos ao norte quanto para os judeus no sul.

---

177. Cf. sobre um fragmento correspondente de Qumran, cuja origem, contudo, é duvidosa, Kreuzer (2015, p. 151-154).

178. Cf. Kratz (2000, p. 1-17); para uma crítica a isso, cf. Weingart (2014).

179. Cf. em detalhes Schmid (2014, p. 239-271).

4.8 Fílon de Alexandria

Fílon[180], o filósofo judeu e intérprete das Escrituras, atuou em sua cidade natal de Alexandria na primeira metade do século I. A direção de uma embaixada judaica ao imperador romano Caio Calígula – tratava-se da clara deterioração da situação dos judeus em Alexandria e em outras partes do Império Romano – levou-o a Roma por volta do ano 40. Fílon escreveu um relato próprio dessa viagem, a assim denominada *Legatio ad Gaium* ("Embaixada a Caio"). Nele ele narra sobre a depravação do imperador, que até pedia para ser adorado como deus, sobre os *pogroms* contra os judeus em Alexandria e sobre a hostilidade do imperador para com os judeus. A "Embaixada a Caio" pertence aos últimos escritos de Fílon.

Fora isso, sabe-se pouco sobre a sua vida. Flávio Josefo menciona Fílon como o chefe da referida embaixada e escreve sobre ele que era altamente considerado e versado em filosofia[181]. Notícia semelhante encontra-se na *História eclesiástica* de Eusébio, escrita nos primeiros decênios do século IV. Eusébio atesta ainda que, embora Fílon fosse hebreu de origem, encontrava-se no mesmo nível dos respeitados eruditos não judeus em Alexandria. Ele teria prestado relevantes serviços aos ensinamentos divinos de seu povo, sendo também bastante versado em filosofia, especialmente em suas formas platônicas e pitagóricas. Além disso, Eusébio ainda menciona escritos de Fílon, nos quais ele teria se pronunciado sobre as medidas de Caio contra os judeus e descrito a embaixada a Roma que ele liderou[182]. Essas notícias combinam com o caráter da extensa obra literária de Fílon, ainda conservada em grande parte. Como judeu alexandrino, ele estava enraizado no mundo intelectual da metrópole de Alexandria, sobre a qual já foi referido no trecho sobre a origem da Septuaginta. Suas obras estão permeadas por tradições filosóficas, bem como pelo conhecimento de métodos filológicos de interpretação. Fílon menciona poetas e filósofos gregos como Homero, Platão e Xenofonte, detém

---

180. Uma boa introdução a Fílon é oferecida por Kaiser (2015). Cf. tb. Nickelsburg (2018, p. 309-321). Com a apresentação de Niehoff (2018), temos agora, além disso, uma excelente "biografia intelectual".
181. Josefo, *Antiguidades judaicas* 18,259.
182. Eusébio, *História eclesiástica* 2,4,2–3; 2,5,1.6–7. Os escritos citados de Fílon encontram-se preservados parcialmente.

perícia filológica, especialmente na exegese de Homero. Sobre Jesus e o cristianismo emergente, no entanto, Fílon não tem conhecimento. Sua interpretação das Escrituras refere-se exclusivamente aos livros normativos da tradição judaica.

Em uma passagem de sua obra *De vita contemplativa* ("Sobre a vida contemplativa"), Fílon faz referência resumida aos escritos do judaísmo. Ele escreve sobre o grupo judeu dos "terapeutas" que eles não levariam nada consigo para o recinto da casa em que estudam sozinhos, com exceção das "leis, predições anunciadas pelos profetas e hinos (Salmos), bem como outros escritos (ou: coisas), por intermédio dos quais são promovidos e aperfeiçoados o conhecimento e a piedade" (§ 25)[183]. Essa formulação mostra novamente – semelhante às já mencionadas no prólogo do livro grego de Sirácida e em 4QMMT – que os corpos dos escritos normativos já estavam definidos em linhas gerais, sem que desse fato se pudesse fazer inferência sobre um "cânone" já concluído ou uma forma textual fixa desses escritos.

Para a pergunta pelo surgimento de uma coletânea normativa de escritos do judaísmo, Fílon é de interesse, sobretudo, por ter se ocupado intensivamente com a interpretação da Torá por meio de várias grandes obras de comentários. Ocasionalmente Fílon citava também outros escritos bíblicos, mas não os tornou objeto de interpretação em forma comparativamente semelhante ao que fez em relação ao Pentateuco. Nesse contexto, Fílon pressupõe sempre o texto da Septuaginta dos livros bíblicos, que considera equivalente ao hebraico, inspirado por Deus, e, portanto, a ser interpretado literalmente em sua forma atual. Uma vez que Fílon, como muitos judeus na diáspora, provavelmente não dominava a língua hebraica, ele também não podia conferir a veracidade da tradução grega com o original, nem mesmo fazer correções no texto.

Como mostram os vários comentários de Fílon, a Torá é a parte mais importante dos escritos bíblicos para ele. Como revelação de Deus, ela contém ao mesmo tempo os ensinamentos filosóficos e éticos sobre o conhecimento do mundo e a vida das pessoas, que dela podem ser de-

---

183. Se com a referência aos escritos além da citada lei, dos profetas e Salmos se pensou em outros textos bíblicos ou em textos especiais, empregados pelos terapeutas (tais serão citados no § 29), não fica totalmente claro.

duzidos por meio de métodos de interpretação filológica e filosoficamente treinados.

A mais antiga dessas obras foi provavelmente o "Comentário alegórico". Ele compreende 21 escritos, em que Fílon interpreta o texto de Gênesis 2–41 de forma contínua. Alguns desses escritos são dedicados à abordagem de temas que Fílon extrai do texto de Gênesis, desenvolvendo-os em direção de tratados maiores a respeito de temas filosóficos e éticos fundamentais. Por exemplo, com base na caracterização de Abel e Caim (nessa sequência!) como pastor e agricultor em Gênesis 4,2, ele desenvolve extensas explicações sobre a relação entre virtude e vício na alma das pessoas[184].

No escrito "Sobre a agricultura", Fílon desenvolve – com base na frase "E Noé iniciou a ser um agricultor" (Gênesis 9,20a) – a diferença entre o agricultor experiente e independente (a quem Noé representa) e o agricultor inexperiente, que realiza trabalho assalariado (a quem Caim representa). Isso o leva a uma reflexão sobre os diferentes instintos da alma, que também pode ser feita com base na imagem de um artista da equitação em contraste com um cavaleiro inexperiente: o cavaleiro experiente sabe como controlar os instintos da alma através da razão (*nous*) (73). Trata-se de uma alusão claramente reconhecível à imagem da alma humana encontrada em Platão, que consiste de três partes: o cocheiro (razão, *logistikon*) e os cavalos nobre (coragem) e selvagem (desejo)[185].

Em "Sobre a caminhada de Abraão", Fílon interpreta Gênesis 12,1-6. O texto trata da ordem dada por Deus a Abraão para deixar seu país, seus parentes e sua casa paterna e ir para uma terra que Deus lhe mostrará e onde ele deverá se tornar um grande povo, e da obediência a essa ordem. Fílon interpreta esse texto no sentido dos seis presentes que Deus dá ao ser humano: o afastamento de todas as coisas mortais e terrestres e o conhecimento do imortal; a capacidade de viver em virtude; a bênção de pensar o melhor e compartilhar com os outros; o grande nome, que também traz à tona a bondade; a bênção de Abraão, como evidência de que ele é digno da bênção divina; finalmente, como o sexto e maior presente,

---

184. *Sobre os sacrifícios de Caim e Abel*, 20-40.
185. Platão, *Phaidros* 253c-256e.

o efeito da bênção em todas as partes da alma, bem como do único justo em toda a humanidade.

O "Comentário alegórico" foi transmitido quase que em sua íntegra, mesmo que faltem os comentários sobre algumas passagens do texto de Gênesis. É controverso se o Comentário iniciou com uma interpretação do capítulo 1 de Gênesis, que, nesse caso, teria se perdido posteriormente (cf. NIEHOFF, 2018, p. 247-250). O que caracteriza essa obra é que nela Fílon se serve de um método interpretativo conhecido em Alexandria e que foi empregado, sobretudo, na exegese dos escritos de Homero. Nesse contexto, em vários trechos Fílon polemiza com outros intérpretes judeus da Torá, disputando com eles acerca da correta compreensão dos escritos bíblicos. E nesse contexto ele tem interesse em mostrar que nas Escrituras não se encontram narrativas errôneas ou outras inadequações, como, por exemplo, duplicações desnecessárias. Segundo o seu parecer, a Bíblia também não contém mitos, ou seja, histórias que não deveriam ser entendidas literal, mas simbolicamente. Fílon acentua, isto sim, o sentido literal da Escritura, cujo significado cabe ser extraído por meio de interpretação alegórica.

Isso fica particularmente claro no tratado "Sobre a confusão das línguas". Aí Fílon critica a visão de que a história da torre de Babel de Gênesis 11,1-9 seja um mito, como o de Homero, que relata sobre a tentativa dos aloídas (os filhos de Poseidon ou Aloeu, que se tornaram gigantes quando ainda crianças) de empilharem duas montanhas, a Ossa e a Pelion, no Olimpo, a fim de elevar-se dessa maneira para o céu. Fílon, ao contrário, desenvolve uma interpretação alegórica do texto, com cuja ajuda ele pretende deixar claro que o significado da narrativa pode ser compreendido de outra maneira. A interpretação deve buscar por um significado mais profundo, que vá além do sentido literal (190). Esse residiria no fato de que as tentativas de consolidar o mal e de forçar o bem a fazer o mal não têm durabilidade. O propósito da obra de Deus seria, isto sim, dissolver a ação conjunta dos vícios e destruir suas forças.

Assim sendo, o sentido do texto bíblico não se encontra automaticamente dado. Por isso, em regra, Fílon não vê no significado literal exterior das palavras senão um ponto de partida para suas reflexões sobre os sentidos filosófico e ético mais profundos do texto bíblico.

É assim que, por exemplo, Fílon explica logo no início da "Interpretação alegórica da lei" a declaração "E no sexto dia completou Deus as obras que havia feito" (Gênesis 2,2 de acordo com a Septuaginta; no texto hebraico consta "no sétimo dia"): ela não seria uma indicação sobre o tempo em que Deus criou o mundo. Tal entendimento seria absurdo, já que antes da criação do mundo nem teria existido tempo, tendo este advindo só com a troca entre noite e dia. Essa troca, por seu turno, seria uma consequência do nascimento e pôr do sol, como corpo celeste criado. Ou seja: o mundo não poderia ter surgido num determinado tempo, e sim, foi o tempo que surgiu com o universo. O número 7, por isso mesmo, não se refere a um dado temporal, mas representa o número perfeito. Isso é explicitado mais detalhadamente com base em diversas especulações sobre o número 6, que se referiria ao movimento dos seres mortais[186].

Dessa forma, Fílon caminha sucessivamente ao longo do texto de Gênesis, assimila-o por intermédio de interpretação alegórica, cujo objetivo é descobrir sua importância para a vida ética e moral dos judeus. O episódio das serpentes no deserto, por exemplo, que Deus manda para o povo de Israel por ter pecado contra Ele (Números 4,21), teria como objetivo ilustrar a cura das paixões pecaminosas. Essas são as que sucumbiram à morte; já a cura só poderia ocorrer por meio de outra "serpente", a saber, por meio daquela que Deus ordenou que fosse levantada por Moisés. Essa, entretanto, simboliza a prudência, que não é comum a todos, mas só aos que Deus ama. É por isso que afirma o texto bíblico: "Faça para *ti* uma serpente"[187].

Com base na declaração de que Deus colocou os querubins "defronte ao jardim" (ou seja, ao paraíso)[188], Fílon desenvolve uma minuciosa reflexão sobre o termo "defronte a/de" (Fílon emprega o termo grego *antikry*, mas a Septuaginta traduz como *apénanti*)[189]. O termo poderia descrever uma constelação hostil, mas também algo sobre o qual deve ser emitido um juízo (como, p. ex., quando um juiz se encontra defronte de um acusado); por fim, "defronte de" também pode se referir ao olhar que dirigi-

---

186. *Explicação alegórica* 1,2-4.
187. *Explicação alegórica* 2,77-80.
188. Assim Gênesis 3,24. No texto da Septuaginta atualmente conhecido consta que Deus colocou *Adão* em frente ao jardim. Ao que parece, Fílon conhecia outra versão textual.
189. *Sobre os querubins* 11-20.

mos para pessoas e coisas e com as quais, dessa forma, nos familiarizamos (como, ao contemplarmos pinturas). Estas diferentes possibilidades passam então a ser explicadas mais detalhadamente à luz de vários exemplos, que se relacionam com modos de comportamento ético-morais.

O método de Fílon tem por intuito interpretar o texto bíblico de tal forma que o significado mais profundo de declarações, palavras e expressões, especialmente também daquelas que à primeira vista parecem inverossímeis, banais ou supérfluas, seja revelado por meio de interpretação alegórica. O "Comentário alegórico" pressupõe leitores familiarizados com o texto bíblico e que conheçam sua tradução para o grego. Trata-se de um comentário pensado para um público judeu letrado em Alexandria, para o que também indicam as controvérsias com outros intérpretes judaicos. A interpretação alegórica atesta claramente o *status* de autoridade dos textos comentados: para Fílon, não há dúvida de que os textos bíblicos são de importância fundamental – mesmo ali onde não é possível esse reconhecimento num primeiro momento. A interpretação alegórica às vezes se afasta do nível literário do texto bíblico, mas assegura sua importância fundamental para um grupo de leitores filosoficamente letrados.

Outro comentário contínuo de Fílon sobre a Torá é conhecido pelo título latino *Quaestiones et Solutiones* ("Perguntas e soluções"). Ele se encontra atestado por só poucos fragmentos gregos dos Livros de Gênesis e Êxodo, bem como por partes maiores desses livros em tradução para o armênio. É possível que, originalmente, também esse comentário tivesse abrangido todo o Pentateuco. Ele é mantido em um estilo contínuo de perguntas e respostas. Sempre é perguntado pela razão de uma declaração bíblica ser formulada de certa maneira ou então pelo seu significado mais profundo e universal, o que a seguir passa a ser respondido com uma explicação da passagem correspondente. Em contraste com seu "Comentário alegórico", Fílon aqui não polemiza com outros intérpretes, mas formula explicações sobre o sentido do texto da Torá de acordo com o modelo de instrução didática usual para sua época. A obra, por conseguinte, provavelmente foi redigida para a escola alexandrina.

Um terceiro comentário é, por fim, o chamado *Expositio Legis* ("Explicação da lei"). É provavelmente o mais novo dos três grandes comentários escritos por Fílon. A obra compreende inicialmente uma interpretação da narrativa da criação do mundo, descrições da vida dos três sábios mais antigos de Israel, Abraão, Isaque e Jacó, das quais somente a relacionada com Abraão foi conservada, bem como outras representações sobre José e Moisés. Esses escritos têm caráter biográfico e nesse aspecto apresentam relação com biografias de autores gregos e romanos, como as biografias paralelas de Plutarco sobre famosos gregos e romanos. Fílon compreende os patriarcas como personificações das leis não escritas, e como símbolos dos caminhos para a virtude. José, por outro lado, é o "político" ideal que comprova suas virtudes nas situações concretas do Egito. A descrição da vida de Moisés o apresenta como o legislador ideal de Israel, bem como profeta e filósofo. Nessa apresentação também se encontra integrada a lenda da origem da tradução da Torá para o grego[190]. Fílon defende Moisés contra acusações por parte de não judeus, razão pela qual a apresentação mostra relações com outros escritos apologéticos do autor[191].

À *Expositio Legis* também pertencem um escrito sobre o decálogo, bem como uma explicação das leis especiais. Esse último escrito encontra-se disposto de tal forma que os regramentos constantes do Pentateuco são correlacionados aos mandamentos do decálogo. Com isso o decálogo aparece como a coisa principal e, simultaneamente, como princípio ordenador da Torá. Nisso também se baseia a distinção de mandamentos do decálogo como "leis gerais" e as demais como "leis especiais". A *Expositio Legis* é encerrada com dois escritos: "Sobre as virtudes" e "Sobre recompensas e castigos". Aí Fílon versa sobre leis e temas que nos tratados anteriores não puderam ser suficientemente abordados.

Se tomarmos por base o formato da *Expositio Legis*, nota-se com facilidade que a obra citada é de natureza completamente diferente das duas anteriores. Fílon aqui não se encontra entretido com uma interpretação filológica detalhada do texto bíblico, mas o aborda em forma de paráfrase, a fim de esboçar por meio de seus próprios resumos e recontagens as importantes figuras da história judaica na forma de biografias ideais e de destacar a importância filosófica e ética da lei judaica. Assim sendo, a *Expositio*

---

190. *Vida de Moisés* 2,25-44.
191. A esses pertence, ao lado do já citado escrito "Embaixada a Caio", também o tratado "Contra Flaco". Fílon descreve aqui as providências antijudaicas tomadas por Aulus Avillius Flaccus, o governador romano no Egito, a fim de esclarecer que Deus se compadece do seu povo e castiga seus oponentes. Em favor disso falam a prisão e morte de Flaccus, como Fílon constata ao fim do escrito.

Legis pertence a um contexto diferente de o "Comentário alegórico" e as *Questiones et solutiones*. Neste comentário, Fílon visa trazer o conteúdo filosófico e ético dos escritos judaicos e seus protagonistas para mais perto de leitores não judeus, e defendê-los contra críticas e imputações. Eles podem, por isso, ser colocados lado a lado com as obras "Embaixada a Caio" e "Contra Flaco", nas quais Fílon igualmente se encontra interessado em defender o povo judeu e seus escritos e tradições de acusações hostis e ataques externos. De forma semelhante à "Embaixada a Caio", também o *Expositio Legis* se dirige a um público não judeu; já o escrito "Contra Flaco" é, ao contrário, um escrito para dentro, de consolo para os contemporâneos judeus de Fílon em Alexandria.

A importância de Fílon para a autorização dos escritos judaicos reside em primeiro lugar no fato de que, por meio de seu estudo intensivo do Pentateuco, ele destacou sua importância como documento fundamental do judaísmo. No ambiente intelectual de Alexandria, no qual a ocupação com autores clássicos como Homero e Platão desempenhava um papel central, a concepção de um corpo de escritos normativos para o judaísmo foi assim promovida em analogia aos textos fundamentais da história e do mundo intelectual gregos. Além disso, sobretudo as obras "Comentário alegórico" e *Expositio Legis* contribuíram para que uma determinada forma – a grega – desse texto viesse a ser considerada como normativa. A interpretação bíblica alexandrina, dentro da qual é proeminente o papel desempenhado por Fílon, atuou dessa maneira de uma forma bem mais clara na direção de um "cânone" de escritos normativos em um determinado idioma, do que foi o caso no âmbito da Palestina, o que ficou evidenciado nos textos de Qumran.

Por fim, Fílon fundou a forma do comentário filológico dos livros bíblicos. Os *Pesharim* de Qumran, comentados acima, têm um caráter claramente diferente. Eles não são comentários filológico-exegéticos, mas sim, interpretações parafraseadas de escritos bíblicos para a própria atualidade. Fílon, ao contrário, interpreta os textos bíblicos com os métodos filológicos usuais de seu tempo, a fim de transmiti-los com ideias filosóficas e éticas do mundo intelectual grego e romano. Com isso ele se tornou o preparador de uma interpretação da Escritura, com a qual Orígenes, que também ensinou em Alexandria (e, mais tarde, em Cesareia), viria a conectar-se cerca de 200 anos mais tarde.

5
Os escritos do judaísmo antigo no cristianismo emergente, séculos I e II

5.1 A validade dos escritos e grupos de escritos normativos de Israel

O cristianismo surgiu dentro do judaísmo e está firmemente conectado aos seus escritos e tradições. O início está na atuação e no destino de Jesus de Nazaré. Todos os escritos do Novo Testamento referem-se a isso, mas também os demais textos cristãos, surgidos no contexto do Novo Testamento. Assim sendo, a ancoragem do cristianismo no judaísmo, que desemboca no surgimento da Bíblia Cristã do Antigo e Novo testamentos, tem seu ponto de partida histórico no aparecimento de Jesus[192].

Jesus cresceu como judeu e atuou num entorno no qual a orientação segundo a vida judaica, seus escritos e rituais, era óbvia. Seus destinatários eram preponderantemente judeus. Seus discípulos provinham das vilas da Galileia, uma região cunhada pelo judaísmo na época de Jesus[193], e o surgimento de comunidades que professavam Jesus configurava um processo intrajudaico. No cristianismo antigo, contudo, já surgiu bem cedo a convicção de que a mensagem de Cristo não deveria ser anunciada unicamente a judeus, mas também a pessoas não judias. A base disso era composta, por um lado, por impulsos que partiam do próprio Jesus, como, por exemplo, sua interpretação aberta dos manda-

---

192. Sobre isso, cf. as contribuições de Hultgren, Doering e Zangenberg, em Schröter e Hacobi (2017, p. 214-245).
193. Na pesquisa mais recente seguidamente foram destacados os traços característicos judaicos da Galileia, depois de ter sido por vezes também admitido um caráter multiétnico. Não por último, foram também pesquisas arqueológicas que indicaram ter sido a Galileia povoada desde o século I a.C. por judeus, se encontrando só poucas influências não judaicas. Sobre isso, cf. Chancey (2002; 2005).

mentos de pureza judaicos, sua dedicação aos marginalizados, a pessoas que viviam à margem da sociedade, sua reivindicação de que pertencer à comunidade fundada por ele seria o pressuposto decisivo para alcançar a salvação de Deus. Por outro lado, havia membros da comunidade de Jerusalém, sobretudo judeus da diáspora, que se mostravam críticos ao Templo de Jerusalém como santuário central judaico. Nesse contexto, também a admissão de acentos críticos ao Templo vinculados ao aparecimento de Jesus pode ter desempenhado um papel[194]. Por fim, prevaleceu a convicção de que a fé em Jesus Cristo abolia as fronteiras entre judeus e gentios. Esses desenvolvimentos ocorreram principalmente nas duas principais comunidades do antigo cristianismo: em Jerusalém e Antioquia do Orontes (cf. KOCH, 2014, p. 157-223). Eles representaram uma mudança radical, uma vez que levaram ao surgimento de comunidades cristãs de judeus e gentios e, com isso, a formações sociais e religiosas que, dessa forma, nunca haviam existido antes. Por meio de Paulo, que nos primeiros tempos após sua conversão pertencia à comunidade de Antioquia e, a partir dali, principiou com seus primeiros empreendimentos missionários, a visão antioquena de que comunidades cristãs poderiam ser formadas tanto por judeus quanto por gentios tornou-se programa missionário de direcionamento do evangelho a judeus e gentios (cf. a seguir sobre "*As primeiras comunidades em Jerusalém e Antioquia*")[195].

Com isso, os escritos de Israel acabaram sendo entendidos de uma nova perspectiva: a fé em Jesus Cristo também modificava a fé no Deus de Israel. Por um lado, o cristianismo obviamente continuou apegado à confissão ao Deus único, expressando isso no discurso do "Deus uno", que se inspirava na confissão de Israel expressa em Deuteronômio 6,4 ("Ouve, Israel, o Senhor é nosso Deus, o Senhor unicamente")[196]. A

---

194. A base desta reconstrução é o relato dos Atos dos Apóstolos. Eles narram nos capítulos 6 e 7 que Estêvão, um dos chamados "helenistas", assumiu uma postura crítica ao templo, tendo sido apedrejado por essa razão pelos judeus de Jerusalém. Sobre os "helenistas", cf. a apresentação de Zugmann (2009).

195. Cf., p. ex., Gálatas 3,28: "Lá não há judeu nem grego, escravo nem livre, macho nem fêmea, mas todos vós sois um em Cristo Jesus". Cf. tb. Gálatas 6,15; 1Coríntios 7,19; 12,13, bem como Colossenses 3,11.

196. Cf. Marcos 2,7 par. Lucas 5,21; Marcos 10,18; João 17,3 ("o Deus único, verdadeiro"); Gálatas 3,20; Romanos 3,30; Tiago 2,19.

isso corresponde a designação de Deus como Deus "verdadeiro e vivo", que foi cunhada no judaísmo e se encontra também no Novo Testamento[197]. Em Marcos 12,29, a confissão de Deuteronômio 6,4 é expressamente citada. Por outro lado, a fé no Deus de Israel foi colocada em nova perspectiva por meio da confissão a Jesus Cristo. Ele agora passou a ser testemunhado como aquele que agiu em prol dos seres humanos através de Jesus Cristo. Com isso, Jesus Cristo passou a ser concebido do lado de Deus e a confissão cristã passou a ser inicialmente uma declaração de duas e, posteriormente, de três partes sobre o Trino Deus como Pai, Filho e Espírito Santo. Dessa forma, os escritos de Israel passaram a ser, de maneira nova, também escritos normativos do cristianismo, e a história de Israel igualmente passou a integrar a história da Igreja cristã. Mesmo os que não fossem judeus deveriam entendê-la como sua história, considerando os escritos de Israel normativos também para si. O surgimento do Novo Testamento só pode ser entendido a partir desta perspectiva.

A validade normativa dos escritos de Israel no Novo Testamento fica clara pela seguida referência à "Escritura" ou às "Escrituras"[198]. Em nenhum lugar se questiona o fato de que com isso esteja sendo feita referência aos escritos normativos de Israel, cuja autoridade não tem necessidade de ser especificada em separado. Assim sendo, os autores dos escritos neotestamentários pressupõem que seus endereçados sabem que no caso da "Escritura" ou das "Escrituras" se trata dos escritos de Israel e que estes possuem validade normativa. Isso não surpreende quando autores do cristianismo antigo se dirigem a destinatários judeus. No entanto, na maioria dos escritos do Novo Testamento e em muitos outros escritos do antigo cristianismo também endereçados não judeus estão pressupostos. Para estes a história de Israel narrada nos escritos bíblicos é apresentada com igual validade como para os judeus: também para eles a fé no Deus de Israel é um pressuposto indispensável para a fé em Jesus Cristo. Essa circunstância dificilmente pode ser sobre-estimada em sua abrangência para o cristianismo emergente, pois implica que os escritos bíblicos a

---

197. Cf. 1Tessalonicenses 1,9; Mateus 16,16; João 6,57.
198. Assim, p. ex.: Marcos 12,10.24 par.; Lucas 24,27.32; João 2,22; 5,39; 7,38; Atos dos Apóstolos 17,11; 18,28; Romanos 4,3; 9,17; 10,11; 1Coríntios 15,3; Gálatas 3,8; 1Timóteo 5,18; 1Pedro 2,6 etc.

partir de agora representam o fundamento normativo para todos os que creem em Cristo, também para não judeus.

Os escritos de Israel, cuja validade é pressuposta no cristianismo emergente, incluem a Torá, os livros proféticos – estes incluem os livros históricos de Josué a 2Reis e os profetas escritores, de Isaías a Malaquias –, bem como os escritos de cunho sapiencial, como os Salmos, o Livro de Jó ou o Livro dos Provérbios. Um "cânone" concluído, entretanto, não pode ser presumido para a época do cristianismo emergente, só escritos e grupos de escritos, cuja autoridade não era questionada. A esses últimos referem-se Jesus e os primeiros cristãos, a fim de expressar a confissão ao único Deus e o caráter vinculativo de suas ordenanças.

5.1.1 Referências em textos cristãos primitivos

A designação dos escritos bíblicos como "a Lei e os Profetas", difundida no judaísmo do período helenístico-romano, também é encontrada no Novo Testamento. Pode ser encontrada em Paulo, Lucas e Mateus, uma vez também em João[199]. Há também uma expressão comparável ao prólogo do Livro de Sirácida ou de 4QMMT: Em Lucas 24,44 diz: "É preciso que se cumpra tudo o que está escrito sobre mim na Lei de Moisés, e nos Profetas e em Salmos". Além dos dois grupos nomeados com artigos definidos, "a Lei de Moisés" e "os Profetas", são referidos ainda outros escritos com o termo "Salmos", que igualmente possuem validade. A referência a "Salmos" não indica nesse contexto a terceira parte da Bíblia Judaica, da mesma forma como também no prólogo do Sirácida ou em 4QMMT não se está pensando numa estrutura tripartida do cânone. Com isso, porém, são mencionados os escritos que para o autor da obra lucana têm importância especial. Não é por acaso que nos Atos dos Apóstolos, Lucas, ao lado da Torá e dos Profetas, faz várias referências aos Salmos como escritos que prenunciam Cristo ou a comunidade cristã e sua situação[200]. Essa passagem esclarece ao mesmo tempo em que reside a especificidade de uma referência aos escritos bíblicos da perspectiva

---

199. Romanos 3,21; Lucas 16,16; Atos dos Apóstolos 13,15; 24,14; 28,23; Mateus 5,17; 7,12; 11,13 (aqui, curiosamente, na sequência "todos os profetas e a lei"); 22,40; João 1,45.
200. Atos dos Apóstolos 1,16.20; 2,25-36; 4,25; 13,33.35.

da fé cristã: o Jesus ressuscitado diz aí que deve ser cumprido tudo o que está escrito *sobre Ele* nas Escrituras.

Escritos de autores greco-romanos, ao contrário, não são citados nominalmente em nenhum lugar do Novo Testamento. Uma referência a tais escritos encontra-se no discurso de Paulo no Areópago em Atos dos Apóstolos 17,22-31. Aí Lucas coloca na boca de Paulo uma citação sobre o parentesco dos seres humanos com Deus: "Nós somos da sua geração" (Atos dos Apóstolos 17,28). Esta citação, que é extraída dos *Phainomena* do poeta grego Arato de Solos (século III a.C.)[201], é introduzida com a indicação geral "como alguns de vossos poetas também disseram". O Paulo dos Atos dos Apóstolos, que nessa cena fala diante de filósofos gregos em Atenas, os remete à sua própria tradição para deixar claro que a crença judaica e cristã em Deus também é testemunhada por poetas gregos.

Na carta pseudoepigráfica de "Paulo" a seu colaborador "Tito" (tanto o remetente quanto o destinatário são fictícios), no contexto de uma controvérsia com adversários que divulgam ensinamentos falsos, é aduzido o citado "de um deles, de seus próprios profetas": "Os cretenses são sempre mentirosos, animais ferozes, ventres preguiçosos" (Tito 1,12). A referência aos cretenses se explica pelo fato de anteriormente ter sido mencionado que Paulo havia deixado Tito em Creta (1,5). O "profeta" provavelmente é uma referência a Epimênides, um sacerdote e sábio cretense, que viveu nos séculos VII/VI a.C. Ele é designado como "profeta" porque seu dito sobre os cretenses, que na Carta a Tito são mencionados prototipicamente para os adversários pagãos, é expressamente designado de "testemunho verdadeiro" (1,13).

No próprio Paulo se encontra uma expressão que provavelmente remonta a Eurípides, mas que não é identificada como citação, e sim, citada como um provérbio[202]. Segundo Atos dos Apóstolos, em seu discurso em Mileto, Paulo cita uma palavra de Jesus, que teria dito: "Mais bem-aventurado é dar que receber" (Atos dos Apóstolos 20,35). Isso é notável, pois o autor dos Atos dos Apóstolos também escreveu o Evangelho de Lucas, só que ali não se encontra tal palavra de Jesus (também

---

201. Uma formulação semelhante também se encontra no hino a Zeus de Cleantes, linha 4: "Pois de ti é (nossa) geração".
202. 1Coríntios 15,33: "Más companhias estragam bons costumes".

não em outro lugar qualquer). A analogia mais próxima a essa palavra se encontra, entretanto, no historiador grego Tucídides (*c.* 455 a *c.* 399 a.C.), que observa que entre os trácios, ao contrário da regra vigente no reino persa, os poderosos "preferem antes receber do que dar" (2,97,4). Lucas provavelmente tinha conhecimento de tal expressão e a reformulou em máxima ética ("É melhor dar do que receber"); também é possível que ela própria já tenha circulado dessa forma como provérbio, tendo Lucas a colocado na boca de Paulo como palavra de Jesus. Por fim, cabe fazer referência à expressão "recalcitrar contra o aguilhão". Ela também se encontra em Atos dos Apóstolos (26,14), e permite ser rastreada até Píndaro (*c.* 522-445 a.C.)[203], e circulava em formulações proverbiais, também entre cristãos[204].

Com isso se encontram enumeradas as referências de autores do Novo Testamento a poetas gregos ou expressões pagãs gregas. Em contraste, os escritos de Israel desempenham um papel fundamental no conteúdo central da fé em Jesus Cristo – seu ministério terreno, seu sofrimento e morte, sua ressurreição e exaltação – e são citados com frequência, às vezes em passagens mais longas. A "Escritura" como testemunho normativo e de autoridade é, naturalmente, o conjunto dos escritos de Israel, presente em forma de instrução e testemunho profético, embora ainda não rigidamente fixo no que se refere a sua extensão e texto pormenorizado.

Essa importância dos escritos de Israel é notável, outrossim, pelo fato de os autores do Novo Testamento seguidamente se dirigirem a endereçados não judeus, que também são explicitamente denominados de "pagãos"[205]. Os escritos de Israel devem valer também para os membros pagãos das comunidades cristãs. Já que o testemunho de Cristo só consegue validade com base nos escritos de Israel, a fé em Jesus Cristo tem como pressuposto a fé no Deus de Israel como o Deus único, verdadeiro e vivo. Por isso é necessário que a Ele sejam convertidos também os gentios – diferentemente dos judeus – quando chegam à fé cristã. A singularidade do Deus de Israel Paulo acentua, por exemplo, na 1ª Carta aos

---

203. Pítico 2,94-96; a expressão também é atestada em Ésquilo e Eurípides.
204. Cf. Didaquê 1,5: "Bem-aventurado é o que dá, segundo o mandamento [...]. Ai daquele que tira". 4,5; Barnabé 19,9 (cf. Sirácida 4,31).
205. Isso, p. ex., faz Paulo em várias passagens da Carta aos Romanos. Também em outras cartas do Novo Testamento fica claro que os endereçados são gentios.

Tessalonicenses quando louva os endereçados gentios por "terem se convertido, dos ídolos, ao Deus verdadeiro e vivo" (1Tessalonicenses 1,9). Também na Carta aos Romanos ele fala do Deus uno dos judeus e gentios (Romanos 3,30).

No antigo cristianismo os escritos bíblicos são todos caracterizados como testemunho profeticamente inspirado. Em Romanos 1,2, por exemplo, Paulo fala que Deus prometeu o evangelho com antecedência "pelos seus profetas nas Sagradas Escrituras". Com isso não estão sendo designados determinados profetas ou escritos, mas Paulo caracteriza aqui todos os escritos de Israel como testemunho profético, que prenuncia o evangelho de Jesus Cristo. Na Carta aos Hebreus é afirmado de modo semelhante que, outrora, Deus falou aos pais "através dos profetas", mas que, agora, nos últimos dias, nos fala pelo Filho (Hebreus 1,1s.). Também aqui os escritos bíblicos são invocados como testemunho profético, que corresponde à comunicação de Deus por meio de Jesus Cristo, sendo que esse último aspecto possui ao mesmo tempo uma nova qualidade como discurso derradeiro e definitivo de Deus.

O cristianismo antigo naturalmente também conhece a prática da leitura desses escritos no culto sinagogal e se refere a eles várias vezes. Lucas conta um episódio ocorrido na sinagoga de Cafarnaum, em que Jesus lê de um rolo com o livro do profeta Isaías (Lucas 4,16-21). Em Atos dos Apóstolos é narrado que Paulo e Barnabé visitam o culto sinagogal em Antioquia da Pisídia, em que Paulo faz um discurso "depois da leitura da Lei e dos Profetas" (Atos dos Apóstolos 13,15s.). Também Paulo se refere em 2Coríntios 3,14s. ao fato de "Moisés" ser lido na sinagoga. Independentemente de os eventos terem ou não ocorrido realmente assim como narrados, isso mostra que os primeiros cristãos conheciam o culto sinagogal como local em que os escritos de Israel eram anunciados, tornando essas situações também fecundas para a apresentação da proclamação de Jesus e da mensagem pós-pascal de Cristo.

Mais seguidamente é afirmado sobre uma palavra da Escritura (ou também sobre as Escrituras em geral) que ela (ou elas) teria(m) sido cumprida(s) no evento de Jesus Cristo[206]. Assim sendo, citações da Escri-

---

206. Assim, p. ex.: Marcos 14,49; Mateus 26,54.56; Lucas 4,21; João 13,16; 17,12; 19,24; Atos dos Apóstolos 1,16; Tiago 2,23.

tura servem para interpretar o caminho terreno, a morte, a ressurreição e a exaltação de Jesus Cristo à direita de Deus. Toda a história de Israel também pode ser apresentada de tal maneira a ter sua continuidade na história de Jesus Cristo e na comunidade dos que o professam.

Nesse contexto, o antigo cristianismo participa do processo de interpretação, dentro do qual se encontravam os escritos de Israel. Nas seções anteriores já ficou claro como os escritos bíblicos foram atualizados e comentados na história de Israel e do judaísmo, tendo sido reapropriados de forma sempre inovadora nas novas situações históricas emergentes do judaísmo. As tradições de interpretação de textos bíblicos surgidas nesse processo podem ser encontradas também no Novo Testamento. Por exemplo, o retrospecto resumido da história de Israel no discurso de Estêvão em Atos dos Apóstolos 7,1-53 encontra-se na tradição de tais sumários em textos israelitas e judaicos, que serviam para assumir a história de Israel a partir de novas situações e para que os endereçados pudessem visualizar nelas o pano de fundo de sua própria situação histórica (cf. JESKA, 2001). Nesses discursos, bem como em diversos textos de Paulo – como em Gálatas 4,21-31; 1Coríntios 10; 2Coríntios 3 –, deparamos, além disso, com tradições específicas de interpretação dos escritos de Israel, que também podem ser encontradas em textos judaicos. Dessa forma, interpretações judaicas e cristãs dos escritos normativos de Israel se encontram intimamente correlacionadas. Isso leva à seguinte pergunta: por que, afinal, as visões cristã e judaica dos escritos de Israel acabaram por entrar em concorrência recíproca, levando ao desenvolvimento de uma dupla história interpretativa dos escritos de Israel?[207]

No início do cristianismo, alguns escritos e passagens da Escritura acabaram recebendo maior destaque. Os livros mais citados são Isaías, os Salmos e Deuteronômio, ou seja, os livros que também nos escritos de Qumran são seguidamente citados e interpretados. Às vezes também são feitas referências aos profetas Jeremias, Oseias ou Joel[208]. As citações se orientam pela medida em que podem se tornar fecundas para a atuação ou o testemunho de Cristo. Uma passagem como o Salmo 110,1 (Salmo 109,1

---

207. Sobre isso, cf. os cap. 7 e 8.
208. No caso dos dois últimos livros, as citações seguirão as seções correspondentes do Livro dos Doze Profetas.

na Septuaginta), por exemplo, é relacionada com a exaltação de Jesus à direita de Deus. O texto enuncia: "O Senhor disse ao meu Senhor: Assenta-te à minha direita até que eu ponha teus inimigos como escabelo de teus pés".

Este versículo é frequentemente encontrado no Novo Testamento como citação ou alusão, sendo a formulação ocasionalmente influenciada por palavras do Salmo 8,7[209], de forma que então fica: "[...] até que eu coloque os teus inimigos sob os teus pés"[210]. A junção das duas citações dos Salmos, pressuposta já por Paulo e Marcos, indica que este é um texto da Escritura já empregado desde muito cedo no cristianismo, com o qual a exaltação de Jesus é interpretada como ação de Deus. Outra citação mista pode ser encontrada no início do Evangelho de Marcos. Aqui, a aparição de João Batista é interpretada com uma citação de Malaquias 3,1 e Êxodo 23,20: "Eis que eu envio meu mensageiro diante de ti, ele irá preparar o teu caminho".

Em Mateus e Lucas, o citado encontra-se em outro lugar, também em relação a João Batista, a quem Deus enviou antes de Jesus como "preparador de caminho"[211]. Também nesse caso se trata de uma citação antiga da Escritura, por intermédio da qual o preparo do caminho de Jesus por João Batista pôde ser ancorado. Assim, João pôde ser interpretado como o Elias que retornou, a quem Deus enviaria antes de sua própria vinda, o que agora foi transferido para sua função de precursor de Jesus[212].

A esmagadora maioria das referências a escritos bíblicos do Novo Testamento provém da Torá, dos Profetas e dos "Escritos", ou seja, daquelas áreas que mais tarde se tornaram o "Antigo Testamento" ou a Bíblia Judaica. Ocasionalmente também se encontram referências a – mais tarde, assim denominados – escritos "apócrifos" ou "pseudepígrafos", como o Livro de Henoc na Carta de Judas, do qual no versículo 14 inclusive é citado diretamente. Do Livro de Henoc também existe uma analogia à concepção da pregação de Jesus aos mortos na 1ª Carta de Pedro (3,19). Por fim, também na Carta de Barnabé há uma citação do Livro de Henoc,

---

209. Salmo 8,7 diz: "Tudo colocaste debaixo dos seus pés". A referência aí é ao ser humano, a quem Deus colocou sobre toda a criação.
210. Marcos 12,36; Mateus 22,44; 1Coríntios 15,25.27; Efésios 1,20.22.
211. Mateus 11,10; Lucas 7,27.
212. Marcos 9,12s. par.; Mateus 11,14; Lucas 1,17.

que é introduzido como "Escritura" (16,5; cf. 4,3). Assim sendo, o Livro de Henoc, cuja importância no judaísmo antigo é testemunhada, sobretudo, pelos fragmentos encontrados em Qumran, gozou de reconhecimento também em círculos cristãos primitivos.

Além disso, também se encontram algumas referências ao Livro de Siácida: há relação entre Marcos 10,19 e Siácida 4,1; 1Coríntios 9,10 e Siácida 6,19; 2Timóteo 2,19 e Siácida 17,26; Tiago 1,19 e Siácida 5,11. Nesses casos, porém, não se trata de citações explícitas. Em vez disso, o que ocorreu foi que expressões comuns da linguagem judaica antiga ou temas do discurso de exortação (parênese) aparentemente acabaram dando entrada tanto no Livro de Siácida como também em escritos cristãos primitivos.

Uma passagem de Romanos (1,18-32) atesta contato com o antigo escrito judaico da "Sabedoria de Salomão". Também nesse caso não é necessário pressupor um conhecimento literário desse escrito por Paulo, mesmo que as conexões temáticas sejam marcantes. Paulo esclarece que as pessoas podiam ter reconhecido Deus pela criação e, por isso, são indesculpáveis por não lhe terem venerado como criador. Contrário a isso, em Sabedoria 13,1-9 é esclarecido que as pessoas não estiveram em condições de inferir o Criador a partir das obras da criação. Elas, entretanto, mereceriam pequena repreensão, porque podem ser facilmente desencaminhadas (v. 6). O v. 8, porém, afirma que eles não são desculpáveis se foram capazes de conhecer o mundo, mas não o seu Senhor.

Por fim, em 1Coríntios 2,9 Paulo introduz uma citação com "como está escrito", que não é encontrada em nenhum dos escritos contados como parte do acervo normativo do judaísmo e cristianismo: "[...] como está escrito: O que nenhum olho viu e nenhum ouvido ouviu e o que não subiu ao coração de ninguém, o que Deus preparou para aqueles que o amam".

A citação poderia estar baseada em Isaías 64,3: "Desde a eternidade nunca se ouviu, nunca se percebeu, nenhum olho viu que um Deus estava ativo por aqueles que o esperam, exceto tu somente".

Paulo não cita essa passagem diretamente, mas uma formulação que aparentemente provém de um escrito judaico não mais conservado[213]. A

---

213. Orígenes pressupunha ter a citação se originado do Apocalipse de Elias, o que, entretanto, não pode ser comprovado.

analogia mais próxima encontra-se em *Liber Antiquitatum Biblicarum* 26,13. O escrito provavelmente surgiu depois das cartas paulinas, mas a citação certamente independe de Paulo.

Ela também é encontrada em vários escritos cristãos não pertencentes ao Novo Testamento e que não são diretamente dependentes de Paulo[214]. Temos, pois, mais um exemplo de que no cristianismo antigo também era possível citar de tais escritos que posteriormente não foram incluídos na Bíblia Judaica ou Cristã. Como quer que sejam explicadas as relações nos casos particulares, elas tornam claro que para o cristianismo emergente não pode ser pressuposto um acervo claramente delimitado de escritos normativos ou mesmo um "cânone". Ocorreu, isto sim, que os processos de autorização para alguns escritos – especialmente no que diz respeito à Torá, até certo ponto também para escritos proféticos e outros livros – levaram a um amplo reconhecimento no judaísmo, enquanto para outros deve ser presumida, antes, uma autorização só parcial em certos círculos judaicos ou regiões.

5.1.2 Aramaico – hebraico – grego

Em que idioma os primeiros cristãos leram, citaram e interpretaram a Bíblia? Jesus e seus seguidores imediatos provavelmente falavam aramaico, a língua coloquial na Galileia do século I. No Novo Testamento podem ser encontradas, por isso, algumas expressões aramaicas, como, por exemplo, a invocação de Deus como *Abba* ("Pai")[215], *Rabbi* ou *Rabbouni* ("Mestre") como invocação de Jesus[216], mas também *Pascha* ("Páscoa")[217], *Amém*[218],

---

214. Ela, p. ex., se encontra no Evangelho de Tomé (verso 17) e, de forma livre, em manuscritos latinos da Ascensão de Isaías (11,34), bem como nos Atos de Pedro (cap. 39). Influência direta de 1Coríntios 2,9 pode ser constatada em 1Clemente 34,8 e 2Clemente 11,7.

215. Marcos 14,36; Romanos 8,15; Gálatas 4,6.

216. Essa invocação de Jesus se encontra com maior frequência nos evangelhos de Marcos, Mateus e João, mas não no de Lucas.

217. A designação aramaica da festa judaica encontra-se principalmente na descrição dos eventos da paixão nos evangelhos, e uma vez também nos Atos dos Apóstolos (12,4), em Paulo (1Coríntios 5,7) e na Carta aos Hebreus (11,28).

218. Esse termo – na realidade, hebraico –, empregado para a ratificação de um desejo ou pedido, foi assumido pelo aramaico e se encontra com frequência no Novo Testamento, tanto nos evangelhos quanto na literatura das cartas e no Apocalipse. Nas cartas ele se encontra sempre no final, como reforço daquilo que foi dito anteriormente. Nos evangelhos, ao contrário, ele sempre introduz palavras de Jesus ("Amém, eu digo a vós", ou semelhantes). Uma particula-

Barjona ("Filho de Jonas") e *Barjesus* ("Filho de Jesus")[219] ou os pedidos *Talitha koum!* ("Menina, levanta-te!") e *Ephphatha!* ("Abre-te!")[220]. Também o chamado em oração *Maranatha!* ("Nosso Senhor, vem!") em 1Coríntios 16,22[221] provém do aramaico, assim como certas expressões como "Filho do Homem" apontam para um fundo aramaico. Expressões hebraicas, por outro lado, raramente são encontradas no Novo Testamento. Às vezes as expressões aramaicas são traduzidas para o grego pelos autores do Novo Testamento[222]. Para a tradição primitiva de Jesus pode-se pressupor, portanto, que surgiu pelo menos parcialmente em aramaico e depois foi traduzida para o grego. Este desenvolvimento ocorreu em sua maior parte antes do surgimento dos escritos neotestamentários. Isso se deveu em grande parte a judeus de fala grega que se haviam juntado à comunidade cristã em Jerusalém[223] e desempenharam um papel importante na formação da tradição confessional cristã primitiva e na tradução de termos e tradições cristãs primitivas para o grego.

Fala muito em favor do fato os escritos bíblicos terem sido lidos em língua hebraica na Galileia e Judeia, mesmo que já existissem traduções gregas. Os escritos de Qumran mostram que a língua hebraica continuou a ser empregada para textos bíblicos e outros nos tempos iniciais do judaísmo. Também outros escritos judaicos antigos, como Sirácida, Tobias, o primeiro Livro dos Macabeus, o Livro dos Jubileus e os Salmos de Salomão foram escritos em hebraico ou aramaico, apesar de só poucos ou nenhum fragmento deles ter se conservado e versões completas só existirem em traduções para o grego. Assim sendo, a difusão da língua grega desde o século II a.C. não coibiu o emprego do hebraico ou aramaico no judaísmo. Mesmo assim, na época do surgi-

---

ridade do Evangelho de João é o amém duplicado, que ele sempre emprega para introduzir discursos de Jesus.

219. Esses nomes se encontram em Mateus 16,17 (como cognome de Simão Pedro) e nos Atos dos Apóstolos 13,6. Eles são compostos pelo aramaico "Bar" para "filho" e o nome paterno.

220. Dentro de narrativas de cura, esses pedidos de Jesus se encontram em Marcos 5,41 e 7,34.

221. Ele também se encontra no cap. 10,6 da Didaquê. A tradução grega aparece em Apocalipse 22,20.

222. Assim, p. ex.: Marcos 5,41; 7,34; 14,36; Mateus 1,23 ("Emanuel" significa "Deus conosco"); João 1,41 ("Messias" significa traduzido, "o Ungido").

223. Em Atos dos Apóstolos 6,1 esses, como "helenistas", são contrapostos aos "hebreus". Trata-se em ambos os casos de membros judeus da comunidade cristã de Jerusalém, diferenciados quanto às suas línguas (grega, respectivamente, hebraica ou aramaica).

mento do Novo Testamento a língua grega encontrava-se amplamente difundida no judaísmo. Os judeus na diáspora – ou seja, nas regiões fora da Galileia e Judeia – falavam e escreviam em grego, e inúmeros escritos foram traduzidos para o grego ou logo escritos em grego. Nesse contexto, é possível constatar-se de várias maneiras uma influência das línguas hebraica ou aramaica em termos ou expressões gregas[224]. Essa situação também pode ser pressuposta para o emprego de textos bíblicos no cristianismo emergente.

Enquanto os textos hebraico e aramaico da Bíblia Judaica em formação foram sucessivamente traduzidos para o grego desde o século III a.C., os escritos do Novo Testamento, bem como vários escritos judaicos, foram escritos em grego. Por isso, é bem provável que os autores do Novo Testamento empregavam as traduções gregas quando citavam textos bíblicos ou os empregavam para suas próprias exposições. Isso é o que pode ser constatado na maioria dos casos. As citações, no entanto, por vezes divergem das versões conhecidas da Septuaginta. Isso pode ocorrer porque os próprios autores neotestamentários modificaram as citações a fim de adaptá-las ao sentido do contexto em que as empregavam. Também é possível que eles tinham acesso a versões gregas que não mais se encontram conservadas. Por fim, sobretudo em citações curtas, também é concebível que um autor neotestamentário cite de memória. Ocasionalmente, é possível constatar que citações dos escritos de Israel correspondem mais fortemente ao texto hebraico do que ao grego – apesar de serem citados em grego. O motivo para tanto poderia residir no fato de um autor ter conhecimento do texto hebraico e então adequar sua versão grega a ele. Isso pressuporia que o próprio autor tivesse conhecimento de hebraico, o que no caso do autor do Evangelho de Mateus é provável, mas nos autores da obra lucana ou da Carta aos Hebreus dificilmente pode ser admitido.

Alguns autores de escritos cristãos primitivos aparentemente viviam e escreviam em um ambiente influenciado mais por língua e cultura gregas

---

224. Isso afeta, p. ex., o significado de importantes conceitos teológicos, como "verdade", "justiça", "aliança", "pecado", "glória", "redenção", entre outros, que em textos judaicos gregos seguidamente são influenciados pela tradução dos termos hebraicos correspondentes por intermédio da Septuaginta. A isso se acrescem ainda termos só testemunhados em escritos gregos judaicos e cristãos, como: *akrobystía* ("prepúcio", "incircuncisão"), *holokaútôma* ("holocaustos") ou *pseudoprophétês* ("falso profeta").

do que outros, nos quais os escritos e tradições judaicas eram empregados também em língua hebraica ou aramaica. Tais diferenças, aliás, também existiam no judaísmo da época helenístico-romana. Os autores dos antigos escritos neotestamentários eram, eles próprios, judeus ou viviam em estreita relação com comunidades judaicas, sendo familiarizados com os escritos judaicos.

Somente escritos posteriores, como a 2ª Carta de Pedro e as cartas pastorais, foram redigidos por autores não provenientes do judaísmo e que viviam em maior distância da língua e do pensamento judaicos. Nesse contexto, percebe-se uma influência crescente de tradições e termos não judaicos, que pode ser constatada também em outros escritos do fim do século I e século II, como, por exemplo, nas 1ª e 2ª cartas de Clemente, nas cartas de Inácio ou na Carta de Barnabé. Isso pôde levar inclusive a uma contraposição polêmica de "antiga" e "nova aliança" (como na Carta de Barnabé), implicando dessa forma uma separação dos caminhos de "judeus" e "cristãos". Esse fato conduz à pergunta de como o recurso aos escritos de Israel por um lado, e o surgimento de uma comunidade orientada na profissão de Cristo e não mais participante do judaísmo, por outro, poderiam ser conciliados. Voltaremos a isso no próximo capítulo.

5.2 A perspectiva de Jesus em relação aos escritos de Israel

A atuação de Jesus constituiu o ponto de partida histórico para o surgimento da fé cristã e deu importantes impulsos para a sua consolidação. Os evangelhos do Novo Testamento apresentaram esta atuação com base nas convicções que se formaram no cristianismo após a ressurreição de Jesus. Eles pressupõem a confissão da ressurreição e exaltação de Jesus. Mateus e Lucas falam, além disso, de seu nascimento pela ação do Espírito e o Evangelho de João fala até mesmo da preexistência de Jesus e atribui expressamente a Ele ser "divino" (João 1,1: "o Logos era Deus", ou seja, de natureza divina). A pergunta pelo "Jesus histórico" deve levar em conta esse caráter dos evangelhos. Para a pergunta pelo significado dos escritos de Israel no cristianismo antigo isso é relevante na medida em que o posicionamento de Jesus em relação aos escritos e tradições de Israel só pode ser traçado por meio de uma distinção entre como Jesus foi visto depois de sua ressurreição e sua base histórica.

As características da atuação de Jesus podem ser averiguadas principalmente a partir dos três primeiros evangelhos do Novo Testamento, os evangelhos de Mateus, Marcos e Lucas, que também são chamados de "evangelhos sinóticos", porque podem ser contemplados juntos quando vistos em suas estruturas e numa série de textos comuns. A esse resultado a pesquisa histórico-crítica dos evangelhos chegou no século XIX. O Evangelho de João, entretanto, esboça uma imagem de Jesus completamente diferente. Jesus é ali o divino "Logos" vindo do alto, que revela Deus no mundo e é um com Deus (João 10,30: "Eu e o Pai somos um"). Este Jesus fala de si mesmo e de sua atuação de uma maneira completamente diferente do que nos evangelhos sinóticos. Além disso, Ele sempre mantém a soberania sobre seu caminho e seu destino, mesmo nos eventos da Paixão. Jesus fala ali sobre sua vinda do alto, que o levará de volta ao Pai. Por isso sua morte é descrita como sua exaltação e glorificação. Já nos eventos da paixão Ele prepara os seus discípulos com longos discursos de despedida para o tempo após sua atuação (João 14–16). O Evangelho de João destaca várias vezes de forma explícita essa reflexão teológica sobre o caminho e a atuação de Jesus. Um grupo "nós", por exemplo, confessa ter visto a glória do Logos encarnado (1,14: "O Logos se tornou carne e nós vimos a sua glória") e dentro da narrativa é indicado que os discípulos só reconheceram a fala e atuação de Jesus após sua ressurreição e glorificação (2,22; 12,16).

Em tempos recentes discutiu-se às vezes se também evangelhos "apócrifos", que não entraram no Novo Testamento, poderiam conter informações históricas sobre a atuação de Jesus (cf. cap. 6: "Outras tradições sobre Jesus..."). Nesse contexto, entrou particularmente em foco o Evangelho de Tomé, que contém várias palavras e parábolas de Jesus, que se encontram assim ou de forma assemelhada igualmente nos evangelhos do Novo Testamento. Também outros textos não canônicos como o Evangelho de Pedro, o Papiro Egerton ou os assim denominados evangelhos judeu-cristãos poderiam conter tradições antigas sobre Jesus. Esses escritos, contudo, datam de uma época posterior aos evangelhos do Novo Testamento e já pertencem à sua história repercussiva, mesmo que nem sempre precisem ser diretamente dependentes deles em termos literários. Além disso, esses escritos também não contêm nenhuma informação adicional sobre o ambiente histórico, social e religioso da atuação de Jesus que pudesse aumentar ou modificar substancialmente o perfil traçado pelos evangelhos do Novo Testamento. Trata-se, isto sim, de escritos que refletem a atuação de Jesus no contexto de situações posteriores, por exemplo, a partir da segunda metade do século II. Nesses casos, conhecimentos sobre o judaísmo da época de Jesus, de suas tradições e escritos, estão presentes muitas vezes de forma apenas rudimentar. É por isso que os evangelhos apócrifos oferecem, sobretudo, noções sobre a história posterior do cristianismo primitivo.

Segundo os evangelhos sinóticos, o contexto geográfico e temporal da atuação de Jesus é formado nas primeiras décadas do século I, por um lado, pela Galileia e circunvizinhanças e, por outro, pela Judeia e Jerusalém. Galileia era, naquela época, uma região predominantemente judaica, e Jerusalém, o centro político e religioso de todo o judaísmo[225]. O fato, pois, de Jesus ter crescido nas tradições judaicas[226] é sublinhado nos evangelhos em virtude de relatarem sua origem de uma família judia, sua circuncisão no oitavo dia (Lucas 2,21) e suas viagens a Jerusalém para festas judaicas[227].

Não se encontram informações históricas confiáveis sobre a infância e a juventude de Jesus, ou seja, do tempo anterior a sua aparição pública. As histórias do nascimento em Mateus e Lucas (incluindo o nascimento em Belém) têm caráter lendário, e o episódio sobre o Jesus de doze anos no Templo de Jerusalém (Lucas 2,41-52) é um arranjo literário de Lucas. Essas narrativas, que pretendem demonstrar a peculiaridade de Jesus por meio das circunstâncias extraordinárias de seu nascimento e de sua extraordinária inteligência quando criança, foram posteriormente acatadas pelos evangelhos apócrifos da infância e enriquecidas com novos episó-

---

225. A forte influência judaica na Galileia às vezes foi questionada, mas ficou claramente evidenciada na pesquisa mais recente. Um estudo exemplar nesse sentido é o de Reed (2000).

226. Galileia era uma região predominantemente rural. Como cidades se destacam unicamente Séforis e Tiberíades; também Magdala poderia ter uma cunhagem urbana. Os evangelhos, no entanto, não falam nada sobre aparecimentos de Jesus nessas localidades. Eles se concentram, muito mais, nas estruturas rurais da Galileia, especialmente na região em torno do Lago de Genesaré.

227. Os evangelhos sinóticos relatam sobre uma viagem para Jerusalém na Páscoa. Segundo o Evangelho de João, Jesus participou por mais vezes de festas em Jerusalém.

dios[228]. Historicamente seguro é unicamente o fato de Jesus ter crescido como judeu da Galileia. Provavelmente recebeu a educação e instrução usuais para crianças judias na casa dos pais. É também provável que o aramaico fosse sua língua materna, sem que se possa excluir que Ele também tenha tido conhecimentos de hebraico e grego.

Os escritos de Israel obviamente desempenharam um importante papel na atuação pública de Jesus. É muito provável que, além da Torá, Ele também estivesse familiarizado com os escritos proféticos e Salmos. Reiteradamente Jesus se refere aos escritos de Israel e argumenta com eles. É relatado várias vezes que Jesus apareceu e ensinou em sinagogas[229]. Lucas criou uma cena programática, com a qual inicia a atuação pública de Jesus em seu evangelho: numa sinagoga de Nazaré, Jesus lê de um rolo com o livro do Profeta Isaías a passagem em que diz:

> O Espírito do Senhor está sobre mim, pois Ele me ungiu; enviou-me para proclamar a boa-nova aos pobres; para proclamar liberdade aos prisioneiros; e aos cegos, para que voltem a ver; para colocar arruinados em liberdade; para proclamar o ano do Jubileu do Senhor (Lucas 4,18s.).

É improvável que o incidente descrito por Lucas realmente tenha acontecido dessa forma. Presumivelmente, trata-se de um arranjo literário, com o qual Lucas enfatiza características fundamentais da atuação de Jesus logo no início de sua aparição pública. Isso já é indicado pelo fato de que aqui se trata de uma combinação de duas passagens do Livro de Isaías (61,1-2 e 58,6), de modo que Jesus nem poderia ter encontrado a citação *numa* só passagem em Isaías. A citação da Escritura serve, isto sim, para colocar a atuação de Jesus sob o sinal da concessão do Espírito de Deus e caracterizá-la em termos de conteúdo com as citadas características em Isaías. É por isso que Jesus afirma ter essa palavra da Escritura se cumprido "hoje" aos ouvidos daqueles que o escutavam.

---

228. Sobre os diversos evangelhos de infância, cf. Markschies e Schröter (2012).
229. Marcos 1,21; 6,2; Lucas 6,6; 13,10; João 6,59; notícias sumárias em Mateus 4,23; 9,35; Lucas 4,15.

Judeia e Galileia no tempo de Jesus.

Com isso o episódio torna claro que a atividade de Jesus no cristianismo antigo foi interpretada no contexto dos escritos de Israel. Isso deveria ter coincidido com autocompreensão de Jesus, que se entendia como representante de Deus, compreendendo a sua própria atividade como o início do reinado de Deus sobre a terra.

Significativa é também uma passagem na qual Jesus responde à pergunta de João Batista sobre se Ele é o esperado que haveria de vir:

> Ide e informai a João o que vistes e ouvistes: cegos veem, coxos andam, leprosos são purificados e surdos ouvem, mortos ressuscitam, o Evangelho é pregado a pobres; e bem-aventurado é aquele que não se escandaliza comigo (Lucas 7,22; Mateus 11,5s.).

Nesse caso, a Escritura não é diretamente citada. A enumeração daquilo que os mensageiros veem e ouvem resume a atividade de Jesus de tal forma que ela aparece como cumprimento de promessas proféticas sobre a atuação salvífica de Deus no fim dos tempos. Como pano de fundo para essas palavras encontram-se algumas passagens do Livro de Isaías, nas quais se encontram formulados os citados ditos de salvação sobre Deus[230]. Uma compilação semelhante se encontra num fragmento de Qumran (4Q521, Frag. 2, Col. II, tradução de J. Maier)[231]:

> (12) Então Ele cura transpassados e revivifica mortos. Ele proclama (coisas boas) para pobres (/humildes),
> (13) e [pequenos] (?) Ele sac[iará,
> Aban]donados (?) Ele guiará e famintos en[riquecerá(?)].

Também nesse texto, muitas vezes designado de "apocalipse messiânico", a ação salvadora de Deus nos últimos tempos é descrita por meio do recurso a promessas proféticas. Na linha 1 do fragmento é, inclusive, feita referência ao Ungido de Deus (ou aos "Ungidos de Deus", por não estar claro se é um singular ou um plural). A quem se refere esse Ungido não pode ser determinado com precisão. Uma referência ao esperado Ungido davídico, como Jesus frequentemente é visto no Novo Testamento, não é provável nesse caso, pois dele não se espera na tradição judaica atos como

---

230. Isaías 26,19; 29,18; 35,5s.; 42,7.18; 61,1.

231. O texto editado por Émile Puech em 1992 já foi muitas vezes pesquisado quanto a sua relação com a tradição sobre Jesus. Remetemos às contribuições de Becker (1997), bem como a Niebuhr (1997).

os mencionados no fragmento. Claro está, em todos os casos, que tanto as expectativas nos textos proféticos do Livro de Isaías quanto as do fragmento de Qumran estão voltadas para Deus e sua ação salvífica, já que aqui "Ele" não significa o Ungido. Por outro lado, a resposta de Jesus a João citada acima é descrita como uma que leva as promessas proféticas de salvação ao cumprimento. A ação de Deus, nesse caso, foi "delegada" a Jesus.

Nos evangelhos sinóticos há vários relatos de controvérsias entre Jesus e seus oponentes – fariseus, saduceus e escribas, bem como o sinédrio em Jerusalém. Um texto marcante é o que envolve a pergunta sobre o maior mandamento que um escriba fez a Jesus. Jesus responde com o *Sch^ema Jisrael*: o chamado a Israel para amar a Deus, o único Senhor, de todo o coração, com toda a alma, com toda a mente e com todas as forças (Deuteronômio 6,4s.), e ainda acrescenta o mandamento de Levítico 19,18, de amar o próximo como a si mesmo (Marcos 12,28-31; cf. Mateus 22,36-39). Este assim chamado "duplo mandamento do amor" é uma combinação de dois mandamentos do amor que surgiu na tradição cristã, mas que não é encontrada diretamente em textos judaicos, embora tenha ali analogias. O episódio mostra que Jesus e seus oponentes judeus, que querem provocá-lo com essa pergunta, concordam que só existe o uno Deus de Israel, testemunhado nas Escrituras. Em Lucas isso é reforçado pelo fato de que ali é o próprio mestre da lei que responde com o duplo mandamento do amor à contrapergunta de Jesus sobre o que ele lê na lei (10,25-27).

Em outras disputas com os fariseus e escribas, os assuntos giram em torno da importância das leis judaicas de pureza, guarda do sábado, divórcio e ressurreição. As passagens da Escritura às quais se recorre como pano de fundo geralmente provêm da Torá, cuja interpretação entre Jesus e seus oponentes é polêmica. As controvérsias do sábado têm por objetivo esclarecer se é ou não permitido comer espigas que, de passagem, foram colhidas nos campos (Marcos 2,23-27), ou se no sábado é permitido curar (Marcos 3,1-6; Lucas 13,10-17; 14,1-6). Nos discursos sobre pureza é discutida a pergunta se comer com mãos não lavadas torna as pessoas impuras (Marcos 7,1-21 par. Mateus 15,1-20). Nas disputas sobre divórcio e ressurreição (Marcos 10,2-9 par. Mateus 19,3-9; 12,18-27 par.) são apresentadas citações da Torá para Jesus da parte de fariseus e saduceus, sobre as quais Ele é convidado a se posicionar. No primeiro caso entra em discussão a rigorosa proibição de separação, que aparentemente tinha o aval de Jesus, mas contra a qual poderia falar o mandamento da Torá, que permitia expedir carta de divórcio a uma mulher na separação. No segundo caso, os saduceus, que não acreditavam na ressurreição, tentam colocar Jesus numa armadilha, procurando conduzir a crença na ressurreição *ad absurdum*.

Em todos os temas é possível reconhecer que, dentro dos debates judaicos de sua época, Jesus se movia na esfera da compreensão e interpretação da Torá. Tanto em relação ao cumprimento do sábado quanto também em relação à pureza e ao divórcio havia posicionamentos mais radicais e mais moderados. A interpretação que Jesus fazia da Torá considerava tanto a vontade de Deus revelada nela quanto as necessidades de vida das pessoas. Assim, Ele rebateu a referência farisaica à carta de divórcio que Moisés havia determinado para o caso da rejeição da mulher no casamento (Deuteronômio 24,1-4) com a indicação da ordem da criação: Deus criou o ser humano como homem e mulher, razão pela qual homem e mulher serão uma só carne; o que Deus juntou, o ser humano não deve separar. O mandamento de Moisés, no entanto, Ele qualifica como uma disposição que só foi dada por causa da dureza do coração das pessoas. Em seu entendimento da Escritura, portanto, a ordem da criação deve ser mais valorizada que a ordem (posterior) de Moisés.

Novamente, não se trata de saber se a disputa entre Jesus e os fariseus realmente ocorreu dessa maneira. O fato de na resposta de Jesus duas passagens da Escritura terem sido combinadas em um argumento – as referências à criação do ser humano de Gênesis 1,27 e à união de homem e mulher em "uma só carne" em Gênesis 2,24 – parece sugerir mais um arranjo literário. Independentemente disso, o episódio expressa com acerto que, na disputa de Jesus com grupos judaicos, Ele se esforçava por interpretar a vontade de Deus compilada na Escritura de tal forma que beneficiasse as pessoas e conduzisse a uma vida salutar.

Na interpretação do mandamento do sábado, Jesus opõs uma interpretação mais aberta a uma interpretação mais rigorosa, que até restringia o salvamento de vidas no sábado, ou mesmo o proibia totalmente no caso de animais[232]. Se até animais podem ser auxiliados no sábado (como

---

232. Tais regulamentações também são encontradas nos escritos de Qumran, cf. CD-A 11,13-17; 4Q265 6,4-8.

era permitido em outras interpretações judaicas), quanto mais é então permitido curar pessoas no sábado (Lucas 13,10-17; 14,1-6). Quando Jesus cura uma mulher, cujo caso não constituía emergência aguda, mas que estava doente há dezoito anos, sua convicção de que, também num caso como esse, a cura é mais importante que a observância do descanso sabático, é exemplificada de maneira perspicaz.

Os mandamentos de pureza são interpretados por Jesus no episódio sobre comer sem lavar as mãos (Marcos 7; Mateus 15) segundo um ponto de vista ético: não é o que entra no ser humano que o torna impuro, mas o que sai dele, a saber, maus pensamentos, assassinato, adultério, fornicação etc. Marcos interpreta isso como a supressão da distinção entre puro e impuro (Marcos 7,19); em Mateus, ao contrário, é a dimensão ética da pureza que representa o centro da interpretação.

As posições dos grupos judeus mencionados nos evangelhos – especialmente as dos fariseus e saduceus e as dos "escribas" pertencentes ao mesmo ambiente – são com frequência distorcidas polemicamente. Pode-se partir do pressuposto de que também eles se esforçavam por uma compreensão apropriada da Escritura, procurando colocá-la em prática no seu próprio tempo. Embora especialmente os fariseus sejam conhecidos como intérpretes habilidosos da lei, foram justamente eles que, com frequência, foram polemicamente mal-interpretados, por exemplo, com a acusação de não praticarem o que ensinam ou de praticarem uma piedade só exterior (Mateus 23,2.5-7.23); dessa maneira, pensava-se em caracterizá-los de forma concisa e em estilizá-los como protótipos de comportamento negativo.

Decisivo para a atitude de Jesus em relação aos escritos de Israel é, por fim, a soberania com que Ele os interpreta – um sinal de sua alta aspiração de ser aquele, por meio de cuja atuação a vontade de Deus é colocada em prática. Isso é expresso, por exemplo, na palavra, de acordo com a qual o Filho do Homem é Senhor inclusive sobre o sábado (Marcos 2,28). Essa atitude para com a Torá pode ser encontrada de forma condensada nas chamadas "antíteses" do Sermão da Montanha. Elas representam uma composição do autor do Evangelho de Mateus, não um discurso realmente proferido por Jesus. No entanto, são baseadas em tradições mais antigas e devem expressar apropriadamente a atitude de Jesus em relação aos escritos judaicos, especialmente à Torá. O complexo é introduzido em Mateus 5,17-20 com uma declaração básica sobre a atitude de Jesus em relação à lei e profetas: "Não penseis que vim dissolver lei ou profetas; não vim para dissolver, mas para cumprir".

A formulação negativa "não penseis que" evita um possível mal-entendido. O aparecimento de Jesus é consistente com as Escrituras, mesmo quando Ele as interpreta de maneira diferente do esperado. Ao mesmo tempo, essa introdução deixa claro que aquilo que segue não deve ser entendido senão como cumprimento da lei e dos profetas.

Em seguida, o Jesus do Evangelho de Mateus constata, à luz de exemplos, em que consiste a justiça que ultrapassa aquela dos escribas e fariseus. Cada trecho inicia sempre com um endereçamento aos ouvintes que ouviram o que foi dito aos "antigos"[233], seguido por uma citação das Escrituras. A isso é então contraposto uma palavra de Jesus com "Eu, porém, vos digo...", que interpreta a referida palavra da Escritura, reforçando-a, corrigindo-a ou criticando-a fundamentalmente. O cumprimento da lei e dos profetas por Jesus se dá, pois, de tal forma que Ele faz valer o sentido das instruções de Deus: a proibição de matar, que, quando aplicada de forma consequente, já proíbe inclusive a ira e o insulto; a proibição do adultério, que já proíbe inclusive o olhar cobiçoso para uma mulher; a proibição do perjúrio, intensificada para a proibição absoluta do juramento; o mandamento da retribuição ("olho por olho, dente por dente"), ao qual são contrapostos os mandamentos da renúncia à retribuição e do amor ao inimigo. O complexo termina com a conclamação para ser perfeito, como é perfeito o próprio Pai Celestial (5,48).

As chamadas "antíteses" do Sermão da Montanha expressam de forma incisiva a relação de Jesus com a Torá e com os escritos de Israel como um todo. Na pesquisa, elas frequentemente foram entendidas como significando que Jesus aqui tivesse ultrapassado a Torá, subordinando-a a sua própria autoridade. A "reivindicação messiânica" de Jesus não poderia mais ser explicada dentro do judaísmo, mas deveria ser entendida como

---

233. Explicitamente essa fórmula completa só aparece no início das duas "estrofes" das antíteses em Mateus 5,21 e 5,33. Ela, contudo, está pressuposta também em outros casos, nos quais consta só de forma curta "Ouvistes o que foi dito".

algo novo e especial, a convicção da importância de sua pessoa e de seu aparecimento iria além do judaísmo[234].

Diante disso, a pesquisa mais recente enfatizou que a atuação de Jesus deve ser interpretada dentro do judaísmo e que sua posição sobre os escritos de Israel pode ser explicada no contexto dos discursos judaicos de seu tempo. Isso não significa que o aparecimento de Jesus não tenha sido altamente reivindicatório. No entanto, o paradigma e a terminologia usados para explicar essa reivindicação mudaram. O discurso que defende Jesus "rompendo", "abandonando" ou "sobrepujando" a religião judaica é atualmente considerado como modelo inadequado para descrever a posição de Jesus frente aos escritos de Israel e às tradições judaicas de sua época. Só a contraposição entre Jesus e o judaísmo já é questionável, pois "o" judaísmo da época de Jesus era altamente diversificado, caracterizado por várias correntes e concepções. A atuação de Jesus deve ser explicada dentro desse judaísmo pluriforme. Quanto ao mais, a atuação de Jesus tinha por objetivo – como, aliás, também a de outros intérpretes e grupos judeus – fazer valer a vontade de Deus estabelecida nos escritos de Israel. No citado trecho do Sermão da Montanha isso fica claro tanto pela introdução, direcionada expressamente para o "cumprimento" da lei e dos profetas, quanto pelo fato de Jesus não criticar os próprios textos da Escritura citados, mas o que os endereçados "ouviram", ou seja, a interpretação dos escritos. A esta ele contrapõe um entendimento diferente.

O olhar de Jesus para os escritos de Israel mostra, portanto, que Ele estava se contrapondo fundamentalmente a outras concepções judaicas sobre a interpretação da Torá e dos profetas, que Ele aparentemente considerava insuficientes. Ele estava interessado numa interpretação orientada para a vida prática e para um *ethos* da solidariedade.

Os evangelhos interpretaram a atuação de Jesus com a ajuda de passagens proféticas das Escrituras sobre o agir salvífico de Deus no fim dos tempos. Também a paixão de Jesus eles relacionaram com os

---

234. Essa posição foi defendida de forma proeminente por Käsemann (1964), que ali formula: "Ele [Jesus] era provavelmente um judeu e pressupõe piedade judaica mais recente, mas com sua reivindicação simultaneamente rompe essa esfera" (p. 206).

escritos de Israel[235]. Dessa maneira, eles colocaram toda a sua atuação e destino sob o prenúncio da ação de Deus registrada nos escritos de Israel. Essa interpretação do caminho terreno de Jesus até a sua exaltação à direita de Deus encontra-se em todos os evangelhos sinóticos. Também para o Evangelho de João os escritos de Israel são fundamentais, mesmo que ele recorra a eles de forma particular. Nele os escritos são mencionados como testemunho de Jesus que só é compreendido quando a gente não os entende (mal) literalmente, mas reconhece em Jesus aquele que revela a glória divina no cosmos. Jesus é aquele sobre o qual escreveram Moisés e os profetas (1,45), do qual os escritos dão testemunho (5,39) e através de cujo caminho os escritos são cumpridos (13,18; 17,12; 19,24.28.36). Os escritos, porém, também podem ser malcompreendidos quando, por exemplo, se aponta para a origem terrena de Jesus, mas se pretende contrapô-la a Jesus como o revelador celestial (7,41s.).

Especialmente no Evangelho de Mateus, o caminho de Jesus é interpretado como o cumprimento dos escritos de Israel. Mateus indica reiteradamente que certos eventos *tiveram* que ocorrer exatamente desta maneira, a fim de que fosse cumprido o que consta nos escritos de Israel ou o que é dito pelo profeta (principalmente Isaías). Assim sendo, já o nascimento de Jesus é relacionado com o anúncio profético de uma virgem que ficará grávida e cujo filho se chamará "Emanuel" (Mateus 1,22s.). Da mesma forma, também são relacionados com os escritos de Israel o nascimento em Belém, a fuga para o Egito, o assassinato das crianças por Herodes, o caminho de Jesus de Nazaré a Cafarnaum, o aparecimento de João Batista, as curas de Jesus, sua rejeição em Israel e os eventos da Paixão[236]. Algumas vezes também é falado fundamentalmente do cumprimento da justiça (3,15), da Torá e dos Profetas (5,17) ou das Escrituras (26,56). Dessa maneira, é expressa uma característica essencial da atuação de Jesus: sua autocompreensão como aquele, por meio do qual se realiza o agir salvífico de Deus em benefício do seu povo, anunciado nos escritos de Israel.

---

235. Cf. p. ex.: Marcos 14,27 (Zacarias 13,7); 14,34 (Salmo 42,6.12; 43,5); 15,24 (Salmo 22,19); 15, 33 (Salmo 22,2). Cf. tb. a indicação do cumprimento das Escrituras em Marcos 15,49.

236. Cf. Mateus 1,22s.; 2,5s.15.17s.23; 3,3; 4,14-16; 8,17; 12,17-21; 13,14s.35; 21,4s.; 24,15; 26,54.56; 27,9s.

5.3 A interpretação cristológica da Escritura no cristianismo antigo

5.3.1 As primeiras comunidades em Jerusalém e Antioquia

A interpretação cristã dos escritos de Israel começa com a convicção da legitimação divina da atuação de Jesus. Isso já ficou claro na seção anterior, quando foi interpretada a sua atuação terrena nos evangelhos. Também em outros escritos encontram-se confissões e expressões características com as quais, depois da ressurreição, o antigo cristianismo revela convicções que possuem importância fundamental para a fé cristã como um todo e, com isso, também para a visão do significado dos escritos de Israel. Essas convicções são mais antigas que os escritos do Novo Testamento, encontrando-se já desde os inícios das comunidades cristãs. Importância especial possuem neste contexto as comunidades em Jerusalém e Antioquia (cf. KOCH, 2014, p. 157-223; SCHNELLE, 2016, p. 109-222). Após os eventos da paixão, surgiu em Jerusalém uma comunidade cristã, tendo por base o círculo dos doze discípulos fundado por Jesus (cf. DUNN, 2009, p. 133-240). Pedro e, mais tarde, Tiago, o irmão de Jesus, desfrutaram de autoridade especial. A esta comunidade se juntaram já num estágio inicial também outros judeus, incluindo aqueles cuja língua materna era o grego e que estavam familiarizados com a cultura helenística. Alguns deles provavelmente eram provenientes da diáspora, tendo se estabelecido em Jerusalém. Para o surgimento das tradições cristãs primitivas, esses judeu-cristãos de fala grega (em Atos dos Apóstolos, Lucas os denomina de "helenistas", em contraste com os "hebreus", ou seja, os judeu-cristãos, cuja língua materna era o aramaico[237]) desempenharam um importante papel, tanto no que se refere ao conteúdo como também à linguagem. Eles tiveram um papel essencial na moldagem da interpretação da ação de Deus através de Jesus Cristo, zelando pela tradução de tradições aramaicas para o grego (cf. ZUGMANN, 2009; KRAUS, 1999).

As atividades missionárias que partiam de Jerusalém logo levaram à fundação de uma segunda importante comunidade em Antioquia, na Síria (cf. HENGEL, 2002a). De acordo com os Atos dos Apóstolos, foi

---

237. Cf. Atos dos Apóstolos 6,1.

lá que, pela primeira vez, a pregação cristã foi dirigida não só a judeus, mas também a gentios (Atos dos Apóstolos 11,19s.). Essa prática levou ao surgimento de uma comunidade cristã de judeus e gentios, o que foi de extrema importância para o desenvolvimento posterior. Fazia-se necessário esclarecer a importância que detinham tradições e rituais judaicos dentro do cristianismo. Não por último, esse desenvolvimento também exerceu influências na interpretação dos escritos de Israel.

Depois de sua conversão, o Apóstolo Paulo pertenceu à comunidade de Antioquia[238]. Ali ele recebeu importantes impulsos para o seu próprio pensamento religioso, tendo contribuído fundamentalmente para a formação da teologia inicial daquela comunidade. A comunidade antioquena também desenvolveu atividades missionárias. De acordo com o relato dos Atos dos Apóstolos, Barnabé e Saulo/Paulo foram enviados de Antioquia para uma viagem missionária a Chipre, a terra natal de Barnabé. De lá, eles seguiram adiante para algumas regiões da Ásia Menor, a fim de missionarem[239].

A tradição cristã primitiva cunhada em Jerusalém e Antioquia pode ser encontrada de diversas maneiras nas cartas de Paulo, mas também se manifestou em outros escritos do Novo Testamento. Ela forma uma base importante para a interpretação da atuação de Jesus Cristo, ou da atuação de Deus através de Jesus Cristo no horizonte dos escritos de Israel (DUNN, 2009, p. 497-597; SCHNELLE, 2016, p. 236-303).

---

238. Cf. Riesner (1994). Sobre o *background* judaico de Paulo, cf. Hengel (2002b).
239. Sobre esse empreendimento missionário relatam os Atos dos Apóstolos nos capítulos 13 e 14.

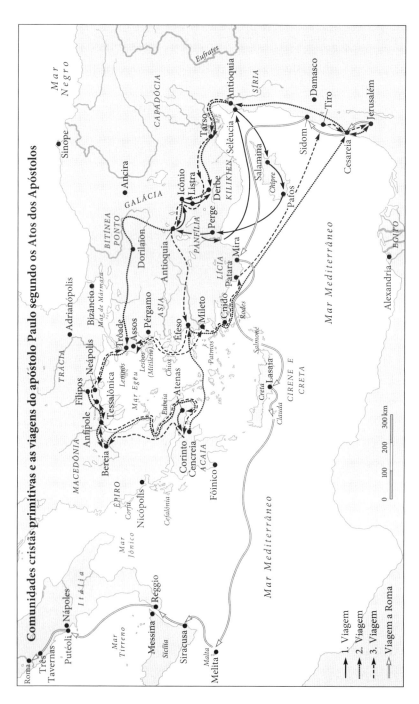

Comunidades cristãs primitivas e as viagens do Apóstolo Paulo segundo os Atos dos Apóstolos.

5.3.2 Afirmações fundamentais da fé cristã no horizonte dos escritos de Israel[240]

No início da fé cristã encontra-se a confissão da ressurreição de Jesus dos mortos:

> Se com a tua boca confessares: "Jesus é Senhor", e no teu coração creres que Deus o ressuscitou dos mortos, serás salvo (Romanos 10,9).
> Procurais Jesus, o nazareno, o crucificado. Ele ressuscitou, não está aqui (Marcos 16,6; cf. Mateus 28,5s.).

O credo da ressurreição baseia-se na convicção de que Deus tem poder sobre a morte, podendo fazer mortos despertarem para a vida. Os inícios dessa visão surgida na fé judaico-israelita remontam ao Livro de Daniel (12,1-3) e a Henoc (cf. 102-103). Posteriormente ela foi ainda melhor desenvolvida em textos judaicos apocalípticos e de sabedoria (cf. FISCHER, 2014, p. 214-252). Esta convicção se baseia no fato de que os justos e mártires não permanecerão na morte, mas serão ressuscitados por Deus para uma vida eterna. Os pecadores, ao contrário, serão castigados no juízo final. A convicção do poder de Deus sobre a morte baseia-se, portanto, na fé em seu poder criador universal. Trata-se, além disso, de uma concepção que se relaciona com o estabelecimento de justiça no fim dos tempos, quando Deus dará um fim a toda injustiça.

Em Paulo, por exemplo, fica claro ser essa a convicção que está por trás da confissão da ressurreição de Jesus quando ele descreve a fé de Abraão em Romanos 4,17s.: "Ele creu em Deus que vivifica os mortos e chama à existência o que antes não existia. Ele creu, esperando contra toda esperança, tornar-se pai de muitos povos".

A fé de Abraão, que se orienta pela promessa de Deus de que, apesar de sua idade avançada e apesar de sua esposa não estar mais em idade de ter filhos, ele ainda terá um filho com Sara, é relacionada por Paulo poucos versículos adiante com a fé cristã. Ora, a Escritura fala da fé de Abraão não apenas para deixar claro que sua fé foi imputada como justiça, mas também por nossa causa, a quem ela deve ser imputada, àqueles que creem naquele que ressuscitou Jesus, nosso Senhor, dentre os mortos.

---

240. Sobre isso, cf. a apresentação em Hurtado (2003).

A crença na ressurreição de Jesus Cristo dentre os mortos está, portanto, enraizada na fé atestada nos escritos de Israel de que o Deus de Abraão, Isaac e Jacó é um Deus dos vivos, não um Deus dos mortos (Marcos 12,26s.). Isso é sublinhado por outra antiga declaração confessional:

> De fato, eu vos transmiti no início [...] que Cristo morreu pelos nossos pecados de acordo com as Escrituras, e que Ele foi sepultado, e que ressuscitou no terceiro dia de acordo com as Escrituras, e que apareceu a Cefas, depois aos doze (1Coríntios 15,3-5).

Esse texto é um resumo muito antigo de importantes declarações de fé: Cristo morreu por nossos pecados, foi ressuscitado e apareceu a Cefas (Pedro) e a todo o círculo dos doze, que são citados aqui como as autoridades centrais (diferentemente de Marcos, Mateus e João, onde mulheres são as primeiras testemunhas da aparição do ressuscitado).

Duas vezes é dito nesse texto que os eventos de morte, ressurreição e aparição aconteceram "de acordo com as Escrituras". Com isso não se alude a nenhuma passagem específica das Escrituras, mas é acentuado que esses eventos como um todo se encontram em consonância com aquilo que havia sido anunciado nos escritos de Israel. De forma semelhante lê-se em Lucas 24,44 que deve se cumprir tudo o que está escrito sobre Jesus na lei, nos profetas e em Salmos. Um pouco antes, o ressuscitado já havia dito aos dois discípulos a caminho de Emaús: "Não era necessário que o Cristo sofresse isso e entrasse em sua glória? E Ele começou em Moisés e em todos os profetas, e explicou-lhes em todas as Escrituras o que se referia a Ele" (Lucas 24,26s.).

A confissão da ressurreição de Jesus Cristo dentre os mortos expressa, portanto, uma determinada visão do agir de Deus. Deus é descrito como aquele "que ressuscitou Jesus dos mortos"[241]. Esta predicação de Deus é formada em analogia a outras encontradas nos escritos de Israel, como: Deus "fez céu e terra" (Salmos 146,6); Ele é o Senhor "que tirou Israel do Egito" (Levítico 19,36). Também a afirmação de que Deus é "aquele que dá vida aos mortos" é encontrada em textos judaicos[242]. A

---

241. Romanos 4,24; 8,11; 2Coríntios 4,14; Gálatas 1,1; Colossenses 2,12; Efésios 1,20; 1Pedro 1,21; Atos dos Apóstolos 17,31.
242. Cf. José e Aseneth 8,10; 20,7, bem como a segunda bendição da Oração das dezoito preces.

fé cristã acrescenta a essas caracterizações ainda outra decisiva, a saber, que Deus demonstrou sua ação poderosa em Jesus, ressuscitando-o dos mortos. Com isso, a ressurreição dos mortos no fim dos tempos já começou, e está garantido que aqueles que pertencem a Jesus Cristo serão ressuscitados no futuro[243].

No discurso de Pentecostes feito por Pedro no segundo capítulo dos Atos dos Apóstolos a ressurreição de Jesus Cristo é apresentada com base em uma interpretação do Salmo 15,8-11 da Septuaginta (no texto hebraico é o Salmo 16)[244]. No salmo diz:

> Eu vi o Senhor por todo o tempo diante de mim; pois Ele está à minha direita para que eu não vacile. Por isso se alegrou meu coração e jubilou minha língua, também minha carne habitará com esperança. Pois tu não abandonarás minha alma no *reino dos mortos*, nem permitirás que teu santo veja decomposição. Tu me anunciaste caminhos de vida, tu me encherás com alegria diante de tua face.

Pedro passa a explicar, em seguida, que Davi, como o poeta do Salmo, não pode estar falando de si mesmo aqui, pois é sabido que ele morreu e que sua sepultura se encontra "em nosso meio" (ou seja, em Jerusalém) até hoje. Como profeta, Davi teria falado, isto sim, daquele de sua descendência, que se sentaria futuramente em seu trono. Essa foi a razão pela qual, prevendo o futuro, falou sobre a ressurreição do Ungido (Cristo). Este, a saber, Jesus, Deus teria ressuscitado e exaltado a sua direita. Para isso é citado o Salmo 109,1 da Septuaginta (Atos dos Apóstolos 2,35s.), que no cristianismo primitivo era usado com frequência como passagem da Escritura sobre a exaltação de Jesus Cristo.

A confissão acima em 1Coríntios 15,3-5 também coloca a morte de Jesus pelos pecados no horizonte dos escritos de Israel. No Novo Testamento é frequentemente atestado que Jesus morreu pelos pecados das pessoas, tendo dessa maneira possibilitado uma nova relação com

---

243. Cf. 1Tessalonicenses 4,14; 1Coríntios 6,14; 1Coríntios 15,22; 2Coríntios 4,14; Romanos 8,11.

244. O autor dos Atos dos Apóstolos, que muitas vezes usa a Septuaginta e provavelmente não conhecia o hebraico, cita aqui o salmo de acordo com a Septuaginta.

Deus[245]. Também essa convicção é relacionada com os escritos de Israel, permitindo que sejam compreendidos de forma nova. Uma declaração importante sobre isso se encontra em Paulo: "Deus designou Jesus Cristo 'como um lugar de graça através da fé em seu sangue para demonstração de sua justiça com a finalidade de redimir os pecados outrora ocorridos'" (Romanos 3,25).

A expressão "lugar de graça" (grego: *hilastêrion*) é encontrada como passagem de destaque na Septuaginta em Levítico 16 (cf. também Hebreus 9,5). Ela designa ali a tampa da Arca da Aliança, sobre a qual o sumo sacerdote asperge o sangue dos animais anteriormente abatidos no grande dia da expiação, a fim de purificar dessa forma o santuário tornado impuro pelos pecados do povo. A tampa da Arca da Aliança é, portanto, o lugar no qual Deus concede a sua graça a Israel por meio do sumo sacerdote. De acordo com Paulo, que em Romanos 3,25 provavelmente faz uso de uma tradição já existente antes dele, Jesus Cristo foi destinado por Deus para ser este "lugar de graça". A expressão "em seu sangue" mostra que é a morte de Jesus pela qual, agora, ocorre purificação dos pecados. A formulação "através da fé" mostra que é a fé em Jesus Cristo que conduz a essa purificação dos pecados. A crucificação de Jesus Cristo pelos romanos em Jerusalém é assim interpretada de uma forma extremamente criativa e teologicamente refletida: trata-se de um evento por meio do qual o próprio Deus agiu em benefício das pessoas, removendo seus pecados.

A Carta aos Hebreus foi aquela que, de uma forma especial, retomou esta interpretação da morte de Jesus e a ampliou (cf. BACKHAUS, 2009). Ela é o único escrito neotestamentário que emprega para Jesus a designação de "sumo sacerdote", preparando dessa forma a interpretação de sua morte como evento pelo qual o pecado foi "de uma vez por todas" abolido pelo sacrifício de Jesus Cristo (9,26). Para tanto, ela descreve em detalhes os eventos que ocorrem no grande dia da reconciliação, e relaciona o sumo sacerdote de Israel com Jesus como sumo sacerdote de um tipo completamente diferente. Através de uma engenhosa e letrada interpretação da Escritura relativa a Gênesis 14,17-20, o autor explica que

---

245. Cf. Gálatas 1,4; 3,10-14; 2Coríntios 5,21; Romanos 3,25s.; 4,25; Efésios 5,25s.; Hebreus 9,15; 10,12; Marcos 10,45; Mateus 26,28.

Jesus não provém da tribo de Levi, como o sumo sacerdote em Israel, mas de Melquisedeque, ele próprio sem genealogia, no qual não se encontra nem início nem fim da vida, e que, nesse particular, se iguala ao Filho de Deus e permanece sacerdote para sempre (Hebreus 7,1-3).

Jesus é, por isso, "sacerdote segundo a ordem de Melquisedeque" (Hebreus 5,6; 7,17, citando o Salmo 109,4 segundo a Septuaginta). Como tal, Ele é "mediador de uma nova aliança", como explica a Carta aos Hebreus (Hebreus 8), citando em detalhes a promessa de uma nova aliança em Jeremias 38,31-34 de acordo com a Septuaginta (no texto hebraico, Jeremias 31,31-34). Essa nova aliança consiste no fato de que não mais o sumo sacerdote vai ao santuário terrestre todos os anos no grande dia da reconciliação para oferecer sacrifícios pela purificação de seus próprios pecados e dos pecados do povo, mas que, pelo autossacrifício de Cristo, o próprio santuário celestial foi purificado. A Carta aos Hebreus emprega aqui o modelo de um "verdadeiro" santuário celestial e de sua imagem terrestre. Por meio da purificação do santuário celestial, os pecados dos seres humanos foram removidos de uma vez por todas, de modo que, no futuro, não haja mais necessidade de nenhum sacrifício anual.

Outra interpretação da morte de Jesus se relaciona com Isaías 53 (cf. HOFIUS, 2000). O texto encontra-se formulado no estilo "nós" – a partir da perspectiva de um grupo –, que diz sobre o servo de Deus carregar Ele de forma inocente e indefesa os seus pecados e terem sido estes curados pelas suas chagas. Aparentemente, Israel está falando aqui sobre um escolhido de Deus, que carrega seus pecados vicariamente por eles e para sua salvação. Na Septuaginta encontram-se mudanças significativas em relação ao texto hebraico (cf. BREYTENBACH, 2010). Em especial, está modificada a perspectiva em relação ao destino do servo. O texto hebraico diz o seguinte nos versículos 8-10:

> Ele foi tirado de tribulação e julgamento. Mas, seu destino – quem se preocupa com ele? Pois, foi cortado da terra dos vivos, foi atingido por causa das transgressões do meu povo. E seu túmulo lhe foi dado entre ímpios e ricos quando morreu, embora não tivesse cometido nenhuma violência, nem houvesse alguma mentira em sua boca. O Senhor, porém, quis feri-lo com doença.

Em contraste, a Septuaginta diz:

> Pela sua humilhação foi revogada sua condenação; sua descendência – quem vai relatar sobre ela? Pois sua vida será tirada da terra, Ele foi conduzido à morte pelas transgressões do meu povo. E eu darei os maus no lugar de sua sepultura e os ricos no lugar de sua morte, pois Ele não praticou nenhuma ilegalidade e nenhuma mentira foi encontrada em sua boca. Mas o Senhor quer purificá-lo do infortúnio.

A Septuaginta desenvolve, portanto, outra visão da ação de Deus com o servo, já que seu objetivo não é apresentar e explicar seu destino (doença, apesar de não ter praticado nenhuma violência e de não ter havido nenhuma mentira em sua boca), mas ressaltar sua salvação através de purificação e seu afastamento da terra (v. 8).

O sofrimento vicário inocente do servo por outros e sua preservação por Deus sugeriam empregar esse texto para a interpretação do sofrimento e da morte de Jesus[246]. Isso podia acontecer de forma concisa e estereotipada, como em Paulo, que em Romanos 4,25 recorre a Isaías 53,12 para a interpretação da sorte de Jesus Cristo: "Ele foi entregue por causa de nossas transgressões e ressuscitado para nossa justificação".

Isso também poderia acontecer relacionando o sofrimento inocente e indefeso do servo de Deus com Jesus. Este é o caso em Atos 8,32s. Aqui Isaías 53,7s. é citado segundo a Septuaginta, que enfatiza o sofrimento indefeso do servo, o qual "foi levado ao matadouro como uma ovelha e como um cordeiro que, calado diante do seu tosquiador", não abriu sua boca, e por cuja humilhação foi revogada sua condenação.

Isaías 53 também é citado em detalhes na 1ª Carta de Pedro. Os versículos 2,21-24 fazem referência a várias passagens do texto sobre o servo de Deus que não cometeu nenhum pecado e em cuja boca nenhuma mentira foi encontrada (1Pedro 2,22; Isaías 53,9); que carregou nossos pecados (1Pedro 2,24; Isaías 53,4); por cujos vergões fomos curados (1Pedro 2,25; Isaías 53,5).

---

246. Uma recepção própria desse texto se encontra em Mateus 8,17: ali Isaías 53,4 ("Ele tomou sobre si nossas fraquezas e carregou nossas enfermidades") é relacionado com a atuação terapêutica de Jesus.

O cristianismo antigo, portanto, recorreu intensamente ao uso dos escritos de Israel para as interpretações do sofrimento e da morte de Jesus Cristo. Tanto a interpretação do sacrifício cultual como também aquela de um sofrimento e morte vicários encontram-se preparadas nos escritos de Israel. Pela sua referência à morte de Jesus na cruz, elas recebem uma nova importância, já que agora interpretam o sentido da sorte de Jesus Cristo.

Outro aspecto importante de declarações cristãs primitivas sobre Jesus Cristo é que elas afirmam se encontrar Ele num relacionamento exclusivo com Deus e revelar Deus ao mundo, intermediando sua salvação às pessoas. Sobre Jesus Cristo pode, por isso, ser dito que Ele já estava antes da criação do mundo com Deus e que Deus criou o mundo por seu intermédio (João 1,3; Colossenses 1,16s.; Hebreus 1,2) (cf. HABERMANN, 1990). A proximidade singular entre Deus e Jesus Cristo pôde ser condensada em confissões que nomeiam Deus e Jesus Cristo diretamente um ao lado do outro: "Para nós existe um Deus, o Pai, de quem tudo provém a nós em sua direção, e um Senhor Jesus Cristo, por quem tudo é e nós por Ele" (1Coríntios 8,6).

Nessa declaração, que igualmente pertence às confissões mais antigas do cristianismo e já é citada por Paulo, a confissão do Deus uno, compartilhada por cristianismo e judaísmo, é vinculada à confissão do uno senhor Jesus Cristo. Paulo se refere nesse contexto a Deuteronômio 6,4, em que é falado sobre o Deus de Israel como o único senhor, ampliando o que é dito. Nesse caso, as preposições tornam claro que Deus e Jesus Cristo são distintos um do outro: Deus é o criador, *do qual* provêm todas as coisas – com o poder criador de Deus por isso aqui também está relacionada sua caracterização como "Pai"; Jesus Cristo é aquele, *através do qual* Deus age. Ambas as coisas são relacionadas com o "nós", com o que seguramente são referidos os que creem em Jesus Cristo. Deus e Jesus Cristo são distintos um do outro, mas se encontram intimamente ligados: o agir salvífico de Deus se realiza através de Jesus Cristo, e é só pela fé nele que, por isso, se consegue chegar à salvação de Deus.

Esta confissão atribui a Jesus Cristo aquele lugar que, em textos judaicos, é ocupado pela Sabedoria, a Torá ou o Logos. A Sabedoria é designada em Provérbios 8,22-31 como grandeza preexistente, que diz de si mesma já ter estado com Deus antes de terem sido criadas todas as demais obras da criação, e que estava constantemente ao lado de Deus (ou: como sua acompanhante) quando Ele criou o céu e a terra (v. 30). Em Sirácida 24,3-9 a Sabedoria é descrita como a primeira obra da criação que, ao buscar por um lugar sobre a terra, o encontra finalmente em Israel. Nesse caso, a Sabedoria é igualada à Torá, dada por Deus a Israel. Finalmente, no Livro da Sabedoria, o escrito mais recente sobre a Sabedoria, redigido em grego no início do século I d.C., é igualmente conferida a ela um papel especial na criação (9,9). Além disso, ela é também designada de "reflexo da luz eterna" e "imagem" da bondade de Deus (7,26). Os termos "reflexo" e "imagem" são usados no Novo Testamento para Jesus Cristo, a fim de caracterizar a sua relação com Deus (Hebreus 1,3; 2Coríntios 4,4; Colossenses 1,15). Também o termo "Logos" pode ser empregado dessa maneira. Fílon de Alexandria designa o Logos como "imagem de Deus" (Sobre leis especiais 1,81) e fala sobre o mundo imaginário, criado antes da criação do mundo sensível e perceptível, como "Logos de Deus" (Sobre a criação do mundo 25). O termo "Logos" também é empregado no início do Evangelho de João para descrever a instância pela qual Deus criou o mundo. Em João, o Logos é identificado com a pessoa de Jesus Cristo: nele o Logos divino tornou-se uma pessoa terrena, na qual pode ser constatada a glória divina (João 1,14: "O Logos tornou-se carne e nós vimos a sua glória").

No início da fé cristã, portanto, encontram-se convicções básicas sobre o agir de Deus por meio de Jesus Cristo. Dentro dos escritos do Novo Testamento, essas convicções são respaldadas de maneiras diferenciadas. A preexistência de Jesus Cristo, por exemplo – ou seja, o seu estar junto de Deus antes da criação do mundo –, é uma concepção que só aparece explicitamente em alguns escritos, enquanto que em outros é apenas pressuposta, e ainda em outros é até questionável se realmente está sendo referida. Algo semelhante pode ser dito sobre as concepções da exaltação de Jesus à direita de Deus ou sobre a interpretação de sua morte. Também sobre isso se encontram diversas afirmações nos escritos do Novo Testamento – elas mostram que os autores se serviram de diferentes tradições para descrever suas concepções sobre o caminho e a ação de Jesus Cristo e para expressar sua relação com Deus. Pode-se assegurar também que já desde muito cedo foi desenvolvida no cristianismo a convicção da importância singular de Jesus Cristo para a mediação da salvação de Deus. Essa convicção foi desenvolvida com base nos escritos de Israel e representa, ao mesmo tempo, uma nova visão sobre eles.

5.4 Os escritos de Israel na história da fase inicial do cristianismo

Em Antioquia havia surgido uma comunidade, à qual pertenciam tanto judeus como gentios. Por isso, nessa comunidade foi desenvolvida a concepção de que a diferença entre judeus e gentios estaria abolida através da pertença à comunidade cristã (cf., p. ex.: Gálatas 3,28; 1Coríntios 7,19). Ao mesmo tempo, essa comunidade desencadeou importantes impulsos missionários. Paulo, que inicialmente pertencia a ela, empreendeu dali suas viagens missionárias, que o conduziram para a Ásia Menor e Grécia (cf. KOCH, 2014, 249-329). Nessas viagens ele fundou comunidades em Filipos, Tessalônica, Corinto, Galácia, às quais mais tarde endereçou suas cartas. Uma posição especial ocupa sua carta para Roma: nesse caso Paulo não escreve a uma comunidade por ele fundada, mas inicialmente se apresenta à comunidade que ele pretende visitar mais tarde. A Carta aos Romanos também ocupa uma posição de destaque pelo fato de ser a última carta que Paulo redigiu. Seu plano de visitar os cristãos romanos e então seguir viagem para a Espanha (Romanos 15,24.28) ele não conseguiu mais realizar: foi preso em Jerusalém, então transladado para Cesareia e, finalmente, para Roma (Atos dos Apóstolos 21–28), onde nos inícios dos anos sessenta do primeiro século veio a ser executado. Por isso, em retrospectiva, a Carta aos Romanos pode ser designada como o "testamento" de Paulo, mesmo que não o tenha sido de acordo com a sua própria perspectiva[247]. Nela ele relembra sua atividade missionária no leste do Império Romano e reflete sobre o que significa o evangelho como "força de Deus para a salvação de todo aquele que crê, primeiro para o judeu, mas também para o grego" (Romanos 1,16), para os indivíduos, a comunidade dos crentes e para o Israel descrente de Cristo.

---

247. A Carta aos Romanos também foi designada de "prestação de contas sobre o evangelho". Nessa carta Paulo fornece uma apresentação resumida de sua visão da fé em Jesus Cristo, que é amplamente independente da situação concreta dos cristãos romanos. Neste particular, essa carta se diferencia de todas as demais cartas de Paulo.

Em suas cartas, Paulo se dirige principalmente a pessoas não judias. Muitas vezes ele as aborda decididamente como "pagãs", exortando-as a viverem de um modo correspondente à fé em Deus e em Jesus. Para Paulo nesse contexto não há dúvida de que gentios, que passam a crer em Jesus Cristo, também devem crer no Deus de Israel. A confissão de 1Coríntios 8,6 citada acima, em que o Deus uno e Jesus Cristo, o Senhor uno, são mencionados lado a lado, deixa isso claro. Ao lado dela pode ser colocado 1Tessalonicenses 1,9s. Aí Paulo louva os tessalonicenses pelo fato de terem se voltado dos ídolos para Deus, para servir ao Deus verdadeiro e vivo, na espera do seu Filho dos céus, que Ele ressuscitou dentre os mortos, Jesus, que nos salva da ira vindoura.

Que Paulo se dirige aos gentios também se reflete no fato de que as admoestações éticas frequentemente exortam a manter-se distância da "fornicação" e da "idolatria" – para o que não se precisaria conclamar judeus. Também cartas posteriores, como a Carta aos Efésios e a 1ª Carta de Pedro são endereçadas a destinatários pagãos. Nesse contexto, os escritos de Israel sempre são interpretados na convicção de que o evangelho de Jesus Cristo deve ser anunciado não só a judeus, mas também a gentios.

Exemplo instrutivo disso é, segundo a narrativa dos Atos dos Apóstolos, um citado apresentado por Tiago, o irmão de Jesus, no assim chamado "Concílio dos Apóstolos". Aos representantes das comunidades de Jerusalém e Antioquia levantava-se a pergunta se gentios convertidos à fé em Cristo também deveriam se integrar ao judaísmo por meio da circuncisão. Isso foi rejeitado segundo testemunho unânime de Paulo e Lucas, que relatam sobre esse evento em Gálatas 2 e Atos dos Apóstolos 15. Lucas, aliás, ainda acrescenta em seu relato algo a respeito de um acordo, segundo o qual gentios deveriam seguir as regras citadas em Levítico 17 e 18, que também eram válidas para estrangeiros residentes em Israel: eles deveriam abster-se da "contaminação pelos ídolos, das uniões ilícitas, de carne de animais sufocados e de sangue" (Atos dos Apóstolos 15,20.28; cf. 21,25). Que gentios estavam incluídos é fundamentado anteriormente por Tiago com referência às "palavras dos profetas":

> Depois disso, eu voltarei e reconstruirei a tenda caída de Davi e reconstruirei as suas ruínas, de modo que o restante da humanidade e todos os gentios, sobre os quais foi invocado o meu

nome, (a) procurarão, diz o Senhor que faz isto que é conhecido desde a eternidade (Atos dos Apóstolos 15,16-18).

A citação provém essencialmente de Amós 9,11s., sendo que no início há contato com Jeremias 12,15, e no final, com Isaías 45,21[248]. A citação de Amós vem da Septuaginta. Isso é particularmente importante neste ponto, porque o texto hebraico é diferente em sua segunda parte: "[...] para que eles possam tomar posse do que resta de Edom e de todos os gentios sobre os quais meu nome foi invocado. Dito de YHWH, quem faz isso".

Enquanto o texto hebraico fala da conquista de Edom e do governo de Israel sobre os gentios, o restabelecimento da "tenda de Davi" na Septuaginta tem por objetivo que todas as pessoas a busquem, ou seja, se voltem para o Deus de Israel. Somente nesta versão o citado na boca de Tiago faz sentido. Lucas, portanto, deixa Tiago citar a Septuaginta no encontro dos apóstolos em Jerusalém para fundamentar a adesão dos gentios à fé em Cristo e, portanto, também ao Deus de Israel.

Em outros discursos dos Atos dos Apóstolos encontram-se ainda mais referências significativas aos escritos de Israel. No já mencionado discurso de Pentecostes em Atos dos Apóstolos 2, uma citação de Joel 3,1-5, que anuncia o derramamento do Espírito, é relacionada com o evento de Pentecostes em Jerusalém. No já referido discurso de Estêvão em Atos dos Apóstolos 7, eventos centrais da história de Israel são mencionados em visão geral: a eleição de Abraão; a estadia de José no Egito e a vinda de seus irmãos e de seu pai Jacó para lá; a revelação de Deus a Moisés e a retirada de Israel do Egito; a rejeição de Moisés como um profeta por Israel e a confecção de um bezerro para o qual, na qualidade de ídolo, os israelitas trouxeram sacrifícios; o transporte do "tabernáculo", do deserto para a terra prometida, e a construção da tenda para a moradia de Deus por Davi; finalmente, a construção do Templo por Salomão. Essa última ação é apresentada como presunçosa, pois "o Altíssimo não mora em casas feitas por mãos humanas" (v. 48). O discurso termina com uma acusação aos destinatários – a saber, aos sumos sacerdotes e ao sinédrio de Jerusalém –, segundo a qual eles teriam contrariado o Espírito Santo, permaneceriam na tradição de seus

---

248. Possivelmente é por esta razão que o citado seja introduzido como "Palavras dos profetas".

pais que mataram os profetas, os quais não teriam senão anunciado a vinda do justo (a referência é a Jesus); além disso, também não teriam observado a lei.

O discurso, provavelmente baseado em uma tradição mais antiga e que Lucas revisou a partir de sua visão, resume a história de Israel numa perspectiva crítica. Ele enfatiza que partes importantes dessa história aconteceram fora do país; que Israel rejeitou e matou os profetas enviados por Deus, começando por Moisés; que se afastou de Deus e se aproximou dos ídolos; que, finalmente, julgou como dever adorar a Deus num templo construído de pedras. Trata-se de uma crítica judaica interna às autoridades em Jerusalém, que desenvolve uma visão diferente da história de Israel: a história de Israel não está ligada nem à terra nem ao Templo. Em vez disso, Deus é o Senhor do mundo e pode ser adorado em qualquer lugar.

Outra notável apropriação da história de Israel desde uma perspectiva cristã é encontrada em Paulo. Em 1Coríntios 10,1-13, ele expõe ter sido Israel "batizado em Moisés" enquanto cruzava o Mar Vermelho (1Coríntios 10,2) e que no deserto eles "teriam comido alimento espiritual" e "bebido bebida espiritual" (V. 3 e 4; as referências são ao maná e à água da rocha). Alguns deles, porém, teriam se tornado idólatras, cometido fornicação e sido "abatidos" por Deus no deserto devido a sua idolatria. Isso deveria servir de advertência para a comunidade, a fim de lidar adequadamente com as dádivas de Deus (concretamente, trata-se do "alimento espiritual" e da "bebida espiritual", ou seja, da ceia da comunidade cristã). Dessa maneira, os eventos ocorridos no deserto tornaram-se "modelos" (*topoi*) e os eventos ao seu redor foram "exemplares" (*typikôs*), já que prefiguraram o que ocorria na comunidade (1Coríntios 10,6.11).

Com este texto, Paulo pretende exortar a comunidade em Corinto para não participar de outras celebrações de ceias cultuais além da celebração da Ceia do Senhor. É por isso que no V. 21 ele contrapõe a "mesa do Senhor" à "mesa dos demônios" como mutuamente excludentes. É digno de nota que Paulo reclama a história de Israel para uma comunidade cristã que em Corinto consistia em grande parte de não judeus. Também para eles vale que foram integrados na história de Israel o "alimento espiritual" e a "bebida espiritual", e que devem entender a Ceia do Senhor da comunidade cristã nesse contexto.

Uma importante dimensão da recepção dos escritos de Israel diz respeito ao relacionamento entre os crentes em Cristo e Israel. Um primeiro texto a esse respeito encontra-se no terceiro capítulo da 2ª Carta aos Coríntios. Paulo contrasta ali o ministério de Moisés como "ministério da antiga aliança" com o seu próprio, como "ministério da nova aliança". O ministério da antiga aliança já possuía glória – quanto mais então o ministério da nova aliança, que não é um ministério da letra, mas do Espírito. Para a interpretação dessa comparação, Paulo faz uso de um episódio de Êxodo 34. Lá é dito que, quando Moisés falava com Deus no Monte Sinai, seu rosto ficou brilhante, de modo que os israelitas temiam olhar para seu rosto quando ele desceu com as tábuas da Lei. Depois de ter falado com os israelitas, Moisés colocou um cobertor sobre o seu rosto, que só tirou quando entrou na Tenda do Encontro para falar com o Senhor.

Esse episódio, várias vezes interpretado na tradição judaica (p. ex., em Fílon e Pseudo-Fílon, mais tarde também na tradição rabínica), é interpretado por Paulo de tal maneira que com o véu sobre o seu rosto Moisés teria impedido os israelitas de verem o fim da aliança passageira. Seu entendimento ficou embotado, e até os dias de hoje jaz um véu sobre a leitura da antiga aliança. O véu só será removido depois que Israel se voltar ao Senhor, ou seja, a Cristo.

Paulo contrapõe aqui de forma ríspida velha e nova alianças, respectivamente seus "ministérios", como "letra que mata" e "espírito que vivifica", como "perecível" e duradouro. Esse contraste soa como o padrão básico do antijudaísmo cristão, embora naturalmente não o fosse na perspectiva de Paulo. Duas coisas devem ser consideradas a este respeito: por um lado, Paulo se encontrava em uma disputa polêmica com missionários concorrentes que, aparentemente, questionavam seu direito de trabalhar como apóstolo em Corinto, reportando-se, nesse contexto, especialmente a suas origens judaicas (cf. 2Coríntios 11,22). Por outro lado, o próprio Paulo também era judeu, tendo desenvolvido sua fé em Cristo sobre o fundamento dos escritos de Israel. Em tal situação, também surgiam delimitações polêmicas da parte de missionários concorrentes, que questionavam a convicção de Paulo de que a fé em Jesus Cristo removia os limites entre judeus e gentios e que, por isso, não haveria necessidade de nenhuma integração dos gentios no judaísmo, antes de se tornarem cristãos. Paulo ligava a fé cristã com os escritos de Israel de outra maneira do que seus concorrentes – de maneira diferente também do que o autor do Evangelho de Mateus. Mesmo assim, também Paulo desenvolveu a fé em Cristo a partir da fé no Deus de Israel e sofreu com o fato de que provavelmente uma parte não insignificante de Israel tenha se fechado para a fé cristã. Isso fica claro por intermédio de dois textos que passaremos a analisar à guisa de conclusão.

No capítulo 4 da Carta aos Romanos, Paulo aborda a fé de Abraão. Ele foi levado a fazê-lo, pois para ele a relação entre fé e justiça é de importância central. Na Torá encontra-se sobre isso a frase: "Abraão creu em Deus e isso lhe foi imputado como justiça" (Gênesis 15,6). Já na Carta aos Gálatas Paulo havia tratado dessa frase e da relação entre a fé de Abraão e a fé em Cristo (Gálatas 3,6-29). Na Carta aos Romanos ele retorna a esse tema e dedica todo o seu capítulo 4 à interpretação de Gênesis 15,6. Nesse contexto, Abraão é apresentado como o pai de todos os crentes, tanto dos incircuncisos quanto dos circuncidados. Para isso Paulo se serve do fato de que na Escritura inicialmente é falado da fé de Abraão (Gênesis 15), que Deus credita a ele como justiça, e somente mais tarde da sua circuncisão (Gênesis 17). Para Paulo a fé de Abraão é uma "fé de incircuncisão", pois ela não pressupõe nem "obras" nem circuncisão. Com isso a fé de Abraão torna-se modelo para a fé em Cristo, que igualmente, sem obras, é "creditada para justiça". Essa fé une judeus e não judeus para a comunhão daqueles que creem em Deus como aquele que "ressuscitou Jesus, nosso Senhor, dos mortos" (Romanos 4,24). Assim sendo, a fé delineada na Escritura é "imputada para justiça" "sem obras", pelo que inclui também aqueles na história de Deus com Abraão que, mesmo não pertencendo a Israel, pertencem aos que creem.

A pergunta daí decorrente e que afligia Paulo era sobre o que haveria de acontecer com aquela parte de Israel que se fecha para a fé em Cristo. Nos capítulos 9 a 11 da Carta aos Romanos ele argumenta de forma intensiva com os escritos de Israel para mostrar que é unicamente a fé no Cristo que salva – nesse quesito, portanto, não há nenhuma diferença entre judeus e gentios (Romanos 10,12; cf. 3,22). Ao mesmo tempo, porém, vale que Deus elegeu o seu povo, que essa eleição persiste e, por isso, também a parte não crente de Israel será salva. A fim de conciliar essas convicções antagônicas, Paulo afirma que a própria Escritura testemunha uma divisão entre Israel e a salvação de apenas um "remanescente". Em decorrência, estaria na liberdade de Deus ter misericórdia de uma parte de Israel, e, em relação à outra, impedir que ela chegue à compreensão da salvação vinda com Cristo, isto é, "endurecê-la". Com isso, entretanto, ainda não está respondido como a parte desobediente de Israel será salva. Com a imagem da oliveira Paulo inicialmente indica que ramos, uma vez cortados, podem ser enxertados (Romanos 11,17-24). A imagem quer dizer que também a parte de Israel não crente em Cristo pode novamente ser integrada na história salvífica de Deus. Qual a razão de uma parte de Israel ter sido "endurecida" por Deus, tornando-se desobediente ao evangelho, Paulo não consegue explicar. Ele diz explicitamente tratar-se, nesse caso, de um "mistério" (*mystêrion*, 11,25), que está oculto no desígnio de Deus. Israel teria sido "endurecido", a fim de que os gentios também pudessem participar. Esse endurecimento de Israel seria um processo temporalmente limitado, que só duraria "até que o número completo dos gentios tenha entrado", ou seja, tenha chegado à fé (11,25). Depois disso "todo Israel será salvo" (11,26). Aqui, portanto, Paulo expressa sua certeza de que será abolida a atual divisão de Israel numa parte crente em Cristo, a qual ele próprio pertence, bem como outros judeus crentes em Cristo, e noutra parte não crente em Cristo.

Isso será realizado pelo próprio Deus, como Paulo explica com uma citação de Isaías 59,20s. em conexão com Isaías 27,9: "De Sião virá o libertador; ele removerá as impiedades de Jacó e esta será a minha aliança com eles, quando eu tirar os seus pecados".

O "salvador de Sião", ao qual Paulo aqui se refere, é Deus, cuja ação salvífica nos escritos de Israel seguidamente é descrita como uma que procede "de Sião"[249]. Paulo, portanto, explica que a ação de Deus acabará com a atual divisão de Israel, criando assim o pressuposto para a salvação de todo o Israel. Paulo desenvolve essa convicção em intensivo debate com os escritos de Israel. Em Romanos 9–11 ele sempre de novo cita passagens da Escritura – da Torá, dos Profetas e dos Salmos –, tornando claro dessa maneira que a história de Israel, que, passando por uma divisão, conduz a uma restauração de sua unidade e, por fim, a sua salvação, encontra-se atestada nos próprios escritos normativos. Com isso, ao mesmo

---

249. A expressão "de Sião" é empregada, sobretudo, nos Salmos como designação para a ação salvífica de Deus: 13,7 (homófono 52,7); 19,3; 49,2; 109,2; 127,5; 133,3; 134,21 (Septuaginta). Em textos proféticos, a expressão aparece em Isaías 2,3 par.; Miqueias 4,2; Amós 1,2; Joel 4,16.

tempo se torna manifesto que esses escritos têm validade para ambas as partes de Israel e, como fica claro em Romanos 4, também para aqueles crentes não oriundos de Israel.

Nos textos abordados, os escritos de Israel são relacionados de várias maneiras à ação de Deus por meio de Jesus Cristo e à história das comunidades cristãs. Nesse contexto, mesmo os citados que falam de Deus como o "Senhor" agora podem ser relacionados a Jesus Cristo como o "Senhor". No episódio de 2Coríntios 3, há pouco mencionado, Paulo relaciona Êxodo 34,34 ("Quando ele [Moisés] entrou diante do Senhor para falar com Ele") com a conversão a Jesus Cristo: "Quando ele [Moisés] se volta ao Senhor, o véu é tirado". Aqui "Moisés" é representado metonimicamente pelo Israel descrente em Cristo; com "Senhor", ao contrário de Êxodo 34, a referência em Paulo é a Cristo.

Além disso, Paulo também relaciona uma citação de Joel 3, 5 – "Todo aquele que invocar o nome do Senhor será salvo" – em Romanos 10,13 (a citação também se encontra em Atos 2,21) com a invocação do nome de Jesus Cristo, enquanto em Joel, ao contrário, ela naturalmente se refere à invocação de Deus. Em 1Coríntios 1,31 e 2Coríntios 10,17 encontra-se em Paulo uma frase apoiada em Jeremias 9,23 ("Quem se gloria, glorie-se no Senhor"), que ele relaciona com "o Senhor Jesus Cristo". Em 1Coríntios 10,26, Paulo cita o Salmo 23,1 da Septuaginta: "A terra é do Senhor e o que nela há". Novamente o contexto mostra que o "Senhor" de quem fala Paulo é Jesus Cristo. Finalmente, em Filipenses 2,10s., ao fim de um poema hínico sobre Cristo (o assim denominado "hino de Filipenses"), pode ser encontrada a seguinte declaração: "[...] para que, ao nome de Jesus, todo joelho se dobre no céu, na terra e abaixo da terra, e toda língua confesse: Senhor é Jesus Cristo, para a honra de Deus Pai".

A formulação apoia-se em Isaías 45,23 segundo a Septuaginta: "Diante de mim todo joelho se dobrará e toda língua confessará diante de Deus". O hino de Filipenses relaciona a declaração de Deus em Isaías com o Senhor exaltado, Jesus Cristo, a quem Deus concedeu um nome que está acima de todos os outros nomes.

Todas essas passagens mostram que o cristianismo primitivo se apropriou dos escritos de Israel na convicção de que de Deus deve ser falado de tal maneira que sua ação salvadora para com Jesus Cristo seja simultaneamente validada como sua ação por meio de Cristo em benefício do ser humano.

De uma perspectiva hodierna poderia ser levantada a pergunta se esse emprego dos escritos de Israel lhes faz jus ou se, em assim procedendo, eles não são, antes, "apropriados pelo cristianismo", já que eles mesmos nem falam sobre Jesus e não o predizem. Tal objeção, porém, desconheceria a recepção judaica e cristã desses escritos. Na história de Israel e do judaísmo, esses escritos haviam ganho o *status* de testemunhos de validade perene a respeito das ações de Deus. Por isso, eles não eram simplesmente "testemunhos históricos" que informavam sobre a história passada de Israel, mas palavra de Deus viva, que fala ao presente e prediz o futuro. A pergunta era, por isso, como fazer para que esses escritos tivessem reconhecimento também no presente. Quanto a isso, não reside nenhuma diferença entre as recepções judaica e cristã desses escritos. Os textos de Qumran ou de Fílon mostram como grupos judaicos ou intérpretes isolados interpretavam esses escritos para o seu presente. Também a interpretação cristã desses escritos iniciou no judaísmo. No seu centro está a convicção de que a salvação de Deus é mediada pela ação de Jesus Cristo e de que a fé em Jesus Cristo leva à salvação. Nesse particular, a visão cristã desses escritos se diferencia da judaica.

As interpretações judaica e cristã dos escritos de Israel formam dois caminhos, nos quais elas se tornaram frutíferas para as visões próprias de cada qual sobre o agir do Deus de Israel. Esses caminhos tiveram sua continuidade por meio das interpretações das Escrituras pelos autores do Novo Testamento. Nessa atividade, eles frequentemente se sobrepuseram e influenciaram. Dessa maneira, os escritos de Israel se tornaram "Antigo Testamento" em apropriação cristã, mas em visão judaica, a Bíblia do judaísmo.

6
A formação da Bíblia Cristã e o surgimento de mais literatura de tradição, séculos I a IV

6.1 Judeus e cristãos: "caminhos separados"?

Ao lado dos escritos normativos do judaísmo apareceram no cristianismo primitivo textos próprios, que igualmente alcançaram *status* de autoridade, normativo. Neles se encontram refletidos desenvolvimentos importantes: a preservação e transmissão das tradições sobre a atuação e o ensino de Jesus levaram à redação dos evangelhos. Nas regiões da Ásia Menor e da Grécia o cristianismo se difundiu por meio da missão de Paulo e de outros pregadores itinerantes, e foi nesse contexto que surgiram as cartas do Novo Testamento. Em conexão com comunidades sinagogais judaicas, formaram-se comunidades cristãs primitivas nas diversas regiões do Império Romano, delimitando-se tanto em relação à sociedade judaica como à não judaica. Elas desenvolveram formas de organização e estruturas de gestão próprias[250], formas de culto, rituais e confissões. Não por último surgiu também uma ética cristã[251].

Ao contexto desses desenvolvimentos também pertence o surgimento do "Novo Testamento", que se colocava como coletânea de escritos normativos do cristianismo ao lado dos escritos de Israel como "Antigo Tes-

---

250. Elas se encontram retratadas em alguns textos do Novo Testamento, p. ex., em 1Pedro, na Carta aos Efésios e nas cartas pastorais. No século II são as cartas de Inácio que dão a conhecer os desenvolvimentos ocorridos nos cargos e comunidades cristãs. Para uma supervisão sobre os textos neotestamentários, cf. Roloff (1993).

251. Os rituais mais importantes eram o batismo e a Santa Ceia (ou Eucaristia). Sobre isso, cf. Ferguson (2009), Hellholm e Sänger (2017). Sobre as celebrações de culto no cristianismo primitivo, cf. a visão geral de Wick (2002).

tamento". O "Novo Testamento" reúne aqueles escritos do cristianismo que, após longos processos de diferenciações e delimitações, foram estabelecidos como os testemunhos normativos, aos quais os cristãos recorriam como base comum, independentemente de outras diferenças. Dessa forma, eles serviam simultaneamente como critérios de diferenciação entre concepções "ortodoxas" e "heréticas". No entanto, essa diferenciação não permaneceu indiscutível.

Nesse processo, os escritos normativos do judaísmo ganharam uma nova posição, prenunciando a ação de Deus por meio de Jesus Cristo, ou a atuação e o destino de Jesus. O surgimento da Bíblia Cristã só pode ser compreendido sob este duplo pressuposto: a apropriação e nova interpretação dos escritos de Israel, bem como o surgimento de tradições e escritos próprios.

Nesse contexto, os escritos do Novo Testamento não foram nem integrados na ainda inacabada terceira parte canônica da Bíblia Judaica emergente (*Ketuvim*), nem acrescentados como quarta parte canônica da Bíblia Judaica. Em vez disso, formou-se um cânone duplo, cujas duas partes encontram-se lado a lado como uma unidade tensa de *dois* testamentos de *uma* Sagrada Escritura. A partir do fim do século II elas passaram a ser designadas de "Antigo Testamento" e "Novo Testamento". A determinação da relação mútua entre esses dois Testamentos constitui uma tarefa central da teologia cristã desde os seus primórdios. Os inícios desse discurso jazem na Antiguidade, dentro da qual por vezes ocorreram veementes e polêmicas controvérsias a esse respeito.

Vários motivos podem ser apresentados para a criação de uma Bíblia Cristã em duas partes. Em primeiro lugar, é provável que a redação dos escritos neotestamentários em grego tenha provocado certo distanciamento em relação aos escritos judaicos em hebraico ou aramaico. Além disso, a "Lei e os Profetas", mas também os *Ketuvim* em fase de conclusão, já se encontravam disponíveis como coletâneas próprias, o que não fomentava uma expansão com escritos de natureza bem diferente. Acima de tudo, porém, foi a visão bem própria de Deus e de sua ação por meio de Jesus Cristo que, independentemente de eventuais conexões com os escritos do judaísmo, levou à formação de uma coletânea própria de escritos cristãos (cf. HAHN, 2002, p. 111-142). Dessa forma, surgiu simultaneamente outra comunidade, que se reportava aos escritos e tradições do judaísmo, apropriando-se deles a partir de uma perspectiva própria, o que colocou também o judaísmo diante de desafios novos.

Isso ocorreu numa época que já era muito tensa devido aos conflitos políticos e confrontações militares com os romanos. Eventos marcantes estiveram relacionados com a guerra judaico-romana dos anos 66-74, no decurso da qual Jerusalém e o Templo foram destruídos no ano de 70 e que terminou com a queda da Fortaleza Massada no ano de 74 (cf. MASON, 2016). Durante os anos de 115 a 117 ocorreu um grande levante na diáspora judaica no norte da África (Egito e Cirenaica), que se expandiu até o Chipre e a Mesopotâmia, tendo sido violentamente reprimido pelos romanos. A guerra nos anos 132-135, que foi desencadeada pelo levante sob Bar Kochba, terminou com a destruição em larga escala das aldeias e cidades da Palestina e a transformação de Jerusalém em uma cidade romana, com o nome de Colonia Aelia Capitolina[252]. Em termos de organização e cultura, o judaísmo na Palestina e na diáspora foi fortemente enfraquecido por essas derrotas militares, do que resultou uma fase de reorganização nos séculos II e III. Isso coincidiu com a época em que também as controvérsias com o cristianismo em fase de consolidação ganhavam em importância. O judaísmo rabínico, surgido paralelamente ao cristianismo, encontrou seu centro em vários lugares da Galileia[253], concentrando-se nas interpretações da Torá, coletadas em várias obras – a Mixná, os Midrashim e o Talmude de Jerusalém. Foi também nessa época que se registraram as disputas por vezes polêmicas entre cristãos e judeus sobre a legitimidade do recurso cristão às escrituras de Israel[254].

---

252. Sobre as duas últimas crises referidas sob os imperadores romanos Trajano e Adriano, cf. Horbury (2014).

253. Para o judaísmo da época entre as guerras dos anos de 66-74 e 132-135, inicialmente a localidade de Javne na costa do Mar Mediterrâneo revestiu-se de importância. Mais tarde, o foco mudou para diversas outras localidades da Galileia: para *Bet Sche'arim*, Séforis e Tiberíades.

254. A polêmica judaica contra Jesus e o cristianismo pode ser encontrada, por um lado, em declarações de antigos teólogos cristãos, como Orígenes e Tertuliano, que, p. ex., se opõem à afirmação de que Jesus emergiu de um adultério de Maria, e por outro, no Talmude babilônico e no "*Toledot Jeschu*", uma obra judaica surgida durante um longo período, atestada em várias fontes desde o século VIII, e que apresenta a história de "*Jeschu*" (Jesus) de uma perspectiva judaica em forma polêmica. Sobre isso, cf. Schäfer (2010b), bem como Meerson e Schäfer (2014).

6.1.1 Formação do perfil das comunidades cristãs

Um importante impulso para a formação de comunidades cristãs veio da atuação de Jesus. Jesus se via como comissionado por Deus com o estabelecimento de seu governo e se considerava a si próprio como um representante de Deus, que atuava em Israel com sua autoridade: por meio de curas, do perdão dos pecados, do ensino sobre o início do Reino de Deus, do convite a entrar em seu discipulado e a formar comunidades que vivam segundo a vontade de Deus. Esta reivindicação própria, que também se expressava na interpretação soberana dos escritos de Israel, levou a que a atuação e o ensino de Jesus adquirissem a mesma importância aos olhos dos antigos cristãos como os próprios escritos de Israel, tornando-se, inclusive, em critérios para sua interpretação. Ligado a isso estava a convicção de que a comunhão daqueles que se confessavam a Jesus constituía o cerne do Israel a ser renovado. Aquele que cria em Jesus Cristo confessava-se para o Deus uno de Israel, e acreditava ter Ele ressuscitado a Jesus Cristo dentre os mortos (cf., p. ex.: Romanos 10,9). Segundo Paulo, cristãos confessam o Deus uno e o uno "Senhor Jesus Cristo" (1Coríntios 8,6)[255].

Os primeiros cristãos estavam convencidos de que com Jesus não havia aparecido em Israel apenas um "profeta" ou "ungido" – embora essas e outras designações fossem empregadas para Jesus[256] –, mas que a vinda de Jesus tinha uma importância definitiva e insuperável. Daí surgiu a autocompreensão específica do cristianismo como a comunidade daqueles que se sabem escolhidos, justificados e santificados por Deus. A atuação de Deus por meio de Jesus foi, por isso mesmo, considerada

---

255. Sobre isso, cf. também, anteriormente, cap. 5: "A interpretação cristológica da Escritura no cristianismo mais antigo".

256. A designação de Jesus como "profeta" encontra-se, p. ex., em Marcos 6,4 par.; Marcos 8,28 par.; Mateus 21,46; Mateus 23,37; Lucas 13,34; 7,16; 24,19; João 4,19; 4,44; 6,14; 7,40; 9,17. Como "Ungido" (Messias, Cristo) no sentido da esperança judaica de um Ungido, Jesus é designado em Marcos 8,29 par.; 14,62 par. Marcos 11,1-10 par., na entrada em Jerusalém, Jesus é saudado com a esperança de restaurar o domínio de Davi. Nessa e em algumas outras passagens fica claro com que designações as pessoas ao redor de Jesus procuravam interpretar sua aparição. Ao mesmo tempo, os autores dos evangelhos esclarecem que essas designações ganham um novo sentido quando aplicadas a Jesus: Jesus, como o representante exclusivo de Deus na terra, é mais do que um profeta ou o Ungido de Israel; Ele, aliás, cumpre essas esperanças de uma maneira bem própria, através da sua morte na cruz, e de sua ressurreição e exaltação à direita de Deus.

como "no fim destes dias" (Hebreus 1,2); o derramamento do Espírito foi um evento "nos últimos dias" (Atos 2,17), e da nova aliança firmada "em Cristo" acreditava-se que ela removeria os pecados de uma vez por todas (Hebreus 8–10).

No cristianismo surgiu rapidamente a convicção de que a atuação de Deus por meio de Jesus Cristo abole as diferenças entre judeus e gentios, escravos e livres, homens e mulheres[257]. Para se tornar um cristão bastava confessar o Deus de Israel como o único Deus e se juntar à comunidade cristã por meio do batismo. Nestes desenvolvimentos, intimamente relacionados com a Igreja de Antioquia, tanto Pedro como Paulo parecem ter desempenhado um papel importante. Como se pode depreender dos Atos dos Apóstolos e da Carta aos Gálatas, Pedro desempenhou um papel decisivo na missão cristã antiga iniciada em Jerusalém e nos processos que conduziram a uma comunidade de judeus e gentios em Antioquia. As condições ali negociadas, registradas no assim denominado "decreto apostólico" (Atos dos Apóstolos 15,20.28; 20,28) e orientadas por Levítico 17–18, afirmam que gentios devem cumprir requisitos mínimos para conviver com judeus. Concretamente, isso significava: nenhum consumo de carne sacrificada a ídolos, nem de sangue e carne de animais sufocados, bem como nenhuma "imoralidade" sexual. Dessa forma, havia sido formulada uma base para comunidades cristãs de judeus e gentios, mesmo que a abrangência e a duração do decreto apostólico fossem apenas limitadas.

Assim como o cristianismo está enraizado nas escrituras e tradições de Israel e do judaísmo, o judaísmo rabínico desenvolveu-se em confronto com o cristianismo emergente[258]. Por isso as bíblias Judaica e Cristã originaram-se em regime de influência e delimitação mútuas. Fala-se aqui, por vezes, de "separação(-ções) de caminhos" – *Parting(s) of the Ways* (cf. DUNN, 2006; 1992). Esse modelo, porém, entrementes tem sido criticado com frequência: a imagem de dois "caminhos" que teriam "se separa-

---

257. Isso é expresso programaticamente em Gálatas 3,28: "Aí não há mais judeu ou grego, escravo ou livre, homem ou mulher". Formulações semelhantes se encontram em 1Coríntios 12,13; Colossenses 3,11. Esta convicção surgiu provavelmente na comunidade de Antioquia, em que pela primeira vez os limites em relação aos gentios foram programaticamente transpostos.

258. Peter Schäfer expressou isso com muita clareza no título do livro *Die Geburt des Judentums aus dem Geist des Christentums* [O nascimento do judaísmo a partir do espírito do cristianismo] (2010a).

do", simplificaria os processos reais e estaria baseado numa concepção por demais abstrata de "judaísmo" e "cristianismo", já que, em verdade, se trata de comunidades muito diversificadas com características bem diferentes, e que, por isso mesmo, desenvolveram relações mútuas de diversas maneiras. Ademais, seria um modelo cristão que não estaria isento da tendência apologética de justificar o uso cristão dos escritos judaicos[259]. Além disso, o discurso sobre uma "separação de caminhos" enfatizaria unilateralmente diferenças em detrimento de afinidades (cf. BECKER; REED, 2003).

Mais recentemente, estudos de caso específicos (cf. NICKLAS, 2013; LIEU, 1994, p. 110-118), entre outros, têm demonstrado que os termos "judeus" e "cristãos" não eram de forma alguma inequívocos nos tempos iniciais do cristianismo e do judaísmo rabínico. De diferentes perspectivas, eles podem ser preenchidos com conteúdo de maneiras diversas: como autodesignações para a diferenciação de outros; como descrição externa com intenção positiva, neutra ou polêmica, ou ainda, de forma metafórica, para descrever um determinado modo de comportamento religioso. Especialmente em autores pagãos gregos ou romanos nem sempre é claro se estão falando de judeus ou cristãos[260]. A clara justaposição de "judeus" e "cristãos" não pode, por isso, fazer justiça às complexas condições religiosas e sociais do mundo antigo. Os chamados "evangelhos cristãos judaicos" – escritos do século II, dos quais se encontram citações em teólogos cristãos antigos, como os evangelhos dos Hebreus e dos Ebionitas – deixam claro, por exemplo, que houve adeptos de Jesus que continuaram a praticar um modo de vida judaico, ou seja, que se orientavam pela lei judaica, não vendo nisso nenhuma contradição com a confissão de fé em Cristo.

No Novo Testamento é, sobretudo, o Evangelho de Mateus que traça o caminho de Jesus na história de Israel, designando-o como o cumprimento da lei e dos profetas (Mateus 5,17). Mateus parece retratar uma forma do antigo cristianismo fortemente orientada pelas tradições judaicas, considerando-as como moldura determinante também para a comunhão de Jesus[261].

---

259. Essa crítica foi apresentada, sobretudo, por Lieu (1994).

260. Assim, p. ex., no filósofo cínico-estoico Epíteto (ca. 55-ca. 135), *Dissertationes* 2,9,19-21, ou no médico Galeno (129-ca. 216), *De Usu Partium* 11,14; *De Differentia Pulsuum* 3,3.

261. Na pesquisa dos últimos anos sobre o Evangelho de Mateus discutiu-se intensamente se ele defende uma perspectiva *"intramuros"* ou *"extramuros"* (ou seja, "dentro" ou "fora" dos

6.1.2 Atualização de escritos judaicos por autores cristãos

O cristianismo antigo transmitiu, traduziu e às vezes até atualizou escritos judaicos que, sem tal recepção, provavelmente teriam se perdido. Os escritos de Fílon e Josefo, por exemplo, foram transmitidos por cristãos. Isso vale para textos judaicos como o Livro de Henoc ou o Livro dos Jubileus. O livro de 4Esdras, um escrito apocalíptico judaico do fim do século I, foi traduzido por cristãos para várias línguas orientais e para o latim. Na tradição latina, foi combinado com dois outros escritos, que hoje são designados de "5Esdras" e "6Esdras". Outro exemplo é a "Ascensão de Isaías". Também esse escrito só se encontra disponível em sua íntegra por meio de uma tradução, valendo a mesma coisa para os Livros de Henoc e dos Jubileus em língua etíope. Trata-se originalmente de um escrito judaico, que narra o martírio do Profeta Isaías (cap. 1–5). A isso foi anexada já na tradição cristã uma parte que relata nos capítulos 6–11 a ascensão de Isaías, além da descrição de uma visão de Isaías (3,13–5,1). Dessa forma, a narrativa judaica do martírio de Isaías foi transformada numa descrição apocalíptica. Essa contém uma visão em que Isaías vê a descida e subida de Cristo. Aqui, portanto, escritos judaicos foram acolhidos e atualizados em perspectiva cristã, a fim de adaptar pessoas importantes da história judaica – Esdras ou Isaías – para a história cristã.

Igualmente indiscutível é o fato de comunidades que acreditavam em Jesus como o Cristo terem se entendido desde cedo como distintas do judaísmo. Por volta do ano 54/55 Paulo já distinguia judeus e gentios dentre os "crentes"[262] e dizia de si mesmo que era "como judeu para os judeus, [...] para os que estavam sob a lei como se estivesse sob a lei, [...] para os sem lei como um sem lei" (1Coríntios 9,22). A isso corresponde o fato de ocasionalmente autores cristãos dos séculos II e III designarem os cristãos como aqueles que "reverenciam de forma nova, de uma terceira maneira" a Deus[263], ou como "terceira geração" (*tríton génos*), ou também

---

muros). O que se quer dizer é: o autor do Evangelho de Mateus se considera dentro ou fora do judaísmo com sua história de Jesus? A metáfora dos "*muri*" ("muros"), que separaria o judaísmo do cristianismo ou da comunhão dos seguidores de Jesus, já associa, porém, uma perspectiva ao Evangelho de Mateus que provavelmente nem lhe faz jus.

262. 1Coríntios 1,21-24; cf. 1Coríntios 10,32: "Judeus, gregos e a comunidade de Deus".

263. Clemente Alexandrino, *Stromateis* VI,5,41,4-6 (como citado de um escrito que Clemente designa de "Prédica de Pedro").

como "nova geração"[264]. Dessa maneira, o cristianismo se coloca diferenciadamente frente à fé judaica e também frente à veneração greco-romana aos deuses. Aparentemente foi necessário que já em tempos iniciais ele tivesse que se posicionar para vários lados. Isso não surpreende, uma vez que o cristianismo se compreendeu desde os inícios como religião missionária, proclamando a fé no uno Deus de Israel, bem como o evangelho de Jesus Cristo também para não judeus. É precisamente assim que permanece notável ter a referência aos escritos e tradições do judaísmo constituído uma parte indispensável da fé em Cristo.

Com isso estavam relacionadas delimitações sociais entre judeus e cristãos, que ocorreram de maneiras diferentes em lugares individuais e levaram a diferentes expressões da relação entre judeus e cristãos. O Evangelho de João oferece um testemunho notável a esse respeito. Nele a expressão *aposynágôgos*, que significa algo como "expulso da sinagoga", é encontrada três vezes (João 9,22; 12,42; 16,2). Esse termo, aparentemente criado pelo próprio autor (não foi encontrado nenhum uso dele antes de João), refere-se a uma situação em que seguidores de Jesus e comunidade sinagogal já se defrontam como comunidades separadas. Ao que tudo indica, os seguidores de Jesus na cidade ou região às quais o autor se refere não eram mais tolerados na sinagoga, sendo dela excluídos. Às vezes, isso é colocado em conexão direta com a expansão da "Oração das dezoito preces" judaica. Nesta oração, que está no centro da crença judaica em Deus, foi inserida depois do ano 70, ou seja, após a destruição de Jerusalém e do Templo, uma irônica "bênção dos apóstatas" (*Birkat ha-Minim*), que representou, de fato, sua maldição. Mesmo assim, é improvável uma ligação direta com o Evangelho de João e o conceito de *aposynágôgos* ali empregado. Lá, o termo reflete uma história já longa de conflitos entre judeus e cristãos (cf. FREY, 2013). Dentro dessa história também se enquadra a *Birkat ha-Minim*.

6.1.3 "Judeus" e "cristãos"

A primeira vez em que os termos "cristianismo" e "judaísmo" se encontram estritamente opostos um ao outro é em Inácio de Antioquia[265].

---

264. Cf. *Diogneto* I; Aristides, *Apologia* 2,2; 15,1; 16,4.
265. Inácio, *Aos Magnésios* 10,3 (cf. 4; 8,1); *Aos Filipenses* 6,1 (cf. 8,2).

Inácio aparentemente considerou necessário enfatizar a autonomia da fé cristã em relação à judaica, já que ela não era de forma alguma óbvia. Nas comunidades para as quais Inácio escreveu as suas cartas, contudo, parece ter havido pessoas que não viam nenhuma contradição entre fé em Cristo e modo de vida judaico.

A Carta de Barnabé, escrita por volta de 130, ou seja, em proximidade temporal às cartas de Inácio, contrasta radicalmente a aliança de Deus com Israel daquela com os cristãos. Israel comprovou ser indigno da aliança; Moisés quebrou as tábuas da aliança para que a aliança do amado Jesus "fosse selada em nossos corações"[266]. O autor se baseia amplamente na Escritura, que relaciona exclusivamente com Cristo e os cristãos. A carta, que pode ser encontrada no Códice Sinaítico, provavelmente a mais antiga Bíblia Cristã conservada, representa com isso uma posição extrema na relação entre judeus e cristãos. Ela provavelmente foi escrita em Alexandria e, assim, de uma das regiões em que, no início do século II, eclodiram revoltas judaicas, brutalmente reprimidas pelos romanos. Em tal situação, o autor se distancia dos judeus e deixa claro que os cristãos representam uma comunidade diferente, na qual, ao contrário do que ocorre entre os judeus, a aliança de Deus é válida e aos quais se dirigem Moisés e os profetas em seus escritos.

Como exemplo adicional, é possível reportar-se ao professor cristão Justino, que atuou em Roma pela metade do século II. Seus escritos são de particular importância para o surgimento da Bíblia Cristã porque Justino, inicialmente um filósofo não judeu influenciado pelo platonismo, ocupou-se intensivamente com o papel dos escritos judaicos na fé cristã após sua conversão ao cristianismo. Em sua defesa do cristianismo, dirigida ao imperador romano Antonino Pio (reinado: 138-161), bem como em um diálogo (presumivelmente fictício) com o judeu Trifão, Justino explica em detalhes como os escritos da "Septuaginta" (este nome para o Antigo Testamento grego é encontrado quatro vezes em Justino[267]) se referem à situação atual de judeus e cristãos. Além disso, eles prenunciam Cristo e só poderiam ser apreendidos em seu verdadeiro significado quando fossem interpretados a partir da fé em Cristo.

---

266. *Barnabé* 4,8; 14,3-7.
267. *Diálogo com Trifão* 120,4; 124,3; 131,1; 137,3 (duas vezes). De forma semelhante, Justino fala em *Diálogo com Trifão* 68,7 sobre a "tradução dos vossos setenta anciãos".

Assim, na Apologia de Justino encontra-se uma passagem, na qual ele associa profecias do Antigo Testamento com o seu próprio tempo. Inicialmente (no cap. 47), ele cita a declaração:

> A cidade do teu santuário tornou-se deserto, Sião tornou-se como um deserto, Jerusalém, uma maldição. A casa, nosso santuário e a glória que nossos pais exaltavam foram queimados com fogo, e tudo o que era grande se despedaçou. E em tudo isso tu permaneceste relutante, Senhor, te calaste e muito nos humilhaste.

Um pouco mais tarde, segue-se outra citação sobre a desolação de Jerusalém e o fato de que nenhum judeu poderá mais viver ali dentro. Justino relaciona a situação ali descrita com a destruição de Jerusalém e a proibição da entrada de judeus na cidade, que se seguiu ao levante sob Bar Kochba em 132-135.

Um pouco mais tarde (cap. 48), a declaração de Isaías 35,5s. é interpretada como uma profecia sobre Cristo, que curará todas as doenças e ressuscitará mortos: "Então o coxo saltará como um cervo, e a linguagem dos gagos ficará clara. Cegos verão, leprosos serão purificados, mortos ressuscitarão e vaguearão".

A morte de Jesus é interpretada com referência a outra profecia de Isaías, que fala do justo que morreu sem ninguém prestar atenção.

Na seção seguinte (cap. 49), é enfatizado que foi dito "pelo mesmo Isaías" que os gentios adorarão a Cristo, enquanto os judeus não o reconhecerão:

> Tornei-me revelado para aqueles que não me procuraram; fui encontrado por aqueles que não perguntaram por mim. Para um povo que não invocou meu nome, eu disse: Veja, aqui estou eu. Eu estendi minhas mãos para um povo desobediente e contestador, para aqueles que não caminharam no verdadeiro caminho, mas atrás de seus pecados. Esse povo constantemente me injuria.

Os judeus não só não o teriam reconhecido quando de sua vinda, como até o teriam maltratado, embora as profecias pertencessem a eles e eles sempre tivessem esperado por Cristo. Os gentios, porém, devido à pregação pelos apóstolos de Jerusalém, teriam abandonado sua adoração aos ídolos e se entregado por meio de Cristo ao Deus não gerado.

No diálogo com Trifão – uma longa conversa doutrinária de Justino com um interlocutor judeu sobre o verdadeiro conhecimento de Deus – o assunto gira sempre de novo sobre as visões judaica e cristã a respeito dos escritos de Israel. Com base nos diálogos platônicos, Justino expõe por que os escritos de Israel só podem ser corretamente entendidos quando lidos como profecia a respeito de Jesus Cristo. Um exemplo importante de como essa comprovação é fornecida em confronto com objeções judaicas é a discussão sobre o nascimento de Jesus de uma virgem.

No capítulo 43,7 Justino fala sobre o mistério do nascimento de Cristo e o relaciona com a profecia de Isaías sobre a virgem que ficará grávida e dará à luz um filho, que se chamará Emanuel (Isaías 7,14). Essa passagem já é citada pelo Evangelho de Mateus para interpretar o nascimento de Jesus por uma virgem (Mateus 1,22s.). A doutrina cristã do nascimento de Jesus por uma virgem cedo atraiu oposição e polêmica tanto do lado pagão quanto judaico. Isso também pode ser visto em Justino. Ele debate com a objeção judaica de que a passagem de Isaías não fala de uma "virgem", mas de uma "jovem", e se refere ao Rei Ezequias (Hiskia), não ao Cristo que virá no futuro. A leitura "jovem mulher" não é atestada por manuscritos gregos, mas pelo texto hebraico de Isaías 7,14. Segundo informação de Ireneu, também os tradutores judaicos da Bíblia, Teodócio e Áquila, traduziram o texto dessa forma[268]. Na Septuaginta, ao contrário, encontra-se a tradução "virgem", que também está por trás da afirmação sobre o nascimento de Jesus provocado pelo Espírito de Deus nos evangelhos de Mateus e Lucas[269].

Justino anuncia que fornecerá a comprovação para o fato de essa passagem dever ser relacionada com o Cristo, a quem professam os cristãos. Numa passagem posterior (cap. 66–68; 84), ele realmente volta ao assunto, explicando em detalhes que as próprias Escrituras prenunciam uma nova aliança, referem-se ao vindouro descendente de Davi, e que o "sinal" que Deus dará com o nascimento de um filho por meio de uma virgem diz respeito ao primogênito de todas as criaturas, que não será concebido e nascido de forma natural, como o restante das pessoas. A passagem de Isaías, portanto, só seria devidamente compreendida quan-

---

268. Ireneu, *Contra as heresias* 3,21,1.
269. Em Lucas, Isaías 7,14 não é citado. A tradição sobre o nascimento de Jesus através da virgem Maria se encontra também nele (Lucas 1,26-35).

do relacionada como prenúncio profético de Cristo. Nesse contexto, a confiabilidade da tradução grega do texto bíblico, que, como ele enfatiza, é uma tradução judaica, desempenha um papel central[270].

Esses exemplos mostram novamente tanto a confissão de Cristo formulada em estreita relação com os escritos de Israel quanto a grande quantidade de esforços despendidos para determinar a relação correta entre ambos. A relação entre "cristianismo" e "judaísmo" deve, portanto, ser determinada de maneira diferenciada[271]. Isso conta muito em favor da opinião de que as fronteiras que gradualmente se formavam entre o judaísmo e o cristianismo eram muito menos claras do que aparecem nos textos de teólogos cristãos antigos. O fato de eles insistirem numa distinção clara entre "judaísmo" e "cristianismo" e considerarem a confissão de Cristo incompatível com o modo de vida judaico mostra que isso na vida diária de muitos cristãos justamente não era o normal. Gentios convertidos para a fé em Cristo e, portanto, também para crer no Deus de Israel, podem ter entendido isso como uma obrigação de viver um estilo de vida judaico – e cristãos de origem judaica podem tê-los encorajado a assumir ritos judaicos. Se judeus convertidos à fé em Cristo se entendiam como "judeus cristãos" ou "cristãos judeus", se eles entendiam "judeu" e "cristão" como descrições opostas ou complementares de sua autocompreensão e de sua prática religiosa, não está de forma alguma claro, e isso era presumivelmente diferente de região para região, de comunidade para comunidade, de indivíduo para indivíduo. Havia judeus que se tornaram cristãos e continuavam a observar leis alimentares, a observar o sábado e a circuncidar seus descendentes masculinos. Judeus ou romanos que se sentiam atraídos pelo judaísmo e seus costumes religiosos continuavam a observá-los, mesmo depois de se terem convertido à fé cristã. Outros "pagãos", que viviam afastados do judaísmo, se voltavam para a fé em Cristo, mas continuavam a frequentar templos e ceias sacrificiais pagãs. Judeus que, após sua conversão ao cristianismo, se desfizeram de seu modo de vida judaico, viviam conjuntamente com pagãos numa comunhão na qual valiam as mesmas regras para todos. Em outros lugares, judeus e pagãos concordaram em manter certos rituais judaicos – como não comer carne

---

270. De uma perspectiva hodierna, a interpretação de Justino para a tradução grega de Isaías 7 é correta, não, porém, para o texto hebraico original: cf. Rösel (1991).
271. Sobre isso, cf. as contribuições de Alkier e Leppin (2018).

que havia sido sacrificada a divindades gregas ou romanas, não comer animais abatidos de acordo com as regras judaicas, não praticar nenhuma sexualidade fora das comunhões matrimoniais – sem, contudo, obrigar os pagãos a se orientarem completamente pela lei judaica[272]. Descrever a relação entre judaísmo e cristianismo como "separação dos caminhos" não faz justiça a essa diversidade. Mais adequada seria a metáfora de uma casa com recintos diferentes, alguns dos quais ligados entre si, ou então, com respaldo em Paulo, a imagem de uma árvore de raiz comum e ramos diversos (cf. Romanos 11,17-24).

6.2 Visão geral do mundo literário do cristianismo mais antigo

Os escritos que ganharam autoridade no cristianismo, colocando-se lado a lado com o "Antigo Testamento", surgiram, como visto, em contextos religiosos e sociais complexos. Esses escritos, no entanto, representam apenas um trecho da produção literária do cristianismo das origens. O surgimento do "Novo Testamento" deve, portanto, ser visto no contexto de um espectro muito mais amplo.

6.2.1 Os 27 escritos do Novo Testamento, 50 a 50 d.C.

O Novo Testamento reúne os escritos que se tornaram normativos para o cristianismo como testemunho de Jesus e dos apóstolos. Eles surgiram mais ou menos entre os anos 50 e 150, começando com as cartas de Paulo (ca. 50-56), os mais antigos escritos cristãos, até a 2ª Carta de Pedro, surgida por volta da metade do século II, representando o escrito mais recente a dar entrada no Novo Testamento. O Novo Testamento compreende os Quatro Evangelhos segundo Mateus, Marcos, Lucas e João, os Atos dos Apóstolos, 13 livros transmitidos em nome de Paulo, duas cartas em nome de Pedro e três em nome de João, uma carta de cada

---

272. Tal regramento poderia estar refletido no assim denominado "decreto apostólico", um acordo provavelmente firmado na comunidade de Antioquia, a fim de possibilitar a convivência entre judeus e gentios na comunidade cristã. Lucas faz referência a esse "decreto" em Atos dos Apóstolos 15,20.29 (cf. tb. 21,25) e o associa ao denominado "Concílio dos Apóstolos". Historicamente, isso com certeza não confere. Mesmo assim, o decreto oferece uma boa visão sobre a situação das comunidades cristãs compostas por judeus e gentios e sobre as perguntas a serem regulamentadas nessas comunidades.

um dos irmãos de Jesus, Tiago e Judas, e finalmente a carta aos Hebreus e o Apocalipse de João.

As discussões sobre a normatividade dos escritos mostram que também outras combinações seriam concebíveis. Por exemplo, poderiam ter sido acolhidos no Novo Testamento apenas dois evangelhos, a segunda e a terceira cartas de João ou a Carta aos Hebreus poderiam estar faltando; inversamente, poderiam ter dado entrada no Novo Testamento como escritos normativos o Evangelho de Pedro, a Primeira Carta de Clemente ou a Didaquê, o ensino dos doze apóstolos. Por que desde o século IV exatamente esses 27 escritos formaram o corpo do Novo Testamento não pode ser respondido de forma clara para todos os casos. Alguns dos processos que levaram a isso podem ser entendidos muito bem; em outros casos, algumas questões permanecem obscuras; às vezes, também podem ter desempenhado certo papel coincidências e interesses não diretamente relacionados ao conteúdo dos escritos.

Os escritos que mais tarde eram para formar o "Novo Testamento" foram, na maioria dos casos, redigidos como escritos individuais, em um caso também como uma obra em duas partes (Evangelho de Lucas e Atos dos Apóstolos), em outro, como um corpo de três cartas (as chamadas "cartas pastorais"), ou seja, as duas cartas a Timóteo e a Carta a Tito, que foram escritas por volta de 120 como cartas pseudepigráficas de Paulo. Ocasionalmente, várias cartas provêm de um mesmo autor, mesmo tendo sido escritas separadamente e se referindo a situações diversas. Esse é o caso das cartas de Paulo, bem como da 2ª e 3ª cartas de João[273].

No caminho para o Novo Testamento, inicialmente surgiram coleções individuais, antes de serem conectadas umas às outras. Os inícios se encontram nas coletâneas de cartas paulinas, que iniciaram por volta do fim do século I (cf. SCHRÖTER, 2018). Elas compreendem tanto cartas que o próprio Paulo escreveu como também cartas escritas em seu nome, tornando a pessoa e teologia de Paulo fecundas para situações posteriores. Também a Carta aos Hebreus, não escrita nem atribuída a Paulo

---

273. As três cartas de João e o Evangelho de João estão intimamente ligados quanto à linguagem e teologia. Se todos os quatro escritos provêm do mesmo autor ou foram revisados pelo mesmo redator é avaliado diferentemente pela pesquisa. Aqui a pergunta pode ficar em aberto. Claro é, de qualquer forma, que as duas cartas "pequenas", 2João e 3João, provêm de um mesmo autor, que em ambas se apresenta como *"presbyteros"* ("o mais velho").

(é uma carta anônima), foi compilada entre as cartas de Paulo, tendo sido incluída no Novo Testamento como parte da coletânea de cartas paulinas. Os três evangelhos, segundo Marcos, Mateus e Lucas, estão intimamente relacionados em termos literários; o Evangelho de João pressupõe esses três evangelhos e mais uma vez traz o esboço de uma visão bem própria de Jesus.

Um pouco mais tarde surgiu também a coletânea das cartas católicas. Esta designação, atestada inicialmente por Eusébio[274], compreende as cartas de Pedro (2), João (3), bem como de Tiago e Judas. Ela pretende expressar que se trata de cartas "gerais" (*kathólikai*), dirigidas à Igreja universal, diferentemente das cartas paulinas, dirigidas a comunidades particulares. Essas cartas, em parte, são dirigidas em forma de cartas circulares a comunidades cristãs em determinadas regiões do Império Romano. A 1ª Carta de Pedro dirige-se a cristãos em diversas províncias da Ásia Menor; a Carta de Tiago está endereçada para as "doze tribos na dispersão (*diasporá*), o que aparentemente é uma designação para a totalidade dos cristãos. Outras cartas "gerais", entretanto, são realmente destinadas a uma comunidade determinada (2João) ou então a uma pessoa específica (3João), tendo sido recebidas e enquadradas como "cartas gerais" só mais tarde.

As cartas paulinas foram escritas durante a missão de Paulo e tratam de constelações e problemas que surgiram neste contexto. Mais tarde elas tiveram sua continuidade por meio de cartas escritas em nome de Paulo, reivindicando sua autoridade e dando seguimento a sua teologia.

Os evangelhos sinóticos segundo Marcos, Mateus e Lucas traçam imagens da atuação e do caminho de Jesus com base em tradições sobre Jesus já existentes e na confissão de Jesus Cristo como o Filho de Deus ressuscitado e exaltado. Com isso eles retomam tradições confessionais que apresentam contatos com as cartas do Novo Testamento. No entanto, os grupos por trás dos evangelhos sinóticos não eram os mesmos daqueles por trás das cartas ou da literatura joanina.

Os Atos dos Apóstolos representam uma especificidade entre os escritos do Novo Testamento. Eles dão continuidade ao Evangelho de Lucas e narram os acontecimentos desde a ascensão de Jesus até a chegada

---

274. Eusébio, *História Eclesiástica* 2,23,25; 6,14,1.

de Paulo a Roma. Seu tema é a difusão da mensagem de Cristo por meio dos doze apóstolos, dos "helenistas" e, finalmente, de Paulo. A obra está essencialmente orientada para a pessoa e a atuação de Paulo, cujo caminho a apresentação em sua segunda parte segue ininterruptamente. Dessa maneira, os Atos dos Apóstolos, juntamente com as cartas pseudepigráficas de Paulo, pertencem à recepção de Paulo do Novo Testamento.

Embora o Evangelho de Lucas e os Atos dos Apóstolos provenham do mesmo autor e estejam intimamente ligados linguística e tematicamente, eles não constituem uma obra coerente de duas partes em qualquer lista de cânones ou mesmo no Novo Testamento. Aparentemente, os dois livros foram publicados em separado, e os Atos dos Apóstolos apenas entraram no círculo de escritos normativos do cristianismo quando o Evangelho de Lucas já havia sido integrado à coletânea dos Quatro Evangelhos. No Novo Testamento, por seu turno, os Atos dos Apóstolos constituem a introdução às cartas não paulinas (isto é, às "católicas") ou se encontram entre os evangelhos e as cartas paulinas – de acordo com a atual disposição nas edições usuais da Bíblia – servindo então de transição da história de Jesus para o testemunho das cartas de Paulo.

Uma posição toda especial cabe ao Apocalipse de João. Esse escrito, que se encontra na parte final do Novo Testamento e, com isso, de toda a Bíblia (em alguns códices ainda seguem escritos não pertencentes ao Novo Testamento, como a Carta de Barnabé e o Pastor de Hermas ou a Carta de Clemente), liga-se à literatura apocalíptica do judaísmo e dá-lhe continuidade a partir de uma perspectiva cristã. Textos apocalípticos também se encontram no Antigo Testamento, por exemplo, no Livro de Daniel ou em alguns capítulos do Livro de Isaías. Uma série de textos apocalípticos, no entanto, não pertence aos escritos bíblicos, como o Livro de Henoc, o quarto Livro de Esdras, o Apocalipse de Baruc, o Apocalipse de Abraão e outros escritos judaicos. A literatura apocalíptica do judaísmo, que forma o contexto literário e teológico para o Apocalipse de João, é, portanto, muito mais extensa do que aparece nos escritos bíblicos.

O Apocalipse de João descreve em cinco visões sucessivas o fim do mundo presente e sua substituição por "um novo céu e uma nova terra" (Apocalipse 21,1). O vidente João, que também se menciona pelo nome no início e no fim do livro (1,1.4.9; 22,8), é arrebatado diante do trono de Deus e vê ali um cordeiro abatido, o único que é digno de abrir o livro com os sete selos, depois do que os eventos do fim dos tempos seguem seu curso. Estes são contados em visões sucessivas de sete selos, sete trombetas e sete taças, interrompidas nos capítulos 12–14 por uma representação da vitória sobre satanás no céu, sua queda na terra, dois animais que na terra blasfemam contra Deus e travam guerra contra os seus eleitos, e, finalmente, pela vitória do Cordeiro, que se encontra com os 144.000 eleitos no Monte Sião. O fim dos tempos é, de acordo com o Apocalipse, determinado pela queda da "Babilônia", que aqui representa Roma, seguida por uma soberania milenar de paz do Messias e, por fim, pela vitória completa sobre satanás.

O posicionamento do Apocalipse está calcado no Cristo exaltado, que já alcançou a vitória sobre satanás. Os poderes antidivinos que ainda atuam na terra – a referência é ao Império Romano e suas instituições – travam guerra contra os eleitos de Deus e do Cordeiro, mas por fim serão destruídos. O Apocalipse, portanto, à semelhança da 1ª Carta de Pedro, pressupõe uma situação de angústia para os cristãos. Ele conclama os crentes a se manterem fiéis ao credo e a negar uma adoração ao poder antidivino (a referência é, provavelmente, ao culto de César) em vista da vitória já alcançada sobre toda a impiedade e maldade. Diferentemente da 1ª Carta de Pedro, que conclama para a preservação em meio a hostilidades da sociedade pagã, o Apocalipse enfatiza o contraste entre a confissão a Deus e a Jesus Cristo por um lado, e uma vida dentro das estruturas sugeridas pelo poder antidivino, por outro.

Além disso, o Apocalipse também apresenta caráter de carta. Ele contém sete cartas curtas (as chamadas "missivas") a comunidades da Ásia Menor. A esses endereçados é dirigida a conclamação de resistir até o fim, ocasião em que ocorrerá a salvação de Deus para os seus eleitos.

6.2.2 Textos não canônicos: "Pais apostólicos" e "apócrifos"

Uma série de escritos do antigo cristianismo que não entrou no Novo Testamento foi reunida em coletâneas próprias na Idade Moderna: nos assim denominados "Pais apostólicos" e "apócrifos". Ao lado disso, existem também textos litúrgicos e ordens eclesiásticas, tratados filosóficos de teólogos cristãos antigos, instruções catequéticas e outros materiais. Alguns desses escritos foram redigidos na mesma época dos escritos neotestamentários, ou seja, no século entre os anos 50-150, enquanto outros pertencem ao tempo da formação do cânone do Novo Testamento. Esse processo já iniciou por volta do fim do século I com a coletânea das cartas de Paulo e chegou a um término relativo por volta da metade do século IV. "Relativo" pelo fato de nem todas as Igrejas cristãs compartilharem do mesmo cânone bíblico e por não ter havido nenhuma decisão eclesiástica oficial, antes um reconhecimento factual daqueles escritos que, como "Antigo Testamento" e "Novo Testamento", formam a Bíblia Cristã. Muitos dos escritos que surgiram durante este período se relacionam com os escritos que acabaram integrando o Novo Testamento – acatando-os e atualizando-os, ou confrontando-os criticamente ou, por fim, em regime de competição direta com eles. A história do surgimento do Novo Testamento é, pois, a história do confronto entre diferentes doutrinas, grupos e correntes, que se expressam por meio de textos diferenciados. Isso pode ser ilustrado observando textos que igualmente pertencem ao mundo literário do antigo cristianismo, embora só tenham sido reunidos em coletâneas bem depois do Novo Testamento.

O teólogo católico Jean-Baptiste Cotelier (1629-1686) compilou em 1672 os escritos dos supostos discípulos dos apóstolos Barnabé, Clemente, Hermas, Inácio e Policarpo com alguns outros escritos como "*Werke der heiligen Väter, die zu apostolischen Zeiten blühten*" ("Obras dos Santos Pais, que floresceram em tempos apostólicos")[275]. Mais tarde a coletânea foi ainda acrescida de outros escritos: a Didaquê (Doutrina dos doze apóstolos), os fragmentos de Papias, o fragmento de Quadratus e a carta a Diogneto. Os escritos dos "Pais apostólicos" surgiram entre o fim do primeiro e o fim do segundo séculos. Os mais antigos deles (1Clemente, Didaquê, Inácio) provêm do mesmo período dos escritos mais recentes do Novo Testamento (Atos dos Apóstolos, Apocalipse, 1Pedro, cartas pastorais, Judas, 2Pedro). Antes de serem compilados por Cotelier, os escritos dos "Pais apostólicos" nunca haviam sido reunidos em uma coletânea. Eles eram escritos individuais, surgidos independentemente uns dos outros, e também não eram considerados como pertencentes a um mesmo grupo na Antiguidade e Idade Média. Como regra, eles pressupõem os escritos que entraram no Novo Testamento e usam estes como base

---

275. Uma coletânea em alemão é a obra de Lindemann e Paulsen (1992).

para suas próprias redações (cf. GREGORY; TUCKETT, 2005; STILL; WILHITE, 2017).

A Didaquê provavelmente pressupõe o Evangelho de Mateus, mas também conhece outras tradições cristãs antigas. Esse escrito representa a mais antiga ordem comunitária cristã conservada, e surgiu por volta do fim do século I. Nele foram compiladas tradições sobre a ética cristã, sobre o batismo, a oração e a Santa Ceia, sobre como lidar com profetas e mestres itinerantes, sobre a reunião da comunidade no "Dia do Senhor" (domingo), bem como sobre a eleição de bispos e diáconos. No final, há uma exortação à vigilância, pois "o Senhor" pode voltar de forma inesperada (cap. 16).

A primeira Carta de Clemente é um escrito de Roma para Corinto, que pressupõe a 1Coríntios de Paulo. Ela faz referências a tradições de Jesus e provavelmente à Carta aos Hebreus, mas também à Septuaginta, a fim de exortar a comunidade de Corinto a um modo de vida que corresponda à fé. As cartas de Inácio foram redigidas por Inácio em uma viagem de Antioquia a Roma, para onde o bispo de Antioquia foi levado como prisioneiro, a fim de ser executado. Elas são dirigidas a várias comunidades na Ásia Menor ocidental (entre outras Éfeso, Esmirna e Trales) e enfatizam a unidade da comunidade sob a direção de bispo, presbíteros e diáconos, bem como a importância da Eucaristia presidida pelo bispo como símbolo de promoção da unidade na comunidade. Também é importante para Inácio fundamentar teologicamente seu caminho para o martírio e defendê-lo contra críticas. Inácio conhece as cartas de Paulo e outras tradições cristãs primitivas, incluindo aquelas que são próximas aos evangelhos (especialmente ao Evangelho de João). Suas cartas são um testemunho de estruturas e instituições comunitárias emergentes no segundo terço do século II.

Muitos dos escritos pertencentes aos "Pais apostólicos" gozavam de alta apreciação no antigo cristianismo[276]. Não era certo desde o início que eles, em última análise, não seriam contados entre os escritos "canônicos" normativos. Os limites, ao contrário, mantiveram-se parcialmente indeterminados por um longo tempo, o que teve efeitos até em códices

---

276. Isso vale especialmente para o "Pastor de Hermas", que foi muito valorizado nos primórdios do cristianismo.

bíblicos antigos: o Códice Sinaítico contém a Carta de Barnabé e o Pastor de Hermas, o Códice Alexandrino, a 1ª e a 2ª cartas de Clemente. O Códice Vaticano termina abruptamente no meio da Carta aos Hebreus, pelo que necessita ficar em aberto se ele ainda continha outros escritos além daqueles pertencentes ao Novo Testamento em sentido estrito.

Os "Apócrifos do Novo Testamento" foram compilados pela primeira vez em 1703 pelo filólogo e teólogo Johann Albert Fabricius (1668-1736). O termo "apócrifo", que na verdade significa "oculto", não é – ao contrário do uso feito por teólogos antigos – empregado no sentido depreciativo de "falsificado" ou "herético"[277]. Pelo contrário, com o termo são designados testemunhos literários do antigo cristianismo que não se tornaram "canônicos", ou seja, que não entraram no Novo Testamento. Desde a edição de Fabrício tornou-se conhecido um grande número de outros escritos, que hoje são contados entre os "apócrifos"[278]. Importante desde o fim do século XIX foi a descoberta de um grande número de papiros em Oxyrhynchus, no Alto Egito, entre os quais também se encontravam textos do Novo Testamento e palavras extracanônicas de Jesus. Além disso, em 1947 foram encontrados em Nag Hammadi treze códices com textos coptas, que contêm uma grande diversidade de textos cristãos e não cristãos[279]. Aos escritos cristãos pertencem, por exemplo, o Evangelho de Tomé, o Evangelho de Filipe, além de outros evangelhos, tratados filosóficos e mitológicos, apocalipses e outros materiais (cf. SCHRÖTER; SCHWARZ, 2017). Muitos desses textos foram traduzidos do grego para o copta nos séculos IV e V, mesmo que eles próprios datem dos séculos II ou III.

Ocasionalmente existem fragmentos de textos antigos (p. ex., dos séculos II/III) que, como textos maiores, são apenas atestados em ma-

---

277. Teólogos cristãos antigos empregam seguidamente a designação de "apócrifo" no sentido de "falsificado" ou "herético". Ireneu, p. ex., fala de uma "grande quantidade de escritos apócrifos e falsificados, que eles (os valentinianos) mesmos prepararam (*Contra as heresias* 1,20,1). Hipólito fala de "supostos ensinamentos ocultos de Matias" (*Refutação de todas as heresias* 7,20). Tertuliano afirma sobre o Pastor de Hermas que ele é "contado entre os escritos apócrifos e falsificados" (*Sobre a honestidade* 10). Segundo Eusébio, *História eclesiástica* 4,22,9, Hegesipo afirmou sobre os "chamados apócrifos" que, em seu tempo, alguns deles teriam sido escritos por hereges.

278. Sobre isso, cf. Markschies e Schröter (2012); bem como Burke e Landau (2016).

279. Uma tradução alemã dos escritos de Nag Hammadi foi editada por Schenke, Bethge e Kaiser (2001/2003).

nuscritos (muitas vezes em tradução) de séculos posteriores[280]. Esse é, por exemplo, o caso no Evangelho de Tomé, do qual já antes da descoberta dos textos de Nag Hammadi foram encontrados papiros gregos em Oxyrhynchus, que, porém, só posteriormente puderam ser identificados como pertencentes ao Evangelho de Tomé. Do Evangelho de Maria, que não provém das descobertas de Nag Hammadi, mas apresenta características em comum com textos ali documentados e que é testemunhado por um manuscrito copta (incompleto) do século V, igualmente existem dois fragmentos gregos do século III. Às vezes também teólogos cristãos antigos mencionam escritos apócrifos, como os evangelhos de Tomé, de Pedro, dos Hebreus e dos Ebionitas.

Em seus gêneros literários, os escritos apócrifos baseiam-se frequentemente naqueles escritos que mais tarde integraram o Novo Testamento. Surgiram evangelhos, cartas, atos dos apóstolos e apocalipses. Mesmo assim, seria enganoso querer falar de um "Novo Testamento apócrifo"[281], pois esses escritos foram compilados como textos "apócrifos" em um tempo só muito posterior.

Apenas alguns textos "apócrifos" representam doutrinas diferentes, enquanto os outros se movem dentro do espectro que também é pressuposto para os textos do Novo Testamento. O motivo pelo qual os textos não se tornaram "canônicos" pode ser devido à data tardia de seu surgimento ou devido ao fato de terem sido empregados por grupos que desempenharam um papel especial nas comunidades cristãs e defenderam pontos de vista próprios; ou simplesmente também por terem sido muito pouco conhecidos e difundidos.

Assim sendo, os textos "apócrifos" não podem ser reduzidos a um denominador comum – por exemplo, de escritos "falsificados" ou "secretos". Entre eles existem escritos que apresentam doutrinas diferenciadas do Novo Testamento sobre a origem do mundo e do ser humano e sobre a importância de Jesus Cristo; também escritos que reproduzem seu nascimento e infância ou sua crucificação com traços lendários; outros ainda, narram feitos milagrosos dos apóstolos ou tradições adicionais da época

---

280. Cf. a coletânea de Lührmann (2000).
281. Por isso mesmo, o título do livro de Klauck, *A Bíblia apócrifa* (2008), também provoca uma impressão errônea.

do cristianismo primitivo. A multiplicidade dos antigos textos cristãos é expressão para a amplitude de perspectivas sobre o conteúdo e o significado da fé cristã, surgidas em diferentes correntes do cristianismo.

6.3 A tradição sobre Jesus e os evangelhos

6.3.1 Paulo e os evangelhos "canônicos"

Jesus apareceu com a pretensão de, por meio de sua atuação, estabelecer o governo de Deus e de mediar a sua salvação. Essa autocompreensão de Jesus, às vezes denominada de "reivindicação messiânica" (cf. HENGEL; SCHWEMER, 2001), foi preservada por seus seguidores, também e justamente em vista de sua morte na cruz. Nesse sentido, no início do cristianismo foram transmitidos o ensino e a atuação de Jesus, e interpretados sob novos pressupostos. Dessa forma, a tradição de Jesus tornou-se uma parte importante do Novo Testamento e de toda a literatura cristã primitiva.

Jesus não deixou nada por escrito, mas apresentou seu ensino oralmente em várias situações (ao instruir seus discípulos ou a multidão, nas disputas com seus adversários, em situações de refeições etc.). A tradição sobre a atuação e o ensino de Jesus foi transmitida oralmente por algumas décadas antes de ser escrita nos evangelhos por volta do ano 70, ou seja, exatos quarenta anos após a atuação de Jesus. Da transmissão oral, foi traduzida do aramaico, em que provavelmente pelo menos em parte havia surgido, para o grego (cf. cap. 5, "Aramaico – Hebraico – Grego")[282]. Nesse processo ela não só foi moldada em termos de conteúdo, mas também organizada por gêneros – por exemplo, em parábolas, histórias de cura ou "creias", ou seja, narrativas curtas que culminam em um dito destacado ou numa ação de Jesus.

Antigos vestígios da tradição de Jesus já podem ser vistos nas cartas paulinas. Em dois lugares de 1Coríntios Paulo fala de uma "palavra do

---

[282]. Disso dão testemunho termos aramaicos nos evangelhos, como *Abba* (Marcos 14,36; cf. Romanos 8,15; Gálatas 4,6); *Rabbouni* (Marcos 10,51; João 20,16); *Ephphatha* (Marcos 7,34); *Talitha koum* (Marcos 5,41); *Mammon* (Mateus 6,24; Lucas 16,9.11.13) ou *Pascha* (testemunhado com frequência). Segundo Marcos 15,31 (cf. Mateus 27,46), Jesus exclama na cruz em língua aramaica *Eloi, eloi lama sabachthani* ("Meu Deus, meu Deus, por que me abandonaste?"), um citado do Salmo 22,2.

Senhor" e de uma ordem que o Senhor teria dado (1Coríntios 7,10s.; 9,14). Em termos de conteúdo, a primeira passagem trata sobre a proibição do divórcio, e a segunda, sobre a prática cristã primitiva de zelar pela manutenção de missionários itinerantes. Esses temas também são encontrados nos evangelhos[283]. Paulo se refere às instruções correspondentes do "Senhor", ou seja, do Jesus Cristo exaltado. Ele, porém, não cita as palavras de Jesus que se encontram nos evangelhos, mas formula seu conteúdo com palavras próprias. Procedimento diferente ocorre na tradição da última Ceia de Jesus. Aqui Paulo conhece uma tradição já moldada, que também é encontrada nos evangelhos (1Coríntios 11,23b-25):

> O Senhor Jesus, na noite em que foi entregue, tomou pão e deu graças, partiu-o e disse: Este é o meu corpo para vós. Fazei isso em memória de mim! Da mesma maneira também tomou o cálice depois da ceia, e disse: Este cálice é a nova aliança em meu sangue. Fazei isso, por quantas vezes (dele) beberdes, em memória de mim!

Paulo introduz esta tradição expressamente com as palavras: "Pois recebi do Senhor o que também vos transmiti [...]". Os termos "receber" e "transmitir" indicam que Paulo está citando uma tradição conhecida por ele, pois se trata, nesse caso, de *termini technici* para transmissão de tradições. A tradição da última ceia de Jesus e de seu significado como participação em seu corpo e sangue – isto é, em sua vida e morte – pertence, portanto, à série de tradições bem antigas do cristianismo. Ela representa um elo importante entre as epístolas de Paulo e os evangelhos sinóticos, pois nestes últimos a referida tradição igualmente pode ser encontrada[284].

Se Jesus realmente falou essas ou palavras semelhantes na última ceia com seus discípulos em Jerusalém não pode ser constatado historicamente com certeza. De qualquer forma, este evento na noite anterior à sua crucificação já foi transmitido bastante cedo. Sua ênfase está na impor-

---

283. O tema do divórcio se encontra em Marcos 10,2-12 / Mateus 19,3-12; Mateus 5,27-32; Lucas 16,18. O sustento dos missionários é tematizado nos discursos de envio dos evangelhos sinóticos: Marcos 6,10s.; Mateus 10,11-14; Lucas 9,4s.; 10,5-12.

284. Marcos 14,22-25; Mateus 26,26-29; Lucas 22,15-20. Não entraremos aqui em maiores detalhes sobre a relação entre as tradições ligeiramente diferentes, que podem ser subdivididas em duas vertentes (Marcos e Mateus, respectivamente, Paulo e Lucas), nem sobre a pergunta de um possível "arquétipo" eventualmente reconhecível por trás delas a respeito da tradição da Santa Ceia. Sobre isso, cf. Schröter (2006, p. 124-127).

tância desta ceia para a comunidade reunida em nome de Jesus Cristo. É por isso que os gestos da partilha e distribuição do pão, bem como da ingestão de todos os participantes da ceia de um mesmo cálice, encontram-se formalmente relacionados com a atuação e morte de Jesus: o pão partido e distribuído simboliza seu corpo – ou seja, sua existência terrena, que é relembrada na tradição –, o cálice comum simboliza o seu sangue derramado – ou seja, a sua morte, que já se delineava na última ceia. Na ceia, portanto, Jesus Cristo crucificado e ressuscitado é tornado presente, recebendo os integrantes da ceia participação nos efeitos salvíficos de sua vida e morte.

Na Primeira Carta aos Coríntios, Paulo introduz ainda outra tradição exatamente da mesma maneira que a da última ceia antes da morte terrena de Jesus, a saber, a da morte de Cristo pelos nossos pecados, seu sepultamento, sua ressurreição e suas aparições: "Pois eu vos transmiti no início o que também recebi [...]"[285]. Isso mostra que para Paulo ambas as tradições se encontram no mesmo nível. É por isso que em relação à atuação do Jesus terreno ele também sempre fala do "Senhor" (ou do "Senhor Jesus"). Com isso o Jesus terreno é focalizado da perspectiva de sua ressurreição e exaltação, porque como tal Ele é chamado de "Senhor". A atuação do Jesus terreno só é significativa para Paulo porque Ele é chamado pelos cristãos como "Senhor" exaltado a Deus[286].

Além disso, nenhum outro traço direto da tradição de Jesus pode ser encontrado em Paulo[287]. Existem, entretanto, alguns vínculos de conteúdo entre tradições empregadas tanto por Paulo quanto pelos autores dos evangelhos. É o caso das tradições sobre a observância das leis de pureza, sobre o mandamento da renúncia à retribuição e do amor aos inimigos, bem como sobre a exortação à vigilância diante da vinda inesperada de

---

285. Deve-se comparar também com o texto de 1Coríntios 11,2: "as tradições, tais quais vo-las transmiti".

286. Isso é expresso de forma marcante na confissão citada no cap. 5 e encontrada em Romanos 10,9: a fé cristã é fé em Deus que ressuscitou Jesus dos mortos e que se expressa na confissão "Senhor (é) Jesus".

287. As passagens por vezes citadas de 1Tessalonicenses 4,15 e Romanos 14,14, em que Paulo fala sobre "uma palavra do Senhor" ou cita uma convicção recebida "no Senhor Jesus", não são citações de palavras de Jesus nem alusões a tradições de Jesus. Paulo autoriza aqui, muito mais, suas próprias palavras com o recurso ao "Senhor" em uma forma semelhante como em 1Coríntios 14,37: "O que vos escrevo é um mandamento do Senhor". Para todo o complexo temático, cf. a pesquisa de Jacobi (2015).

Jesus para o juízo[288]. Esses temas encontram-se em cartas paulinas, mas sem identificação como tradição de Jesus, ao passo que nos evangelhos sinóticos são apresentados como ensino de Jesus. Disso se pode deduzir que no antigo cristianismo circulavam principalmente tradições de cunho ético-parenético, que nos evangelhos eram apresentadas em sua totalidade como ensino de Jesus, embora também pudessem ser referidas sem tal atribuição. Essa constatação é apoiada pelo fato de que também em outros escritos, como na Carta de Tiago e na 1Pedro ou Didaquê, encontram-se analogias com a tradição sinótica sobre Jesus, mas sem atribuição direta a Ele.

Os autores dos evangelhos sinóticos retomaram as tradições sobre a atuação e o destino de Jesus, adaptaram-nas em termos de linguagem e conteúdo e as integraram em suas próprias narrativas sobre Jesus. A mais antiga dessas narrativas é o Evangelho de Marcos, escrito por volta de 70. Ele surgiu na situação histórica da guerra judaico-romana dos anos 66-74, provavelmente um pouco antes da destruição de Jerusalém no ano de 70. Jesus é apresentado como o Filho de Deus dotado do Espírito, em cujas comunhões de ceia, curas e demais atos poderosos tem início o reinado de Deus; além disso, Jesus também chama pessoas a segui-lo, fundando dessa maneira uma comunidade própria. O reinado de Deus, contudo, no presente ainda se encontra oculto, e será revelado por Deus só no futuro, quando Jesus vier como Filho do Homem para o juízo. A relação entre ocultação presente e revelação futura é desenvolvida pelo discurso parabólico de Jesus em Marcos 4,3-34 como "segredo do reinado de Deus" (4,11). Em vista da atual ambiguidade e ocultação do reinado de Deus, que leva a irritações quanto à questão se Jesus realmente já deu início a ele, Jesus conclama a permanecer no discipulado, mesmo se for "seguimento de cruz", ou seja, se levar a perseguições e sofrimentos. A vida eterna só pode ser alcançada por meio do seguimento de Jesus e da orientação pelo reinado de Deus, que iniciou com sua atuação (8,34–9,1).

A redação do Evangelho de Marcos é de grande importância histórica e teológica: a narrativa da atuação e do destino de Jesus, que inicia com João Batista e termina com o testemunho da ressurreição de Jesus, é uma

---

288. Em Paulo esses temas se encontram em Romanos 14,13-23; 12,14-21 e 1Tessalonicenses 5,1-6.

forma literária retomada por autores posteriores de narrativas sobre Jesus. Nesse contexto, Marcos emprega o termo "evangelho" (*eu-angélion* significa "boa notícia", "alegre mensagem") para caracterizar em termos de conteúdo o evento em torno de Jesus Cristo[289]. Nesse aspecto os autores dos demais evangelhos não o seguiram[290]. Foi só no século II que "evangelho" se tornou designação literária para os escritos que falam da atuação e do destino de Jesus; a primeira evidência nesse sentido é encontrada em Justino, que fala de "evangelhos" no plural. Essa designação então também passou a ser empregada pelos autores dos evangelhos "apócrifos".

Com sua narrativa caracterizada como "evangelho", o Evangelho de Marcos atribui à atuação terrena de Jesus um significado próprio: Jesus não é apenas o Senhor ressuscitado e exaltado, mas simultaneamente aquele que trabalhou na Galileia e nas regiões circunvizinhas com a autoridade de Deus, fundou uma comunidade própria de seguidores, e cujo caminho o levou à crucificação pelos romanos nas proximidades de Jerusalém. Com isso o Evangelho de Marcos fundamenta a conexão teológica entre o caminho do Jesus terreno e sua ressurreição, exaltação e retorno no fim dos tempos.

Os autores dos evangelhos de Mateus e Lucas pressupõem o Evangelho de Marcos e, de forma independente, baseiam nele suas descrições de Jesus. Além disso, eles retomaram ainda outras tradições, que parcialmente lhes estavam disponíveis também por escrito. Ambos os evangelhos surgiram nas últimas décadas do século I, entre os anos 80 e 100.

Além do Evangelho de Marcos, cuja estrutura seguem em grande medida, os evangelhos de Mateus e Lucas ainda retrabalharam muitas outras tradições comuns que, em parte, também se relacionam estreitamente em termos linguísticos. Sobre isso se fundamenta a hipótese desenvolvida no século XIX, segundo a qual Mateus e Lucas teriam empregado, além de Marcos, ainda uma segunda fonte[291]. Essa fonte, que

---

289. Marcos 1,1.14s.; 8,35; 10,29; 13,10; 14,9. O termo também é empregado bastante em Paulo e na tradição paulina. Mas em Marcos ele é vinculado pela primeira vez à atuação e ao destino do Jesus terreno.

290. Enquanto em Mateus "evangelho" aparece algumas vezes na expressão "evangelho do reino (de Deus)", em Lucas e João ele está completamente ausente.

291. Esta é a solução amplamente reconhecida no âmbito do continente europeu da "pergunta sinótica" pela relação mútua entre os três primeiros evangelhos sinóticos. Outros modelos não serão abordados mais detalhadamente neste espaço. Na área anglo-saxônica atualmente ainda

na pesquisa é abreviada com "Q" ("Quelle" = "fonte") não se encontra testemunhada nem por manuscritos nem por menções de autores antigos e não pode ser comprovada. Sua plausibilidade, contudo, tem por base o fato de que – pressupondo-se que Mateus e Lucas usaram o Evangelho de Marcos de forma independente – as concordâncias dos dois evangelistas em tradições não provindas do Evangelho de Marcos dificilmente permitem outra explicação. Já que a extensão e o perfil linguístico dessa fonte só podem ser determinados *ex negativo* – material comum a Mateus e Lucas, que não se encontra em Marcos –, tanto a sua extensão exata como o seu perfil literário e de conteúdo só podem ser reconhecidos por aproximação[292]. Pressupõe-se, entretanto, que Q continha ditos de Jesus, pelo que ela também é designada de "Fonte dos ditos".

Comparado ao Evangelho de Marcos, o Evangelho de Mateus coloca claramente acentos próprios na definição do perfil de Jesus[293]. Jesus é apresentado como Messias de Israel, cuja atuação se encontra firmemente ancorada nos escritos e tradições do judaísmo, podendo ser adequadamente compreendida a partir desse pano de fundo. Por isso é enfatizado recorrentemente que, de certa maneira, eventos ocorreram na história de Jesus "para que se cumprisse o que foi dito por meio do profeta, que diz [...]" (ou de forma semelhante), seguido de uma citação da Escritura[294].

Já no início do Evangelho de Mateus, Jesus é integrado à história de Deus com Israel por meio de uma genealogia, sendo designado de "Filho de Davi" e "Filho de Abraão". Com isso são conectadas duas linhas: uma dirigida a Israel – relacionada à promessa do governante vindouro da descendência de Davi – e outra, universal – relacionada à promessa

---

é defendido, sobretudo, o parecer (cf., p. ex., Mark Goodacre e Francis Watson) segundo o qual o autor do Evangelho de Lucas teria conhecido os evangelhos de Marcos e Mateus. Essa solução é às vezes – mas não sempre – defendida, abdicando-se da hipótese da fonte Q.

292. Sobre essa "fonte" existem desde o século XIX intensas pesquisas que levaram tanto a tentativas de uma reconstrução de sua extensão e teor linguístico quanto também do perfil do seu conteúdo e do seu enquadramento na história da literatura e teologia do antigo cristianismo. Às vezes essas tentativas ultrapassaram em muito a medida daquilo que realmente seria comprovável. Para um inventário mais recente da pesquisa sobre a fonte Q, cf. Kirk (2016, p. 151-183).

293. Por isso o Evangelho de Mateus também apresenta uma correção parcial do Evangelho de Marcos. Sobre isso, cf. Konradt (2016, p. 43-68).

294. Os chamados "citados de reflexão" ou "cumprimento" perpassam a apresentação de Jesus em Mateus desde as narrativas de infância até a história da paixão.

a Abraão de ser o pai de todas as nações. Diferentemente de Marcos, a atuação de Jesus é descrita como fiel à Torá, sendo caracterizada inclusive como cumprimento da lei e dos profetas, ao passo que a suposição de que ele poderia ter vindo para dissolver a lei e os profetas é firmemente rejeitada (5,17s.).

O surgimento da comunidade de Jesus Cristo do círculo de discípulos chamados por Jesus também desempenha um papel importante no Evangelho de Mateus. O Evangelho de Mateus é o único evangelho no Novo Testamento que usa o termo "Igreja" (*ekklêsía*). A Igreja fundamenta-se no círculo dos discípulos, especialmente em Pedro como discípulo destacado do círculo dos doze, do qual é dito que sobre ele, na qualidade de "pedra" (*pétra*), Jesus pretende edificar a sua Igreja (16,18). Pedro é aquele em quem a fé e as dúvidas se tornam igualmente claras, que se esforça de maneira especial pelo discipulado, mas também sempre de novo falha em sua concretização[295].

No Evangelho de Mateus encontram-se também regras concretas para o convívio mútuo dentro da comunidade. Em Mateus 18, a preocupação com os "pequeninos", que aqui não incluem apenas os filhos, mas membros necessitados da Igreja em geral, e o perdão mútuo são citados como comportamentos básicos para a Igreja de Jesus Cristo. A ordem do perdão foi estabelecida pelo próprio Jesus e deve ser realizada na Igreja.

Um tema importante do Evangelho de Mateus é, por fim, como a Igreja nascente se comporta em relação a Israel. Encontram-se justapostas duas perspectivas: uma "exclusiva", direcionada a Israel, e outra "inclusiva", relacionada com todos os povos. A primeira se expressa no envio de Jesus e seus discípulos a Israel. Em 10,5ss., os discípulos são expressamente instruídos "a não ir para uma rua dos gentios e não a uma cidade dos samaritanos", mas unicamente "às ovelhas perdidas da casa de Israel". Em 15,24 Jesus diz no diálogo com uma mulher cananeia que Ele foi "enviado apenas às ovelhas perdidas da casa de Israel". A isso se contrapõe a tarefa dada pelo ressuscitado aos seus discípulos no fim do Evangelho de Mateus. Eles agora são enviados "a todos os povos" para

---

295. Isso se torna particularmente elucidativo no episódio em que Jesus caminha sobre o mar (Mateus14,22-33): Pedro inicialmente confia em que Jesus possa capacitá-lo para caminhar até Ele sobre as águas, mas a seguir, devido ao forte vento no mar, é tomado pelo medo e começa a afundar.

batizá-los e instruí-los nos ensinamentos de Jesus (28,19s.). Com isso é retomada uma linha que já anteriormente apresentara indícios no Evangelho de Mateus.

Também o Evangelho de Lucas concebe uma imagem própria do caminho e da atuação de Jesus. Jesus é anunciado como o "Filho do Altíssimo", que se assentará no trono de Davi (1,32) e com cuja vinda Deus preparou salvação para todos os povos: aos gentios, iluminação, e ao povo de Israel, glória (2,30-32). Também aqui a obra de Jesus se encontra primordialmente relacionada com Israel e sob o signo do cumprimento das promessas proféticas (4,18s.), sendo que se percebe uma especial ênfase num comportamento ético correspondente à vontade de Deus. Lucas acentua a importância de um procedimento responsável em relação aos bens terrenos e constata que na atuação de Jesus Deus tornou a salvação acessível ao seu povo. O Evangelho termina com aparições de Jesus diante dos seus discípulos e com sua ascensão ao céu. No início dos Atos dos Apóstolos ocorre mais um encontro do ressuscitado com seus discípulos, que dura 40 dias. Nessas semanas Jesus instrui seus discípulos sobre o Reino de Deus. O encontro é concluído com o recebimento de Jesus no céu, ao qual corresponderá seu retorno no fim dos tempos.

A história seguinte de Pentecostes coloca em movimento a difusão da mensagem de Cristo, realizada principalmente pelos doze apóstolos, pelos "helenistas" e por Paulo. No centro está o fato de que a Igreja emergente está firmemente enraizada na história de Israel e lhe dá continuidade, embora a mensagem de Cristo seja frequentemente rejeitada pelos judeus, mas aceita pelos gentios. É por isso que, no fim dos Atos dos Apóstolos, Paulo constata que os judeus foram endurecidos por Deus, tendo lhes sido negado o conhecimento da atuação de Deus por meio de Jesus Cristo. Os gentios, ao contrário, ouvirão (Atos 28,25-28).

Uma imagem completamente diferente de Jesus é encontrada no Evangelho de João. Aqui Jesus é apresentado como o Logos divino encarnado, que revelou Deus no mundo e que concede vida eterna a quem crer nele. Em grandes discursos ilustrativos Ele fala sobre si mesmo como "pão da vida", "luz do mundo", "bom pastor" ou "videira verdadeira"; suas curas e atos poderosos são interpretados como "sinais", que apontam para Jesus como o revelador que veio ao mundo. O Evangelho de João descreve o caminho de Jesus num movimento descendente da área divina superior para o cosmos, ao qual corresponde um movimento ascendente, no qual Jesus retorna novamente ao Pai. A morte de Jesus é consequentemente interpretada com os termos "ser exaltado", "ir embora" ou também "ser glorificado"[296]. Dessa forma, a crucificação é interpretada como exaltação de Jesus, ou seja, como início do seu caminho em direção à esfera celeste.

Os chamados discursos de despedida (13,31–16,33) têm um significado especial no Evangelho de João. Eles são introduzidos por uma nova situação – Jesus agora está unicamente junto dos "seus" na ceia – e finalizados por uma longa oração ao Pai (13,1-30 e 17,1-26). Dessa forma, a situação depois da partida de Jesus é acentuada de forma especial: os discípulos sempre ainda continuarão no mundo, mesmo que não pertençam a ele. Jesus enviará o Paraclito, um "mediador", "intercessor" ou "consolador", com o qual João se refere ao Espírito Santo, que conduzirá os seus na verdade. Dessa forma, o Evangelho deixa mais claro do que os evangelhos sinóticos que revê a atuação de Jesus na consciência de sua ressurreição e reflete sobre o significado de sua vinda para os crentes.

O caminho da tradição de Jesus desde os inícios até a criação dos evangelhos, que mais tarde vieram a integrar o Novo Testamento, mostra que o caminho e a atuação de Jesus, com inclusão de sua crucificação, ressurreição, das aparições do ressuscitado e sua exaltação à direita de Deus, constituíram um impulso essencial para o surgimento de escritos próprios ao lado daqueles do judaísmo. A atuação de Jesus foi compreendida como mediação da salvação de Deus, início do estabelecimento da soberania de Deus e cumprimento da lei e dos profetas. Ele foi designado como Filho de Deus e Ungido (Cristo), cuja autoridade e legitimidade por Deus permaneceram válidas mesmo diante de sua morte de cruz.

6.3.2 Outras tradições sobre Jesus e evangelhos "apócrifos"

Palavras de Jesus também foram transmitidas em outros escritos não constantes do Novo Testamento. Com o passar do tempo "palavras do Senhor" adquiriam autoridade própria ao lado da "Escritura",

---

296. Cf. João 3,14s.; 8,28; 12,32: ascensão de Jesus; 8,54; 12,16.23; 13,31s.; 17,1: glorificação de Jesus; 7,33s.; 8,14.21; 13,1; 14,3s.: partida de Jesus.

ou seja, dos escritos normativos de Israel. Isso já pode ser constatado na Didaquê, surgida no fim do século I, que cita palavras de Jesus do "evangelho de nosso Senhor" ou do "seu evangelho"[297]. A Segunda Carta de Clemente, surgida por volta da metade do século II, igualmente cita em 8,5 uma "palavra do Senhor" do "evangelho". Digno de nota é, além disso, que em outra passagem é mencionado um citado da Escritura de Isaías 54,1 e logo a seguir a palavra de Jesus "Não vim para chamar justos, e sim, pecadores" (Marcos 2,17; cf. Mateus 9,13; Lucas 5,32) é introduzida com a expressão "outra Escritura diz". De forma semelhante, também a Carta de Barnabé introduz o dito "Muitos são chamados, mas poucos, escolhidos" de Mateus 22,14 com a formulação "Como está escrito" (Barnabé 4,14).

A continuidade da escrita de "Palavras do Senhor" ocorre inicialmente dentro da própria história do texto dos evangelhos sinóticos. No Códice Beza, um manuscrito bíblico do século V, logo após a discussão sobre a colheita das espigas dos discípulos de Jesus no sábado, encontra-se outro pequeno episódio: Jesus vê um homem que trabalha no sábado e diz para ele: "Homem, se sabes o que fazes, és bem-aventurado. Se não o sabes, és amaldiçoado e um transgressor da lei". Trata-se de uma continuação notável da temática tratada anteriormente. Outra tradição proeminente, que encontrou entrada na tradição textual do Novo Testamento, é o episódio de Jesus e a pecadora em João 7,53–8,11. Também este pode ser encontrado no Códice Beza e em vários outros manuscritos tardios[298].

Tradições de Jesus ou palavras do Senhor também podem ser encontradas em alguns dos escritos dos "Pais apostólicos" (cf. GREGORY; TUCKETT, 2005). O autor da Primeira Carta de Clemente, redigida por volta do fim do século I, conclama seus destinatários a estarem atentos às "palavras do Senhor Jesus", nas quais Ele ensinou mansidão e longanimidade. Segue-se uma série de palavras do Senhor que apresentam

---

297. Didaquê 8,2: "como o Senhor ordenou em seu evangelho" (segue o Pai-Nosso); 15,4: "Admoestai-vos mutuamente, não na ira, mas na paz, como o tendes no evangelho de nosso Senhor". "O evangelho" também é mencionado em 11,3 e 15,3.

298. Um paralelo a essa narrativa também se encontra em Dídimo, o cego, em seu comentário sobre Eclesiastes no trecho sobre Eclesiastes 7,21-22. Sobre isso, cf. LÜHRMANN, 2004, p. 191-215.

contatos com os evangelhos sinóticos, especialmente com o Sermão da Montanha em Mateus ou o Sermão da Planície em Lucas. Outra referência às "palavras de nosso Senhor Jesus" encontra-se em 47,7-8. Aqui há uma palavra de advertência de Jesus, que tem várias analogias nos evangelhos sinóticos. Também na Carta de Policarpo há uma indicação de que o Senhor teria ensinado: "Não julgueis, para não serdes julgados" (2,3). Além disso, também há contatos com materiais sinóticos em cartas como a de Barnabé e na Didaquê.

Por fim, tradições sobre Jesus também foram preservadas fragmentariamente em papiros[299]. O papiro Egerton 2, em conjunto com o Papiro de Colônia 255, um texto surgido provavelmente no fim do século II, contém vários episódios da atuação de Jesus, entre os quais uma versão da cura do leproso de Marcos 1,40-44, bem como disputas de Jesus com autoridades judaicas e mestres da lei. Aparentemente, o papiro continha uma história de Jesus que se parecia com as histórias que entraram no Novo Testamento. Os poucos fragmentos, contudo, não permitem senão conclusões limitadas.

No Papiro Oxyrhynchus 840 – um pequeno fragmento de um códice de pergaminho em miniatura (a designação "papiro" é, por isso, parcialmente enganosa), escrito na frente e no verso com 45 linhas (22 e 23, respectivamente) (cf. KRUGER, 2005) – é narrado sobre um encontro de Jesus com um fariseu e sumo sacerdote de nome Levi no átrio do Templo em Jerusalém, em cujo centro encontra-se uma disputa sobre a pergunta pela pureza. Por trás disso poderia estar uma controvérsia sobre o batismo cristão como ritual de purificação realizado com água, ao qual é contraposto um batismo "espiritual" em "águas da vida eterna". Caso essa interpretação seja pertinente, o fragmento seria testemunho de uma disputa intrajudaica entre diferentes concepções de batismo, possivelmente até dos sacramentos em geral, por trás do que também poderiam se encontrar diversas visões da relação entre tradições cristãs e judaicas. Indício disso poderia ser que na controvérsia com Jesus um fariseu e sumo sacerdote judaico assume o papel de quem considera uma ablução necessária: nela, por uma escada, se desceria para dentro

---

299. Aqui podem ser mencionados apenas poucos exemplos do extenso acervo de fragmentos apócrifos. Para um inventário extenso, cf. Markschies e Schröter (2012). Cf. tb. Nicklas, Kruger e Kraus (2009).

de um tanque de água e, a seguir, por outra escada, se sairia dele, passando a colocar roupa branca – aparentemente, uma alusão ao ritual cristão do batismo.

Numerosos outros papiros com as tradições de Jesus foram preservados, cujo estado fragmentário de preservação muitas vezes, porém, não permite declarações mais precisas sobre o perfil literário e de conteúdo dos escritos em questão. Esses fragmentos deixam claro que a tradição de Jesus era muito mais extensa do que indicam os Quatro Evangelhos que entraram no Novo Testamento. Frequentemente o contato com eles pode ser reconhecido, mas ocasionalmente as tradições de Jesus que não se tornaram canônicas também seguem seu próprio caminho. Isso permite identificar várias referências à pessoa de Jesus e a sua atuação, a partir das quais no transcorrer dos séculos II a IV os Quatro Evangelhos do Novo Testamento se cristalizaram como as apresentações normativas da atuação e do destino de Jesus.

Menções explícitas a evangelhos não canônicos "apócrifos" foram realizadas por teólogos antigos desde o fim do século II. Nesse processo, encontram-se diferentes atitudes em relação a esses evangelhos: eles podem ser citados, mas diferenciados dos Quatro Evangelhos da Igreja cristã, podem ser considerados inadequados para a comunidade cristã após exame mais detalhado, mas também podem ser rejeitados em princípio e descartados como "heréticos".

Em teólogos cristãos primitivos, como Clemente de Alexandria, Orígenes, Jerônimo e Eusébio, ocasionalmente são citados um "Evangelho segundo os Hebreus" e um "Evangelho segundo os Egípcios". Epifânio de Salamis (séc. IV) cita, além disso, a partir de um evangelho empregado pelo grupo judeu-cristão dos ebionitas. Desses escritos que atualmente muitas vezes são enquadrados como "evangelhos judeu-cristãos" só se encontram conservados os citados nos autores referidos, mas nenhum manuscrito[300]. Em Clemente de Alexandria encontra-se a interessante notícia: "Aquilo que foi dito não se encontra nos evangelhos que nos foram transmitidos, mas só no evangelho "segundo os egípcios"[301]. Isso se refere à seguinte citação, relatada anteriormente,

---

300. Sobre isso, cf. as análises básicas de J. Frey, em: Markschies e Schröter (2012, p. 560-660).
301. *Tapetes* III 93,1.

ou seja: "Quando vocês pisam sobre a vestimenta da vergonha e quando os dois se tornam um e o que é macho se une ao que é fêmea, não haverá mais macho nem fêmea". Esse dito possui analogias em outros evangelhos apócrifos, como no Evangelho de Tomé e de Filipe. Ele aponta para uma concepção em escritos cristãos antigos (que também se encontra em Fílon), de acordo com a qual o ser humano originalmente consistia em uma unidade entre masculino e feminino, que só se perdeu quando ele entrou no mundo. A concepção platônica podia ser interpretada pelos cristãos de tal maneira que, com a vinda de Jesus Cristo, chegou ao mundo o conhecimento de como a unidade originária do ser humano poderia ser reconquistada. Tal concepção ocorre em vários matizes nos escritos cristãos do fim do século II, bem como dos séculos III e IV. Ela aparentemente também se encontra por trás do dito citado do evangelho dos egípcios.

Como exemplo de rejeição de um escrito depois de sua avaliação, temos a carta do bispo Serapião de Antioquia, que escreve por volta de 180 para a comunidade de Rosso, na costa mediterrânea da Síria. A carta, transmitida por Eusébio, diz:

> Nós, irmãos, apegamo-nos a Pedro e aos outros apóstolos, como a Cristo. Mas, como entendedores, rejeitamos os escritos falsos sob seus nomes. Pois sabemos que não recebemos nada parecido. Quando eu estava convosco, era da opinião que todos andavam na fé correta. E sem ter consultado o evangelho que eles apresentaram, levando o nome de Pedro, eu disse: Se é só isso que vos provoca desalento, deve ser lido. Mas agora, que aprendi com o que me foi informado, que sua mente se encontra secretamente inclinada para uma heresia, vou me apressar em retornar a vós. Portanto, irmãos, me aguardem em breve. Mas nós, irmãos, entendemos a natureza da heresia de Marcião, que se contradisse, sem saber o que dizia. Podeis aprender isso com o que vos escrevi. Na verdade, pudemos recebê-lo de outros que usam este mesmo evangelho, por intermédio dos sucessores daqueles que o escreveram – a quem denominamos de docetas (muitos de seus pensamentos pertencem a essa doutrina). Depois que o havíamos lido, constatamos que a maior parte estava de acordo com o ensino correto do Salvador, embora certas coisas apresentassem diferenças, as quais vos anexamos (EUSÉBIO, *História Eclesiástica* 6,12,3-6).

Esta carta, que, de acordo com Eusébio, vem de um tratado de Serapião com o título "Sobre o chamado Evangelho de Pedro", mostra antes de tudo que havia também outros escritos além dos Quatro Evangelhos do Novo Testamento que eram lidos em comunidades cristãs primitivas sob o nome de "evangelho". Tratava-se, nesses casos, de escritos de caráter muito diferente, que inicialmente têm apenas em comum o fato de conterem tradições de Jesus.

A carta de Serapião é a mais antiga notícia a respeito da existência de um evangelho sob o nome de Pedro (cf. KRAUS; NICKLAS, 2004; FOSTER, 2010). Quando em 1886/1887 foi descoberto em Akhmîm no Alto Egito um códice com quatro escritos em língua grega na tumba de um monge, dos quais um ao que tudo indica é um evangelho fragmentariamente conservado, este pôde ser identificado como o (ou, de qualquer forma, *um*) "Evangelho segundo Pedro", uma vez que em dois lugares o autor fala como narrador em primeira pessoa e em dois outros lugares se dá a conhecer como "Simão Pedro". O fragmento conservado data só dos séculos VI/VII, ou seja, é uma cópia tardia. Existe, contudo, pelo menos um fragmento grego de uma época claramente mais antiga (fim do século II ou início do século III). Em comum com a carta de Serapião, o fragmento indica que o Evangelho de Pedro se originou no século II. Conservada se encontra uma versão dos eventos da paixão em perspectiva própria, desde o interrogatório diante de Pilatos até os discípulos que retornam à Galileia depois da crucificação. Não é mais possível saber a extensão que o texto teve como um todo – se, pois, a história de Pedro esteve ou não precedida por uma narrativa acerca da atuação terrena de Jesus. Um acento especial da narrativa da paixão no Evangelho de Pedro está na hostilidade dos judeus contra Jesus e seus discípulos. O texto retrata, portanto, um desenvolvimento identificável de várias maneiras desde o século II e caracterizado pela crescente alienação e hostilidades entre judeus e cristãos.

Do Evangelho de Tomé[302], rejeitado por teólogos cristãos antigos, encontrou-se um manuscrito quase completo em língua copta na descoberta dos códices de Nag Hammadi no ano de 1945. Como no caso do Evangelho de Pedro, também do Evangelho de Tomé são conhecidos fragmentos

---

302. Cf. o comentário pormenorizado de Gathercole (2014).

datados do fim do século II e inícios do século III. Esses inclusive foram até descobertos mais cedo que o manuscrito copta de Nag Hammadi, mas não puderam ser associados com o Evangelho de Tomé quando foram descobertos no fim do século XIX em Oxyrhynchos, por esse ainda não ser conhecido naquela época[303].

O Evangelho de Tomé contém numerosos ditos e parábolas, que sempre são introduzidos com "Jesus diz" ou "Jesus disse"[304]. Às vezes, há também unidades narrativas menores. A parte narrativa, contudo, é significativamente reduzida em comparação com os evangelhos do Novo Testamento, limitando-se a poucas alusões a lugares e pessoas ao redor de Jesus, bem como a algumas referências a tradições judaicas.

O Evangelho de Tomé contém numerosas analogias com os evangelhos sinóticos, mas apresenta uma imagem totalmente própria de Jesus. Os ditos e parábolas servem para a caracterização de Jesus como revelador de "palavras ocultas", cujo correto entendimento conduz à vida. Os destinatários são tratados como aqueles que provêm do "reino do Pai" e que também devem retornar para lá. O "mundo", por seu turno, é designado de "cadáver", de um lugar que não é a verdadeira terra natal de quem pertence ao Pai. Por isso é preciso manter-se afastado do mundo, amar o irmão e não procurar angariar posses. As designações empregadas àqueles para os quais Jesus fala são "indivíduos" e "escolhidos". Eles são conclamados a se orientar pelas palavras de Jesus e, assim, a corresponder a sua vocação e retornar ao reino do Pai.

---

303. Trata-se dos Papiros-Oxyrhynchos 1 e 654. O Papiro 654 contém o início do Evangelho de Tomé, com inclusão dos ditos 1-6. O Papiro 1 contém paralelos gregos aos ditos 26-33, bem como ao dito 77b. Seguidamente o Papiro-Oxyrhynchos 655 também é associado ao Evangelho de Tomé. Uma vez, porém, que as diferenças em relação ao texto copta aqui são claramente maiores, a referida associação fica insegura.

304. A expressão copta pode designar tanto o passado quanto o presente. Nos fragmentos gregos encontra-se a forma no presente "Jesus diz". Alguns ditos, no entanto, pressupõem uma situação de narrativa, que se encontra no passado. Em razão disso, a tradução a ser preferida necessita ser decidida de caso a caso.

Página do códice de Nag Hammadi, com o início do Evangelho de Tomé.

Os evangelhos apócrifos também incluem um "Evangelho segundo Maria" (cf. TUCKETT, 2007). Algumas páginas dele encontram-se preservadas em língua copta num códice do século V, que contém ainda três outros escritos e também é chamado de "Berolinensis Gnosticus", por pertencer ao acervo da coletânea de papiros do Museu Egípcio de Berlim. O Evangelho de Maria está nas páginas 7-10 e 15-19 do códice, mas faltam as páginas 1-6 e 11-14. Também desse evangelho estão conservados dois fragmentos gregos, que permitem datar o texto do século II (Papiro Oxyrhynchos 3525 e Papiro Rylands 463).

O Evangelho de Maria fala de um encontro entre Jesus, suas discípulas e seus discípulos depois da ressurreição. O texto preservado começa no fim de uma pergunta dos discípulos a Jesus, que provavelmente dizia: "Então a matéria se desintegrará ou não?" A resposta do "Salvador", como Jesus muitas vezes é chamado aqui, dá conta de que tudo o que agora existe unido deve ser novamente dissolvido e retornado à sua origem. Após o fim da conversa com as discípulas e os discípulos e a partida de Jesus, Maria compartilha com os discípulos uma visão, na qual foi informada da ascensão da alma, que, nesse processo, deve superar poderes hostis. Segue-se um diálogo entre Pedro e André, Levi e Maria sobre esta visão, na qual Pedro e André aparecem como oponentes de Maria. Por fim, todos eles partem juntos para pregar o evangelho.

O Evangelho de Maria, portanto, contém o ensino do ressuscitado sobre a ascensão da alma ao mundo superior depois da morte. Ele pertence aos escritos que vinculam o ensino de Jesus com perguntas filosóficas sobre a origem do ser humano e seu caminho para a redenção. Além disso, talvez seja também um testemunho sobre correntes no cristianismo das origens, aqui representadas pelos discípulos, especialmente Pedro, de um lado, e por Maria, de outro.

Um evangelho "apócrifo" de um tipo completamente diferente é o chamado "Protoevangelho de Tiago"[305]. Também esse escrito surgiu no século II e encontra-se acessível em mais de 140 manuscritos gregos, bem como em numerosas traduções para diversas línguas, sobretudo para orientais. Isso revela a popularidade do escrito nas Igrejas orientais. O Protoevangelho conta em sua primeira parte detalhadamente sobre Maria, a mãe de Jesus, que nasceu de seus pais Joaquim e Ana depois de muitos anos sem filhos e que cresceu no seio de um abastado meio judeu.

---

305. Cf. o comentário de Toepel (2014).

Na segunda parte é narrado sobre o nascimento de Jesus e a virgindade de Maria, que permanece intacta também depois desse nascimento. Nessa parte o Protoevangelho se serve frequentemente, inclusive com citações literais, das narrativas de nascimento dos evangelhos de Lucas e Mateus. No fim se encontram as narrativas sobre os magos que chegam até Herodes, e sua tentativa de mandar matar o menino Jesus (cf. Mateus 2,1-18). Mas, tanto Jesus quanto João Batista são salvos das perseguições de Herodes. Como epílogo, faz uso da palavra Tiago, o irmão de Jesus, na qualidade de autor do escrito.

O Protoevangelho de Tiago teve uma influência duradoura na recepção do nascimento de Jesus e dos eventos ao seu redor, bem como na veneração de Maria no antigo cristianismo e, além disso, até nas festas de Maria. Os pais de Maria, Joaquim e Ana, são mencionados aqui pela primeira vez; são descritos também a virgindade permanente de Maria, assim como o nascimento de Jesus em uma caverna (uma manjedoura, como no Evangelho de Lucas, entretanto, não é mencionada). O escrito foi acolhido em chamados "Evangelhos da Infância", surgidos mais tardiamente, e enriquecido com outras tradições. Também a representação gráfica dos eventos em torno do nascimento e infância de Jesus foi profundamente influenciada pelo Protoevangelho. Já nos primeiros mosaicos, por exemplo, em Santa Maria Maggiore em Roma, podem ser encontradas representações daí extraídas, juntamente com cenas dos evangelhos canônicos.

A ênfase na virgindade de Maria permite inferir que o Protoevangelho surgiu em uma situação em que o cristianismo se viu exposto a polêmicas contra essa tradição. A inclusão das tradições da perseguição de Herodes também poderia refletir hostilidades contra os cristãos. Ao mesmo tempo, o Protoevangelho enquadra o nascimento de Maria e Jesus na história de Israel e enfatiza o entorno social judaico da família de Jesus.

Apesar de sua popularidade e do seu diversificado emprego, o Protoevangelho foi rejeitado por teólogos cristãos antigos. A razão disso foi, sobretudo, que aqui se encontra outra tradição a respeito dos irmãos e irmãs de Jesus do que aquela assumida principalmente por teólogos ocidentais. De acordo com o Protoevangelho, os irmãos de Jesus são filhos de José de um casamento anterior, enquanto no Ocidente a posição era (especialmente de Jerônimo) de que eles seriam primas e primos de Jesus. Devido à rejeição do Protoevangelho, ele permaneceu desconhecido por muito tempo no Ocidente, e só foi trazido de uma viagem ao Oriente pelo estudioso francês Guillaume Postel no século XVI, e traduzido para o latim. De Postel também advém o título de "Protoevangelho" ("evangelho anterior"), pois o interpretava como introdução ao Evangelho de Marcos. Originalmente, no entanto, o escrito era intitulado "Nascimento de Maria", com o acréscimo de "Revelação de Tiago".

Entre os evangelhos "apócrifos" que não entraram no Novo Testamento existem representações narrativas que colocam acentos próprios em comparação com os evangelhos que integram o Novo Testamento, textos que, em bases filosóficas, interpretam a atuação e o ensino de Jesus como transmissão do verdadeiro conhecimento sobre a origem e o futuro do ser humano, mas também narrativas lendárias, que preenchem "lacunas" dos evangelhos neotestamentários, por exemplo, sobre o nascimento e a infância de Jesus. Na Antiguidade, os "evangelhos apócrifos" foram transmitidos como escritos individuais, nunca como coletâneas. Certa exceção, como já mencionado, formam os treze códices de Nag Hammadi. Esses, no entanto, não são comparáveis com o cânone do Novo Testamento. Trata-se de coletâneas de escritos muito diversificados, que nunca formaram a base de uma comunidade religiosa.

Não era de forma alguma evidente que, a partir do amplo espectro de tradições de Jesus e escritos de evangelhos do cristianismo primitivo, dos quais aqui só pôde ser apresentado uma pequena parte, os Quatro Evangelhos segundo Mateus, Marcos, Lucas e João acabaram por integrar o Novo Testamento. Também teria sido possível que apenas um ou dois deles, ou mesmo evangelhos completamente diferentes, tivessem se tornado "canônicos" como testemunhos normativos sobre Jesus. Concebível seria também que uma seleção das palavras de Jesus ou uma composição de tradições diferentes tivesse entrado na Bíblia Cristã em forma de *um* evangelho normativo para a Igreja cristã[306]. O fato de haver *quatro* evangelhos no Novo Testamento é o resultado de desenvolvimentos em que exatamente esses quatro cresceram juntos em uma coletânea e se tor-

---

306. Na Igreja síria esse foi realmente o caso. Aqui o *Diatessaron* de Taciano valia até o século V como o escrito normativo sobre a atuação e o destino de Jesus.

naram "canônicos", enquanto outros evangelhos foram rejeitados como "heréticos" ou "falsificados".

6.3.3 O surgimento da coletânea dos Quatro Evangelhos

Uma fundamentação para o fato de a Igreja ter exatamente *quatro* evangelhos encontra-se em Ireneu, no terceiro livro de sua grande obra surgida por volta de 180: "Denúncia e refutação do falso conhecimento"[307]. Aí Ireneu polemiza contra diversas "heresias": doutrinas que, segundo ele, postulam afirmações que falsificam a mensagem cristã, testemunhada por Jesus e os apóstolos. Ireneu resume esses diversos sistemas doutrinários com o termo "gnose" e os reúne em um contexto genealógico[308]. Em verdade, porém, trata-se nesse caso de diversos sistemas e manifestações doutrinárias cristãs, que, de forma alguma, se encontram conectados entre si.

Para refutar as "heresias", Ireneu frequentemente invoca o testemunho de Jesus e dos apóstolos. Nesse processo torna-se claro que o Novo Testamento já havia tomado forma em seus contornos essenciais: ao lado dos evangelhos em número de quatro, Ireneu também já conhece os Atos dos Apóstolos, as cartas de Paulo, duas cartas de João, uma carta de Pedro, as cartas aos Hebreus e de Tiago e o Apocalipse de João. Os escritos do Novo Testamento posterior são, portanto, amplamente conhecidos por Ireneu e citados por ele. Além disso, igualmente enfatiza a conexão entre o Antigo e o Novo Testamentos, ambos instituídos pelo mesmo Deus[309]. Por isso, encontram-se nele fundamentos essenciais para o fato de "Antigo Testamento" e "Novo Testamento" poderem ser considerados juntos como documentos normativos da fé cristã, mesmo que ainda subsistam indefinições, e "Antigo Testamento" e "Novo Testamento" não representem livros (muito menos *um* livro), em que os escritos correspondentes tivessem sido reunidos.

---

307. A obra escrita em grego, mas conservada por completo em cinco livros somente numa tradução latina (do texto grego algumas passagens foram conservadas em autores posteriores), geralmente é citada com o título latino *Adversus Haereses* ("Contra as heresias").

308. *Contra as heresias*, 1,23-31.

309. *Contra as heresias*, 4,9,1.

Na citada passagem sobre os evangelhos (Contra as Heresias 3,11,7-9), Ireneu justifica o fato de a Igreja ter quatro evangelhos, referindo-se inicialmente às quatro regiões do mundo e às quatro direções principais do vento. O "evangelho em quatro formas" simboliza, portanto, todo o mundo no qual a Igreja está espalhada. Ireneu escreveu esta defesa do número quatro em uma época em que os Quatro Evangelhos estavam disseminados nas comunidades cristãs, mesmo que houvesse também outros evangelhos, bem como correntes ou doutrinas cristãs que reconheciam apenas um dos quatro. Como outros teólogos cristãos dessa época, Ireneu conhecia evangelhos "apócrifos", dos quais delimitava aqueles que eram válidos na Igreja.

O número de quatro evangelhos também é pressuposto em Clemente de Alexandria e Orígenes. Ambos delimitam esses evangelhos de outros, que a seus olhos são "heréticos" ou, pelo menos, não normativos para a Igreja. No caso de Clemente, isso fica claro na declaração feita sobre o Evangelho dos Egípcios na seção anterior; Orígenes observa em suas homilias sobre o Evangelho de Lucas que a Igreja tem quatro evangelhos, mas a heresia, muitos[310].

Uma nota importante sobre a unidade dos Quatro Evangelhos pode ser encontrada em Eusébio de Cesareia. De acordo com ela, Clemente de Alexandria teria comunicado o seguinte em sua obra "Hipotiposes" sobre a ordem dos evangelhos: aqueles evangelhos que contêm genealogias (isto é, Mateus e Lucas) foram escritos por primeiro; depois, Marcos escreveu os sermões de Pedro a pedido dos seus ouvintes em Roma e, no final, João, a partir da percepção de que esses evangelhos tratavam da natureza humana de Jesus, teria escrito – determinado que se encontrava pelo Espírito – um "evangelho espiritual"[311].

Um testemunho comparável para os evangelhos em número de quatro pode ser encontrado no Cânone Muratori (cf. METZGER, 1987, p. 185-194; MARKSCHIES, 2007, p. 229-236). Este é um documento surgido em Roma provavelmente por volta do ano 200, que lista os escritos reconhecidos na Igreja, caracterizando-os em termos de conteúdo e delimitando-os de outros escritos heréticos. O fragmento, publicado em 1740

---

310. Orígenes, *Comentário a Lucas* 1,2.
311. Eusébio, *História eclesiástica* 6,14,6s.

pelo estudioso italiano Ludovico Antonio Muratori (1672-1750), encontra-se acessível em uma (má) tradução latina do grego, surgida provavelmente nos séculos IV ou V. Ela foi preservada num códice, proveniente da Abadia de Bobbio, e atualmente se encontra na Biblioteca Ambrosiana em Milão.

Além dos Quatro Evangelhos, o Cânone Muratori também inclui as cartas de Paulo e alguns outros escritos entre aqueles reconhecidos na Igreja. Com isso, o Novo Testamento torna-se reconhecível como coletânea de diferentes tipos de escritos, mesmo que sua extensão ainda não esteja tão bem definida como no século IV.

O texto principia no meio de uma frase que, aparentemente, ainda se refere ao Evangelho de Marcos, e então continua com os evangelhos de Lucas e João:

> [...] nas as quais ele, porém, estava presente e apresentou-o de forma correspondente. O terceiro Evangelho segundo Lucas: Lucas é este médico. Após a ascensão de Cristo, quando Paulo o levou consigo como alguém instruído pela lei, ele o escreveu em seu nome, de acordo com (sua?) opinião[312].

A primeira frase incompleta do fragmento provavelmente dizia que Marcos não escreveu seu evangelho a partir de seu próprio ponto de vista, mas com base nas palestras didáticas de Pedro, "nas quais ele estava presente" etc. Após o comentário sobre o Evangelho de Lucas, o fragmento de Muratori prossegue com o Evangelho de João. Ele teria escrito o que foi revelado aos apóstolos após um jejum de três dias. Isso justificaria o fato de haver diferenças entre os evangelhos, o que para a fé, porém, seria irrelevante, porque o único Espírito atuaria em todos, tendo exposto com clareza as etapas decisivas do caminho de Jesus – nascimento, paixão, ressurreição, contato com seus discípulos e seu duplo retorno.

Assim sendo, na virada entre os séculos II e III, o número quatro dos evangelhos foi pressuposto por antigos teólogos cristãos, sua unidade

---

312. A expressão latina "*ex opinione*" é de difícil interpretação. Ela pode significar "segundo a opinião geral" (Lucas escreveu o seu evangelho como acompanhante de Paulo) ou "orientando-se pelo parecer de Paulo (Lucas escreveu o seu evangelho)". Mas, pode tratar-se também – o que seria totalmente possível no Cânone Muratori – de um engano. A observação também poderia estar relacionada com o início do Evangelho de Lucas (em latim), onde consta que os acontecimentos seriam apresentados "*ex ordine*", ou seja, na ordem correta (Lucas 1,3).

interna é fundamentada – o que era necessário em vista das diferenças óbvias entre eles – e empregada contra outros evangelhos. Conforme exposto no capítulo I, no século III já temos códices documentados com vários evangelhos, tendo um deles, o Papiro 45, inclusive já todos os evangelhos e os Atos dos Apóstolos. Não se tem conhecimento, porém, de nenhum manuscrito que contivesse um evangelho que mais tarde viria a se tornar "canônico" juntamente com um evangelho "apócrifo". Também essa constatação sugere que os Quatro Evangelhos já valiam como testemunho normativo sobre Jesus por volta do fim do século II. Mas, por que justamente esses quatro evangelhos?

Inicialmente cabe dizer que se trata dos evangelhos mais antigos. Todos eles surgiram no século I e por isso também já eram conhecidos por autores cristãos do século II, mesmo que o fato não tenha sido sempre válido para todos os quatro e em todos os lugares. Para Marcião e Justino, por exemplo, e também para os autores da Segunda Carta de Clemente e do Pastor de Hermas não pode ser comprovado que tenham tido conhecimento de todos os Quatro Evangelhos. Mas fica claro que eles se referem a evangelhos existentes por escrito. Nesse contexto, isoladamente, nem sempre é possível afirmar qual evangelho ou quais evangelhos lhes eram conhecidos. Muitas vezes são citadas palavras de Jesus ou episódios, que poderiam vir dos evangelhos de Mateus ou de Lucas, mas que, por vezes, também representam formas mistas entre os dois. Isso não precisa remontar necessariamente a citações ou a combinações de textos escritos. É também concebível que se tenha citado livremente de memória. De qualquer forma, evangelhos escritos já deveriam estar de tal forma difundidos, que se encontravam em diferentes lugares e podiam ser citados.

Um testemunho disso constituem as observações de Papias, bispo em Hierápolis, na Ásia Menor, por volta de 120. Mesmo que dele não existam testemunhos diretos, Eusébio relata a seu respeito ter ele escrito cinco livros, intitulados: "Explicação de palavras do Senhor"[313]. Ali Papias explica que ele teria buscado informações sobre os fundamentos da fé naqueles que eram conhecidos dos apóstolos, entre os quais o presbítero João. Esse presbítero também o teria informado sobre o surgimento dos Evangelhos de Marcos e Mateus. De acordo com isso, Marcos não teria

---

313. Eusébio, *História Eclesiástica* 3,39,1 (com referência a Ireneu).

visto nem acompanhado pessoalmente o Senhor, mas anotado cuidadosamente como "intérprete de Pedro" suas palestras didáticas de memória, mesmo que não em sua sequência original. Mateus, ao contrário, teria compilado os discursos do Senhor em língua hebraica, da qual então cada pessoa os traduzia segundo sua capacidade. Ainda segundo Eusébio, Papias também teria se referido aos testemunhos da primeira Carta de João e da Carta de Pedro, além de ter citado o episódio de uma mulher, acusada junto ao Senhor devido a muitos pecados e que se encontra registrado no evangelho segundo os hebreus.

De acordo com esta nota de Eusébio, Papias deveria ter pelo menos conhecimento dos evangelhos de Marcos e Mateus. Suas observações, contudo, são um pouco enigmáticas. Não está bem claro ao que se refere a notícia crítica de que o relato de Marcos "não teria se dado na sequência original" dos fatos. Por vezes se pensa que Papias mediu o Evangelho de Marcos pelo Evangelho de João, o qual poderia ter conhecido na Ásia Menor[314]. Nesse caso, ele teria conhecido inclusive três dos evangelhos que mais tarde integraram o Novo Testamento. Isso, entretanto, é incerto, pois a observação de Papias também poderia se referir ao caráter do Evangelho de Marcos, que ele não considerava como um relato cronológico sobre a atuação de Jesus. De qualquer forma, um conhecimento do Evangelho de João por Papias não pode ser comprovado.

Curiosa é também a nota sobre o Evangelho de Mateus. Ele com certeza não foi escrito originalmente em hebraico. Não fica claro de onde Papias obteve essa informação ou se com ela ele pretendia expressar algo sobre o caráter do Evangelho de Mateus, como sua especial proximidade com os escritos e tradições do judaísmo. A nota foi retomada por Ireneu, que observa ter Mateus "publicado entre os hebreus um evangelho em sua língua". Por fim, também a nota de Papias sobre o Evangelho dos Hebreus é enigmática. A observação em Eusébio poderia ser interpretada de tal forma que Papias conhecia um "Evangelho segundo os Hebreus" e a partir dele apresenta o episódio sobre Jesus e a adúltera, que se encon-

---

314. Assim, p. ex., Leipoldt (1907, p. 145s.) e Hengel (1993, p. 86s.). Às vezes isso é explicado pelo fato de o "presbítero João", mencionado por Papias, poder ser identificado com o autor das Segunda e Terceira cartas de João, que igualmente se designa como "presbítero". Se este também tivesse escrito o Evangelho de João, Papias poderia ter tomado conhecimento a respeito. Mas, isso permanece inseguro.

tra no Evangelho de João como acréscimo posterior (cf. LÜHRMANN, 2000, p. 210-212). Também é possível – e até mais provável – que Papias conhecia o episódio entre Jesus e a mulher adúltera, e que o acréscimo que segue é do próprio Eusébio: "que se encontra no Evangelho segundo os Hebreus". Nesse caso, o próprio Eusébio teria atribuído ao Evangelho segundo os Hebreus o episódio relatado por Papias, que este provavelmente transmitira sem atribuí-lo a um evangelho específico. Também Dídimo, o cego (século IV), testemunha que o referido episódio não foi só inserido no Evangelho de João, mas igualmente transmitido em outros lugares, observando que ele se encontra "em certos evangelhos". A observação em Eusébio poderia levar à suposição de que o Evangelho dos Hebreus continha esse episódio. Mas, do episódio não se pode deduzir com segurança que já Papias conhecia o Evangelho dos Hebreus.

Outra razão para que os Quatro Evangelhos fossem reconhecidos na Igreja é o fato de se encontrarem literariamente relacionados entre si. Como já apresentado acima, de acordo com a opinião amplamente assumida na atualidade, os autores dos evangelhos de Mateus e Lucas conheceram e usaram o Evangelho de Marcos, ao lado de outras tradições comuns que, parcialmente, já se encontravam disponíveis por escrito para eles. Assim sendo, esses três evangelhos provêm de uma tradição comum. O Evangelho de João baseia-se em tradições próprias, embora também apresente, pelo menos numa etapa traditiva posterior, conhecimentos dos evangelhos sinóticos[315]. Ele deixa reconhecer por meio de sua concepção linguística e de conteúdo, que se entende como representação "bíblica" normativa da importância de Jesus, de sua relação com Deus e de sua atuação no mundo. Já a primeira frase "No princípio era a Palavra" deixa ecoar o início da Bíblia "No princípio criou Deus o céu e a terra"; possivelmente é aludido também ao início do Evangelho de Marcos, onde diz: "Início do Evangelho de Jesus Cristo". Com isso, o Evangelho de João reivindica apresentar aquilo que deve ser relatado a respeito de Jesus em forma de uma representação madura, que conduza literária e teologicamente as outras representações ao estado de completude.

---

315. O autor do Evangelho de João deve ter conhecido pelo menos os evangelhos de Marcos e Lucas, mesmo que em relação ao Evangelho de Mateus isto seja menos seguro.

Ao Evangelho de João foi adicionado no início do século II um capítulo suplementar (cap. 21), que deixa a primeira conclusão (20,30s.) ser seguida por um apêndice e segunda conclusão. Ali é relatado sobre outras aparições do ressuscitado, que agora não ocorrem mais em Jerusalém, e sim, na Galileia. As cenas de uma grande pesca dos discípulos e de uma ceia em comum dão a tradições mais antigas contornos de narrativas de aparições. Além disso, num diálogo entre Jesus e Pedro é destacado seu papel como "pastor" das "ovelhas" de Jesus. Pedro, que nos evangelhos sinóticos aparece como figura principal do círculo dos doze, ganha com isso também uma autoridade destacada no Evangelho de João, sendo que nos capítulos anteriores era o "discípulo amado" que aparecia em proximidade especial a Jesus. Este último aparece também no fim do capítulo 21 como aquele que testemunha aquilo que é narrado sobre Jesus no evangelho. Agora, porém, ao seu lado também aparece Pedro como "pastor" da comunidade. Dessa forma, o Evangelho de João é perfilado como um testemunho final e normativo sobre a pessoa de Jesus, sua atuação terrena e seu papel como revelador de Deus no mundo. Ao mesmo tempo são fortalecidas as relações com os evangelhos sinóticos, de modo que o Evangelho de João aparece como a completude do testemunho sobre a atuação de Jesus no mundo.

Também ao Evangelho de Marcos foram adicionadas várias conclusões ainda na primeira metade do século II. Em dois dos primeiros mais importantes manuscritos da Bíblia, o Códice Sinaítico e o Códice Vaticano, bem como em uma série de traduções, o Evangelho de Marcos termina com a fuga das mulheres do túmulo vazio e a observação "pois elas tinham medo". A maioria dos manuscritos da Bíblia contém a chamada conclusão "mais longa" ou também "canônica" de Marcos (16,9-20). Essa já era conhecida também por Ireneu e Taciano, pelo que deve ter sido adicionada já cedo ao Evangelho de Marcos. Ao lado disso, existe também a conclusão "mais breve" de Marcos, que, aliás, se encontra unicamente num manuscrito latino dos séculos IV ou V, o Códice Bobiense (atualmente na Biblioteca Nacional de Turim). Alguns manuscritos transmitem até ambas as conclusões, a mais breve e a mais longa, uma após a outra. Por fim, um manuscrito dos evangelhos do século V, o chamado Códice Washingtoniano, ainda transmite dentro da conclusão mais longa (entre os versículos 14 e 15) um diálogo adicional entre os discípulos e Jesus, o chamado *"Freer-Logion"*. Essa versão acrescida também era conhecida por Jerônimo.

Diferentemente do caso de João 21, as diversas conclusões de Marcos possuem uma relação só superficial quanto ao conteúdo e linguagem com o próprio Evangelho de Marcos. A conclusão mais curta informa que as mulheres anunciaram "aos que se encontravam ao redor de Pedro" tudo o que lhes havia sido incumbido. A conclusão mais longa conta diferentes aparições de Jesus a Maria Madalena, a dois de seus discípulos no caminho e, finalmente, aos onze discípulos. Jesus dá a ordem de pregar e batizar e, finalmente, é elevado ao céu. Essa conclusão conecta o Evangelho de Marcos com os relatos de aparições dos outros três evangelhos.

As várias conclusões foram adicionadas ao Evangelho de Marcos porque sem uma dessas conclusões ele terminaria de forma um tanto intrigante. Se o comentário acima mencionado sobre o temor das mulheres foi realmente a conclusão original, se esta foi perdida ou se o Evangelho de Marcos terminava – independentemente das razões – como fragmento, deve, em última instância, permanecer aberto. De qualquer maneira, fica claro que, por meio dessas conclusões, o Evangelho é terminado de uma forma comparável aos demais evangelhos. Na conclusão mais longa, elementos das outras conclusões dos evangelhos – aparições de Jesus, incumbência para pregar, ascensão, relato sobre a atividade de pregação dos discípulos e a cooperação do Jesus exaltado – são conectados uns aos outros e, nessa completude, não se encontram em nenhum dos outros evangelhos.

Tanto João 21 quanto a conclusão de Marcos acrescida posteriormente mostram que já cedo foram fortalecidas as referências literárias e de conteúdo dos Quatro Evangelhos entre si. Isso também reduziu simultaneamente as diferenças entre eles. Mesmo assim, a autonomia dos Quatro Evangelhos foi preservada.

Outra maneira de correlacionar os Quatro Evangelhos mais estreitamente consistiu em unificá-los *numa só* narrativa. Isso ocorreu no assim denominado "Diatessaron" (*diá tessárôn* significa "de / através de quatro"), um escrito do teólogo sírio Taciano, surgido por volta de 170, que deveria tomar o lugar dos Quatro Evangelhos individuais. Esse foi realmente o caso na Igreja síria. Ali, até o século V, o Diatessaron formava a parte sobre Jesus do Novo Testamento, em lugar dos Quatro Evangelhos.

A unificação das tradições sobre Jesus numa única narrativa permaneceu, entretanto, um desenvolvimento excepcional, já que durante o surgimento do Novo Testamento impôs-se a justaposição dos Quatro Evangelhos. Por intermédio de sua unificação, suas semelhanças foram enfatizadas, às quais também pertencia a diferença comum em relação a outros evangelhos que não se tornaram canônicos. As diferenças entre os evangelhos neotestamentários em formação, por seu turno, foram reduzidas na história da interpretação e da repercussão, não por último pelo fato de serem lidos, interpretados e ilustrados conjuntamente.

Desde os inícios, os Quatro Evangelhos foram difundidos nas comunidades cristãs e, independentemente de suas diferenças, foram considerados como testemunho comum. Nesse sentido Ireneu fala do testemunho do uno evangelho, "em quatro formas". Para o surgimento do Novo Testamento isso é importante de duas maneiras: em primeiro lugar, é dito com isso que outros evangelhos não podem ser considerados do mesmo nível inerente a esses quatro. Em segundo, é mantido o fato de os Quatro Evangelhos serem considerados *juntos* como testemunho normativo sobre Jesus, não podendo ser incompatibilizados reciprocamente.

Por isso, a rejeição de outros evangelhos não tem necessariamente – e, com certeza, não sempre – a ver com seus conteúdos. Por vezes, teólogos cristãos antigos até dão a impressão de nem conhecerem esses escritos a contento. É provável que as razões para a rejeição foram diversas. Apesar dessa rejeição, pelo menos alguns desses evangelhos – mormente os evangelhos da Infância – desempenharam um papel importante para a história da piedade cristã. Outros evangelhos, rejeitados pelo seu caráter "herético", desapareceram da tradição e da memória do cristianismo, e foi só a partir do último terço do século XIX que se voltou a tomar consciência deles por meio de diversos achados e edições de textos.

6.4 Coletâneas das cartas paulinas e o trabalho de Marcião

Ao lado e independentemente dos evangelhos, formava-se a segunda área importante do Novo Testamento posterior: o *Corpus Paulinum*. Com isso se designa uma coletânea de quatorze cartas, treze das quais levam o nome de Paulo. A Carta aos Hebreus é, ao contrário, anônima, mas foi incluída nas cartas de Paulo e entrou no Novo Testamento com elas.

Também das cartas que levam o nome de Paulo nem todas são realmente provenientes dele. A pesquisa crítica supõe que só sete do total de treze "cartas paulinas" são realmente de sua autoria: a Carta aos Romanos, as duas cartas aos Coríntios, as cartas aos Gálatas e aos Filipenses, a Primeira Carta aos Tessalonicenses, bem como a Carta a Filêmon. Em regra, as outras seis costumam ser consideradas como escritos pseudepigráficos. Por ocasião do surgimento de coletâneas de cartas paulinas, contudo, essa distinção não desempenhou nenhum papel e provavelmente também nem era consciente.

As cartas de Paulo são endereçadas a Igrejas fundadas por ele. Uma carta é endereçada a um indivíduo (Filêmon) e a última carta de Paulo a Roma é escrita para Igrejas dali que o próprio Paulo não havia fundado. As cartas são testemunhos de sua atividade missionária. Elas fortalecem o relacionamento entre Paulo e suas comunidades, abordam problemas que surgiram na constituição de comunidades, desenvolvem uma ética de vida que corresponde à confissão de Jesus Cristo, e refletem sobre o que a revelação de Deus no evangelho significa para Israel e os outros povos.

A pessoa e a teologia de Paulo tornaram-se muito influentes em sua esfera de atuação – Ásia Menor Ocidental, Grécia e Roma. Isso já se mostra pelo fato de terem sido escritas cartas em seu nome que reivindicam sua autoridade e dão continuidade à sua teologia. Às primeiras pertencem, sobretudo, as cartas pastorais: as duas cartas a Timóteo e a Carta a Tito. Elas trabalham com uma dupla ficção: "Paulo" escreve aos seus colaboradores "Timóteo" e "Tito", conhecidos de suas próprias cartas e dos Atos dos Apóstolos. Na verdade, essas cartas provavelmente surgiram no primeiro terço do século II. Elas abordam perguntas sobre a ordem comunitária – bispo, presbíteros, diáconos – e transmitem o credo cristão como "bem de tradição" a ser preservado[316]. A principal intenção desses escritos é de fortalecer a confissão cristã e consolidar as estruturas comunitárias na área missionária de Paulo (Timóteo é localizado em Éfeso, Tito, em Creta, respectivamente, na Dalmácia). Isso ocorre em forma de instruções de "Paulo" aos seus colaboradores. Paulo é, por isso, a úni-

---

316. Dentro do Novo Testamento, o termo grego correspondente *parathêkê* se encontra exclusivamente nas duas cartas a Timóteo. Ele também não é empregado nos "Pais apostólicos".

ca autoridade presente nas cartas pastorais, sendo que outros apóstolos não são mencionados em nenhum lugar.

Também no caso da Carta aos Efésios se trata de uma carta paulina pseudepigráfica. Ela surgiu na virada entre os séculos I e II. É questionável se ela realmente foi enviada para Éfeso, já que o endereço "Aos Efésios" falta em importantes manuscritos. Considerando-se o seu caráter, essa carta é uma carta "geral" de Paulo. Ela interpreta a teologia de Paulo como fundamento para comunidades cristãs de judeus e gentios; acentua que a Igreja se encontra alicerçada sobre o fundamento dos apóstolos e profetas, que Cristo é a pedra angular e que também existem evangelistas, pastores e mestres (Efésios 2,20; 4,11). A Igreja constitui o grande e importante tema da Carta aos Efésios, que, por isso, também foi apropriadamente designada de "Tratado sobre a Igreja". A Igreja é composta de duas partes, os gentios e Israel; Cristo derrubou a cerca de separação entre ambos, de modo que agora também os gentios passam a ser "concidadãos dos santos e participantes da casa de Deus" (Efésios 2,19).

As cartas pastorais e a Carta aos Efésios mostram como a atuação e a teologia de Paulo foram recebidas e tornadas produtivas para situações posteriores. Ao mesmo tempo, fica claro com isso que o "Paulo do Novo Testamento" deve ser distinguido do "Paulo histórico": a continuação de sua teologia – ao lado dos livros citados, caberia ainda mencionar a Carta aos Colossenses, bem como a Segunda Carta aos Tessalonicenses –, o apelo a sua autoridade para a introdução de estruturas comunitárias, mas também a apresentação de sua conversão, suas viagens missionárias e sua prisão e interrogatórios em Atos dos Apóstolos tornaram-se partes do testemunho normativo de Paulo, tendo sido também tratados dessa maneira no antigo cristianismo.

Mas, referências às cartas de Paulo também podem ser encontradas em outros lugares. A Primeira Carta de Clemente, a Segunda Carta de Pedro, Inácio e Policarpo reportam-se ao testemunho de Paulo no fim do primeiro e no segundo séculos, mostrando assim conhecimento de várias de suas cartas. Não é possível dizer exatamente a quais cartas eles se reportam em cada caso. Fica claro, porém, que o testemunho de Paulo inicia a cristalizar-se como um que se encontra baseado em várias cartas. Isso não é óbvio, já que a maioria das cartas de Paulo era dirigida a comunidades individuais e às vezes abordava perguntas específicas, que eram controvertidas entre o apóstolo e essas comunidades. No entanto, as explanações de Paulo foram consideradas desde o início como fundamentais para o caráter da mensagem cristã e a forma das comunidades cristãs – e assim, com certeza, também haviam sido pensadas por ele.

Por volta da metade do século II já eram conhecidas várias cartas de Paulo, pelo menos em alguns locais. Aparentemente foram copiadas, alcançando também comunidades para as quais nem haviam sido endereçadas originalmente. É possível que para tanto tenha contribuído uma prática requerida na Carta aos Colossenses: "Assim que a carta for lida entre vós, zelai para que seja lida também na comunidade de Laodiceia – e vós também fazei a leitura da carta de Laodiceia" (Colossenses 4,16).

De forma mais concreta, coletâneas de cartas paulinas aparecem em Marcião. Marcião era um mestre cristão antigo, oriundo de Ponto, no Mar Negro, e que atuava por volta do ano 140 em Roma[317]. Ele havia reunido ao redor de si vários adeptos e fundado algumas comunidades cristãs. Para teólogos cristãos, Marcião representava uma concorrência a ser levada a sério, já que defendia doutrinas próprias que contradiziam as da Igreja cristã emergente. Marcião desempenha um importante papel na história do surgimento da coletânea de cartas paulinas – como, aliás, de todo o Novo Testamento – por trabalhar numa coletânea escrita de cartas de Paulo e considerar esta, juntamente com uma versão do Evangelho de Lucas, base da fé cristã. Com Marcião surgiu, assim, a pergunta em qual forma concreta deveriam ser lidas e interpretadas as cartas de Paulo. Além disso, Marcião elaborou uma coleção de tradições sobre Jesus e testemunhos apostólicos, tendo com isso antecipado de certa forma o caráter do Novo Testamento posterior. Até meados do século XX foi-lhe atribuída contribuição central na história do surgimento do cânone neotestamentário[318].

Marcião trabalhou principalmente como intérprete filológico e teológico das cartas paulinas e do evangelho. Isso deve ser enfatizado, porque por muito tempo ele foi considerado como arqui-herege, que opôs a mensagem cristã ao Antigo Testamento, rejeitou este último e, com

---

317. Sobre Marcião, cf. a excelente monografia de Lieu (2015).
318. Assim, p. ex., na monografia altamente influente de Harnack sobre Marcião (1924), bem como na apresentação sobre o surgimento da Bíblia cristã de Campenhausen (1968).

isso, colocou em dúvida as raízes do cristianismo na história de Israel e do judaísmo.

Ambas as suposições – que Marcião desempenhou um papel importante no surgimento do cânone neotestamentário e que questionou as raízes judaicas do cristianismo – não surgiram inteiramente do nada, mas também são difíceis de comprovar, já que não há nenhum escrito de Marcião conservado. O perfil de sua pessoa e de seus escritos deve ser derivado de outras fontes. Isso é metodologicamente exigente e requer cuidado e cautela, porque Marcião foi rigorosamente combatido por parte de teólogos cristãos antigos. Marcião não deve ser julgado da perspectiva do Novo Testamento já existente; da mesma forma, os ataques violentos contra ele por teólogos cristãos antigos também não devem ser usados como base para um julgamento sobre suas intenções e seu modo de procedimento. Em vez disso, a intenção de Marcião deve ser entendida a partir da situação vigente em torno da metade do século II, uma época em que as perguntas decisivas em relação à formação de uma coletânea cristã de escritos normativos bem como ao perfil da teologia cristã ainda se encontravam abertas.

Marcião aparentemente tinha acesso a uma coletânea de dez cartas paulinas, sem as cartas pastorais, mais o Evangelho de Lucas. Não é mais possível constatar com clareza por que precisamente esse evangelho constituiu a base de sua reconstrução. Com seu trabalho filológico nesses textos, ele queria restaurar sua forma original. Ele estava convicto que o evangelho pregado por Lucas era incompatível com a lei do Antigo Testamento. A mensagem de Jesus que lhe servia de base não seria a pregação do Deus de Israel. Jesus, ao contrário, teria pregado outro Deus, e este também seria o conteúdo do evangelho pregado por Paulo. Tanto a mensagem de Jesus quanto as cartas de Paulo, entretanto, teriam sido mal-interpretadas desde o início. Os discípulos de Jesus teriam interpretado sua pregação de acordo com seu entendimento dentro do horizonte dos escritos de Israel; os outros apóstolos, com exceção de Paulo, não teriam entendido o evangelho e, por isso, o teriam falsificado. Como resultado, tanto a mensagem de Jesus quanto o evangelho de Paulo teriam sido transmitidos de forma corrompida. Marcião teria querido reverter as modificações e adições textuais falsificadas, a fim de liberar novamente o evangelho original de Jesus, bem como sua interpretação por Paulo.

O acesso de Marcião a Jesus e Paulo representou um desafio para outros teólogos cristãos dos séculos II e III. Isso pode ser deduzido pelo fato de eles terem se confrontado com Marcião de forma frequente e intensa – mais profundamente Tertuliano, que dedicou cinco livros à discussão com Marcião sob o título *Adversus Marcionem* ("Contra Marcião"). Tanto Tertuliano quanto Ireneu acusaram Marcião de isolar o testemunho de Paulo e contrapô-lo ao dos outros apóstolos, e, por seu turno, enfatizaram o testemunho uniforme dos Quatro Evangelhos, a inclusão de Paulo no círculo dos apóstolos, bem como a convergência da fé em Jesus Cristo com a fé no Deus de Israel.

Marcião desempenhou um importante papel para o surgimento do Novo Testamento e da Bíblia Cristã como um todo, pois compeliu outros teólogos cristãos primitivos a responder à pergunta em quais escritos a Igreja deveria se apoiar e a repensar com rigor a unidade interna dos escritos que, segundo o seu parecer, deveriam ser normativos. O posicionamento de Marcião levantou, por fim, a pergunta pela natureza da relação entre o Antigo e Novo testamentos.

Marcião, no entanto, não foi o criador da ideia de um "Novo Testamento"[319]. A conexão entre tradição de Jesus e testemunho apostólico já se encontra na dupla obra lucana (cf. BARRETT, 1994); além disso, a unificação entre os evangelhos e as cartas paulinas já se encontrava em andamento na primeira metade do século II, também sem Marcião. Na discussão com outros escritos "apócrifos" e em conexão com a formação da confissão cristã, a *regula fidei*, um corpo de escritos "canônicos", teria se formado também sem Marcião.

Também o já citado Cânone Muratori elenca as cartas de Paulo. Inicialmente são citadas as cartas aos Coríntios, aos Gálatas e aos Romanos. Imediatamente a seguir, o Cânone Muratori volta a falar mais uma vez das cartas de Paulo. De acordo com ele, tanto Paulo como também já João (a referência é ao Apocalipse de João) teriam escrito a sete comunidades, ou seja, aos coríntios, efésios, filipenses, colossenses, gálatas, tessalonicenses e aos romanos. Aos coríntios e tessalonicenses ele teria escrito mais uma vez posteriormente. Logo após, o Cânone Muratori ainda cita as cartas de Filêmon e Tito, bem como as duas car-

---

[319]. Assim a influente tese de Harnack, que Campenhausen assumiu e desenvolveu.

tas a Timóteo. As cartas aos Laodicenses e Alexandrinos, no entanto, seriam falsificadas.

O testemunho do Cânone Muratori mostra que diferentes versões sobre a sequência e o número das epístolas normativas de Paulo estavam em circulação. A primeira lista citada encontra-se orientada cronologicamente: Paulo teria escrito *primeiramente* aos Coríntios, *depois* aos Gálatas e, finalmente, aos Romanos. Nesse contexto, o conteúdo dessas cartas é brevemente caracterizado. A segunda enumeração, por outro lado, segue o princípio das sete comunidades, que simbolizam a Igreja espalhada por toda a terra. Aparentemente inspirado pelas sete cartas do Apocalipse de João[320], ele também usou o número sete como um símbolo de completude e como base para sua enumeração das cartas paulinas, relacionando expressamente as duas coisas entre si: Paulo teria seguido a ordem de seu predecessor João, e com cada uma de suas sete cartas, ambos teriam se dirigido a toda a Igreja.

Com isso o Cânone Muratori oferece uma visão interessante sobre o desenvolvimento do cânone do Novo Testamento. Os Quatro Evangelhos, os Atos dos Apóstolos e as cartas de Paulo são escritos reconhecidos pela Igreja. O Apocalipse de João é atribuído ao autor do Evangelho de João, e é por isso que se pode fazer referência às sete cartas antes que os Apocalipses de João e Pedro sejam especificamente mencionados. Destes, o autor diz que alguns não querem que o Apocalipse de Pedro seja lido na Igreja. Mencionadas são também uma Carta de Judas e duas cartas de João, cuja autoria ele novamente atribui ao autor do Evangelho de João, bem como ainda, curiosamente, a Sabedoria de Salomão. A leitura do Pastor de Hermas encontra-se consentida, desde que não publicamente na Igreja.

O Cânone Muratori mostra que havia muitas imprecisões quanto à abrangência dos escritos reconhecidos pela Igreja. Para muitas passagens havia, pois, uma necessidade especial de justificativa. Isso se aplica ao testemunho uniforme dos Quatro Evangelhos, mas também ao fato de as cartas paulinas serem dirigidas a comunidades individuais ou a indivíduos, mas ao mesmo tempo deverem valer para toda a Igreja. Para tanto,

---

320. Nos capítulos 2 e 3 do Livro de Apocalipse encontram-se sete cartas para comunidades da Ásia Menor, aparentemente as endereçadas do Apocalipse de João.

o autor se empenha em usar a teoria das sete cartas, que, contudo, está em tensão tanto com sua primeira enumeração cronológica das cartas quanto com o fato de ainda existirem também as cartas a Filêmon, Timóteo e Tito. O Cânone Muratori não alicerça sua teoria das sete cartas com a menção de sete "cartas católicas", embora pudesse ser o que de melhor se oferecia. A explicação para isso só pode ser que o autor ainda não tinha conhecimento de tal número de cartas dos apóstolos além das de Paulo e que, por isso, se refere apenas às cartas de Judas e João, desconhecendo as cartas de Pedro e Tiago.

Outro testemunho importante da coleção de cartas paulinas é o Papiro 46, já mencionado no capítulo 1. O códice, que data mais ou menos da mesma época que o Cânone Muratori, compreendia 104 folhas, 86 das quais se encontram conservadas. Provavelmente continha dez (ou onze) cartas paulinas[321]. Aparentemente, estavam organizadas de acordo com o seu tamanho, começando com a Carta aos Romanos. A Carta aos Hebreus, que não cita nenhum autor e sobre cuja origem não havia clareza no cristianismo primitivo, está em segundo lugar, parecendo, portanto, ter sido incluída no Novo Testamento como parte da coletânea das cartas de Paulo. Mesmo assim, sua pertença a essa coletânea – e com isso também ao Novo Testamento em formação – permaneceu incerta por um longo período. O Cânone Muratori não cita a Carta aos Hebreus, e em outros teólogos cristãos primitivos é possível identificar certa insegurança quanto à maneira como a carta poderia ser autorizada. Clemente de Alexandria a atribui a Paulo, assinalando, contudo, que Lucas a traduziu para o grego[322]. De acordo com Tertuliano, o autor da carta foi o acompanhante de Paulo, Barnabé[323]; Orígenes é da opinião que os pensamentos da Carta provêm seguramente de Paulo, não, porém, a expressão e o estilo, que remontam a alguém que conservou na memória aquilo que aprendeu

---

321. A última Carta conservada é a de 1Tessalonicenses. As primeiras e as últimas sete páginas do códice estão faltando. É provável que na sequência tivesse vindo a 2Tessalonicenses, mas nesse caso algumas páginas ainda permaneceriam livres. Essas seriam plenamente suficientes para a Carta a Filêmon, mas não para as cartas pastorais. Uma suposição plausível é, por isso, que faltavam as cartas a pessoas isoladas. Imaginável naturalmente também seria que só as cartas pastorais estivessem faltando. Assim sendo, o que constava nas últimas páginas só pode ainda ser conjeturado.
322. Eusébio, *História Eclesiástica* 6,14,2.
323. Tertuliano, *Sobre a honestidade* 20.

do apóstolo. Ela poderia valer, sim, como uma carta de Paulo, mas só Deus saberia quem realmente a escreveu[324].

Essas observações mostram que, devido ao seu conteúdo, a Carta foi considerada como escrito fundamental para a teologia cristã e isso, sobretudo, por sua interpretação altamente desenvolvida – baseada em uma interpretação intensiva da Septuaginta – do caminho de Jesus Cristo desde o Filho preexistente até o sumo sacerdote terreno, que morreu de uma vez por todas pelos seres humanos, e cuja morte, por isso mesmo, deve ser entendida em analogia aos sacrifícios de Israel, que com isso foram levados a sua completude. Mesmo que o universo linguístico e de pensamento seja diferente, não há como não reconhecer aí certos contatos com a teologia de Paulo. Com a menção do colaborador de Paulo, Timóteo, no fim da Carta aos Hebreus (13,23), há, além disso, uma conexão pessoal com Paulo. O Papiro 46 atesta a inclusão da Carta aos Hebreus na coletânea de cartas paulinas já para o início do século III. Sua integração completa no círculo dos escritos normativos, entretanto, se deu só no século IV.

6.5 A formação e a organização do corpo textual do Novo Testamento

A coletânea dos Quatro Evangelhos e a coleção das cartas de Paulo formaram a base do Novo Testamento que estava sendo constituído. Elas pertenciam originalmente às suas próprias áreas de tradição do cristianismo, mas logo se conectaram entre si. No entanto, os contornos exatos do cânon do Novo Testamento permaneceram obscuros por um longo tempo. Nas proximidades dos escritos normativos sempre de novo continuavam a aparecer outras "cartas dos apóstolos" ao lado das de Paulo, sobretudo cartas de Pedro e João, mas também de Tiago e Judas. No século II, entretanto, essas cartas ainda não perfaziam um corpo que pudesse ser comparado com o dos evangelhos e das cartas de Paulo. Como vimos, o cânone cita cartas de Judas e de João, Eusébio menciona em suas observações sobre Papias que este teria se referido a testemunhos das primeiras cartas de João e Pedro. Eusébio comenta sobre Orígenes que este conhecia uma carta de Pedro reconhecida por todos, mas que uma

---

324. Eusébio, *História Eclesiástica* 6,25,14.

segunda era colocada em dúvida. Também João, que escreveu o Evangelho e o Apocalipse, teria escrito ainda outra carta, embora uma segunda e terceira cartas de João não teriam a aceitação de todos. As cartas de Tiago e Judas são mencionadas em Eusébio, e o Cânone Muratori nomeia a epístola de Judas.

O termo "cartas católicas", sob o qual sete cartas finalmente terminaram por entrar no Novo Testamento (duas cartas de Pedro e três de João, bem como as cartas de Tiago e Judas), é encontrado pela primeira vez em Eusébio[325]. Ele constata em determinada passagem que de Tiago, o irmão de Jesus, cuja história ele havia narrado anteriormente, provinha a primeira das assim denominadas "cartas católicas", que, entretanto, era considerada como falsa. A essas cartas também pertenceria a Carta de Judas. As duas seriam lidas publicamente na maioria das comunidades[326]. Numa segunda passagem, Eusébio menciona que nas *"Hypotyposes"* Clemente ofereceria uma explicação de toda a Escritura, com exceção dos escritos rejeitados, ou seja, da Carta de Judas, das restantes cartas católicas, da Carta de Barnabé e do Apocalipse de Pedro[327]. Cirilo de Jerusalém (313-386) cita sete cartas católicas, juntamente com os Quatro Evangelhos, os Atos dos Apóstolos e quatorze cartas de Paulo[328].

Assim sendo, o corpo das "cartas católicas" aparentemente surgiu só mais tarde[329]. Isso já se mostra pelo fato de que para Eusébio apenas uma carta de Pedro e uma de João contavam entre os escritos reconhecidos, enquanto as cinco restantes eram consideradas duvidosas[330]. Existem várias razões pelas quais, por fim, também essas cinco, ou seja, a 2ª e a 3ª cartas de João, bem como as cartas de Tiago e Judas, acabaram por integrar o Novo Testamento. Uma delas é provavelmente pelo fato de que existem relações literárias entre algumas dessas cartas. As duas "pequenas" cartas de João têm o mesmo remetente (o "presbítero"), a

---

325. Orígenes por vezes também designa cartas individuais de "católicas", a saber, a Carta de Barnabé (Contra Celso I 63), a Primeira Carta de Pedro (Eusébio, História Eclesiástica 6,25,5), a 1ª Carta de João (Comentário de Mateus 17,19) e a Carta de Judas (Comentário à Carta aos Romanos VI).
326. Eusébio, *História Eclesiástica* 2,23,24s.
327. Eusébio, *História Eclesiástica* 6,14,1.
328. *Catequeses* 4,36.
329. Para o que segue, cf. Grünstäudl (2016), bem como Merkt (2015, p. 15-31).
330. Eusébio, *História Eclesiástica* 3,25,2s.

2ª Carta de Pedro pressupõe a Carta de Judas, e também se descreve explicitamente como a "segunda carta" de Pedro (2Pedro 3,1); a Carta de Judas se refere a Tiago no pré-escrito e pretende ter sido redigida por seu irmão, ou seja, por outro irmão de Jesus. Essas interconexões certamente desempenharam um papel na compilação dessas cartas, que até certo ponto se "atraíam". Além disso, existem, é claro, várias conexões entre a 2ª e 3ª cartas de João com a 1ª Carta de João, bem como entre a 2ª e a 1ª cartas de Pedro.

Outro motivo que levou à compilação foi provavelmente o número 7. Como já visto no Cânone Muratori, ele foi aplicado às cartas do Apocalipse de João e também às cartas de Paulo, mesmo que o número das últimas nem tenha sido 7. É, portanto, provável que o número 7 fosse também entendido como símbolo para uma coletânea completa no caso das "cartas católicas", uma vez que isso implicava simultaneamente que elas adquiriam importância para toda a Igreja. Nesse sentido também deve ser entendida a designação de cartas "católicas" (ou seja, "gerais"), que dificilmente faz jus ao conteúdo dessas cartas.

Finalmente, também pode ter desempenhado um papel que essas cartas complementavam o testemunho da coletânea de cartas paulinas por meio de outras "cartas apostólicas" – mesmo que, em verdade, se trate praticamente em todas elas de cartas pseudepigráficas. Dessa forma os apóstolos Paulo, Tiago, Pedro, João (e também Judas) aparecem, lado a lado, como testemunhas da fé cristã. Que no surgimento do Novo Testamento as "cartas católicas" realmente assumiram essa função fica evidenciado, sobretudo, pelo fato de que, na maioria dos manuscritos, elas foram compiladas juntamente com os Atos dos Apóstolos, formando juntos um terceiro grupo ao lado dos evangelhos e da coletânea de cartas paulinas. Nesse contexto, a ordem pode variar: os Atos dos Apóstolos e as cartas católicas podem aparecer depois dos evangelhos, seguidos pelas cartas paulinas. Mas há também a sequência evangelhos – cartas paulinas – Atos dos Apóstolos + cartas católicas. A sequência usual na atualidade, de evangelhos – Atos dos Apóstolos – cartas paulinas – cartas católicas, é só raramente testemunhada na Antiguidade e Idade Média. Singular é unicamente a separação da Epístola aos Hebreus do *corpus paulinum*, que só é encontrada nas bíblias de Lutero; nelas também consta a posição final das Epístolas aos Hebreus, de Tiago e Judas, bem como do

Apocalipse de João, sem numeração. Dessa forma Lutero praticamente dissolveu o corpo das "cartas católicas", criando uma sequência própria segundo critérios de conteúdo.

6.6 A Bíblia Cristã do Antigo e Novo Testamentos

Mas como aconteceu que, de escritos isolados ou coletâneas de escritos, surgiram o "Novo Testamento" e, por fim, a Bíblia Cristã com o Antigo e Novo Testamentos? No cristianismo antigo não existia nenhum livro que contivesse os evangelhos, as cartas de Paulo e outros escritos e que tivesse sido propagado e lido em comunidades cristãs sob o título "O Novo Testamento" – para nem falar de que também não havia ainda uma compilação desses escritos com aqueles do "Antigo Testamento".

Uma comunidade cristã nos séculos II ou III pode ter possuído um manuscrito com o "Evangelho de Mateus" e o "Evangelho de Lucas", outro com um escrito denominado "O Nascimento de Maria" (mais tarde chamado de "Protoevangelho de Tiago"), as cartas de Paulo aos Romanos, aos Coríntios e aos Efésios, um exemplar da 1Pedro e da 1João, um dos Atos dos Apóstolos, um da Didaquê e um do Pastor de Hermas. Numa outra comunidade o acervo pode ter sido diferente. Ali poderia haver um "Evangelho segundo João" e um "Evangelho segundo Pedro", além de algumas cartas de Paulo, bem como os Apocalipses de João e de Pedro. Assim sendo, o "Novo Testamento" inicialmente não era um *livro*, mas designação para tais escritos que expressavam o testemunho normativo da fé em Jesus Cristo. Quanto à pergunta sobre que escritos seriam esses mais exatamente, as respostas no século II seriam variadas, dependendo de onde e para quem essa pergunta teria sido formulada.

De modo correspondente ocorria também com a forma material encontrada: em sua forma concreta, o "Novo Testamento" – e da mesma forma o "Antigo Testamento" – eram códices ou rolos que, por exemplo, continham o Pentateuco, o livro de Isaías, um ou dois (em casos isolados, também quatro) evangelhos e dez ou quatorze cartas de Paulo. "Antigo Testamento" e "Novo Testamento" foram, portanto, por muito tempo, sobretudo, caracterizações para os escritos de Israel ou para o testemunho da fé em Cristo, antes de se tornarem designações para as coletâneas dos livros correspondentes. O fato de os Quatro Evangelhos, o *corpus pauli-*

num, os Atos dos Apóstolos e as "cartas católicas", bem como, por fim, o Apocalipse de João, em conjunto, terem sido escolhidos para formar o "Novo Testamento", deve-se, pois, sobretudo, à circunstância de nesses escritos ter sido visto o testemunho normativo para a fé cristã sobre Jesus e os apóstolos.

Para o surgimento do Novo Testamento faz parte, por isso, uma concepção daquilo que compreende o conteúdo essencial da fé cristã. Esse conteúdo foi sintetizado na "Regra de fé", que formava um "critério" ou uma "diretriz", segundo a qual devia ser conduzida a vida cristã, e que também devia servir de norma para a interpretação dos escritos normativos do cristianismo, tanto do Antigo como do Novo Testamentos. A essa "Regra" (a palavra grega é *canon*, a latina, *regula*, muitas vezes especificada mais concretamente como "Regra da verdade", "Regra de fé" ou "Regra eclesiástica") aludem seguidamente teólogos do fim do século II e do início do século III, como Ireneu, Clemente de Alexandria e Tertuliano. Nessa "Regra" não se trata de uma confissão com contornos bem definidos, nem de uma bem definida determinação dogmática, mas de resumos dos conteúdos essenciais da fé cristã, que podem ser encontrados em diferentes concretizações.

Com a ajuda da "Regra de fé" ou "Regra da verdade", a compreensão dos escritos bíblicos era fundamentada e defendida, tanto em relação ao judaísmo, que se reportava de maneira própria a seus escritos normativos, como também a outras posições cristãs. Já Justino, mesmo que ainda não se refira à "Regra de fé", desenvolve uma leitura hermenêutica do Antigo Testamento a partir de uma perspectiva cristã. Ele observa que "os profetas encobriam por meio de parábolas e tipos aquilo que falavam e faziam". Dessa maneira eles teriam ocultado a verdade das palavras por eles proferidas, para que os que quisessem encontrá-las e aprendê-las se esforçassem nesse propósito[331]. A regra hermenêutica, segundo a qual a Escritura apresenta a revelação divina em forma de enigmas, se encontra também em Clemente de Alexandria. Segundo ele, essa medida serviria para a exata compreensão dos segredos divinos, que não se encontram simplesmente revelados[332].

---
331. *Diálogo* 90,2.
332. *Stromateis* V, 32-55. Clemente argumenta que, a esse respeito, o procedimento dos escritos proféticos assemelha-se ao dos filósofos.

Ireneu também defende a compreensão dos escritos do Antigo e Novo Testamentos contra as interpretações gnósticas dos valentinianos. Na passagem sobre o assunto em sua obra *Adversus Haereses*[333], o seu intuito principal é o de comprovar que as especulações de seus oponentes sobre os números não estão de acordo com a Escritura. À semelhança de Justino, Ireneu observa a esse respeito que os profetas "teriam falado na maioria das vezes por parábolas e alegorias, e não segundo o conteúdo literal". Para sua própria compreensão da Escritura, Ireneu adota o "Critério da verdade", a fim de desenvolver, a partir dele, uma doutrina de compreensão da Escritura. Ele está ciente de que as parábolas não são inequívocas, permitindo diferentes interpretações. Justamente por isso seria importante orientar-se por critérios para a interpretação correta dos escritos bíblicos. Para Ireneu cabe, nesse contexto, em primeiro lugar, iniciar com as passagens claras e inequívocas da Escritura e, a partir delas, também solucionar as parábolas. Em segundo lugar, para que se chegue à verdade, seria necessário considerar a ordem e o contexto da Escritura. A esse respeito, Ireneu cita "parábolas do Senhor, declarações proféticas e discursos apostólicos", referindo-se, portanto, ao testemunho de Jesus, aos escritos proféticos da antiga aliança e ao testemunho dos Atos dos Apóstolos e das cartas. Em terceiro lugar, finalmente, deveria ser observada a "Regra da verdade", a fim de reconhecer na Escritura o testemunho de Deus[334].

O que Ireneu entende por "Regra de fé" ou "Regra da verdade", ele resume em outra passagem, mas sem fazer uso pessoal da expressão: a fé no Deus uno, o Pai e soberano de tudo, que fez céu, terra, mar e tudo o que nele existe; em Jesus Cristo uno, o Filho de Deus, que assumiu carne para a nossa salvação, e no Espírito Santo, que pelos profetas pregou os feitos salvíficos e a vinda do amado Jesus Cristo, nosso Senhor. Segue-se uma longa explicação sobre Jesus Cristo, seu nascimento, seu sofrimento, sua ressurreição, seu recebimento no céu e sua nova vinda na glória do Pai[335].

Esta "Regra de fé", que mais tarde foi formulada no "Credo apostólico" e nas Confissões de Niceia e Constantinopla, deixa claro que os escri-

---

333. *Contra as heresias*, livro 2, capítulos 20-28.
334. Citados: *Contra as heresias* 2,22,1; 2,27,3; 2,27,1; 1,8,1; 2,27,1; 28,1.
335. *Contra as heresias* 1,10,1.

tos do cristianismo devem ser interpretados com base na crença no Deus único, o Criador, que se revelou em Jesus Cristo e que age no mundo por meio de seu Espírito. É por essa razão que, apesar de suas diferenças, este critério fornece aos escritos sagrados sua unidade interna, e os distingue daqueles escritos que não correspondem a este padrão. A "Regra de fé" garante simultaneamente a unidade de Antigo e Novo Testamentos, à medida que os escritos do Antigo Testamento são entendidos como escritos proféticos que se referem a Cristo de forma velada. A caracterização desses escritos como testemunho profético cumprido em Jesus Cristo, já encontrada no Novo Testamento, torna-se assim no fundamento hermenêutico da conexão entre o Antigo e o Novo Testamentos.

O surgimento do Novo Testamento e – paralelamente a ele – da Regra de Fé ou "Regra da verdade" pressupõe que a Igreja cristã seja entendida como uma grandeza existente em muitas comunidades individuais em diferentes lugares, mas que, simultaneamente, forma uma comunhão abrangente. Nas explanações de Ireneu sobre o "evangelho quadriforme", que simboliza a Igreja espalhada por todo o mundo, essa visão encontra expressão eloquente; o mesmo ocorre no Cânone Muratori, que, para tanto, recorre ao número sete das cartas de João e de Paulo.

A formação do Novo Testamento, portanto, não pode ser remontada à resolução de um sínodo eclesiástico ou a determinações de bispos. Tais resoluções ou determinações nunca existiram. As listagens de escritos que só a partir do século IV tomam a forma que também se encontra nas bíblias cristãs, referem-se a desenvolvimentos cujos inícios podem ser rastreados até o surgimento dos próprios escritos do Novo Testamento. As declarações de teólogos ou bispos dos séculos II até IV, bem como a enumeração de escritos normativos, podem ser compreendidos como esforços para restringir ainda mais os limites entre escritos reconhecidos, "canônicos" e "rejeitados", "apócrifos". Esses limites mantiveram-se permeáveis por um longo tempo, e permaneceram assim depois de o cânone bíblico ter recebido contornos mais claros. Tanto os códices quanto as declarações de teólogos cristãos deixam entrever que, nesse processo, o Novo Testamento com o Antigo Testamento se tornaram a Bíblia Cristã[336].

---

336. Cf. Atanásio, 39. *Carta pascal*; Cirilo, *Catequeses* 4,35s.

Foram, portanto, inúmeros fatores que levaram àquela forma do Novo Testamento que prevaleceu nas Igrejas cristãs:

• Os evangelhos e as cartas de Paulo reivindicam conter a forma normativa do testemunho de Jesus, ou seja, do evangelho de Jesus Cristo.

• Teólogos do cristianismo primitivo usaram esses escritos como testemunhos que atestam a origem da fé cristã.

• Nos debates teológicos com o judaísmo e com as doutrinas cristãs consideradas como "heréticas" esses escritos foram acatados, atualizados e reunidos em coleções.

• Os escritos eram usados para leituras privadas e em cultos.

• Os testemunhos apostólicos foram complementados por outras cartas de apóstolos e pelos Atos dos Apóstolos.

• Finalmente, o Apocalipse de João veio a ser aceito como um apocalipse cristão primitivo entre os escritos normativos para a Igreja.

Nesse processo, por muito tempo não houve limites claramente definidos entre escritos "canônicos" e "não canônicos". Em relação a escritos, como por exemplo, a 2ª e 3ª cartas de João, a 2ª Carta de Pedro ou a Carta de Tiago, por muito tempo não estava claro se deveriam ser incluídos no Novo Testamento. Escritos como o Pastor de Hermas, a Didaquê ou o Apocalipse de Pedro se movimentam na circunvizinhança de outros que, por fim, vieram a integrar o Novo Testamento. O Protoevangelho de Tiago, a despeito de sua rejeição como escrito "herético", era muito popular e difundido no cristianismo. Assim sendo, o Novo Testamento também poderia ter assumido uma forma diferente – com mais ou menos ou mesmo ainda outros escritos do que aqueles que, por fim, haveriam de formar o "cânone", designação essa que só foi aplicada aos escritos cristãos normativos no século IV.

O fato de que "bíblias completas" com o Antigo e o Novo Testamentos foram produzidas no século IV tem outras razões. No início do século IV a situação do cristianismo se modificou radicalmente: o Estado romano parou com as perseguições aos cristãos, os imperadores romanos concederam liberdade religiosa aos cristãos, passando inclusive a fomentar ativamente o cristianismo, promovendo-o a religião imperial[337]. Isso pos-

---

337. Documentos importantes nesse contexto são o Edito de tolerância do Imperador Galério, do ano de 311, bem como o Acordo de Milão entre os imperadores Constantino e Licínio, do ano de 313.

sibilitou que, a partir daí, fossem produzidos grandes códices, com o texto de toda a Bíblia Cristã. Já em termos de aparência externa esses códices são fundamentalmente diferentes daqueles dos séculos II e III. Trata-se de volumes esplêndidos, produzidos com altos custos, grande esforço e habilidade[338]. Nesse particular se expressa, não por último, também o interesse do Estado romano de fazer o cristianismo galgar à condição de religião unificadora do império.

Os códices dos séculos IV e V fornecem o texto da Septuaginta para o Antigo Testamento. Com isso eles são, simultaneamente, os manuscritos cristãos mais antigos do Antigo Testamento. Eles contêm, além disso, o Novo Testamento grego, sendo, portanto, "bíblias completas" cristãs, com texto grego. No Antigo Testamento eles se orientam pela extensão da Septuaginta, contendo, portanto, também aqueles livros sem base hebraica. Mesmo assim, é possível reconhecer em teólogos antigos uma consciência da diferença entre a extensão dos 22 ou 24 escritos com base hebraica e o restante do acervo dos escritos encontrados na Septuaginta[339]. Os limites entre o cânone "hebraico" mais restrito e o cânone "grego" mais extenso do Antigo Testamento eram, pois, flexíveis, ao contrário do cânone do Novo Testamento que, desde o século IV, já estava definido em essência.

Considerando-se os escritos não canônicos "apócrifos" do cristianismo antigo, pode-se constatar igualmente um limite flexível em relação aos escritos canônicos. O Códice Sinaítico contém ao final, depois dos escritos do Novo Testamento, ainda a Carta de Barnabé e o Pastor de Hermas; já o Códice Alexandrino, ainda as cartas de Clemente. Também outros escritos não canônicos como o Protoevangelho de Tiago eram difundidos no cristianismo, por vezes só em determinadas regiões. Ainda

---

338. A produção de grandes códices da Bíblia é frequentemente associada a uma carta do Imperador Constantino, transmitida por Eusébio, na qual este instrui Eusébio a "ordenar a produção de cinquenta livros dessas escrituras divinas, cuja aquisição e uso você considera particularmente necessários para os assuntos da Igreja, em pergaminho cuidadosamente preparado, fácil de ler e prático de usar" (*Vida de Constantino* 4,36). Às vezes se presume inclusive que o *Sinaítico* ou o *Vaticano* poderiam estar entre esses 50 códices. Não está claro, contudo, se esses livros encomendados por Constantino eram de fato 50 *bíblias*. Concebível é também que deveriam ser agrupados os escritos considerados como especialmente importantes para a Igreja cristã. Nesse caso também não se trataria de 50 exemplares do mesmo livro. Sobre isso, cf. Wallraff (2012, p. 39-41).

339. A isso já foi feito referência no cap. 1.

outros escritos, por seu turno, desapareciam do acervo traditivo, provavelmente porque na prática eram pouco lidos e, por isso, também não mais copiados e distribuídos. Os treze códices descobertos em 1945 em Nag Hammadi reuniram um grande número de tais escritos, que provavelmente foram empregados por algum tempo em certos grupos, mas depois, em virtude de seu caráter julgado como "herético", foram excluídos do acervo dos escritos empregados na Igreja cristã.

É por isso que até hoje não há limite fixo entre escritos "canônicos" e "não canônicos", ou "bíblicos" e "não bíblicos" – mesmo que a impressão de bíblias dê a sensação contrária. Os escritos "canônicos", portanto, "*tornaram-se* canônicos", para usar uma expressão apropriada de Dieter Lührmann, da mesma maneira como alguns escritos apócrifos primeiramente "*se tornaram* apócrifos", depois de terem sido rejeitados como "falsificados" ou "heréticos" por parte de teólogos antigos (cf. LÜHRMANN, 2004, p. 1-54). Escritos não canônicos constituíram desde sempre o ambiente literário dos escritos "canônicos".

Com isso eles apontam simultaneamente para contextos sociais e teológicos, dentro dos quais surgiram as distinções entre diferentes grupos de escritos.

Mesmo que, desde a invenção da imprensa, tenha surgido a impressão de que "a Bíblia" era uma coleção de escritos definida com exatidão, essa impressão desaparece muito rapidamente quando se olha para os processos do seu surgimento. É possível que o emprego de textos na mídia digital também colabore para que se passe da imagem de um acervo de escritos rigorosamente delimitado e de uma forma textual fixa da "Bíblia", que pertence principalmente à era do livro impresso, a uma visão mais flexível.

7
A formação da Bíblia Judaica e o surgimento da Mixná e do Talmude, séculos I a VI

7.1 O término da terceira parte do cânone, *Ketuvim*

No judaísmo do período helenístico-romano, a designação "Torá e Profetas" ou também "Moisés e os Profetas" havia se cristalizado como expressão para descrever os escritos considerados como normativos. De acordo com isso, tratava-se de duas coletâneas que haviam surgido como corpos linguísticos fechados. Também o cristianismo emergente adotou esse uso. Algumas passagens comprobatórias sejam aqui enumeradas mais uma vez. O 2º e o 4º livros dos Macabeus conhecem a expressão "Lei e Profetas"; na Regra da Comunidade de Qumran, 1QS 1,3, diz: "Como Ele (Deus) ordenou por meio de Moisés e de todos os seus servos, os profetas". O prólogo do livro grego de Sirácida enumera "Lei, Profetas e outros escritos". O manual doutrinário do Mestre da Justiça, "Algumas obras da Torá" 4QMMT^d (4Q397), cita ao lado de Moisés e dos Profetas também ainda outros escritos: "[...] para que entendas o Livro de Moisés [e] os livr[os dos Pr]ofetas e Davi[d...] [os Anais] de cada geração".

No Novo Testamento, Paulo (Romanos 3,21), Mateus (7,12; 22,40) e João (1,45) citam "a Lei e os Profetas"; Lucas 16,16 diz: "A Lei e os Profetas até João"; Lucas 16,29.31: "Eles têm Moisés e os Profetas [...]. Se não escutam a Moisés nem aos Profetas"; Lucas 24,27: "E Ele começou com Moisés e todos os Profetas, e interpretou-lhes em todas as Escrituras o que sobre Ele está escrito"; Atos 28,23: "partindo da Lei de Moisés e dos Profetas"; Lucas 24,44: "Era preciso que se cumprisse tudo o que está escrito a meu respeito na Lei de Moisés, nos Profetas e nos Salmos".

Os "Salmos", tanto aqui como também em "Algumas obras da Torá" (4QMMT), não são mencionados como um terceiro grupo de escritos, mas contados entre os escritos proféticos. Em favor disso fala o fato de que nas fontes de Qumran os Salmos são considerados como textos proféticos[340], e que também Lucas caracterizou Davi como profeta, que nos Salmos teria predito a ressurreição de Cristo dentre os mortos[341]. Assim sendo, na virada do século ainda não existia a divisão tripartite dos escritos da Bíblia Hebraica.

O acervo de escritos normativos, entretanto – independentemente das grandezas "Lei e Profetas" já existentes –, não era claramente delimitado, nem no judaísmo nem no cristianismo emergente. É isso que estão a indicar os citados já referidos no capítulo 5, bem como as alusões a tais escritos que não provêm da "Lei e Profetas": a Carta de Judas apresenta uma citação de Henoc, Paulo cita em 1Coríntios 2,9 uma passagem escriturística que possui uma analogia no livro *Liber Antiquitatum Biblicarum*, e em autores do Novo Testamento encontram-se alusões ao Livro de Sirácida[342]. Assim sendo, mesmo que "Lei e Profetas" representassem escritos determinantes para os autores cristãos primitivos, ocasionalmente eles podiam referir-se a textos contados atualmente entre os escritos "deuterocanônicos" ou "apócrifos" do Antigo Testamento. Os limites entre "Lei e Profetas" como acervo fundante dos escritos bíblicos e tais que circulavam em suas imediações não eram rígidos. Diversos grupos do judaísmo desenvolveram suas próprias concepções sobre aquilo que deveria valer como escritos "sagrados" normativos. Os saduceus, por exemplo, parecem só ter reconhecido a Torá[343], enquanto para a(s) comunidade(s) de Qumran também textos como os do Livro dos Jubileus ou da literatura de Enoque gozavam da mesma validade como os escritos da Bíblia Hebraica posterior.

Mas, como e quando surgiu a divisão tripartite da Bíblia Hebraica em Torá ("Lei"), *Neviim* ("Profetas") e *Ketuvim* ("Escritos")? O terceiro

---

340. Cf. 11QPs[a] 27,11: "E a todos estes ele (Davi) falou através de profecia, que lhe havia sido dada pelo Altíssimo". Aqui os Salmos são interpretados como "profecia" de Davi.
341. Atos dos Apóstolos 2,25-36, entre outros. Em 2,30 Davi é designado explicitamente como profeta.
342. Cf. cap. 5, "A validade dos escritos e grupos de escritos normativos..."
343. Cf. Josefo, *Guerra Judaica*, 14,164s.

grupo parece ter se desenvolvido como um corpo linguístico próprio apenas no primeiro século. Os textos comprobatórios mais antigos para esse fato encontram-se por volta do fim do século I em Flávio Josefo e Rabi Gamliel II[344]. Aos *Ketuvim* pertencem os livros de Salmos, Jó, Provérbios, os cinco *Megillot* (Rute, Cântico dos Cânticos, Eclesiastes, Lamentações, Ester), Daniel, Esdras-Neemias e os dois livros de Crônicas.

Na tradição judaica, eram grandes as variações dos arranjos dos *Ketuvim* dentro da tradição manuscrita (que, no entanto, refere-se essencialmente a documentos medievais). Isso indica que esta parte do *Tanak* nunca encontrou uma conclusão sólida comparável à da Torá ou dos *Neviim*, o que se deve, não por último, ao fato de os *Ketuvim* – ao contrário da Torá – não disporem de uma linha narrativa coerente e pertencerem – ao contrário dos livros históricos e proféticos dentro dos *Neviim* – a gêneros literários diferentes.

É provável que os Salmos, como o livro mais longo e importante, formaram o cerne dos *Ketuvim*. Eles também podiam ser compreendidos como escritos proféticos, mas no surgimento da Bíblia Hebraica tripartite a probabilidade de um enquadramento dentro dos *Ketuvim* era maior. Além deles, escritos de caráter sapiencial, como Jó e os Provérbios, mas também escritos de caráter literário bem diversificado, enquadrados em festas judaicas (as *Megillot*), bem como escritos históricos (Esdras e Neemias, e os Livros de Crônicas) também foram atribuídos a este grupo. Também o Livro de Daniel, que data do século II a.C. e narra a história de Daniel na corte de Nabucodonosor em retrospectiva fictícia, é contado entre os "Escritos" na Bíblia Judaica, mas enquadrado entre os "Profetas" na Bíblia Cristã. Devido ao surgimento dos *Ketuvim* como grupo de escritos próprio, a divisão bipartida dos escritos judaicos normativos foi substituída desde os finais do século I por uma subdivisão tripartite.

Na maioria das disposições atestadas da Bíblia Hebraica, o Livro dos Salmos – e, com isso, o primeiro Salmo – abre os *Ketuvim*. Ao lado de sua função de abertura para os Salmos, ele pode, por isso, também ser lido como "programa" de todo o bloco (cf. KRATZ, 1996; JANOWSKI, 2007) dos *Ketuvim*:

---

344. Cf. Josefo, *Contra Apião* 1,8 e no Talmude babilônico, *Sanhedrin* 90b. Sobre isso, cf. Witte (2015, p. 39-58 com notas 3-5).

> Feliz quem não segue o conselho dos ímpios, não anda pelo caminho dos pecadores nem toma parte nas reuniões dos zombadores. Pelo contrário: seu prazer está na Lei de YHWH, e medita sua Lei dia e noite.
> Ele é como uma árvore, plantada à beira de um riacho. Ela dá seu fruto no devido tempo e suas folhas não murcham. E em tudo quanto faz sempre tem êxito.
> Os ímpios, porém, não são assim: são como a palha carregada pelo vento.
> Por isso os ímpios não ficarão de pé no julgamento, nem os pecadores no conselho dos justos.
> Pois YHWH conhece o caminho dos justos, mas o caminho dos ímpios perece (Salmo 1,1-6).

O Salmo 1 assegura: a vida de quem se orienta pela Torá logrará êxito. A Torá provavelmente não por acaso é denominada aqui de Torá de YHWH (e não Torá de Moisés) e inclui presumivelmente ainda outros textos ao lado da Torá de Moisés, válidos como manifestações da vontade de Deus. Cabe mencionar especialmente o saltério subsequente, que, em analogia à Torá de Moisés, é também subdividido em cinco livros pelas quatro doxologias nos Salmos 41,14; 72,18s.; 89,53 e 106,48; gozando dessa forma de "qualidade da Torá". Além disso, o Salmo 1 faz menção ao texto introdutório dos *Neviim* em Josué 1,8, em que Deus fala para Josué depois da morte de Moisés: "Este livro da Torá não deverá sair da tua boca. Medita nele dia e noite, para que procures agir de acordo com tudo o que nele está escrito; pois então teus caminhos serão prósperos e tu terás entendimento".

Com essa menção ao que já fora dito anteriormente, os leitores do Salmo 1 são, por assim dizer, transportados de volta à situação de Josué imediatamente após a morte de Moisés. Por um lado, o Salmo 1 faz a história da salvação de Israel retornar para o tempo antes da tomada da terra, introduzindo a história desastrosa de Israel que culminou no exílio, de modo que, para os indivíduos, considerados isoladamente, todas as oportunidades passam a estar novamente abertas. Por outro lado, o Salmo 1 torna cada indivíduo responsável: *cada um*, não apenas figuras importantes como Josué ou os reis, são encarregados de observar a Torá, da qual depende o bem-estar. Essa concentração sobre a Torá mostra uma orientação protofarisaica dos *Ketuvim*: a Torá deve ser cumprida no dia a dia.

O fato de o primeiro salmo como início dos *Ketuvim* estar ligado ao início da parte canônica anterior dos *Neviim* (Josué 1), e não ao seu final, significa também que os *Ketuvim* fornecem aqui uma interpretação própria da Torá, ao lado da interpretação profética, não somente depois dela. A Bíblia Hebraica tripartite não foi, portanto, estruturada linearmente, de maneira que Torá, *Neviim* e *Ketuvim* estivessem conectados sucessivamente uns aos outros. O primeiro Salmo mostra, ao contrário, que os próprios *Ketuvim* também possuem referências diretas à Torá, recorrendo para tanto a estágios ainda anteriores aos *Neviim*[345].

Esta orientação dos *Ketuvim* pela Torá é indiretamente apoiada por uma segunda referência bíblica interna no Salmo 1. A imagem da árvore junto aos riachos provém de Jeremias 17,7s.:

> Bendito aquele que confia em YHWH e cuja esperança é YHWH! Ele será como uma árvore plantada na água, que deita raízes rumo ao rio. Ela não necessita temer nada quando vem o calor, suas folhas permanecem verdes; também no ano de seca ela não se preocupa, pois não para de dar fruto.

Com a recepção de Jeremias 17,8 no Salmo 1, a profecia de juízo de Jeremias é fundamentalmente relativizada para os *Ketuvim*: quem se comporta de acordo com o Salmo 1, ou seja, medita dia e noite na Lei de YHWH, não precisa temer um juízo como anunciado e sofrido por Jeremias, uma vez que este não ocorrerá (ou mais precisamente, segundo o Salmo 1: não ocorrerá para os piedosos da Torá, e sim, para os ímpios).

A colocação dos Salmos no início dos *Ketuvim* é a mais frequente no posicionamento dos escritos da terceira parte do cânon. Às vezes, porém, também os Livros de Crônicas são posicionados no início dos *Ketuvim*. Nesse ordenamento, esses livros que narram em detalhes o estabelecimento do culto no Templo sob Davi e Salomão são entendidos como introdução "histórica" aos Salmos. No Códice Aleppo (950) e no Códice Leningradense (B19A; 1008), entretanto, os Livros de Crônicas estão na parte final dos *Ketuvim*. Dessa forma a Bíblia Hebraica termina com o Edito de Ciro (2Crônicas 36,23), que permite aos judeus exilados a construção do Templo e o retorno para a terra natal, e com a poderosa de-

---

345. Sobre a relação entre os escritos de sabedoria nos Ketuvim e a Torá, cf. ainda Schipper e Teeter (2013) e Schipper (2012).

claração de "Êxodo" em 2Crônicas 36,23b: "Quem de vós faz parte da totalidade de seu povo – YHWH, o seu Deus, esteja com ele –, ele suba para lá!"

Outra variante, frequentemente atestada nos manuscritos, consiste em enquadrar Rute antes dos Salmos: dessa maneira, a parte final de Rute conduz aos Salmos com sua genealogia apontando para Davi, tradicionalmente tido (cf. SEYBOLD, 2003) como seu autor:

> E estes são os descendentes de Farés: Farés gerou Hesron, Hesron gerou Ram, Ram gerou Aminadab, Aminadab gerou Naasson, Naasson gerou Salmon, Salmon gerou Booz, Booz gerou Obed, Obed gerou Jessé e Jessé gerou Davi (Rute 4,18-22).

A pesquisa formulou várias teses sobre a origem do *Ketuvim*. A posição mais defendida é que os *Ketuvim* foram o "reservatório" para outros textos normativos após a conclusão dos *Neviim*. Já uma segunda tese vê no surgimento do *Ketuvim* um instrumento para salvaguardar a tradição na época dos Macabeus (cf. BECKWITH, 1985). Ela, contudo, opera com uma datação por demais prematura para a conclusão do cânon ainda no século II a.C. Uma terceira hipótese concebe os *Ketuvim* como uma antologia de gêneros literários judaicos exemplares, compilada contra a pressão crescente da cultura helenística[346]. Uma quarta tese, por fim, vê como motivo central para o surgimento dos *Ketuvim* como terceiro corpo de escritos ao lado da Torá e Profetas a delimitação em relação aos escritos cristãos do Novo Testamento[347]. Essas teses não são necessariamente excludentes, mas mencionam diversos aspectos que, de diferentes formas, podem ter fomentado a formação dos *Ketuvim*. Nesse contexto, cabe considerar que não podem ser especificados critérios claros de conteúdo, por meio dos quais se poderia explicar a inclusão ou exclusão de certos escritos nos *Ketuvim*[348]. Para a pergunta pela validade de um escrito

---

346. Cf. Lang (1997, p. 41-65) e Pury (2003, p. 24-27). Cf. tb. Steinberg (2006).

347. Cf. Lim (2013, p. 182): "The closing of the Jewish canon may be seen as a part of the Jewish reaction to knowledge of the books of the New Testament and the increasing influence of Christianity" (A conclusão do cânone judaico pode ser vista como uma parte da reação judaica diante do conhecimento de livros do Novo Testamento e da crescente influência do cristianismo).

348. Lim (2017) aponta para o fato de que, *a priori*, não podem ser citados quaisquer pontos de vista válidos, que pudessem decidir sobre a posterior canonicidade de um escrito. A impressão que se recebe é, antes, de que era certa "semelhança de família" que cada vez constituía o fator decisivo.

(pela sua "canonicidade") era, contudo, decisivo seu uso religioso, e esse muitas vezes dependia de costumes e acasos.

Na compilação dos *Ketuvim* em um terceiro grupo de escritos da Bíblia Hebraica, analogias podem, por isso, ser vistas com o surgimento das "cartas católicas" do Novo Testamento[349]. Também nesse grupo fatores como o uso dos escritos, semelhanças literárias, bem como a homogeneidade de determinados escritos – das três cartas de João, das duas cartas de Pedro e das cartas de Tiago e Judas, que estavam unidas por autoria igual ou relacionada – levaram a que, ao lado da coletânea dos Quatro Evangelhos e do *Corpus Paulinum*, viesse a se formar um terceiro grupo de escritos como parte do Novo Testamento emergente.

No judaísmo dos séculos I e II d.C. havia discussões a respeito de quais dos escritos pertencentes aos *Ketuvim* "contaminavam as mãos" (ou seja, detinham o *status* de "textos sagrados"). Essa expressão curiosa é baseada na ideia de que tocar coisas sagradas e, portanto, também manusear textos sagrados, requeria lavar as mãos (cf. STEMBERGER, 2010a, p. 73s.). Especialmente em Eclesiastes e no Cântico dos Cânticos, parece ter sido controverso se eles "contaminariam as mãos". A maioria dos rabinos, entretanto, respondia positivamente à pergunta, de modo que Eclesiastes e o Cântico dos Cânticos encontraram inclusão na terceira parte da Bíblia Hebraica.

O que, por fim, levou à conclusão dos *Ketuvim* como um corpo literário fechado é controverso e dificilmente ainda pode ser esclarecido com total segurança. O fato de os *Ketuvim* não terem encontrado uma coerência uniforme na tradição manuscrita e não terem sido tratados como uma coleção claramente delimitada nas bíblias cristãs sugere que se trata mais de uma compilação solta de escritos do que de uma coleção com abrangência e perfil claros. Os escritos de Qumran mostram que o acervo de escritos "bíblicos" como um todo provavelmente ainda não estava consolidado na virada dos tempos[350]. Além disso, deve ser considerada a natureza processual do surgimento da Bíblia: nunca houve uma decisão quanto a quais escritos pertencem ou não pertencem aos *Ketuvim*.

---

349. Sobre isso, cf. o cap. 6: "Visão geral do mundo literário do cristianismo mais antigo".

350. Cf. anteriormente o cap. 4: "Os escritos do Mar Morto", bem como Fabry (1999, p. 251-271), Ulrich (2010) e Lange e Tov (2016).

Em vez disso, desenvolveram-se gradualmente certa reputação e um uso ritual desses escritos. A finalização dos *Ketuvim* é, portanto – análoga à criação do Novo Testamento –, um processo não baseado em decisões específicas, mas em desenvolvimentos de longo prazo e em hábitos estabelecidos sucessivamente.

7.2 A formação de uma lista de livros completa

Com a conclusão dos *Ketuvim*, surgiram no judaísmo por volta do fim do século I listas de livros que deveriam pertencer à Bíblia. Paralelamente a isso transcorreu uma diferenciação entre escritos bíblicos e não bíblicos. Isso, contudo, não significou necessariamente que um determinado conteúdo literal desses livros tenha sido fixado. Os textos bíblicos de Qumran, por exemplo, são bastante estáveis em termos de conteúdo, mas diferentes versões de um mesmo livro sempre apresentam novamente pequenas diferenças textuais e também maiores. Dessa maneira, podem-se constatar diferenciações ortográficas, por vezes também termos mais antigos foram substituídos por outros mais usuais, ou a grafia dos nomes apresenta diferenças.

A proposição de uma lista concluída de livros pode ser verificada explicitamente no historiador judeu Flávio Josefo, bem como em 4Esdras 14. Em seu polêmico escrito apologético *Contra Apionem* ("Contra Apião"), Josefo caracteriza a tradição veterotestamentária da seguinte forma:

> Não temos entre nós dezenas de milhares de livros que não concordam entre si e discutem uns com os outros, mas apenas 22 livros que contêm o registro de todo o período [da história de Israel] e são, com razão, considerados confiáveis. Destes, cinco são escritos de Moisés, abrangendo tanto as leis quanto a tradição desde o início da raça humana até a morte de Moisés. Esse período soma um pouco menos que três mil anos. Desde a morte de Moisés até o reinado de Artaxerxes, que foi rei dos persas depois de Xerxes, os profetas pós-mosaicos registraram os eventos de seu tempo em treze livros. Os quatro restantes contêm hinos de louvor a Deus e regras de vida para as pessoas. Desde Artaxerxes até os nossos dias, os eventos isolados foram registrados, mas sem receber a mesma credibilidade como no caso dos eventos anteriores, pois faltava a sequência exata dos profetas (*Contra Apião* 1,8).

Josefo conta com um número fixo de 22 livros bíblicos, que corresponde ao número de letras no alfabeto hebraico e, portanto, simboliza conclusão e perfeição. Essa noção também é atestada em antigos teólogos cristãos que, independentemente do emprego da Septuaginta, também conhecem a noção de 22 livros do "Antigo Testamento", referindo-se igualmente às letras do alfabeto hebraico[351]. É interessante que, com sua declaração, ele se volta principalmente contra a tradição grega, que inclui "dezenas de milhares" de livros de vários tipos e, portanto, não pode ser confiável do seu ponto de vista. Pode-se supor que Josefo foi confrontado com o argumento de que a pequena quantidade de livros entre os judeus os impedia de transmitir fielmente a história da humanidade desde sua criação. Josefo faz dessa necessidade uma virtude e apresenta adicionalmente o argumento da origem profética dos 22 livros da Bíblia, que deveria garantir a confiabilidade de seu conteúdo.

A categorização exata dos livros bíblicos na listagem de Josefo não é, contudo, totalmente clara. Os treze livros que se seguem à Torá de Moisés incluem provavelmente Jó, Josué, Juízes (com inclusão de Rute), Samuel, Reis, Isaías, Jeremias (incluindo as Lamentações), Ezequiel, o Livro dos Doze Profetas (contado como um só livro); os "quatro restantes" referem-se, possivelmente, aos Salmos, Provérbios, Eclesiastes e Cântico dos Cânticos. Essas identificações, porém, não são totalmente seguras (cf. MASON, 2002, p. 110-127; WITTE, 2015, p. 40, nota 3). Além disso, Josefo revela uma teoria de autoria profética quando relaciona a redação dos livros bíblicos com uma sucessão ininterrupta de profetas desde Moisés até a época do rei persa Artaxerxes, sob cujo governo, segundo o testemunho bíblico, Esdras e Neemias atuaram[352].

---

351. Cf. cap. 1 a parte referente a "Tanak", "Antigo Testamento" e "Novo Testamento".

352. Em termos históricos, no entanto, não está claro que figura é representada por Artaxerxes, visto que houve dois governantes persas com esse nome na época de Esdras e Neemias, que viveram em 465-425 a.C. (Artaxerxes I) e 404-359 a.C. (Artaxerxes II). Neemias veio (Neemias 1,1; 2,1) no 20º ano de Artaxerxes a Jerusalém, o que se refere provavelmente a Artaxerxes I, cujo 20º ano corresponde a 445 a.C. Esdras (Esdras 7,7), por seu turno, deve ter vindo a Jerusalém no 7º ano de Artaxerxes, ou seja, 13 anos antes de Neemias. Na opinião dos livros de Esdras-Neemias trata-se, sem dúvida, do mesmo Artaxerxes. Mas isso é difícil de ser possível historicamente: de acordo com Esdras 9,9, Esdras já encontra um muro em Jerusalém, o qual Neemias, porém, deveria restaurar primeiro. Por outro lado, Neemias não parece ter consideração para com os retornados de Esdras em suas medidas de política populacional, os quais, porém, já deveriam ter chegado. A data mais provável como início da atuação de Esdras é, portanto, o 7º ano de Artaxerxes II, ou seja, 398 a.C. Na tradição bíblica, Esdras, como sacer-

Também o 4º Livro de Esdras, um apocalipse judaico surgido por volta do fim do século I[353] e transmitido com exclusividade pelo cristianismo, delineia em seu capítulo final (14) um modelo dos livros normativos do judaísmo. O livro, embora escrito provavelmente na Palestina em língua original semítica, portanto, em hebraico ou aramaico[354], só foi conservado em língua latina, bem como em diversas traduções para línguas orientais. 4Esdras encontra-se em proximidade temporal direta com a destruição de Jerusalém pelos romanos no ano de 70, mas tematiza essa experiência em retroprojeção sobre a primeira destruição da cidade e do Templo pelos babilônios em 587 a.C., tentando interpretar esse evento teologicamente. Ambas as catástrofes de Jerusalém são vistas em conjunto dentro da perspectiva histórica do 4º Livro de Esdras. Para o autor e os leitores, a primeira destruição da cidade e do Templo na época babilônica torna-se transparente para aquela ocorrida na época romana. No capítulo 14 é descrita a nova redação dos livros bíblicos e de outros mais, depois de terem sido queimados pelos babilônios durante a destruição de Jerusalém. Por inspiração divina, Esdras foi capaz de ditá-los novamente para um grupo de estudiosos:

> O Altíssimo deu entendimento aos cinco homens [aos escribas, a quem Esdras dita]. Então, eles escreveram o que foi dito sequencialmente em caracteres que não conheciam, e permaneceram sentados por 40 dias. Eles escreviam durante o dia e comiam seu pão à noite. Eu [Esdras] falava durante o dia e não ficava calado durante a noite. Nos 40 dias foram escritos 94 livros. Quando os 40 dias terminaram, o Altíssimo falou comigo e disse: Coloque abertamente os primeiros livros que você escreveu. Dignos e indignos haverão de lê-los. Preserva, porém, os últimos setenta, para entregá-los aos sábios dentre o teu povo (4Esdras 14,42-47).

---

dote e escriba, foi mais destacado do que o funcionário político Neemias, provavelmente por razões teológicas.

353. 4Esdras enquadra o seu próprio surgimento no trigésimo ano após a queda de Jerusalém (4Esdras 3,1), ou seja, em 557 a.C. Isso é ficção literária e, como tal, facilmente reconhecível: Esdras não pertence à época babilônica, mas ao período persa. 4Esdras é até bem mais recente: a data em 3,1 indica para o trigésimo ano depois da segunda destruição de Jerusalém pelos romanos no ano de 70 d.C. Para o período romano também indica a visão da águia em 4Esdras 11, já que as três cabeças da águia provavelmente se refiram a Vespasiano, Tito e Domiciano. Cf. Schürer (1986, p. 297-300) e Ditommaso (1999, p. 3-38).

354. Sobre o problema, cf. a discussão em Stone (1990, p. 10s.).

"Os primeiros (24) livros" são, como é fácil de ver, aqueles da Bíblia Hebraica. Eles são acessíveis a todos, enquanto os 70 livros restantes devem ser ocultos e, evidentemente, formam a literatura deuterocanônica ou "apócrifa", na qual o 4Livro de Esdras também se enquadra (cf. MACHOLZ, 1990, p. 379-391; BECKER, 2009, p. 195-253). Eles são acessíveis apenas para os iniciados, para "os sábios do seu povo", porque não são fáceis de compreender, tendo uma pretensão elitista. Também aqui o número fixo de livros (24) é claro. Ele difere de Josefo, mas considerando-se o fato de não constituir um número simbólico tão carregado como o 22 em Josefo, bem provavelmente representa uma tradição mais antiga[355]. É mais fácil imaginar que o número 24 foi alinhado ao número 22, que simultaneamente designa o número de letras hebraicas no alfabeto, do que o contrário. Na tradição rabínica, entretanto, o número 24 parece ter se imposto, sendo atestado ali muito melhor do que o número 22[356].

A diferença entre 24 e 22 provavelmente não indicava um acervo diverso de livros, devendo remontar, antes, à junção de Lamentações com o Livro de Jeremias, bem como de Rute com o Livro dos Juízes. Dessa forma, pôde ser alcançado o número total "hebraico" de 22 livros. Em 4Esdras 14 também é encontrado o motivo da autoria profética dos livros bíblicos por meio do ditado de Esdras.

Na pesquisa do fim do século XIX e início do século XX gostava-se de vincular a noção de um cânone, como constatável por Josefo e em 4Esdras 14, com a hipótese de um sínodo em Jâmnia, que o teria determinado (cf. cap. 1, "Bíblias Judaica e Cristã"). Jâmnia de fato se estabeleceu como um centro de estudiosos judaicos após o ano 70, mas lá não ocorreu nenhum sínodo, nem houve qualquer discussão sobre a natureza vinculativa dos escritos veterotestamentários como um todo – apenas a importância do Eclesiastes e do Cântico dos Cânticos foi debatida[357].

---

355. Darshan (2012, p. 221-244) deriva o número 24 da tradição alexandrina, que subdividia a Ilíada e a Odisseia de Homero em 24 livros, correspondendo ao número do alfabeto grego (Pseudo-Plutarco, *Vita Homeri* 2,4).

356. Cf. *Numeri Rabbah* 13,16; 14,4; 14,18; 18,21; *Cântico dos Cânticos Rabbah* 4, 11; *Coélet Rabbah* 12, 11s.; bem como Leiman (1991, p. 54-56).

357. Cf. Stemberger (1990, p. 163-174) e Krieg (2010, p. 133-152). Sobre a discussão, cf. Collins (1995) e Lim (2013, p. 179s.).

Pode-se, é claro, perguntar por que, por volta do fim do primeiro século, surgiu a noção de uma lista de livros claramente delimitada. Com sua polêmica contra as "dezenas de milhares" de livros, Josefo se dirige principalmente contra a literatura grega, mas é possível que a definição do que pertence à Bíblia Judaica não aconteça por acaso em um momento em que o judaísmo se via desafiado pelo cristianismo em formação, que baseava a si próprio em novos escritos, adicionados às antigas tradições. Na Tosefta, um comentário sobre a Mixná, lê-se, por exemplo, em Yadaim 2,13: "Os evangelhos (*gilyonim*) e os livros dos herejes (*minim*) não contaminam as mãos. Os livros de Ben Sira e todos os demais livros, que a partir dali foram escritos, não contaminam as mãos".

Os livros citados não possuem, portanto, validade normativa. É digno de nota que o conceito de "hereges", que inclui não apenas, mas também os cristãos (judeus), apareceu no judaísmo rabínico mais ou menos na mesma época em que na Igreja cristã surgiram coleções próprias de escritos normativos (cf. RÜGER, 1988, p. 181; LIM, 2013, p. 183). Se a citação da Tosefta nomeia os livros do cristianismo num mesmo contexto juntamente com o livro de Sirácida e outros livros mais recentes do judaísmo, isso mostra que a delimitação não se aplicava apenas à literatura cristã, mas englobava também textos judaicos, que não eram da mesma idade dos livros da Bíblia Hebraica.

7.3 O Talmude como discurso sobre a práxis correta

Jacob Neusner defendeu a tese de que o judaísmo é tão pouco uma religião bíblica quanto o cristianismo, uma vez que ambos interpretam suas bíblias a partir de um ponto de vista extrabíblico: o judaísmo, a partir da Torá "oral", que se encontra na literatura de tradição judaica, e o cristianismo, a partir da confissão de Jesus como o Cristo, conforme se desenvolveu na tradição eclesiástica[358]. Por trás desse juízo sobre o judaísmo se encontra a concepção rabínica de que no Sinai Moisés não teria só recebido a Torá escrita, que agora se encontra na Bíblia Hebraica, mas também uma Torá oral que nunca foi escrita nos tempos bíblicos (cf. STEMBERGER, 2016). Seu núcleo encontra-se na chamada Mixná

---

358. Cf. Neusner (1993, p. 192-211). Sobre isso, cf. tb. Stemberger (2010b, p. 15-26).

(literalmente, "repetição"). A Mixná foi escrita por volta de 200 e reúne pareceres doutrinais orais que remontam pelo menos parcialmente ao período tardio do segundo Templo.

Nos séculos seguintes eles foram complementados pela denominada Gemara, que contém análises e comentários aramaicos à Mixná hebraica. Juntos, Mixná e Gemara formam o Talmude, transmitido numa versão palestina (ou de Jerusalém), mais curta, e em outra versão babilônica, mais longa (cf. STEMBERGER, 2011; KRUPP, 2007). O Talmude palestino foi provavelmente concluído por volta de 500, enquanto que o trabalho redacional no Talmude babilônico possivelmente se estendeu até a época islâmica, tendo sido concluído só por volta de 800[359]. Não por último, devido à influência da vertente rabínica farisaica do judaísmo depois de 70[360], no judaísmo pós-bíblico tornou-se importante, sobretudo, a correta prática da lei, menos o estabelecimento de um corpo de escritos como base de uma doutrina – dito de outra forma: mais importante que a "ortodoxia" era a "ortopraxia".

Embora o Talmude se reporte claramente à Bíblia, ele só pode ser entendido indiretamente como uma interpretação bíblica. Ele constitui, acima de tudo, uma interpretação da Bíblia Hebraica de segunda ou até terceira ordem: a Gemara comenta a Mixná, e a Mixná, por sua vez, não se refere simplesmente à Bíblia, mas se entende como uma Torá de qualidade própria – como transcrição da Torá oral do Sinai, que só encontrou sua forma na Mixná séculos depois de Moisés: "Moisés recebeu a Torá do Sinai e a transmitiu a Josué, e Josué aos anciãos, e esses aos profetas, e esses aos homens da grande sinagoga" (Pirke Avot 1,1).

A Mixná oferece principalmente material haláquico, ou seja, discussões jurídicas sobre a maneira de comportar-se na vida, enquanto no Talmude, como um todo, predomina antes o material textual agádico, ou seja, narrativas com conteúdo doutrinário (cf. LANGER, 2016).

Digno de nota é a ausência de uma analogia formal para a Mixná: nenhuma obra literária conhece a forma discursiva de debate de problemas que caracteriza a Mixná (cf. KRAEMER, 2006, p. 299-315). Parece tratar-se de uma grandeza *sui generis*, por isso também é difícil enquadrá-

---

[359]. Sobre a relação entre tradição e inovação no Talmude, cf. Vidas (2014).
[360]. Cf. a discussão em Schwartz (2012).

-la em um contexto histórico[361]. Até a posterior interpretação teológica em Pirke Avot 1,1, entretanto, a própria Mixná não reivindica ser muito antiga, mas se concebe como texto discursivo de diferentes pareceres doutrinais de rabinos, cujas vidas não remontam a épocas anteriores ao primeiro século (cf. KRUPP, 2007, p. 90-145).

Como exemplo para a peculiaridade da argumentação teológica da Mixná pode-se citar o início do Tratado Berakhot, que gira em torno da pergunta a partir de que horas da noite se deve recitar a oração do *Sch^{c}ma Jisrael* ("Ouça Israel"):

> A partir de que horas se lê o *Sch^{c}ma* à noite?
> Desde o momento em que entram os sacerdotes para comer suas massas de comida até o fim da primeira vigília noturna. (Estas são as) palavras do Rabino Eliezer.
> Os sábios dizem: Até meia-noite.
> Rabino Gamliel diz: Até o amanhecer.
> Aconteceu uma vez que seus filhos voltaram de um banquete e lhe disseram:
> Ainda não lemos o *Sch^{c}ma*.
> Ele lhes respondeu:
> Se ainda não amanheceu, vós tendes a obrigação de ler.
> E não só isso, mas tudo para o que os sábios disseram "até meia-noite" vale legalmente até o amanhecer.
> A evaporação de gordura e dos membros vale legalmente até o amanhecer; e tudo o que (dos sacrifícios) só pode ser comido no mesmo dia é permitido por lei até o amanhecer. Mas se é assim, por que os sábios disseram: "Até meia-noite?"
> Para manter as pessoas longe da transgressão.

Nesta seção, são referidos diferentes pareceres doutrinais sobre uma pergunta, sendo que não é tomada nenhuma decisão por uma ou outra posições. Em vez disso, é buscada uma perspectiva que torne as diferenças plausíveis: a visão mais rigorosa, segundo a qual o *Sch^{c}ma* deve ser recitado ainda antes da meia-noite, ao invés de só antes do amanhecer, está a serviço do empenho para que a oração de forma alguma seja recitada tarde demais.

---

[361]. Sobre contatos com literatura cristã, cf. Bar Asher-Siegal (2017).

O Talmude babilônico, Seder Zera´im, impresso em 1543/44
por Daniel Bomberg em Veneza.

Não demorou para que, pelo judaísmo clássico, a ocupação com a interpretação da Bíblia no Talmude fosse considerada mais importante que a atividade com a própria Bíblia. A Bíblia era essencialmente lida e interpretada à luz dessa literatura traditiva. À Bíblia Judaica subdividida em três partes nunca foi possível alcançar o mesmo *status* normativo e exclusivo adquirido pela Bíblia no cristianismo. Por isso, o termo "cânone" passou a ser usado no judaísmo somente a partir de sua expansão clássica pelo filólogo antigo de Leiden, David Ruhnken (1723-1798), em sua *Historia Graecorum Oratorum* (Leiden, 1768).

A formação de uma literatura traditiva própria no judaísmo antigo tardio foi de importância decisiva para o desenvolvimento posterior do judaísmo. É possível, não por último, que a delimitação do cristianismo, cada vez mais estabelecido e difundido, tenha fomentado a formação da Mixná e do Talmude e, assim, dado ao judaísmo sua identidade espiritual. Seth Schwartz (2001, p. 179-202) até ousa levantar a tese de que, sem esses impulsos externos, o judaísmo possivelmente teria se dissolvido dentro do paganismo antigo tardio e não teria sobrevivido a Antiguidade dessa maneira. De qualquer forma, a distinção em relação ao cristianismo tornou-se um fator decisivo na formação do judaísmo rabínico[362].

7.4 Duas diásporas?

No ano 2010, os pesquisadores israelenses Doron Mendels e Arye Edrei publicaram um estudo intitulado "Dois tipos de diáspora", cujos resultados não tiveram uma recepção generalizada na pesquisa devido a poucas comprovações de fontes, mas formularam um problema aberto: os autores defenderam a opinião de que após a destruição de Jerusalém pelos romanos no ano 70 a diáspora oriental, de fala hebraica e aramaica, e a ocidental, de fala grega e latina do judaísmo, desenvolveram-se de maneiras muito diferentes. Enquanto no leste as tradições da Torá oral foram transcritas na Mixná e no Talmude e se formaram academias eruditas hierarquicamente organizadas, no oeste não se podia perceber um cultivo dessas tradições, nem mesmo que tivessem chegado a ser conhecidas. A diáspora judaica de fala grega inicialmente não teve nenhum acesso ao mundo do Talmude, mas cultivava, ao lado da Bíblia, seus próprios escritos denominados de deuterocanônicos, que se conservaram principalmente em virtude do cânone cristão da Septuaginta do Antigo Testamento[363]. Assim sendo, a vida judaica teria sido influenciada mais fortemente no Ocidente pelas tradições bíblicas, enquanto no Oriente,

---

362. Cf. tb. Schäfer (2010).
363. Cf. Siegert (2016); cf. tb. Joosten (2016, p. 688-699).

pelas tradições talmúdicas. Foi só a partir do século VII que os ensinamentos rabínicos lograram aceitação também no Ocidente, depois de haverem sido fixados por escrito no Oriente.

A hipótese de "duas diásporas" no judaísmo não pode ser provada nem refutada. Não há documentos que possam mostrar, especialmente para o judaísmo ocidental, a quais escritos ele se referia, quais conhecia e quais não conhecia. Mas é bem provável que, no Ocidente, tanto a disponibilidade material da literatura traditiva hebraica e aramaica do Oriente como também as capacidades linguísticas para as ler fossem limitadas.

Independentemente de como nos posicionamos diante da suposição de uma diáspora dividida: a partir do período islâmico, o judaísmo encontrou uma referência traditiva comparativamente uniforme, o que tornou o Talmude o centro do estudo das Escrituras também no Ocidente. Mendels e Edrei não dão motivos para esse processo. Pode-se supor, no entanto, que a ampla cristianização e islamização dos mundos europeu, norte-africano e do Oriente Próximo exerceu certa pressão sobre o judaísmo para desenvolver uma identidade coletiva mais forte. Isso aconteceu por intermédio da difusão e aceitação do Talmude também no Mediterrâneo ocidental, o que – apesar de todas as diferenças de correntes – acabou levando a uma forma comparativamente uniforme de judaísmo na Idade Média e na Idade Moderna.

7.5 Discussões judaico-cristãs sobre as Sagradas Escrituras

Nos primeiros séculos de cristãos, as linhas divisórias entre o judaísmo e o cristianismo se formaram apenas gradualmente. Jesus era judeu, os primeiros cristãos formavam um grupo especial dentro de um judaísmo, cuja identidade na virada dos tempos era tão diversificada que na pesquisa anglo-saxônica convencionou-se falar de "Judaisms", ou seja, "judaísmos" (cf. COHEN, 1999; BRETTLER, 1999; EDELMAN, 1995; COLLINS, 2017). Escritos apocalípticos, como a literatura de Henoc, estão muito distantes das convicções básicas posteriores do judaísmo rabínico ou clássico. O portador central da revelação aqui não é Moisés, mas Henoc (cf. Gênesis 5,21-24). Ele se ofereceu como portador de revelações do além, visto que se afirma não ter ele morrido depois de uma vida de 365 anos, mas ter sido "levado" por Deus, ou seja, arrebatado ao céu.

Gabrielle Boccaccini (2005; 2014) sugeriu o termo "judaísmo henóquico" para esta vertente do judaísmo do segundo Templo, pois para esses judeus aparentemente Henoc detinha autoridade superior a Moisés.

Com a destruição do Templo de Jerusalém no ano 70, a diversidade do antigo judaísmo foi reduzida consideravelmente, uma vez que entre as diversas correntes conseguiu impor-se principalmente a dos fariseus, que se desenvolveu adiante para o judaísmo rabínico.

Na esteira da formação posterior do judaísmo e cristianismo, ocorrida em processos de delimitação e diferenciação mútuos (cf. SCHÄFER, 2010a), estabeleceu-se a partir do século II uma contraposição, que também se refletiu em concepções diferenciadas em relação aos escritos bíblicos. O judaísmo não tinha nenhum interesse de conceder autoridade aos novos escritos emergentes dentro do cristianismo. Particularmente revelador nesse sentido é a já citada passagem de Yadaim 2, 13 da Tosefta, que enquadra os evangelhos como não normativos. Chama a atenção, entretanto, que os movimentos de delimitação judeus e cristãos só raramente se referem diretamente a perguntas sobre o *status* autoritativo de determinados textos. Muitas vezes, ao contrário, encontram-se polêmicas que se dirigem contra conteúdos específicos.

Em algumas passagens do Talmude encontram-se disputas com a figura de Jesus (cf. SCHÄFER, 2010b; LIM, 2013, p. 182), sendo que, do ponto de vista do judaísmo rabínico, o Talmude de Jerusalém combate o cristianismo como seita, enquanto o Talmude babilônico polemiza antes contra a pessoa de Jesus. Algumas passagens no Talmude permitem ser interpretadas como disputas com posições teológicas da literatura monástica do cristianismo (cf. BAR ASHER-SIEGAL, 2013).

Inversamente, encontram-se no Novo Testamento passagens como, por exemplo, no Evangelho de João, que retroprojetam conflitos do século II entre Igreja e sinagoga para o tempo de Jesus, se posicionando dessa forma claramente contra o judaísmo (cf. VOLLENWEIDER, 2002). Esse modelo de delimitação foi ainda mais ampliado na literatura patrística dos séculos subsequentes (cf. KAMPLING, 2010).

Quando se pergunta pelas tradições normativas que identificam diferenças entre as religiões deve ser citado para o judaísmo, sobretudo, a concepção de uma Torá oral: só o judaísmo conhece, ao lado da Torá escrita, também uma Torá oral de Deus, dada a Moisés no Sinai e, agora, disponível por escrito na Mixná. É provável que também o destaque a essa diferença em relação ao cristianismo tenha levado a que, na prática religiosa do estudo das Escrituras, Mixná e Talmude puderam ter prevalência sobre a Bíblia (cf. STEMBERGER, 2016).

Por outro lado, deve ser lembrado que, em sua recepção da Bíblia Hebraica como "Antigo Testamento", o cristianismo emergente não alterou seu acervo textual de uma maneira cristã. Isso mostra que o Antigo Testamento pôde ser lido e compreendido de acordo com o princípio hermenêutico de que ele aponta para Cristo, não necessitando para tanto de nenhuma revisão teológica. No cristianismo reinava a convicção de que Deus havia se revelado em Cristo de maneira nova e que, portanto, no centro havia um evento de revelação pessoal, e não um texto fixo quanto a sua extensão e forma linguística. Isso provavelmente constituiu o motivo para que a Bíblia Cristã não viesse a se tornar um livro de extensão fixa e forma linguística específica, à maneira da Bíblia Hebraica no judaísmo rabínico. Nas confissões cristãs, ao contrário, puderam se desenvolver diferentes formas de Bíblia, cujo acervo básico apresentava claras interseções, mesmo se encontrando aberto nas "bordas". Decisivo não foi nem é o texto como tal, mas sua compreensão no presente.

8
Sobre a história da repercussão das bíblias Judaica e Cristã

8.1 Traduções e sua divulgação

A Bíblia Cristã é o livro mais amplamente difundido na literatura mundial. Por meio do "Antigo Testamento", os livros da Bíblia Judaica também se tornaram conhecidos no cristianismo. Cerca de 2 bilhões e meio de pessoas professam a religião mundial de maior número na atualidade, o que corresponde a cerca de um terço da população mundial; o judaísmo, ao contrário, é professado unicamente por cerca de 16 milhões de pessoas. Muitas tradições da Bíblia também são conhecidas no Islã, que atualmente conta com cerca de 1,7 bilhão de seguidores: o Alcorão retomou e retrabalhou, por meio de interpretações e modificações parcialmente bastante livres, narrativas bíblicas e extrabíblicas, "apócrifas". Figuras bíblicas como Noé, Abraão, Isaque, Ismael, Jacó, José, Moisés, Davi, Maria, João e Jesus também são mencionadas e interpretadas à sua própria maneira no Alcorão. O Alcorão deixa reconhecer claramente, portanto, que conhece tradições judaicas e cristãs, tanto bíblicas como extrabíblicas.

Visto globalmente, o cristianismo encontra-se num forte processo de crescimento. O cristianismo goza de grande adesão popular no Leste Asiático, por exemplo, na China, mas também na África e na América Latina. Dentro de uma perspectiva global, a situação de um declínio no número de membros, como pode ser observada na Europa Central, configura antes uma exceção.

Até a entrada do século XXI, foram produzidos aproximadamente 5 bilhões de exemplares da Bíblia, a maioria dos quais nos últimos cem anos. "Bíblias completas", ou seja, bíblias que contenham o Antigo e Novo Testamentos já se encontram em 674 línguas, segundo o *Global Scripture Access Report*[364]. Só o Novo Testamento foi traduzido para mais 1.515 idiomas, e textos bíblicos individuais, para outros 1.135 idiomas. Assim sendo, de acordo com estimativas, aproximadamente 5,4 bilhões de pessoas têm acesso à Bíblia em sua língua materna. Numa população mundial de 7,6 bilhões de pessoas, isso corresponde a uma cota de 71%.

Esses dados já mostram que a Bíblia, pelo menos em perspectiva cristã, não existe em uma língua "sagrada" – ou em duas línguas "sagradas"[365] –, mas pode, em princípio, ser traduzida para qualquer língua, sem que isso implique em alguma perda de significado. As ciências bíblicas atualmente não se orientam pelas línguas originais da Bíblia, o hebraico ou aramaico e grego, pelo fato de estas serem consideradas línguas "sagradas", mas porque o significado dos textos bíblicos pretende ser extraído com a maior precisão possível para o presente por meio da análise filológica e histórica.

No que diz respeito à história da Bíblia, contudo, cabe constatar que no Concílio de Trento em 1546 a tradução latina da Bíblia, a chamada Vulgata, foi considerada como normativa para o uso na Igreja Católica Romana na qualidade de "uma tradução geral consagrada pelo tempo e que foi testada ao longo de tantos séculos pelo uso da Igreja". Este tem sido o caso até hoje, mesmo que na segunda metade do século XX, em virtude da reforma litúrgica decidida pelo Concílio Vaticano II, o uso da Bíblia e a celebração da missa nas respectivas línguas nacionais tenha encontrado cada vez maior respaldo. Caso análogo tem se dado nas Igrejas ortodoxas em relação à Septuaginta, que continua representando a forma normativa do texto bíblico do Antigo Testamento, mesmo que também nessas Igrejas existam traduções da Bíblia e celebrações litúrgicas nas respectivas línguas nacionais.

No judaísmo, o caso é um pouco, mas não fundamentalmente diferente (cf. BECHTOLDT, 2005; STERN, 2017, p. 166-195): em comunidades judaicas por todo o mundo, o hebraico desempenha um papel privilegiado sobre as línguas nacionais. A Torá é considerada como o documento di-

---

364. Cf. https://www.unitedbiblesocieties.org/2017-global-scripture-access-reportgathering-momentum/. Acesso em 18 mar. 2019.
365. Para o hebraico, cf. Joosten (2017, p. 44-49.62).

reto da revelação de Deus para o seu povo e é recitada em hebraico nos cultos sinagogais. No entanto, como já mostram a mais antiga tradução da Torá para o grego e a lenda a ela associada das origens da Septuaginta na Carta de Aristeias, no judaísmo helenístico até mesmo uma tradução podia reivindicar a mesma autoridade do original hebraico. Consequentemente, a tradução para o grego foi atribuída a uma segunda revelação de Deus, como mostra a formação posterior da tradição baseada na Carta de Aristeias em Fílon de Alexandria[366]: os setenta e dois tradutores trabalharam na tradução da Torá "isoladamente" uns dos outros e, mesmo assim, "como sob inspiração divina", portanto, como "profetas", produziram exatamente o mesmo texto grego. A partir do século XIII surgiram então outras traduções da Bíblia Hebraica para o Jiddisch e Ladino, ou seja, para as línguas do judaísmo na Europa Oriental e na Península Ibérica.

No entanto, a questão de saber se a Torá deve ser traduzida não permaneceu indiscutível no judaísmo. O tratado *Soferim* do Talmud, que provavelmente data do século VIII, observa[367]:

> Não se deve escrever (a Torá) em hebraico (ou seja, em escrita hebraica antiga) ou aramaico ou medo ou grego. Não se deve ler a Escritura em qualquer língua e em qualquer escrito, a não ser que ela esteja escrita em assírio (ou seja, na escrita quadrada hebraica).

Esse tratado naturalmente conhece a existência da Septuaginta, contra a qual polemiza duramente:

> Aconteceu que cinco anciãos escreveram a Torá em grego para o Rei Talmai (a referência é a Ptolomeu II Filadelfo). Esse dia foi de consequências tão nefastas para Israel como aquele em que foi feito o bezerro (de ouro), pois a Torá não conseguiu ser traduzida adequadamente (Soferim 1,7).

No desenvolvimento posterior, o Talmude provou estar correto: o original hebraico da Torá manteve sempre sua importância proeminente na história do judaísmo.

A abertura muito mais ampla do cristianismo em relação às traduções da Bíblia se baseia na convicção de que não é a própria Bíblia a

---

366. *De Vita Mosis*, 2,29-43.
367. Sobre o assunto, cf. Gertz (2009, p. 250s.).

revelação central de Deus, mas sim seu agir na história de Israel e por meio de Jesus Cristo. A Bíblia testifica essa revelação de Deus como experiência interpretada e escrita por pessoas. Por isso mesmo, a mensagem da Bíblia necessita ser reafirmada sempre de novo nas diferentes situações históricas. Isso também inclui de maneira especial a tradução para os respectivos idiomas.

O Islã tem uma atitude fundamentalmente diferente para a questão da tradução das Sagradas Escrituras do que o judaísmo e o cristianismo. O Alcorão é considerado ali como o registro das revelações de Deus a Maomé e, portanto, só é permitido ser recitado nesta forma, ou seja, em árabe[368].

8.2 Tradições de traduções cristãs da Bíblia

No início da história das traduções cristãs da Bíblia, a Septuaginta representa uma tradução judaica de escritos hebraicos para o grego, que surgiu no contexto do judaísmo da Diáspora, com seu centro espiritual e literário em Alexandria, no Egito (cf. cap. 4, "A origem da Septuaginta"). A Septuaginta tornou-se parte da Bíblia Cristã como o "Antigo Testamento", enquanto o judaísmo criou novas traduções gregas ou revisões que se orientavam mais estreitamente pelo texto hebraico. Além disso, elas se abstiveram de reproduzir o nome de Deus como "*Kyrios*" ("Senhor"), o que no contexto cristão poderia sugerir uma equiparação do "Senhor" Jesus Cristo ao Deus da Bíblia Hebraica. Acrescente-se ainda que o judaísmo – não por último como reação ao emprego cristão da Septuaginta – se referia diretamente ao texto hebraico da Bíblia, que dentro dele adquiriu sua forma normativa.

No entanto, o grego não permaneceu como língua franca na região do Mediterrâneo por longo prazo. As comunidades cristãs na parte ocidental do Império Romano não entendiam mais suficientemente o grego a partir do século II d.C., de modo que se tornaram necessárias traduções da Bíblia para o latim. Estas costumam ser resumidas sob o nome de "*Vetus Latina*" ("[tradução] latina antiga"). Nela se trata de traduções afiliadas da Septuaginta que, correspondentemente, não se aproximam mais

---

368. Disso também deriva a designação "Alcorão", que significa "recitação, palestra", e que então passa a ser aplicado ao próprio texto a ser recitado.

dos textos hebraicos originais do que suas fontes gregas (cf. TREBOLLE BARRERA, 2016). Mesmo assim, são elucidativas para os inícios do cristianismo latino e de sua teologia.

Por sugestão do Papa Dâmaso, o Pai da Igreja Jerônimo (*c.* 347 a 419/420), natural da Dalmácia, criou a chamada Vulgata ("a popular") a partir de 383, para a qual, em relação ao Antigo Testamento, se baseou nos textos originais em hebraico (cf. GRAVES, 2016). Jerônimo pertencia às poucas pessoas do Ocidente latino que conhecia o hebraico e que estava ciente da origem hebraica dos escritos do Antigo Testamento (cf. REBENICH, 2002). Essa foi a razão pela qual, por intermédio de sua revisão da Vulgata com base no texto hebraico, a forma textual hebraica se tornou indiretamente atuante como assim denominada *veritas Hebraica.*

A Vulgata prevaleceu como a versão autorizada da Bíblia na Idade Média cristã. Um papel importante foi desempenhado pelo fato de que, por um lado, a tradição latina deveria ser assegurada diante dos textos em língua original da Bíblia, e, por outro, que o Antigo Testamento mais extenso da tradição grega e latina deveria ser preservado. As controvérsias denominacionais entre a Igreja Católica Romana e as Igrejas da Reforma podem ser reconhecidas com clareza nesse contexto, pois antes disso já havia sido desenvolvido um acesso aos textos bíblicos com base nos textos gregos e hebraicos por meio da edição grega do Novo Testamento por Erasmo de Roterdã de 1516, bem como das traduções da Bíblia para o alemão por Martinho Lutero e pela Bíblia de Zurique.

Ao lado das traduções gregas e latinas da Bíblia, havia já na Antiguidade várias traduções para outras línguas. Desde o século II surgiu a tradução síria da Bíblia, denominada *Peschitta* ("a simples") (cf. CARBAJOSA, 2016). Ela é usada até hoje pelas Igrejas sírias. Na ordem dos livros do Antigo Testamento, esta edição difere daquela usada nas bíblias das Igrejas ocidentais. O Livro de Jó, por exemplo, segue diretamente a Torá, visto que parece se desenrolar em uma época semelhante à das histórias do Gênesis. No Novo Testamento, em vez dos Quatro Evangelhos, foi usado o *Diatessaron*, a narrativa sobre vida e obra de Jesus composta por Taciano a partir dos Quatro Evangelhos. O *Diatessaron*, originalmente escrito em siríaco e traduzido para várias línguas como o grego, latim e georgiano, foi muito popular e lido por um longo tempo. Desde o século V, contudo, ele não constava mais do uso eclesiástico oficial das Igrejas latinas ocidentais e gregas orientais.

A partir dos séculos III/IV os cristãos egípcios prepararam uma tradução copta da Bíblia, tornando o vernáculo egípcio em língua da literatura. As traduções da Bíblia para a Etiópia surgiram um pouco mais tarde, e o texto delas se baseia principalmente nas bíblias gregas. As bíblias etíopes estão entre as mais extensas do cristianismo. Os cristãos etíopes referem-se a elas como os "81 Livros". Essa coleção contém escritos como o Livro dos Jubileus ou os Livros de Enoque, cujos originais em hebraico e aramaico eram desconhecidos por muito tempo, até que fragmentos dos originais semíticos vieram a ser redescobertos por meio dos achados dos escritos do Mar Morto (cf. cap. 4, "Os escritos do Mar Morto").

A difusão do cristianismo no Cáucaso também foi seguida por uma maior difusão da Bíblia: no século V, ela foi traduzida pela primeira vez do siríaco para o armênio e de lá para o georgiano (cf. COX, 2016; BRUNI, 2016). Gradualmente, o cristianismo também encontrou seu caminho para o centro, oeste e norte da Europa. A partir de 340, Wulfila efetuou uma tradução gótica da Bíblia, cujo Antigo Testamento sobreviveu apenas de forma muito fragmentária (cf. SIGISMUND, 2016). Não é nem mesmo certo se Wulfila traduziu todos os livros do Antigo Testamento. A partir do século VIII apareceram as primeiras versões em alemão. As bíblias completas mais antigas em alemão datam do século XV e, em regra, foram traduzidas da Vulgata. Em virtude da descoberta da imprensa e das Reformas, as bíblias em alemão sofreram uma grande expansão nos inícios do século XVI. As traduções de Lutero iniciaram com o assim denominado "Testamento de Setembro", uma tradução do Novo Testamento que Lutero havia realizado entre 1521/1522 em Wartburg. Em 1534 surgiu então a primeira Bíblia completa de Lutero. A Bíblia de Zurique surgiu entre os anos de 1524 e 1529 e foi impressa como Bíblia completa pela primeira vez pelo impressor de Zurique, Froschauer. Essas traduções da Bíblia romperam com a hegemonia da Vulgata, uma vez que traduziam diretamente do hebraico ou grego. Para a tradução do Antigo Testamento foi importante a intermediação do hebraico por professores judeus, já que o domínio do hebraico era pouco propagado na Idade Média cristã pré-reformatória (cf. POSSET, 2015).

Traduções para o inglês começaram no século VIII com a tradução dos evangelhos por Beda o Venerável. Também as traduções bíblicas para o inglês se baseavam na tradição latina até a época da Reforma. A partir de 1611 a versão denominada de *King James* tornou-se normativa, tendo sido também largamente empregada na América do Norte (cf. CAMPBELL, 2010; BURKE; KUTSKO; TOWNER, 2013).

No século IX, Cirilo e Metódio, mestres eslavos de origem grega, realizaram a tradução eclesiástica antiga da Bíblia para o eslavo, que foi de grande importância para a formação na língua e literatura eslavas (cf. BRUNI, 2016). Em 1499 surgiu a primeira Bíblia em russo.

As traduções para o dinamarquês e sueco parecem ter surgido já antes da Reforma, mas só foram conservadas muito fragmentariamente. Foi só na época da Reforma, em 1541 em sueco e 1550 em dinamarquês que comprovadamente essas bíblias apareceram no vernáculo.

A primeira tradução francesa completa da Bíblia foi realizada por Jakob Faber Stapulensis (Jacques Lefèvre d'Étaples) em 1530; era baseada na Vulgata. Do lado protestante, a Bíblia de Genebra apareceu em 1588.

Os valdenses esforçaram-se cedo para a tradução de bíblias para o italiano, o que, porém, não foi preservado. Em 1471 apareceu em Veneza uma tradução da Vulgata para o italiano.

Significativamente, bíblias em português surgiram pela primeira vez em círculos de comunidades calvinistas em Java: um Novo Testamento foi impresso em 1681 e uma Bíblia completa em 1753. Uma tradução da Bíblia para o espanhol apareceu pela primeira vez na Antuérpia em 1543.

Com a disseminação mundial do cristianismo na esteira do colonialismo e movimentos missionários, surgiram traduções da Bíblia em muitas línguas da Ásia, África e América Latina. Às vezes, as bíblias se constituíam no primeiro documento por escrito da respectiva cultura, como em Madagascar (1835), Taiti (1838), Botswana (1857) e Lesoto (1878). É óbvio que o pensamento bíblico e as ideias bíblicas devem ter exercido extraordinária influência no desenvolvimento das línguas correspondentes.

8.3 Uma árvore amplamente ramificada: A Bíblia no judaísmo

O mundo textual do judaísmo se assemelha a uma árvore que, a partir da raiz – a Torá e os outros escritos da Bíblia Hebraica – se ramifica sempre mais, passando por Midraxe e Talmude até os comentários medievais e modernos sobre a literatura traditiva do judaísmo. Sim, a própria Bíblia já pode ser caracterizada aqui de várias maneiras como texto e comentário a um só tempo (cf. SCHMID, 2016, p. 47-63). A interpretação da Bíblia iniciou nela própria (cf. FISHBANE, 1985; LEVINSON, 2012; SCHMID, 2014). Cada interpretação, intrabíblica ou pós-bíblica, baseia-se nos textos anteriores e leva adiante suas intepretações. Nesse contexto, a Torá como núcleo objetivo e histórico da Bíblia Hebraica e ponto de partida da literatura interpretativa posterior, forma a base decisiva (cf. EHRLICH, 2004, p. 31-46). Devido à ausência de fontes, seu emprego no antigo culto judaico não pode ser reconstruído com facilidade. A leitura de textos da Torá no culto sabático é explicitamente testemunhada para o século I d.C. (Flávio Josefo, *Contra Apionem* 2.275; Fílon de Alexandria, *De Somniis* 2.127; Atos dos Apóstolos 15,21) (cf. PERROT, 1990, p. 137-159). Em contraste com os livros dos profetas, foi cultivada uma leitura contínua. Na Palestina parece ter se estabelecido um ciclo de três anos e na Babilônia, de um ano (cf. o tratado Megilla 29b no Talmude babilônico), que, correspondentemente, pressupõe passagens mais longas por sábado[369].

A própria tradição judaica explicitou várias vezes o fato de interpretações posteriores dos textos bíblicos muitas vezes se sobreporem ao seu significado original. Um exemplo conhecido dessa consciência se encontra num Midraxe do Talmude babilônico, que conta a respeito de como Moisés é encaminhado por Deus à escola do famoso Rabino Aquiba (século II d.C.), e lá assistiu a aula.

Mas ele [Moisés] não entendia o que eles diziam. Então ele perdeu a compostura. Quando ele [Aquiba] chegava a certo assunto, seus discípulos lhe diziam: Mestre, de onde tiraste isso? Ele lhes disse: É uma regra de vida para Moisés desde o Sinai. Então sua [ou seja, de Moisés] mente se acalmou (Talmude babilônico, *Tratado Menachot* 29b).

De acordo com esse Midraxe, nem mesmo o próprio Moisés conseguia compreender as explicações rabínicas da Torá. No entanto, essa nar-

---

[369]. Cf. Elbogen (1931): "O *terminus ad quem*, que devemos usar para o estabelecimento de leituras regulares da Torá pode ser deduzido desta e de muitas outras determinações pelas quais a leitura da Torá tem preferência sobre a lição profética; trata-se da compilação do cânone dos profetas. As exceções facilitadoras para os livros proféticos só se explicam a partir do fato de os profetas ainda não estarem canonicamente concluídos".

rativa mostra que a interpretação rabínica da Torá faz parte do plano de Deus, mesmo que permaneça além da compreensão do autor da Torá, o próprio Moisés. O Talmude babilônico continua dizendo:

> Rabi Yehuda disse em nome de Rabh: Quando Moisés subiu às alturas, ele encontrou o Santo, abençoado seja, ali sentado, enrolando coroas de flores para as letras. Então ele lhe disse: Senhor do mundo, quem te retém? (*Menachot* 29b).

Com as coroas de flores para as letras é feita referência aos ornamentos caligráficos das letras hebraicas nos rolos da Torá, que são atribuídos ao próprio Deus.

Deus aguarda com a revelação da Torá até que também essas coroas estejam concluídas. A razão para isso é dada da seguinte forma: "Ele [Deus] respondeu: Há um homem que estará no fim de muitas gerações, chamado Aquiba ben José; um dia ele apresentará montes e montes de ensinamentos sobre cada apóstrofo" (*Menachot* 29b).

Assim sendo, o próprio Deus prepara apenas os apóstrofos na Torá, mas a interpretação ele deixa para os rabinos, que um dia estudarão e interpretarão a Torá. Carl Ehrlich comenta sobre isso: "Pode-se, portanto, afirmar que os rabinos colocam sua própria tradição interpretativa antes da Torá escrita" (EHRLICH, 2004, p. 34). Sua expressão só oculta com dificuldade, esse posicionamento corroborou a posição rabínica de que a literatura interpretativa é proveniente de Deus da mesma forma como a própria Bíblia e com ela também pode igualmente ser subsumida (cf. GESUNDHEIT, 2018, p. 129) sob o termo "Torá":

> Quando o santo, abençoado seja ele, se revelou no Sinai para dar a Israel a Torá, ele a recitou do começo ao fim: Bíblia, Mixná, Talmude e Hagadá, pois está dito: "Deus falou todas essas palavras" (Ex 20,1) – até o que o aluno irá pedir ao seu professor, o Santo, abençoado seja ele, (já) havia dito a Moisés nessa época (Êxodus *Rabbah* 47,1).

Bíblia, Mixná, Talmude e Hagadá – todos esses escritos provêm do próprio Deus, e Deus já apresentou todos esses textos para Moisés no Sinai. Apesar de seu gênero peculiar, que a apresenta como discussão entre diferentes pareceres de ensino, a literatura rabínica se vê como palavra de Deus. A diversidade interna, sim, a polifonia da tradição rabínica não contraria sua caracterização como um todo como palavra de Deus. Isso também é explicitamente (cf. GESUNDHEIT, 2018, p. 132s.) refletido na literatura rabínica:

> As escolas de Schammai e Hillel debateram entre si durante três anos. Estes insistiam que a lei deveria ser estabelecida de acodo com a sua opinião, e aqueles insistiam que a lei deveria ser estabelecida de acordo com a opinião deles. Por fim, ouviu-se uma voz celestial: "Tanto as opiniões destes como daqueles são palavras do Deus vivo. No entanto, a lei deve ser determinada de acordo com as disposições da Escola de Hillel" (Talmude babilônico, Tratado Eruvin 13b).

Manuscrito do Livro de Ester, com quatorze letras, Bagdá, c. 1850.

Para o entendimento rabínico, portanto, pareceres doutrinais contraditórios podem sem dúvida refletir a vontade divina de forma idêntica, a qual, por isso, não deve ser imaginada como uniforme. Mas o referido texto rabínico não quer com isso simplesmente dar razão a um pluralismo ilimitado. Decisões são necessárias, mas não distinguem necessariamente entre "verdadeiro" e "falso", mas podem correlacionar posições mais ou menos apropriadas. Nesse caso, é dada a seguinte explicação:

> Isso aconteceu porque os sábios da Escola de Hillel eram gentis e humildes. Eles não estudavam apenas suas próprias tradições, mas também as tradições da Escola de Schammai. Sim, eles até transmitiam os ensinamentos da Escola de Schammai antes de transmitir seus próprios ensinamentos (Eruvin 13b).

Enquanto a recepção cristã da Torá havia colocado suas passagens narrativas mais no centro, a interpretação judaica priorizava os textos legais. Fala-se, nesse caso, da interpretação "haláquica" da Bíblia. Nesse contexto, a interpretação rabínica dos 613 mandamentos da Torá tinha como principal objetivo colocar "uma cerca protetora ao redor da Torá" (Pirke Avot 1,1). A interpretação deve, portanto, ter o cuidado de formular mandamentos adicionais que estejam a serviço da tarefa de prevenir um descumprimento dos 613 mandamentos centrais da própria Torá. Por exemplo, o mandamento segundo o qual não se deve cozinhar o pequeno carneiro no leite de sua mãe[370] é ampliado no sentido de que, em primeiro lugar, em geral, não se deve cozinhar leite e carne juntos; em segundo lugar, deve-se usar louça diferente e, em terceiro lugar, deve-se observar um certo período de espera entre o consumo de laticínios e carne (cf. EHRLICH, 2004, p. 39s.).

Mas também o material narrativo da Bíblia foi interpretado muitas vezes. Costuma-se fazer distinção entre os dois métodos principais de *P^eschat* e *D^erasch*[371]. *P^eschat* (interpretação "simples") refere-se ao significado literal do texto, enquanto *D^erasch* ("procura") elabora sua interpretação homilética. A demarcação entre esses dois métodos, contudo, muitas vezes não é muito nítida. Sob a influência da Cabala ju-

---

370. Para a compreensão histórica, cf. Keel (1980) e Knauf (1988, p. 153-169); sobre isso, cf. a discussão em Lauer (1981, p. 161-162), Petuchowski (1981, p. 163-165) e Keel (1981, p. 234-235).
371. Sobre isso, cf. Kasher (1990, p. 547-594) e Trebolle Barrera (1998, p. 468-469).

daica, formaram-se dois métodos adicionais na Idade Média, *Remes* ("alusão") e *Sod* ("segredo"): *Remes* levanta o significado alegórico de um texto e *Sod* se refere à interpretação mística. Tomados em seu conjunto, esses métodos podem ser usados para formar o acrônimo PaRDeS ("Paraíso"), que para o místico representa a entrada no paraíso por intermédio dos quatro níveis de interpretação das Escrituras (cf. KROCHMALNIK, 2006).

Ao lado da Torá, também os assim denominados cinco *Megillot* ("rolos de escritos"), aos quais pertencem o Cântico dos Cânticos, Rute, Lamentações, Sirácida e Ester (cf. STONE, 2013), têm uma importância significativa no culto judaico. Esses cinco escritos são associados às seguintes cinco festas: o Cântico dos Cânticos pertence à Páscoa, Rute à Festa das Semanas, Lamentações a Tisha BeAv (a comemoração da destruição do Templo em 9 de Av), Sirácida à Festa dos Tabernáculos e Ester a Purim. O agrupamento como *Megillot* e a associação às festas só podem ser comprovados a partir da Idade Média. Cada um deles é lido na íntegra e pertence aos textos mais familiares do judaísmo. A literatura profética está presente nos cultos por meio dos chamados *Haftarot*, que designam certas seções dos livros proféticos (ou seja, dos profetas anteriores e posteriores: dos livros de Josué a Malaquias) e que são lidos em certas atribuições para os trechos de leitura da Torá[372].

O alto apreço pela Bíblia no judaísmo é demonstrado assim de uma forma parcialmente paradoxal: pelo fato de a Bíblia desempenhar um papel tão central mas ser um texto aberto à recepção, ela desencadeou tantas explanações e interpretações que essas chegaram a deter certa função de liderança na moldagem religiosa do judaísmo. Claro, cada uma delas remete sempre ao seu texto original, sem o qual também não podem ser entendidas, mas elas se comportam mais como emanações do que exegeses sobre a Bíblia, apresentando assim um acervo textual religioso de qualidade e dignidade próprias.

A interpretação científica, sobretudo, histórico-crítica da Bíblia teve e ainda tem uma posição difícil no judaísmo ortodoxo[373]. Seus inícios com Baruch de Spinoza levaram à sua exclusão da comunidade

---

372. Cf. a tabela em Galley (2004, p. 68-72).
373. Cf. Sperling (1992), bem como a literatura em Ehrlich (2004, p. 42, nota 37).

judaica. Os resultados da crítica bíblica, associada principalmente ao nome de Julius Wellhausen, foram fustigados por Solomon Schechter com o *slogan* "alta crítica – alto antissemitismo"[374], já que se supunha reconhecer tendências antissemitas por trás da datação tardia da lei e da caracterização negativa do judaísmo pós-exílico como uma irrisória instituição de lei pelo autor (cf. SMEND, 1982, p. 249-282). Em última análise, porém, foi a máxima fundamental da ciência bíblica crítica, segundo a qual a Bíblia deve ser tratada e interpretada como qualquer outra literatura (cf. ROGERSON, 2001, p. 211-234), que levou a uma distância quase intransponível entre a ciência bíblica histórico-crítica e a percepção da Bíblia no judaísmo ortodoxo, que, em regra, não pode concordar com essa nivelação.

No século XIX, entretanto, o movimento "Ciência do Judaísmo" conseguiu dar início a um estudo crítico das tradições centrais do judaísmo. Em 1819 foi fundada em Berlim a "Verein für Cultur und Wissenschaft der Juden" (Associação para Cultura e Ciência dos Judeus), cujo periódico *Zeitschrift für die Wissenschaft des Judentums* (Revista para a Ciência do Judaísmo) surgiu a partir de 1822. Este movimento obteve sua própria instituição acadêmica de ensino em 1854 com a fundação do Jüdisch-theologisches Seminar (Seminário teológico judaico) em Breslau, seguido por estabelecimentos em Berlim, Viena, Budapeste e Nova York. Dessa forma, gradualmente – pelo menos no campo acadêmico – formou-se uma abertura fundamental que, por um lado, aceita o sentido e a necessidade da ocupação científica com a Bíblia, e, por outro, nega a necessidade de se admitir uma íntima conexão entre crítica bíblica e antissemitismo intelectual (cf. BRETTLER, 2006, p. 6s.). Quando foi fundada em 1925 a Universidade Hebraica de Jerusalém, era ainda impensável criar um departamento bíblico que fizesse da Bíblia, como de qualquer outra literatura, objeto de pesquisa e ensino. Foi só na década de 1950 que a crítica bíblica conseguiu angariar institucionalmente um lugar na Universidade Hebraica, que então conseguiu expandir com sucesso nos últimos decênios.

---

374. Cf. Schechter (1915, p. 35-39); sobre isso, cf. Brettler (2006, p. 4s.).

8.4 Via moderna: a Bíblia nas Igrejas do Ocidente

No cristianismo, desenvolveram-se abordagens próprias da Bíblia dentro das várias denominações. Em termos de tradições linguísticas, as Igrejas Oriental e Ocidental inicialmente se diferenciaram pela predominância do grego nas Igrejas ortodoxas e do latim na Igreja Romana Ocidental. Além disso, também havia ainda maneiras específicas de abordar a Bíblia.

Com a chamada *via moderna* ou nominalismo surgiu na Igreja Ocidental desde a Idade Média tardia uma linha de pensamento que fundamenta o conhecimento humano na experiência e na designação das coisas e dos fatos a partir dela, não num ser que precede o pensamento e é inerente às coisas. Com este debate – também conhecido como a "disputa dos universais" – sobre o conhecimento humano, seus pressupostos e sua relação com a realidade, que desempenhou um papel extremamente importante na filosofia medieval, anuncia-se a emancipação da razão de um significado das coisas anterior a ela, a qual foi retomada na Reforma e associada a uma visão própria da Bíblia.

A referência à Bíblia foi fundamental para as reformas do século XVI. Isso já se expressa pelo fato de que, com o surgimento da tradução da Bíblia por Martinho Lutero e seus colaboradores em Wittenberg, bem como com a Bíblia de Zurique, oriunda no círculo em torno de Huldrych Zwingli, estava vinculado um programa teológico. Tanto Lutero como também Zwingli viam na orientação pela Bíblia o impulso decisivo para uma renovação da Igreja. Que nesse processo eles invocaram os textos bíblicos contra a tradição da Igreja[375] foi preparado pelo nominalismo medieval tardio, tendo também precursores em movimentos reformatórios como o dos valdenses e cátaros, ou em pessoas importantes como Jan Hus e John Wyclif. Não existe, porém, nenhuma linha retilínea que vá desses movimentos e pessoas aos re-

---

375. Isso é expresso, p. ex., na famosa resposta de Lutero ao Imperador Carlos V na Dieta de Worms em 1521, que lhe havia solicitado a revogação de suas teses: "se eu não for convencido por testemunhos das Escrituras e por razões racionais claras; pois não acredito nem no papa nem nos concílios apenas, visto ser certo que erraram e se contradisseram muitas vezes, de modo que estou convencido em minha consciência e aprisionado na Palavra de Deus pelas passagens da Sagrada Escritura que apresentei. Portanto, nada posso, nem quero revogar, já que fazer algo contra a consciência não é seguro nem salutar. Deus me ajude, Amém!"

formadores. Mesmo assim, esses últimos certamente se viram na tradição dessas correntes de pensamento e críticas à Igreja, que, por isso, em retrospecto, aparecem como "movimentos pré-reformatórios", nos quais já podem ser percebidos aspectos e desenvolvimentos que no século XVI levaram à cisão da Igreja Ocidental em Igreja Católica e Igrejas Reformadas.

Nesse contexto, uma parte essencial da Reforma, ou mais precisamente, das Reformas – trata-se de vários movimentos em diversos países europeus – do século XVI pode ser descrita como abertura para um acesso completamente novo à Bíblia e sua interpretação. Enquanto na interpretação bíblica medieval a correspondência entre o texto bíblico e o ensino da Igreja era enfatizada, agora a autoridade da Bíblia era justamente destacada em contraste com a tradição eclesiástica. Nesse processo, as traduções para as línguas vernáculas, mas também a composição de músicas, catecismos e orações reforçavam claramente a importância da Bíblia para a teologia e fé cristãs. A decisiva concentração na Bíblia como centro de teologia e fé é expressa em formulações relevantes, que chegaram a tornar-se inclusive em "marca decisiva" do cristianismo reformatório. A elas pertencem, por exemplo, a exigência de Lutero de que somente a Escritura deve reinar (*sola scriptura regnare*), bem como a expressão contida na Fórmula de Concórdia sobre a Escritura Sagrada como o "único juiz, regra e diretriz" da fé[376].

Não surpreende, pois, que a Reforma provocou uma intensidade completamente nova de ocupação com a Bíblia. Ela caracteriza as Igrejas reformadas até hoje e marca ao mesmo tempo uma clara diferença em relação tanto à tradição ortodoxa quanto à católico-romana. A Bíblia exerce um papel central no culto protestante e na cultura da prédica, em posicionamentos eclesiásticos e na vida comunitária. Nesse contexto, a tradução bíblica de Martinho Lutero e seus colaboradores é básica dentro da tradição luterana – um testemunho envolvente de sua teologia e de sua linguagem bem própria e penetrante, que também já foi descrita como "retórica do coração" (STOLT, 2000). A principal aspiração do reformador era um texto bíblico que tocasse as pessoas e trouxesse a mensagem bíblica para perto de suas vidas. Desde o fim do

---

376. *Bekenntnisschriften der evangelisch-lutherischen Kirche*, 769,19-27.

século XIX a Bíblia de Lutero passou por várias revisões (a última foi publicada em 2017), em que sempre era para ser preservado o caráter específico da linguagem e teologia de Lutero. Na área reformada, vale coisa análoga para a Bíblia de Zurique, na qual as principais características são exatidão filológica e precisão linguística. Também a Bíblia de Zurique passou por várias revisões, tendo a última surgido em 2007.

Textos bíblicos importantes foram musicados por Heinrich Schütz, Johann Sebastian Bach e, mais tarde, também por Felix Mendelssohn Bartholdy. O Oratório de Natal de Bach e suas paixões são impressionantes interpretações teológicas e musicais do texto de Lutero, o que ajudou a torná-lo ainda mais conhecido como *o* texto da Bíblia, especialmente em áreas cunhadas pelo luteranismo.

O estudo da Bíblia no fim dos séculos XV e XVI também envolveu a atenção dedicada aos manuscritos de textos bíblicos em grego e hebraico. Isso foi fomentado pela invenção da imprensa e pelo ideal educacional do humanismo na época da Renascença, baseado na Antiguidade greco-romana. No início do século XVI apareceram duas edições da Bíblia e do Novo Testamento nas línguas originais: a chamada "Poliglota Complutense" (o nome vem da cidade espanhola Complutum, hoje Alcalá de Henares) e uma edição do Novo Testamento em grego, providenciada por Erasmo de Roterdã (1466/1469-1536).

A Poliglota é uma edição esplêndida, encomendada e amplamente financiada pelo Cardeal Francisco Jiménez de Cisneros (1436-1517). O cardeal havia fundado em 1499 a Universidade de Alcalá para promover ali o estudo de textos antigos no espírito do humanismo. Para a elaboração da Poliglota, uma Bíblia completa em cinco volumes, foi adquirida uma série de manuscritos nas línguas originais do hebraico e grego. O fim do quinto volume e o sexto contêm acréscimos lexicográficos para a identificação dos textos bíblicos. Os primeiros quatro volumes são dedicados ao Antigo Testamento, que é apresentado em três colunas: hebraico nas colunas externas, grego (Septuaginta) nas colunas internas e latim (Vulgata) no meio. Dessa forma era para ficar evidenciada a posição central do texto latino, o que é expressamente assinalado no prefácio. Nos livros do Pentateuco encontra-se adicionalmente ao fim das páginas o Targum Onkelos (uma antiga tradução da Torá em aramaico), cuja tradução latina bem como a Peschitta (a tradução síria) aparecem escritas em hebraico. O quinto volume contém o Novo Testamento com o texto grego, bem como a tradução latina da Vulgata. Esse volume foi o primeiro a ser concluído em 1514, mas inicialmente retido em virtude do demorado trabalho no Antigo Testamento, a fim de poder publicar toda a obra de uma só vez. Paralelamente a isso, Erasmo de Roterdã trabalhava numa edição grega do Novo Testamento, com base em alguns manuscritos medievais dos séculos XII a XV (cf. WALLRAFF et al., 2016). Do lado direito do texto grego que se encontrava à esquerda, Erasmo não colocou a tradução da Vulgata feita por Jerônimo, que era considerada o texto bíblico por todos reconhecido como normativo, mas sua própria tradução para o latim. Dessa maneira ele deixou clara a necessidade de uma nova tradução do Novo Testamento com base no texto grego.

Devido ao aparecimento tardio da Poliglota Complutense, Erasmo conseguiu publicar sua edição do Novo Testamento pouco antes, ou seja, em 1516, tendo uma segunda edição seguido em 1519. A Poliglota Complutense surgiu em 1517. Foram impressas cerca de 600 cópias, a maioria das quais, no entanto, foi destruída em um naufrágio. Além disso, Erasmo obteve permissão do imperador e do papa para que sua edição fosse a única a ser distribuída por quatro anos. A Poliglota, portanto, só entrou em circulação a partir de 1520. Embora a edição de Erasmo tenha se baseado em apenas alguns manuscritos não muito antigos e fosse inferior ao Novo Testamento da Poliglota Complutense em sua classificação científica, era até meados do século XIX o texto grego normativo do Novo Testamento, também conhecido como *"Textus receptus"*. Em sua tradução do Novo Testamento em setembro de 1522 no Wartburg, Lutero tomou por base a segunda edição de Erasmo. Foi só a partir do século XIX que esta edição foi substituída por novas edições críticas, baseadas em muito mais e melhores manuscritos. Estas tornaram-se necessárias ainda devido às novas descobertas de textos, como a espetacular descoberta do Códice Sinaítico por Konstantin von Tischendorf no ano de 1844 (cf. PORTER, 2015).

Poliglota complutense (1514-1517), com Gênesis 21,28–22,3.

Nos séculos seguintes, o trabalho de crítica textual na Bíblia foi ainda mais expandido por meio da aplicação de métodos filológicos e históricos. De certa forma a Era Moderna deve seus inícios intelectuais e seu dinamismo à crítica da Bíblia e à emancipação do ensino da Igreja realizada pela razão como base do conhecimento. Isso desembocou na procura por uma religião "racional", como foi então programaticamente exigida por Gotthold Ephraim Lessing (1729-1781) no século XVIII. Nessa época, voltava-se cada vez mais para os contextos históricos da origem dos escritos bíblicos, e então surgiu a questão do Jesus histórico. O orientalista de Hamburgo, Hermann Samuel Reimarus (1694-1768), distinguiu pela primeira vez entre as representações do Novo Testamento e a atuação de Jesus e notou uma contradição entre ambas as coisas. Lessing publicou os escritos de Reimarus postumamente e, por sua vez, defendeu uma distinção entre a "religião de Cristo" e a "religião cristã", bem como entre uma religião baseada na razão, que sempre teria existido na forma de religiões "positivas" concretas, cujas declarações deveriam ser medidas pela "religião natural".

Com isso, a convicção de que a Bíblia deve ser interpretada com os mesmos métodos de todas as outras literaturas irrompeu cada vez mais claramente (ROGERSON, 2001, p. 211-234). Além disso, as declarações dos textos bíblicos deveriam ser medidas pelo critério da razão crítica. Com isso foi rejeitada a doutrina da inspiração, segundo a qual os textos bíblicos seriam divinamente inspirados, devendo, portanto, ser distinguidos de todas as demais literaturas. Johann Salomo Semler (1725-1791), em seu pioneiro "Abhandlung von freier Untersuchung des Canon" ("Tratado sobre a Livre-investigação do Cânone") (1771-1775), considerou a Bíblia como um documento feito pelo ser humano e que, de forma alguma, estava livre de erros. Deveria, portanto, ser feita distinção entre "Sagrada Escritura" e "Palavra de Deus": a Bíblia conteria a Palavra de Deus, mas não poderia ser simplesmente equiparada a ela. Essa nova maneira de ver as coisas levou inicialmente à dissolução da unidade entre Antigo e Novo testamentos, depois também àquela referente aos limites do cânone (cf. WREDE, 1975). Assim sendo, por meio da ciência bíblica histórico-crítica tornou-se premente de uma nova maneira a pergunta pela relação entre Antigo e Novo testamentos, e, da mesma forma, aquela pela distinção entre escritos canônicos e não canônicos.

O "desencanto" da Bíblia, por ter passado de um documento sagrado inviolável a uma coleção de escritos a serem estudados criticamente, estendeu-se por um longo período de tempo. Até hoje, os juízos sobre o *status* da Bíblia são diversificados. Existem tanto comunidades judaicas quanto cristãs que continuam atribuindo infalibilidade a ela[377] – também

---

377. Cf. os exemplos em Ebeling (1950, p. 1-3). De época mais recente, cf., p. ex., as contribuições em Luz (1992) e Linnemann (1998; 1999). Outros exemplos encontram-se nos *"mission statements"* de vários seminários teológicos evangelicais.

em questões e assuntos não religiosos –, e essas posições são defendidas também no campo acadêmico.

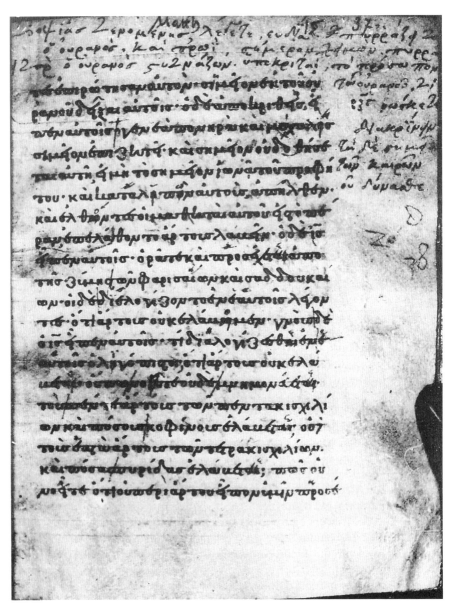

Um dos manuscritos usados por Erasmo do século XII, com o texto de Mateus 16,1-11 e os acréscimos de Erasmo.

O comportamento da Igreja Católica em relação à crítica histórica da Bíblia foi de reserva à recusa até meados do século XX (cf. BROER, 2008). Os passos decisivos para uma abertura foram dados inicialmente com a Encíclica *Divino afflante spiritu* do ano de 1943 e, depois disso, sobretudo, na esteira do Concílio Vaticano II (1962-1965)[378]. Depois disso também se desenvolveu no catolicismo uma pesquisa histórico-crítica dos textos bíblicos, que enriqueceu e influenciou duradouramente as ciências bíblicas (cf. HAHN, 1973). Mesmo que desde então as exegeses protestante e católica se encontrem intimamente conectadas e cooperem de muitas maneiras (cf. BREYTENBACH, 2014), na área da dogmática católico-romana é possível constatar-se ainda certa reserva em relação à ciência bíblica histórico-crítica. Um exemplo mais recente disso é a trilogia sobre Jesus de Nazaré, de Joseph Ratzinger, também publicada sob seu nome papal de Bento XVI[379].

O desenvolvimento da crítica histórica da Bíblia modificou fundamentalmente a teologia cristã[380] e, de certa maneira, também a judaica (cf. LEGASPI, 2010). Isso é claramente expresso, por exemplo, em Ernst Troeltsch:

> Assim, o método histórico também se apoderou da teologia, a princípio tímida e fragmentariamente com uma série de reservas e restrições, mas então de forma cada vez mais enérgica e abrangente, até que também acabou por realizar aqui o que fez em todos os demais lugares, a saber, uma mudança fundamental em toda [sic] forma de pensar e toda atitude em relação ao objeto (2003, p. 8).

Depois de reconhecido que as visões cosmológicas, antropológicas e éticas da Bíblia são condicionadas ao seu tempo, disso resultou a pos-

---

378. Sobre a perspectiva veterotestamentária, cf. Ruppert (1979, p. 43-63), Seidel (1993) e Ruppert (1994, p. 266-307); da perspectiva neotestamentária, cf. Klauck ([s.d.]).

379. No prefácio do primeiro volume (p. 10-23) Ratzinger destaca os limites do método histórico-crítico, que ele pretende superar por meio de "exegese canônica" e uma retomada da doutrina da inspiração. Isso, na prática, tenderia a uma relativização da crítica histórica em relação ao magistério eclesiástico.

380. O termo "teologia" tem sido usado preponderantemente com cautela no judaísmo, cf., p. ex., Gesundheit (2005, p. 73-86), Sommer (2009, p. 1-53), Kalimi (2012), Sommer (2012), Sweeney (2012) e Fishbane (2015). A organização de edifícios para o ensino teológico, como usual nas denominações cristãs, não pode ser observada no judaísmo; na verdade, por vezes, é até explicitamente rejeitada, cf. Levenson (1991, p. 402-430).

sibilidade, sim, da necessidade de classificar suas posições não como válidas para além do tempo, mas como historicamente determinadas. A cosmovisão da Bíblia era agora entendida como expressão de seu tempo, ou seja, da Antiguidade. Isso também abriu caminho para um diálogo com outros ramos da ciência, sobretudo com as Ciências naturais: questões sobre a origem do ser humano ou a origem do universo podiam ser agora discutidas independentemente de estarem ou não de acordo com a cosmovisão da Bíblia. Os textos bíblicos passaram a ser vistos então como escritos redigidos em diferentes contextos e sob seus próprios pressupostos cognitivos, e que seguem padrões culturais, religiosos e éticos diferentes dos que podiam ser pressupostos para a Europa dos séculos XIX ou XX. Além disso, também ficou claro que a Bíblia não defende só *uma* posição teológica, que pudesse ser alinhada com *uma* única instituição eclesiástica de ensino, mas que contém uma multiplicidade de visões teológicas e éticas que podem se complementar, confirmar, corrigir ou mesmo contradizer.

8.5 A Bíblia na teologia e piedade orientais

Na teologia ortodoxa, a Bíblia tem função própria[381]: em primeiro plano não se encontram sua interpretação histórico-crítica e a (posterior) apropriação hermenêutica, mas sua leitura espiritual e sua importância para a Igreja (cf. PENTIUC, 2014). Os grandes esboços delineados pelos Pais da Igreja possuem um efeito normativo nesse contexto: eles leem o Antigo Testamento de forma consequente a partir de Cristo e entendem toda a Bíblia como sendo um livro que deve moldar a vida dos crentes de forma abrangente (cf. KARAKOLIS, 2004). A isso corresponde a importância de textos bíblicos para a liturgia. No centro não se encontram suas interpretações na prédica, mas sua importância para a celebração em forma de adoração, ensino e, sobretudo, Eucaristia (cf. STYLIANOPOULOS, 1997). Dessa forma a tradição ortodoxa possui um acesso à Bíblia fundamentalmente diferente da visão ocidental, em especial, protestante. Em decorrência, também a sua visão do surgimento do cânone bíblico e da apropriação atual da Bíblia com

---

381. Uma visão geral breve e informativa encontra-se em Luz (2014, p. 71-81).

base nele é fundamentalmente harmônica[382]. A Bíblia é considerada como um documento uniforme que, a partir da fé em Jesus Cristo, deve ser empregada na vida da Igreja e nos cultos. A teologia ortodoxa é, em essência, uma "teologia da experiência", o que ao mesmo tempo a distingue da perspectiva histórico-crítica das Igrejas ocidentais. A isso corresponde a prática da fé, que pode ser descrita como veneração e adoração do Deus incognoscível, tornado visível em Jesus Cristo[383]. Ambos os aspectos exerceram grande influência na teologia e piedade ortodoxas: a veneração do Deus trino na liturgia e na vida da Igreja, bem como o reconhecimento da incognoscibilidade e transcendência de Deus. Isso se expressa na adoração de ícones: eles constituem, por assim dizer, "janelas" pelas quais a realidade divina do além se torna perceptível na terra. Venerada não é a imagem ela mesma, mas aquilo que ela representa.

O acesso ortodoxo à Bíblia oferece – talvez justamente por ser diametralmente diferente do "ocidental", sobretudo, do protestante – estímulos importantes para um diálogo sobre a Bíblia a partir de perspectivas diferentes[384]. Para as visões cunhadas pelo Iluminismo e leitura histórico-crítica da Bíblia, a maneira de proceder com ela, permeada de espiritualidade e imediatismo, é a um só tempo estranha e estimulante. Inversamente, para olhos e ouvidos ortodoxos uma interpretação bíblica distanciada e histórica é insólita e, muitas vezes, pouco atrativa. Sob tal perspectiva mais ampliada, no entanto, ambas as visões podem se estimular reciprocamente e ter benefícios mútuos[385].

---

382. Cf. Stylianopoulos (2014). O breve estudo mostra o devir do Novo Testamento como um processo contínuo de Jesus, por intermédio dos primeiros cristãos, até a conclusão do cânone do Novo Testamento no século IV. Essa visão é fundamentalmente diferente de uma visão histórico-crítica, como encontrada nas apresentações usuais da tradição ocidental.

383. Cf. Felmy (2011), que descreve a teologia ortodoxa nos dois primeiros capítulos como "teologia da experiência" e teologia "apofática" ("negativa").

384. Sobre isso, cf. as reflexões de Luz (2005; 2014, p. 511-515).

385. A esse propósito servem as conferências mútuas entre teólogos ortodoxos e ocidentais, realizadas já há alguns anos em países do Leste Europeu. Os temas versaram, p. ex., sobre Antigo Testamento (2001), Unidade da Igreja (2005), Oração (2007), Espírito Santo e Igreja no Novo Testamento (2013), História e Teologia nos evangelhos (2016).

8.6 Outras abordagens da Bíblia

Como pode surgir uma abordagem contemporânea da Bíblia que leve em consideração a história do surgimento apresentada neste livro – que, portanto, leve a sério que a Bíblia é o resultado de vários desenvolvimentos de séculos; que ela não é um documento uniforme, mas reflete uma multiplicidade de diferentes perspectivas sobre o Deus de Israel e sua ação na história; que, por fim, deu andamento a uma rica história de repercussão e interpretação, que judeus e cristãos no século XXI deveriam ter em mente se quiserem entender, interpretar, viver com e a partir dela?

Na Idade Moderna é consensual que não há um só sentido fixo para "a Bíblia", mas que diferentes interpretações de textos bíblicos se encontram lado a lado, sem que sempre possa ser afirmado com clareza qual é "a certa". À primeira vista isso pode levar a uma perda de importância da Bíblia – e é assim que essa situação é frequentemente percebida. Nem as autoridades de ensino nem a ciência bíblica que trabalha de forma histórico-crítica podem determinar com clareza o significado dos textos bíblicos. As primeiras estão, elas próprias, sujeitas a mudanças históricas e à falibilidade humana, mesmo que isso às vezes seja visto diferente na Igreja Católica Romana (não na ciência bíblica). Quanto às interpretações da Bíblia, a ciência bíblica crítica só pode produzir tais que estejam condicionadas a cada época, aos respectivos níveis de conhecimento, bem como à socialização cultural e religiosa de seus intérpretes, mas não que sejam irrevogavelmente válidas para todos os tempos. A reivindicação original da ciência bíblica histórico-crítica deve, pois, ser relativizada, mesmo que, sem dúvida, ela tenha lançado importantes e indispensáveis fundamentos para acessos atuais à Bíblia. Isso vale pelo menos para o círculo cultural "ocidental", caracterizado por Iluminismo e ciência histórico-crítica. Para a tradição ortodoxa, entretanto, essa ciência é de importância secundária tanto no judaísmo quanto no cristianismo, como mostrado acima. Entrementes, porém, também na ciência bíblica "ocidental" impôs-se o reconhecimento de que não se consegue alcançar senão resultados provisórios, passíveis de revisão e falsificação. Isso não significa nenhuma arbitrariedade, uma vez que os dados históricos não permitem todo e qualquer tipo de interpretações. Significa, isto sim, que na interpretação dos textos bíblicos, como, aliás, de quaisquer fontes históricas, as pessoas sempre se movem dentro de um espectro de possibilidades de interpretação e compreensão[386].

Paradoxalmente, foi a própria crítica histórica que desencadeou e fomentou esse processo. Ao questionar a doutrina da inspiração e a autoridade eclesiástica e, em seu lugar, estabelecer a razão humana e o conhecimento histórico como critérios, ela dissolveu a noção da unidade da Bíblia e de uma verdade inequívoca a ser encontrada nela, substituindo-as por hipóteses e probabilidades históricas.

Uma consequência dessa percepção é que a crítica histórica não pode mais fundamentar nem a fé judaica nem a cristã. Conhecimento histórico sobre situações de surgimento dos escritos bíblicos, entretanto, sobre o mundo social e político de onde se originaram, bem como sobre os padrões religiosos e éticos de seus autores serve para melhor entender os conteúdos bíblicos e dissipar preconceitos. Ele também evita referências precipitadas e irrefletidas à Bíblia que, por vezes, não têm outro objetivo senão o de legitimar os próprios pontos de vista e interesses. À crítica histórica cabe, assim, uma função aclaradora e, ao mesmo tempo, ética.

Nas últimas décadas cristalizaram-se inúmeras formas engajadas de leitura da Bíblia, como, por exemplo, as abordagens pós-colonial, feminista, marxista ou da teologia da libertação. Em diferentes contextos interpretativos, elas encontram parcialmente grande aceitação. Em princípio, isso não deve ser criticado. Mas, convém observar que essas abordagens da Bíblia não podem constituir-se em alternativas diante da crítica bíblica histórica, necessitando, isto sim, integrar os resultados dela em suas próprias reflexões. Isso é inevitável porque os textos da Bíblia provêm da Antiguidade e só podem ser lidos de uma forma historicamente aclarada, quando se pretende usá-los de forma plausível e inteligível para novas pretensões.

Além disso, existem ainda outros caminhos para debater com a Bíblia, de acordo com as diferentes formas em que ela aparece em sua his-

---

386. Reinhart Koselleck formulou isso da seguinte maneira: "Estritamente falando, uma fonte nunca pode nos dizer o que devemos dizer. Mas ela nos impede de fazer declarações que não devemos fazer. As fontes têm direito de veto. Elas nos proíbem de ousar ou permitir interpretações que, com base nos dados de uma fonte, podem ser percebidas simplesmente como incorretas ou não permitidas [...]. Fontes nos protegem de erros, mas não nos dizem o que devemos dizer" (1979, p. 206).

tória repercussiva. Desde os tempos antigos, figuras e cenas centrais da Bíblia encontraram entrada nas artes visuais, como pinturas de parede, afrescos, mosaicos ou esculturas. A iconografia cristã e, em certa medida, também judaica, começando com pinturas de catacumbas na época romana até os dias atuais, produziu um grande tesouro de representações de temas e motivos bíblicos. Sobre isso sejam apresentados a seguir alguns dos exemplos que provavelmente são os mais conhecidos.

A magnífica representação de Michelangelo sobre a criação do homem deu estímulo a diversas interpretações. O que é notável é o contraste entre a pessoa receptora e impotente à esquerda, e o Deus dinâmico movendo-se em direção ao homem com sua corte celestial, à direita do quadro. Deus é, além disso, representado em forma humana – expressão para o fato de que o homem foi criado à imagem de Deus. Um enigma representa a pequena lacuna existente entre as pontas dos dedos indicadores de Deus e do homem. É possível que com isso esteja representado o momento pouco antes do toque, por meio do qual o ser humano recebe o sopro da vida.

Michelangelo Buonarroti, *A criação de Adão*, 1511, afresco do teto na Capela Sistina.

Uma das narrativas mais dramáticas do Antigo Testamento foi colocada em cena com o *Sacrifício de Isaque*, de Caravaggio. Abraão havia recebido de Deus a incumbência de sacrificar o seu filho (Gênesis 22). Com essa ordem a fidelidade de Abraão a Deus é colocada em prova. O quadro mostra o momento em que Abraão tira a faca para matar o seu filho. Um mensageiro de Deus (à esquerda do quadro) impede Abraão de seu propósito no último momento, segurando seu braço com a faca. O espectador fica fascinado com as expressões de rosto das três pessoas: o horrorizado e atormentado Isaac, que até o fim desconhecia por completo os propósitos de seu pai, o perplexo Abraão, que não entende por que repentinamente é impedido de cumprir a ordem de Deus, e o mensageiro de Deus, que aponta para o carneiro à direita do quadro, explicando que é este que deve ser sacrificado por Abraão, em vez do seu filho.

Caravaggio, *O sacrifício de Isaque*, 1597/98, Florença, Uffizi.

De idêntica força dramática é também a representação por Artemisia Gentileschi de uma cena do capítulo 13 do livro "apócrifo" de Judite, que, aliás, também foi traduzido numa pintura por Caravaggio: Judite decepa a cabeça do comandante assírio Holofernes. Com isso ela não somente salvou os israelitas, mas também conseguiu livrar a si própria do estupro de Holofernes. No quadro, chama especial atenção a ação enérgica das mulheres, que não deixam nenhuma possibilidade de defesa para Holofernes, banhado em seu sangue. É possível que a artista tenha processado experiência própria nesse caso: ela foi estuprada por um conhecido do seu pai, o que prejudicou sua reputação social.

Artemisia Gentileschi, *Judite e Holofernes*, por volta de 1620, Florença, Uffizi.

Cristo como governante no círculo de seus apóstolos é um motivo apresentado em numerosas igrejas (frequentemente nas absides). Um exemplo muito antigo encontra-se preservado em Santa Pudenciana, uma das igrejas mais antigas de Roma, mas apenas de forma incompleta. Durante o trabalho de restauração, partes nas laterais e na área inferior foram destruídas (por isso, falta um apóstolo à esquerda e à direita). A mão direita levantada representa o Cristo vestido de ouro como um mestre em trajes de governante, e o livro sobre os seus joelhos o designa como senhor e protetor da Igreja de Santa Pudenciana. Pedro e Paulo, como os apóstolos destacados, são coroados por duas mulheres atrás deles. Essas mulheres simbolizam as Igrejas dos cristãos judeus e gentios, para as quais os apóstolos foram enviados. A cruz atrás de Cristo é uma cruz folheada a ouro e cravejada de pedras preciosas, não um instrumento de tortura. Encontra-se numa colina, que provavelmente remete ao Gólgota. Ao mesmo tempo, ela se estende à área celeste, na qual são apresentadas quatro figuras, que provavelmente devem simbolizar os evangelistas. A imagem é subdividida em uma área celestial e outra terrestre, entre as quais se estende um semicírculo, constituído por várias fileiras de tijolos dourados.

Mosaico de abside na Igreja de Santa Pudenciana em Roma, início do século V.

Dificilmente outra obra foi tantas vezes citada, copiada e deturpada quanto a descrição da *Última Ceia* de Da Vinci. O mural de 4,22m x 9,08m mostra Jesus e seus discípulos sentados em uma longa mesa, para a qual o espectador olha de frente. A sala lembra um refeitório, ou seja, um refeitório monástico – e num destes a imagem também está pendurada. Na parte de trás a vista se abre para uma paisagem montanhosa, abobadada por um céu azul. Aparentemente, a refeição comum acabou de terminar, e sobre a mesa estão espalhados restos de refeição. Assim sendo, Leonardo não representa a Ceia do Senhor em si – Jesus não parte o pão e também não há cálice à vista. A cena, porém, registra as reações à predição de Jesus de que um do círculo dos discípulos o trairia: entre os discípulos parece haver grande alvoroço, para o que indicam os gestos de questionamento e a consulta entre os três discípulos no lado direito da imagem. Jesus está sentado surpreendentemente calmo no centro da imagem, a uma pequena distância dos dois grupos à sua esquerda e direita. Na metade esquerda da imagem, diretamente ao lado de Jesus, pode-se reconhecer o discípulo amado, levemente inclinado para o lado, a quem Pedro está instruindo a perguntar quem seria o traidor (cf. João 13,24). Entre os dois encontra-se sentado Judas, reconhecível pela bolsa de dinheiro sobre o ombro. Os diferentes sentimentos e reações ao anúncio da traição conferem à imagem sua dinâmica bem própria.

Leonardo da Vinci, *A Santa Ceia*, 1494-1497,
Mosteiro de Santa Maria delle Grazie, Milão.

Matthias Grünewald criou uma representação particularmente impressionante da crucificação de Jesus que encanta o observador. O altar, que na verdade foi criado para o Preceptório Antoniter em Isenheim, encontra-se atualmente no Museu Unterlinden em Colmar. Trata-se de um altar alado, no primeiro lado do qual a crucificação pode ser vista no meio. No painel esquerdo encontra-se representado o mártir Sebastião, à direita o eremita Antonius e, abaixo da cena da crucificação, o sepultamento. O que é notável é a caracterização extremamente expressiva das várias pessoas: o Cristo sofredor com o rosto contorcido de dores, a coroa de espinhos e um corpo torturado e ensanguentado; o discípulo amado (ou o Apóstolo João, identificado com ele), que segura a mãe de Jesus em sua dor, o Profeta João Batista, que com a mão direita aponta para Cristo e na esquerda segura um livro (o Antigo Testamento). À esquerda, sob a cruz, Maria Madalena se ajoelha com um vaso de unguento, com as mãos estendidas desesperadamente em direção à cruz.

O *Altar de Isenheim*, de Matthias Grünewald, 1512-1516.

Um motivo frequentemente trabalhado é também o dos quatro cavaleiros apocalípticos, do Apocalipse de João, capítulo 6,1-8. Em termos de influência na história da arte, destacou-se a xilogravura de Albrecht Dürer do ano de 1511. A mesma coisa vale também para Arnold Böcklin, que representou os cavaleiros do Apocalipse até duas vezes sob o título

A guerra. Uma pintura pode ser vista na Kunsthaus Zürich (Casa das Artes de Zurique), a mais famosa, no Alertinum em Dresden. Bem à direita, no primeiro plano da imagem, cavalga a morte, com uma coroa de louros na cabeça. Do lado dela, com capa clara, olhos arregalados, cobras na cabeça e uma espada na mão pode ser visto o próximo cavaleiro. Ao seu lado, quase completamente encoberto, encontra-se o terceiro, um guerreiro barbudo, com capacete e expressão soturna de rosto. Atrás dele, mas mesmo assim com a cabeça no centro da imagem, está sentado sobre um cavalo branco um cavaleiro com capa vermelha, que avança com duas tochas nas mãos.

Assim sendo, Böcklin – se formos do primeiro plano para o fundo da imagem – apresentou os cavaleiros em ordem inversa daquela em que são encontrados no Apocalipse de João e também em Dürer, que os coloca na imagem da esquerda para a direita. A cidade abaixo dos cavaleiros está tomada por um incêndio. O quadro é uma representação impactante dos fortes poderes destrutivos, descritos no Apocalipse de João. O tema da morte aparece de forma recorrente em Böcklin. A representação dos cavaleiros apocalípticos também pode ser vista como um intensivo confronto com os perigos existenciais, aos quais as pessoas estão expostas e à mercê dos quais o próprio Böcklin se encontrava.

Esplêndidas aplicações de conteúdo bíblico podem ser encontradas analogamente na literatura – por exemplo, em poemas orientados em figuras bíblicas e narrativas, como no caso de "Joseph und seine Brüder" ("José e seus irmãos"), de Thomas Mann, ou "Maria Magdalena" ("Maria Madalena"), do romance de Marianne Fredriksson –, bem como na música, como na "Schöpfung" ("Criação"), de Joseph Haydn, ou no oratório "Paulus" ("Paulo"), de Felix Mendelssohn Bartholdy.

Já esses exemplos seletivos e subjetivos deixam claro que a Bíblia é apresentada de várias maneiras nas artes visuais, literatura e música. Essas interpretações são uma parte importante da história da repercussão da Bíblia, que podem levar a encontros bem individuais com figuras e narrativas bíblicas – por meio da visualização de imagens, da leitura, de experiências sonoras. Esses encontros diferem em sua acessibilidade direta de uma interpretação baseada em análise filológica e histórica e podem levar a acessos novos, intensivos, até surpreendentes e provocativos da Bíblia.

Arnold Böcklin, *A guerra*, 1896, Galeria Neue Meister, Alertinum, Dresden.

Desde tempos remotos judeus e cristãos cantaram, recitaram, interpretaram e empregaram textos bíblicos em atos rituais. Também nesses casos trata-se de formas próprias de recepção da Bíblia. Nesse sentido, até a atualidade a Bíblia representa como "documento canônico" a base do judaísmo e cristianismo, que vivem a partir de e com esses textos, orientando-se por eles em situações históricas sujeitas a mudanças. Isso pressupõe que a Bíblia não é percebida como um livro concluído da Antiguidade, mas como uma coletânea de múltiplos textos, que sempre de novo podem ser atualizados e interpretados de diversas maneiras. Dessa forma ela se desenvolveu para tornar-se o "livro dos livros".

Anexo

Agradecimentos

Este livro surgiu nos últimos anos por intermédio de muitos diálogos intensivos em finais de semana conjuntos, em encontros por ocasião de conferências, bem como em intercâmbios por meios eletrônicos. Nesse contexto, o arranjo do livro e os capítulos individuais foram repetidamente discutidos, revisados, complementados e modificados. Desse modo, o caráter do livro, tal como é agora, desenvolveu-se gradualmente. Desde o início, o objetivo foi apresentar o surgimento das bíblias Judaica e Cristã com base no estado atual da pesquisa e levando em consideração perguntas atuais de uma forma que também fosse acessível a leitores não inseridos nos discursos acadêmicos.

A Editora C.H. Beck, nominalmente seu editor Dr. Ulrich Nolte, acompanhou o projeto com grande interesse desde o início. A animada troca em questões conceituais e de conteúdo, desde o exame preciso do manuscrito e do preparo da composição até a organização do volume único e a impressão das imagens, sempre ocorreu numa atmosfera agradável e de cooperação, sustentada pela vontade comum de produzir um livro de fácil leitura e conteúdo cativante. Muito obrigado por isso de coração. Gostaríamos também de agradecer a Petra Rehder por seu trabalho cuidadoso no manuscrito e suas valiosas indicações relacionadas com passagens individuais. Agradecemos aos funcionários e funcionárias da editora que estiveram envolvidos na revisão e impressão por sua diligência e confiabilidade.

Samuel Arnet, colaborador de Konrad Schmid em Zurique, revisou partes do manuscrito, criou os índices com grande dedicação e persistente paciência, tendo um cuidado especial para produzir índices claros e significativos. Também a ele agradecemos de coração.

Katharina Vetter e Florian Lengle também conferiram partes do manuscrito na cadeira de Jens Schröter em Berlim, identificando erros e fazendo sugestões para melhorias. Um grande obrigado por isso também.

Esperamos que o livro encontre leitoras e leitores interessados e represente uma contribuição para a discussão sobre o surgimento das bíblias Judaica e Cristã.

Berlim e Zurique, junho de 2019

Konrad Schmid e Jens Schröter

Anmerkungen

Einführung

Referências

Literatura

Introdução: dos primeiros textos aos escritos sagrados

BOSSHARD-NEPUSTIL, E. *Schriftwerdung der Hebräischen Bibel*. Thematisierungen der Schriftlichkeit biblischer Texte im Rahmen ihrer Literaturgeschichte. Zurique, 2015 (AThANT, 106).

BULTMANN, C. et al. (eds.). *Heilige Schriften*. Ursprung, Geltung und Gebrauch. Munique, 2005.

CAMPENHAUSEN, H. von. *Die Entstehung der christlichen Bibel.* Tübingen, 1968. Neuauflage 2003 (BHTh, 39).

CARR, D.M. *Schrift und Erinnerungskultur*. Die Entstehung der Bibel und der antiken Literatur im Rahmen der Schreiberausbildung. Zurique, 2015 (AThANT, 107).

LIM, T. *The formation of the Jewish canon*. New Haven, 2013.

LIM, T. An indicative definition of canon. In: LIM, T. (ed.). *When texts are canonized*. Providence RI, 2017, p. 1-24 (BJSt, 359).

LIPS, H. von. *Der neutestamentliche Kanon*. Seine Geschichte und Bedeutung. Zurique, 2004.

McDONALD, L.M. *The formation of the Biblical canon*, v. 1: The Old Testament: Its authority and canonicity; v. 2: The New Testament: Its authority and canonicity. Londres/Nova York, 2017.

RÜPKE, J. Heilige Schriften und Buchreligionen. Überlegungen zu Begriffen und Methoden. In: BULTMANN, C. et al. (ed.). *Heilige Schriften*. Ursprung, Geltung und Gebrauch. Munique, 2005, p. 191-204.

SMITH, J.Z. Canon, catalogues, and classics. In: VAN DER KOOIJ, A.; VAN DER TOORN, K. (ed.). *Canonization and decanonization*: Papers presented to the International Conference of the Leiden Institute for the Study of Religions (Lisor), Held at Leiden, 9-10 January 1997. Leiden, 1998, p. 295-311 (SHR, 82).

TOORN, K. van der. *Scribal culture and the making of the Hebrew Bible*. Cambridge, MA, 2017.

TWORUSCHKA, U. (ed.). *Heilige Schriften*. Eine Einführung. Darmstadt, 2000.

1. As bíblias do judaísmo e cristianismo

ALAND, K.; ALAND, B. *Der Text des Neuen Testaments*. Einführung in die wissenschaftlichen Ausgaben sowie in Theorie und Praxis der modernen Textkritik. 2. ed. Stuttgart, 1989.

BARNS, J.W.B.; ZILLIACUS, H.; ROBERTS, C.H. (eds.). *The Antinoopolis Papyri*, Part 2, Londres, 1960, p. 6s. (N. 54).

BECKWITH, R. *The Old Testament canon of the New Testament Church*. Grand Rapids, 1985.

BERLEJUNG, A. Der gesegnete Mensch. Text und Kontext von Num 6,22-27 und den Silberamuletten von Ketef Hinnom. In: BERLEJUNG, A.; HECKL, R. (eds.). *Mensch und König*. Studien zur Anthropologie des Alten Testaments. Rüdiger Lux zum 60. Geburtstag. Freiburg i.Br., 2008a, p. 37-62 (HBS, 53).

BERLEJUNG, A. Ein Programm fürs Leben. Theologisches Wort und anthropologischer Ort der Silberamulette von Ketef Hinnom. *ZAW*, v. 120, p. 204-230, 2008b.

BRANDT, P. *Endgestalten des Kanons*. Das Arrangement der Schriften Israels in der jüdischen und christlichen Bibel. Berlim/Viena, 2001 (BBB, 131).

BRODERSEN, K. *Aristeas*. Der König und die Bibel. Stuttgart, 2008.

BURKE, D.G.; KUTSKO, J.F.; TOWNER, P.H. (eds.). *The King James Version at 400*. Assessing its genius as bible translation and its literary influence. Atlanta, 2013.

CAMPBELL, G. *Bible*: The story of the King James Version, 1611-2011. Oxford, 2010.

CAMPENHAUSEN, H. von. *Die Entstehung der christlichen Bibel*. Tübingen, 1968 (BHTh, 39).

DE TROYER, K. Once more, the so-called Esther Fragments of Cave 4. *Revue de Qumran*, v. 19, p. 401-422, 2000.

DOHMEN, C. *Die Bibel und ihre Auslegung*. Munique, 2011.

FABRY, H.-J. Der Umgang mit der kanonisierten Tora in Qumran. In: ZENGER, E. (ed.). *Die Tora als Kanon für Juden und Christen*. Freiburg, 1996, p. 293-327 (HBS, 10).

FABRY, H.-J. Die Qumrantexte und das biblische Kanonproblem. In: BEYERLE, S. et al. (eds.). *Recht und Ethos im Alten Testament* – Gestalt und Wirkung. Neukirchen-Vluyn, 1999, p. 251-271.

FINSTERBUSCH, K.; LANGE, A. (eds.). *What is Bible?* Leuven, 2012 (Cbet, 67).

FISCHER, A.A. *Der Text des Alten Testaments*. Neubearbeitung der Einführung in die Biblia Hebraica von Ernst Würthwein. Stuttgart, 2009.

FLINT, P.W. The Daniel tradition at Qumran. In: COLLINS, J.J.; FLINT, P. W. (eds.). *The Book of Daniel*. Composition and reception. Leiden, 2001, p. 329-367 (Fiotl, 2,2; VTS 83/2).

GAMBLE, H.Y. *Books and readers in the early Church*. A history of early Christian texts. New Haven, 1995.

GEORGES, T.; ALBRECHT, F.; FELDMEIER, R. (eds.). *Alexandria*. Tübingen, 2013 (Comes, 1).

HARNACK, A. von. Über den privaten Gebrauch der Heiligen Schriften in der Alten Kirche. Leipzig, 1912 (Beiträge zur Einleitung in das Neue Testament, 5).

HAUG, H. Zur abweichenden Kapitel- und Verszählung im Alten Testament. Ein Fund aus der Hinterlassenschaft von Eberhard Nestle. *ZAW*, v. 113, p. 618-623, 2001.

HEILIGENTHAL, R. Weltanschauliche Richtungen und Gruppen. Die religiöse Vielfalt Palästinas. Sadduzäer. In: ERLEMANN, K. et al. (eds.). *Neues Testament und Antike Kultur*. Neukirchen-Vluyn, 2011, v. 3: Weltauffassung – Kult – Ethos, p. 34-36.

HIEKE, T. (ed.). *Formen des Kanons*. Studien zu Ausprägungen des biblischen Kanons von der Antike bis zum 19. Jahrhundert. Stuttgart, 2013 (SBS, 229).

HURTADO, L.W. *The earliest Christian artefacts*. Manuscripts and Christian origins. Grand Rapids/Cambridge, 2006.

ILAN, T. The term and concept of TaNaKh. In: FINSTERBUSCH, K.; LANGE, A. (eds.). *What is Bible?* Leuven, 2012, p. 219-234 (Cbet, 67).

JONES, B.C. *New Testament texts on Greek amulets from late antiquity*. Londres/Nova York, 2016 (LNTS, 554).

JOOSTEN, J. The origin of the Septuagint canon. In: KREUZER, S. et al. (eds.). *Die Septuaginta* – Orte und Intentionen. Tübingen, 2016, p. 688-699 (Wunt, 361).

KIM, J.-H. Vom hellenistischen Kleinrollensystem zum Kodex: Beobachtungen zur Textgestalt der griechischen Samuel- und Königebücher. In: PE-

TERS, M.K.H. (ed.). *XIV. Congress of the IOSCS*. Helsinki, 2010; Atlanta, 2013, p. 231-242 (SBL.SCS, 59).

KINZIG, W. Καινὴ διαθήκη: The title of the New Testament in the second and third centuries. *JTS,* v. 45, p. 519-544, 1994.

KORPEL, M.; OESCH, J. (ed.). *Delimitation criticism*. A new tool in biblical scholarship. Leiden, 2000.

KRAUS, T.J. Manuscripts with the Lord's Prayer – They are more than simply witnesses to that text itself. *In*: KRAUS, T.J.; NICLAS, T. (eds.). *New Testament manuscripts.* Their texts and their world. Leiden/Boston, 2006, p. 227-266 (Tents, 2).

KRAUS, T.J. Miniature codices in late antiquity: Preliminary remarks and tendencies about a specific book format. *Early Christianity*, v. 7, p. 134-152, 2016.

KRAUS, W.; KARRER, M. (eds.). *Septuaginta Deutsch*. Das griechische Alte Testament in deutscher Übersetzung. 2. ed. Stuttgart, 2010.

KREUZER, S. Entstehung und Überlieferung der Septuaginta. In: KREUZER, S. (ed.). *Handbuch zur Septuaginta*, LXX.H. Gütersloh, 2016, v. 1: Einleitung in die Septuaginta, p. 29-88.

KRIEG, C. Javne und der Kanon. Klärungen. In: STEINS, G.; TASCHNER, J. (eds.) *Kanonisierung* – die Hebräische Bibel im Werden. Neukirchen-Vluyn, 2010, p. 133-152 (BThSt, 110).

LEIMAN, S.Z. *The canonization of Hebrew scripture*. The Talmudic and Midrashic evidence. 2. ed. New Haven, 1991.

MARKSCHIES, C. Haupteinleitung. In: MARKSCHIES, C.; SCHRÖTER, J. (eds.). *Antike christliche Apokryphen in deutscher Übersetzung*. Tübingen, 2012, v. 1: Evangelien und Verwandtes (in zwei Teilbänden), p. 1-180.

McDONALD, L.M. *The formation of the biblical canon*. Londres/Nova York, 2017, v. 1: The Old Testament: Its authority and canonicity.

MEISNER, N. *Aristeasbrief*. Gütersloh, 1973, p. 35-87 (JSHRZ II/1).

METZGER, B. *Der Kanon des Neuen Testaments*. Entstehung – Entwicklung – Bedeutung. Düsseldorf, 1993 (Original inglês: *The canon of the New Testament*. Oxford, 1987).

MEURER, S. (ed.). *Die Apokryphenfrage im ökumenischen Horizont*. 2. ed. Stuttgart, 1993.

MILIK, J.T. Les modèles araméens du livre d'Esther dans la Grotte 4 de Qumran. *Revue de Qumrân*, v. 15, p. 321-404, 1992.

MOSIS, R. Die Bücher des "Alten Bundes" bei Melito von Sardes. In: MOENIKES, A. (ed.). *Schätze der Schrift*. Festgabe für Hans F. Fuhs zur Vollendung seines 65. Lebensjahres. Paderborn, 2007, p. 131-176 (PThSt, 47).

PARKER, D.C. *An introduction to the New Testament manuscripts and their texts*. Cambridge, 2008, p. 13-20.

POSSET, F. *Johann Reuchlin (1455-1522)*. A theological biography. Berlim; Boston, 2015 (AKG, 129).

REBENICH, S. *Jerome*. Abingdon, 2002.

RENZ, J.; RÖLLIG, W. *Handbuch der althebräischen Epigraphik*. Darmstadt, 1995-2003 (Bde. 1-3).

SANDERS, J.A. The "First" or "Old" Testament. What to call the first Christian Testament. In: McDONALD, L.M. (ed.). *The formation of the biblical canon*, Londres/Oxford/Nova York, 2017, v. 1: The Old Testament: Its authority and canonicity, p. 36-38.

SCHÄFER, P. *Zwei Götter im Himmel*: Gottesvorstellungen in der jüdischen Antike. Munique, 2017.

SCHENKER, A. et al. (eds.). *Die älteste Zürcherbibel*. Erstmalige teilweise Ausgabe und Übersetzung der ältesten vollständig erhaltenen Bibel in deutscher Sprache. Friburgo, 2016.

SCHRENK, G. *βίβλος, βιβλίον*. Stuttgart, 1933, p. 613-620 (ThWNT, I).

SKA, J.L. *Introduction to reading the Pentateuch*. Winona Lake, 2006.

SMITH, G.S.; BERNHARD, A.E. "5073". In: COLOMO, D.; CHAPA, J. (eds.). *The Oxyrhynchus Papyri*. Londres, v. 76, 2011, p. 19-23.

SMITH, J.Z. Canon, catalogues, and classics. In: KOOIJ, A.; TOORN, K. (ed.). *Canonization and decanonization*: Papers presented to the International Conference of the Leiden Institute for the Study of Religions (Lisor). Held at Leiden, 9-10 January 1997. Leiden, 1998, p. 295-311 (SHR, 82).

SPERBER, A. (ed.). *The Bible in aramaic based on old manuscripts and reprinted Texts*. Leiden, 1959-1973 (4 v.).

SPIECKERMANN, H. *Bible*. Berlin/Boston, 2011, p. 1.067-1.068 (EBR, 1).

STECK, O.H. *Die erste Jesajarolle von Qumran (1QIsa)*. Schreibweise als Leseanleitung für ein Prophetenbuch. Stuttgart, 1998 (SBS 173/1.2).

STEMBERGER, G. Jabne und der Kanon. In: STEMBERGER, G. *Studien zum rabbinischen Judentum*. Stuttgart, 1990, p. 375-389 (Sbab, 10).

STEMBERGER, G. *Pharisäer, Sadduzäer, Essener*: Fragen – Fakten – Hintergründe. Stuttgart, 2013.

STERN, D. *The Jewish Bible*. A material history. Seattle/Londres, 2017.

STÖKL BEN EZRA, D. *Qumran*. Die Texte vom Toten Meer und das antike Judentum. Tübingen, 2016 (UTB, 4681).

TALMON, S. Was the Book of Esther known at Qumran? *Dead Sea discoveries*, v. 2, p. 249-267, 1995.

TILLY, M. *Einführung in die Septuaginta*. Darmstadt, 2005.

TOV, E. *Die griechischen Bibelübersetzungen*. Berlim/Nova York, 1987, p. 121-189 (ANRW II.20/1).

TOV, E. *Der Text der Hebräischen Bibel*. Handbuch der Textkritik. Stuttgart, 1997.

ULRICH, E. *The biblical Qumran scrolls*. Transcriptions and textual variants. Leiden, 2010 (VT.S, 134).

WALLRAFF, M. *Kodex und Kanon*. Das Buch im frühen Christentum. Berlim/Boston, 2012 (Hans-Lietzmann Vorlesungen, 12).

WALTER, N. Bücher: so nicht der Heiligen Schrifft gleich gehalten…? Karlstadt, Luther – und die Folgen. In: WALTER, N. (ed.). *Praeparatio Evangelica*. Studien zur Umwelt, Exegese und Hermeneutik des Neuen Testaments. W. Kraus e F. Wilk: Tübingen, 1997, p. 341-369 (Wunt, 98).

WEIPPERT, M. *Historisches Textbuch zum Alten Testament*. Göttingen, 2010 (GAT, 10).

ZENGER, E. et al. *Einleitung in das Alte Testament*. 9. ed. Stuttgart, 2016.

2. Cultura da escrita e produção literária na época do reinado em Israel e Judá, séculos X a VI a.C.

ABT, J. *American egyptologist*. The life of James Henry Breasted and the creation of his Oriental Institute. Chicago, 2012.

ALBERTZ, R. Die Theologisierung des Rechts im Alten Israel. In: ALBERTZ, R. *Geschichte und Theologie*. Studien zur Exegese des Alten Testaments und zur Religionsgeschichte Israels. Berlim/Nova York, 2003, p. 187-207 (BZAW, 326).

ALBERTZ, R. *Elia*. Ein feuriger Kämpfer für Gott. Leipzig, 2006 (BG, 13).

ALBRIGHT, W.F. An ostracon from Calah and the north-Israelite diaspora. *Bulletin of the American Schools of Oriental Research* (Basor), v. 149, p. 33-36, 1958.

ARIE, E. Reconsidering the Iron Age II Strata at Tel Dan: Archaeological and historical implications. *Tel Aviv*, v. 35, p. 6-64, 2008.

ASSMANN, J. *Herrschaft und Heil.* Darmstadt, 2000.

ATHAS, G. *The Tel Dan inscription.* A reappraisal and a new interpretation. Londres, 2005.

AUZOU, G. *De la servitude au service.* Étude du livre de l'Exode, connaissance de la Bible. Paris, 1961, v. 3.

BECKER, U. Das Exodus-Credo. Historischer Haftpunkt und Geschichte einer alttestamentlichen Glaubensformel. In: BECKER, U.; OORSCHOT, J. van (ed.). *Das Alte Testament – ein Geschichtsbuch?!* Geschichtsschreibung und Geschichtsüberlieferung im antiken. Israel/Leipzig, 2005, p. 81-100 (ABG, 17).

BECKING, B. *The fall of Samaria.* A historical and archaeological study. Leiden, 1992 (Shane, 2).

BECKING, B. West semites at Tell Sekh Hamad. Evidence for the Israelite exile? In: HÜBNER, U.; KNAUF, E.A. (ed.). *Kein Land für sich allein.* Studien zum Kulturkontakt in Kanaan, Israel / Palästina und Ebirnari für Manfred Weippert zum 65. Geburtstag. Friburgo; Göttingen, 2002, p. 153-166 (OBO, 186).

BERGES, U. "Singt dem Herrn ein neues Lied". Zu den Trägerkreisen von Jesajabuch und Psalter. *In*: HOSSFELD, F.-L. *et al*. (eds.). *Trägerkreise in den Psalmen.* Göttingen 2017. p. 11-33 (BBB, 178).

BERGES, U.; BEUKEN, W.A.M. *Das Buch Jesaja.* Eine Einführung. Göttingen, 2016 (UTB, 4647).

BERGLER, S. *Joel als Schriftinterpret.* Frankfurt a. M. et al., 1988 (Beat, 16).

BERLEJUNG, A. Twisting traditions: programmatic absence-theology for the Northern Kingdom in 1Kgs 12,26-33* (the "Sin of Jeroboam"). *JNSL*, v. 35, p. 1-42, 2009.

BLUM, E. *Die Komposition der Vätergeschichte.* Neukirchen-Vluyn, 1984 (WMANT, 57).

BLUM, E. Die literarische Verbindung von Erzvätern und Exodus. Ein Gespräch mit neueren Endredaktionshypothesen. In: GERTZ, J. C. et al. (eds.). *Abschied vom Jahwisten.* Die Komposition des Hexateuch in der jüngsten Diskussion. Berlim/Nova York, 2002, p. 119-156 (Bzaw, 315).

BLUM, E. Jesajas prophetisches Testament. *ZAW*, v. 109, p. 12-29, 1997.

BLUM, E. Die Kombination I der Wandinschrift vom Tell Deir 'Alla. Vorschläge zur Rekonstruktion mit historisch-kritischen Anmerkungen. In: KOTTSIEPER, I. et al. (eds.). *Berührungspunkte.* Studien zur Sozial- und

Religionsgeschichte Israels und seiner Umwelt. Festschrift für Rainer Albertz zu seinem 65. Geburtstag. Münster, 2008a, p. 573-601 (Aoat, 350).

BLUM, E. "Verstehst du dich nicht auf die Schreibkunst…?" Ein weisheitlicher Dialog über Vergänglichkeit und Verantwortung: Kombination II der Wandinschrift vom Tell Deir 'Alla. In: BAUKS, M. et al. (ed.). *Was ist der Mensch, dass du seiner gedenkst?* (Psalm 8,5). Aspekte einer theologischen Anthropologie. Festschrift für Bernd Janowski zum 65. Geburtstag. Neukirchen-Vluyn, 2008b, p. 33-53.

BLUM, E. Der historische Mose und die Frühgeschichte Israels. *HeBAI*, v. 1, p. 37-63, 2012a.

BLUM, E. The Jacob tradition. In: EVANS, C. A. et al. (eds.). *The Book of Genesis*. Composition, reception, and interpretation. Leiden, 2012b, p. 181-211 (VT.S, 152).

BLUM, E. Die altaramäischen Wandinschriften aus Tell Deir 'Alla und ihr institutioneller Kontext. In: FOCKEN, F.-E.; OTT, M. (eds.). *Meta-Texte*. Erzählungen von schrifttragenden Artefakten in der alttestamentlichen und mittelalterlichen Literatur. Berlim/Boston, 2016, p. 21-52 (Materiale Text, kulturen, 15).

BORGER, R. *Akkadische Rechtsbücher*. Die mittelassyrischen Gesetze. Gütersloh, 1982, p. 80-92 (Tuat, I/1).

BOSSHARD, E.; KRATZ, R.G. Maleachi im Zwölfprophetenbuch. *BN*, v. 52, p. 27-46, 1990.

BOSSHARD-NEPUSTIL, E. *Schriftwerdung der Hebräischen Bibel*. Thematisierungen der Schriftlichkeit biblischer Texte im Rahmen ihrer Literaturgeschichte. Zurique, 2015 (AThANT, 106).

BRAGUE, R. *The law of God*. The philosophical history of an idea. Chicago, 2007.

CARR, D.M. The Tel Zayit abecedary in (social) context. In: TAPPY, R.E.; McCARTER, P. Kyle (eds.). *Literate culture and tenth-century Canaan*: the Tel Zayit abecedary in context. Winona Lake, 2008, p. 113-129.

CARR, D.M. *The formation of the Hebrew Bible*. A new reconstruction. Nova York, 2011.

CARR, D.M. *Schrift und Erinnerungskultur*. Die Entstehung der Bibel und der antiken Literatur im Rahmen der Schreiberausbildung. Zurique, 2015 (AThANT, 107).

CROUCH, C.L. *Israel and the Assyrians*. Deuteronomy, the succession treaty of Esarhaddon, and the nature of subversion. Atlanta, 2014 (SBL Ancient Near East Monographs, 8).

CRÜSEMANN, F. Das "portative Vaterland". Struktur und Genese des alttestamentlichen Kanons. In: ASSMANN, A.; ASSMANN, J. (eds.). *Kanon und Zensur.* Munique, 1987, p. 63-79.

DAY, J. How many pre-exilic psalms are there? In: DAY, J. (ed.). *In search of pre-exilic Israel.* Proceedings of the Oxford Old Testament Seminar. Londres/ Nova York, 2004, p. 225-250 (JSOT.S, 406).

DELCOR, M. Remarques sur la datation du Ps 20 comparée à celle du psaume araméen apparenté dans le papyrus Amherst 63. In: DIETRICH, M.; LORETZ, O. (eds.). *Mesopotamica – Ugaritica – Biblica.* Festschrift für Kurt Bergerhof zur Vollendung seines 70. Lebensjahres am 7. Mai 1992. Kevelaer, 1993, p. 25-43 (Aoat, 232).

DIETRICH, W. *David.* Der Herrscher mit der Harfe. Leipzig, 2006.

DION, P.-E.; DAVIAU, M. The Moabites. In: LEMAIRE, A. et al. (eds.). *The Books of Kings.* Sources, Composition, Historiography and Reception. Leiden, 2010, p. 205- 224 (VT.S, 129).

DONNER, H. "Hier sind deine Götter, Israel!" In: DONNER, H. *Aufsätze zum Alten Testament aus vier Jahrzehnten.* Berlim/Nova York, 1994, p. 67-75 (Bzaw, 224).

DOZEMAN, T.B. Hosea and the wilderness wandering tradition. In: McKENZIE, S. L. et al. (eds.). *Rethinking the foundations.* Historiography in the ancient world and in the Bible. Essays in honour of John van Seters. Berlim/ Nova York, 2000, p. 55-70 (Bzaw, 294).

DUHM, B. *Die Psalmen.* 2. ed. Freiburg im Breisgau et al.,1922 (HAT, 14).

ENGNELL, I. *Studies in divine kingship in the ancient near east.* 2. ed. Oxford, 1967 (Uppsala, 1943).

FAIGENBAUM-GOLOVIN, S. et al. Algorithmic handwriting analysis of Judah's military correspondence sheds light on composition of biblical texts. *Pnas,* v. 113, p. 4.664-4.669, 2016.

FINKELSTEIN, I. A great united monarchy? Archaeological and historical perspectives. In: KRATZ, R.G.; SPIECKERMANN, H. (eds.). *One God – one cult – one nation.* Archaeological and biblical perspectives. Berlim/Boston, 2010, p. 3-28 (Bzaw, 405).

FINKELSTEIN, I. Stages in the territorial expansion of the Northern Kingdom. *VT,* v. 61, p. 227- 242, 2011.

FINKELSTEIN, I. *Das vergessene Königreich.* Israel und die verborgenen Ursprünge der Bibel. 2. ed. Munique, 2015a.

FINKELSTEIN, I. Migration of Israelites into Judah after 720 BCE: An answer and an update. *ZAW,* v. 127, p. 188-206, 2015b.

FINKELSTEIN, I. A corpus of north Israelite texts in the days of Jeroboam II? *HeBAI,* v. 6, p. 262-289, 2017a.

FINKELSTEIN, I. Major saviors, minor judges. The historical background of the northern accounts in the Book of Judges. *Jsot,* v. 41, p. 431-449, 2017b.

FINKELSTEIN, I.; FANTALKIN, A. Khirbet Qeiyafa. An unsensational archaeological and historical interpretation. *Tel Aviv,* v. 39, p. 38-63, 2012.

FINKELSTEIN, I.; RÖMER T. Comments on the historical background of the Jacob narrative in Genesis. *ZAW,* v. 126, p. 317-338, 2014a.

FINKELSTEIN, I.; RÖMER T. Comments on the historical background of the Abraham narrative. Between "realia" and "exegetica". *HeBAI,* v. 3, p. 3-23, 2014b.

FINKELSTEIN, I.; SASS, B. The west Semitic alphabetic inscriptions, Late Bronze II to Iron IIA: Archeological context, distribution and chronology. *Hebrew Bible and Ancient Israel,* v. 2, p. 149-220, 2013.

FINKELSTEIN, I.; SASS, B.; SINGER-AVITZ, L. Writing in Iron IIA Philistia in the light of the Tēl Zayit / Zētā abecedary. *ZDPV,* v. 124, p. 1-14, 2008.

FINKELSTEIN, I.; SINGER-AVITZ, L. Reevaluating Bethel. *ZDPV,* v. 125, p. 33-48, 2009.

FINSTERBUSCH, K. *Das Deuteronomium*. Eine Einführung. Göttingen, 2012.

FISCHER, A.A. Die literarische Entstehung des Großreichs Davids und ihr geschichtlicher Hintergrund. Zur Darstellung der Kriegschronik in 2Sam 8,1-14(15). In: BECKER, U.; OORSCHOT, J. (eds.). *Das Alte Testament – ein Geschichtsbuch?!* Leipzig, 2005, p. 101-128 (ABG, 17).

FITZPATRICK-McKINLEY, A. *The Transformation of Torah from Scribal Advice to Law.* Sheffield, 1993 (JSOT.S, 287).

FRANKENA, R. *The vassal-treaties of Esarhaddon and the dating of Deuteronomy.* Leiden, 1965, p. 122-154 (OTS, 14).

FRITZ, V. *Die Entstehung Israels im 12. und 11. Jahrhundert v. Chr.* Stuttgart et al., 1996 (BE, 2).

GERHARDS, M. *Die Aussetzungsgeschichte des Mose*. Literatur- und traditionsgeschichtliche Untersuchungen zu einem Schlüsseltext des nichtpriesterschriftlichen Tetrateuch. Neukirchen-Vluyn, 2006 (WMANT, 109).

GERHARDS, M. "...und nahm die Tochter Levis". Noch einmal zu Ex 2,1 als Motivation der Aussetzung des Mose. "Seine Geburt war unordentlich..." – wirklich? *BN,* v. 154, p. 103-122, 2012.

GERMANY, S. *The Exodus-Conquest narrative*. The composition of the non--priestly narratives in Exodus-Joshua. Tübingen, 2018 (FAT, 115).

GERTZ, J.C. Konstruierte Erinnerung. Alttestamentliche Historiographie im Spiegel von Archäologie und literarhistorischer Kritik am Fallbeispiel des salomonischen Königtums. *BThZ,* v. 21, p. 3-29, 2004.

GESUNDHEIT, S. Introduction: The strengths and weaknesses of linguistic dating. In: GERTZ, J. C. et al. (eds.). *The formation of the Pentateuch*: Bridging the academic cultures of Europe, Israel, and North America. Tübingen, 2016. p. 295-302 (FAT, 111).

GOREN, Y. et al. A provenance study of the Gilgamesh Fragment from Megiddo. *Archaeometry,* v. 51, p. 763-773, 2009.

GRABBE, L.L. (ed.). *The land of Canaan in the Late Bronze Age*. Londres; Nova York, 2016 (LHB/OTS, 636).

GRUND-WITTENBERG, A. Literalität und Institution. Auf der Suche nach lebensweltlichen Kontexten der Literaturwerdung im alten Israel. *ZAW,* v. 129, p. 327-345, 2017.

GUILLAUME, P. *Waiting for Josiah*: The judges. Londres/Nova York, 2004, p. 55-72 (JSOTS, 385).

GZELLA, H. (ed.). *Sprachen aus der Welt des Alten Testaments*. 2. ed. Darmstadt, 2012.

HALTON, C.; SVÄRD, S. *Women's writing of ancient Mesopotamia*: An anthology of the earliest female authors. Cambridge, 2017.

HARTENSTEIN, F.; MOXTER, M. Hermeneutik des Bilderverbots. Exegetische und systematisch-theologische Annäherungen. Leipzig, 2016 (ThLZ. F, 26).

HENSEL, B. *Juda und Samaria*. Zum Verhältnis zweier nach-exilischer Jahwismen. Tübingen, 2016 (FAT, 110).

HIEKE, T. *Levitikus 16-27*. Freiburg i.Br., 2014 (HThK.AT).

HOFFMAN Y. A North Israelite typological myth and a Judaean historical tradition. The Exodus in Hosea and Amos. *VT,* v. 39, p. 169-182, 1989.

HORNKOHL, A. Biblical Hebrew: Periodization. In: KHAN, G. (ed.). *Encyclopedia of Hebrew language and linguistics*. Leiden, 2014, v. 1, p. 315-325.

HUBER, M. *Gab es ein davidisch-salomonisches Großreich?* Forschungsgeschichte und neuere Argumentationen aus der Sicht der Archäologie. Stuttgart, 2010 (SBB, 64).

JACKSON, B. *Wisdom Laws*. A study of the Mishpatim in Exodus 21,1–22,16. Oxford, 2006.

JANOWSKI, B. YHWH und der Sonnengott. Aspekte der Solarisierung YHWHs in vorexilischer Zeit. In: MEHLHAUSEN, J. (ed.). *Pluralismus und Identität*. Gütersloh, 1995, p. 214-241 [Também publicado em: JANOWSKI, B. *Die rettende Gerechtigkeit*. Neukirchen-Vluyn, 1999, p. 192-219 (Beiträge zur Theologie des Alten Testaments, 2)].

JANOWSKI, B. Freude an der Tora. Psalm 1 als Tor zum Psalter. *EvTh*, v. 67, p. 18-31, 2007.

JANOWSKI, B. Auf dem Weg zur Buchreligion. Transformation des Kultischen im Psalter. In: HOSSFELD, F.-L. et al. (eds.). *Trägerkreise in den Psalmen*. Göttingen, 2017, p. 223-261 (BBB, 178).

JEREMIAS, J. *Der Prophet Hosea*. Göttingen, 1983 (ATD, 24,1).

JEREMIAS, J. *Das Königtum Gottes in den Psalmen*. Israels Begegnung mit dem kanaanäischen Mythos in den Jahwe-König-Psalmen. Göttingen, 1987 (FRLANT, 141).

JEREMIAS, J. Das Rätsel der Schriftprophetie. *ZAW*, v. 125, p. 93-117, 2013.

KEEL, O. Der salomonische Tempelweihspruch. Beobachtungen zum religionsgeschichtlichen Kontext des Ersten Jerusalemer Tempels. In: KEEL, O.; ZENGER, E. (eds.). *Gottesstadt und Gottesgarten*. Zur Geschichte und Theologie des Jerusalemer Tempels. Freiburg im Breisgau, 2002, p. 9-23 (QD, 191).

KEEL, O. *Die Geschichte Jerusalems und die Entstehung des Monotheismus*. Göttingen, 2007 (2 v. OLB, VI, 1).

KEEL, O. Sonne der Gerechtigkeit. Jerusalemer Traditionen vom Sonnen- -und Richtergott. *BiKi*, v. 63, p. 215-218, 2008.

KEEL, O.; KÜCHLER, M. *Orte und Landschaften der Bibel*. Ein Handbuch und Studienreiseführer zum Heiligen Land. Göttingen, 1982, v. 2: Der Süden.

KEEL, O.; UEHLINGER, C. *Göttinnen, Götter und Gottessymbole*. Neue Erkenntnisse zur Religionsgeschichte Kanaans und Israels aufgrund bislang unerschlossener ikonographischer Quellen. 6. ed. Friburgo, 2010.

KIM, D.-H. *Early Biblical Hebrew, Late Biblical Hebrew, and Linguistic Variability:* A Sociolinguistic Evaluation of the Linguistic Dating of Biblical Texts. Leiden, 2013 (VT.S, 156).

KLEER, M. *Der liebliche Sänger der Psalmen Israels*. Untersuchungen zu David als Dichter und Beter der Psalmen. Bodenheim, 1996 (BBB, 108).

KÖCKERT, M. YHWH in the Northern and Southern Kingdom. In: KRATZ, R.G.; SPIECKERMANN, H. (eds.). *One God – One Cult – One Nation*. Archaeological and Biblical Perspectives. Berlim/Nova York, 2014, p. 357-394 (Bzaw, 405).

KÖCKERT, M.; NISSINEN, M. (eds.). *Propheten in Mari, Assyrien und Israel*. Göttingen, 2003 (FRLANT, 201).

KNAUF, E.A. *Midian*. Untersuchungen zur Geschichte Palästinas und Nordarabiens am Ende des 2. Jahrtausends v. Chr. Wiesbaden, 1988 (ADPV).

KNAUF, E.A. Hezekiah or Manasseh? A reconsideration of the Siloam tunnel and inscription. *Tel Aviv*, v. 28, p. 281-287, 2001.

KNAUF, E.A. Was there a refugee crisis in the 8th/7th Centuries BCE? In: LIPSCHITS, O. et al. (eds.). *Rethinking Israel*: Studies in the history and archaeology of ancient Israel in honor of Israel Finkelstein. Winona Lake, 2017, p. 159-172.

KNOPPERS, G.N. *Jews and Samaritans*. The origins and history of their early relations. Oxford, 2013.

KOTTSIEPER, I. The Tel Dan Inscription (KAI 310) and the political relations between Aram-Damascus and Israel in the first half of the first millennium BCE. In: GRABBE, L.L. (ed.). *Ahab Agonistes*. The rise and fall of the Omri Dynasty. Londres, 2007, p. 104-134.

KRATZ, R.G. *Die Propheten Israels*. Munique, 2003a.

KRATZ, R.G. Der Mythos vom Königtum Gottes in Kanaan und Israel. *ZThK*, v. 100, p. 147-162, 2003b.

KRATZ, R.G. *Historisches und biblisches Israel*. Drei Überblicke zum Alten Testament. Tübingen, 2013a.

KRATZ, R.G. Das Rätsel der Schriftprophetie. Eine Replik. *ZAW*, v. 125, p. 635-639, 2013b.

LAATO, A. Biblical scholarship in northern Europe. In: SÆBØ, M. (ed.). *Hebrew Bible / Old Testament*. The history of its interpretation. Göttingen, 2015, v. 3: From modernism to postmodernism (the nineteenth and twentieth centuries). Part 2: The twentieth century – from modernism to postmodernism, p. 336-370.

LANG, M. Amos und Exodus. Einige Überlegungen zu Am 3–6. *BN*, v. 119/120, p. 27-29, 2003.

LAUINGER, J. Esarhaddon's succession treaty at Tell Tayinat: Text and commentary. *JCS*, v. 64, p. 87-123, 2012.

LEFEBVRE, M. *Collections, codes, and Torah*. The re-characterization of Israel's written law. Londres/Nova York, 2006 (LHB/OTS, 451).

LEHMANN, R.G.; ZERNECKE, A.E. Bemerkungen und Beobachtungen zu der neuen Ophel-Pithosinschrift. In: LEHMANN, R.G.; ZERNECKE, A.E. (eds.). *Schrift und Sprache*. Papers read at the 10th Mainz International

Colloquium on Ancient Hebrew. Mainz, 28-30 October 2011. Waltrop, 2013, p. 437-450 (Kusatu, 15).

LEVINSON, B.M. The birth of the Lemma. The restrictive reinterpretation of the covenant code's manumission law by the Holiness Code (Leviticus 25,44-46). *JBL*, v. 124, p. 617-639, 2005.

LEVINSON, B.M. The manumission of hermeneutics. The slave laws of the Pentateuch as a challenge to contemporary Pentateuch theory. In: LEMAIRE, A. (ed.). Congress Volume. Leiden, 2004 (VT.S, 109). Leiden, 2006, p. 281-324.

LEVINSON, B.M. *Der kreative Kanon*. Innerbiblische Schriftauslegung und religionsgeschichtlicher Wandel im alten Israel. Tübingen, 2012.

LEVINSON, B.M.; STACKERT, J. Between the covenant code and Esarhaddon's succession treaty. Deuteronomy 13 and the composition of Deuteronomy. *JAJ*, p. 123-140, 2012.

LEVY, T. E. et al. (ed.). *Israel's Exodus in transdisciplinary perspective*: Text, archaeology, culture, and geoscience. Heidelberg, 2015.

LIPSCHITS, O. Bethel Revisited. In: LIPSCHITS, O.; GADOT, Y.; ADAMS, M.J. (eds.). *Rethinking Israel*: Studies in the history and archaeology of ancient Israel in honor of Israel Finkelstein. Winona Lake, 2017, p. 233-246.

LOHFINK, N. Das Deuteronomium: Jahwegesetz oder Mosegesetz? *ThPh*, v. 65, p. 387-391, 1990.

LOHFINK, N. *Studien zum Deuteronomium und zur deuteronomistischen Literatur III*. Stuttgart, 1995 (SBAB, 20).

MAGEN, Y. The dating of the first phase of the Samaritan Temple on Mount Gerizim in light of the archaeological evidence. In: LIPSCHITS, O. et al. *Judah and the Judeans in the fourth century BCE*. Winona Lake, 2007, p. 157-211.

MAGEN, Y. et al. (ed.). *Mount Gerizim Excavations I*. The Aramaic, Hebrew and Samaritan inscriptions. Jerusalém, 2004.

MAGEN, Y. et al. (ed.). *Mount Gerizim excavations II*: A temple city. Jerusalém, 2008.

MATHYS, H.-P. Wilhelm Martin Leberecht de Wettes "Dissertatio critico--exegetica" von 1805. In: KESSLER, M.; WALLRAFF, M. (eds.). *Biblische Theologie und historisches Denken*. Wissenschaftsgeschichtliche Studien aus Anlass der 50. Wiederkehr der Basler Promotion von Rudolf Smend. Basel, 2008, p. 171-211.

MAUL, S.M. *Die Wahrsagekunst im Alten Orient*. Zeichen des Himmels und der Erde. Munique, 2013.

McCARTER, P. K. et al. An archaic Ba'al inscription from Tel Beth-Shemesh. *Tel Aviv,* v. 38, p. 179-193, 2011.

McDONALD, L.M. *The formation of the biblical canon.* Londres/Nova York, 2017, v. 1: The Old Testament: Its authority and canonicity.

McKENZIE, S.L. *König David.* Eine Biographie. Berlim/Nova York, 2002.

MESHEL, Z. (ed.). *Kuntillet 'Ajrud (Horvat Teman).* An Iron Age II religious site on the Judah-Sinai border. Jerusalém, 2012.

MILLER-NAUDÉ, C.; ZEVIT, Z. (eds.). *Diachrony in biblical Hebrew.* Winona Lake, 2012 (Linguistic studies in ancient west Semitic, 8).

MORROW, W.S. *An Introduction to Biblical Law.* Grand Rapids, 2017.

MÜLLER, R. *Königtum und Gottesherrschaft.* Untersuchungen zur alttestamentlichen Monarchiekritik. Tübingen, 2004 (FAT II/3).

MÜLLER, R. *Jahwe als Wettergott.* Studien zur althebräischen Kultlyrik anhand ausgewählter Psalmen. Berlim/Nova York, 2008 (Bzaw, 387).

MÜLLER, R. *Ausgebliebene Einsicht.* Jesajas "Verstockungsauftrag" (Jes 6,9-11) und die judäische Politik am Ende des 8.Jahrhunderts. Neukirchen--Vluyn, 2012 (BThSt, 124).

NA'AMAN, N. Canaanite Jerusalem and its central hill country neighbours in the second millennium BCE. *UF,* v. 24, p. 275-291, 1992.

NA'AMAN, N. Population changes in Palestine following Assyrian deportations. *Tel Aviv,* v. 20, p. 104-124, 1993.

NA'AMAN, N. Dismissing the myth of a flood of Israelite refugees in the late eighth century BCE. *ZAW,* v. 126, p. 1-14, 2014.

NA'AMAN, N.; ZADOK, R. Assyrian deportations to the Province of Samerina in the light of two cuneiform tablets from Tel Hadid. *Tel Aviv,* v. 27, p. 159-188, 2000.

NISSINEN, M. *Ancient prophecy, near eastern, biblical, and Greek perspectives.* Oxford, 2018.

NOAM, V. The origin of the list of David's songs in "David's Compositions". *DSD,* v. 13, p. 134-149, 2006.

ODED, B. Observations on the Israelite / Judaean exiles in Mesopotamia during the eihgth-sixth centuries BCE. In: LERBERGHE, K. van; SCHOORS, A. (eds.). *Immigration and emigration within the ancient near east.* Festschrift E. Lipinski. Leuven, 1995, p. 205-212 (OLA, 65).

OTTO, E. Treueid und Gesetz. Die Ursprünge des Deuteronomiums im Horizont neuassyrischen Vertragsrechts. *ZAR,* v. 2, p. 1-52, 1996.

OTTO, E. *Altorientalische und biblische Rechtsgeschichte*. Gesammelte Studien, Wiesbaden, 2008a (Bzar, 8).

OTTO, E. *Das antike Jerusalem*. Archäologie und Geschichte. Munique, 2008b (Beck'sche Reihe, 2418).

OTTO, E. Das Bundesbuch und der "Kodex" Hammurapi. Das biblische Recht zwischen positiver und subversiver Rezeption von Keilschriftrecht. *ZAR*, v. 16, p. 1-26, 2010.

PAKKALA, J. Jeroboam Without Bulls. *ZAW*, v. 120, p. 501-525, 2008.

PARZINGER, H. *Die Kinder des Prometheus*. Eine Geschichte der Menschheit vor der Erfindung der Schrift. 5. ed. Munique, 2016.

PIETSCH, M. *Die Kultreform Josias*. Studien zur Religionsgeschichte Israels in der späten Königszeit. Tübingen, 2013 (FAT, 86).

PORTEN, B. *The Elephantine Papyri in English*. Three Millennia of Cross--Cultural Continuity and Change. Leiden, 1996 (DMOA, 22).

PURY, A. de. Le cycle de Jacob comme légende autonome des origines d'Israël. In: EMERTON, J.A. (ed.). *Congress Volume Leuven 1989*. Leiden, 1991, p. 78-96 (VT.S, 43).

PURY, A. The Jacob story and the beginning of the formation of the Pentateuch. In: PURY, A. *Die Patriarchen und die Priesterschrift*. Gesammelte Studien zu seinem 70. Geburtstag. Les patriarches et le document sacerdotal. Recueil d'articles, à l'occasion de son 70e anniversaire. Ed. J.-D. Macchi et al. Zurique, 2010, p. 147-169 (AThANT, 99).

REICH, R. *Excavating the City of David*. Where Jerusalem's history began. Jerusalém, 2011.

REZETKO, R.; YOUNG, I. *Historical linguistics and biblical Hebrew*: Steps toward an integrated approach. Atlanta, 2014 (SBL.ANEM, 9).

RICHELLE, M. Elusive scrolls. Could any Hebrew literature have been written prior to the eighth century BCE? *VT*, v. 66, p. 556-594, 2016.

ROLLSTON, C. *Writing and literacy in the world of ancient Israel*. Atlanta, 2010.

ROLLSTON, C. The Khirbet Qeiyafa Ostracon: Methodological musings and caveats. *Tel Aviv*, v. 38, p. 67-82, 2011.

RÖMER, T. *Einleitung in das Alte Testament*. Die Bücher der Hebräischen Bibel und die alttestamentlichen Schriften der katholischen, protestantischen und orthodoxen Kirchen. Zurique, 2013a.

RÖMER, T. Zwischen Urkunden, Fragmenten und Ergänzungen. Zum Stand der Pentateuchforschung. *ZAW*, v. 125, p. 2-24, 2013b.

RÖMER, T. Der Pentateuch. In: DIETRICH, W. et al. *Die Entstehung des Alten Testaments*. Stuttgart et al., 2014, p. 52-166 (ThW, 1,1).

RÖMER, T. *Die Erfindung Gottes*. Eine Reise zu den Quellen des Monotheismus. Darmstadt, 2018.

RÖSEL, M. Salomo und die Sonne. Zur Rekonstruktion des Tempelweihspruchs I Reg 8,12 f. *ZAW*, v. 121, p. 402-417, 2009.

SANDERS, S. L. *The Invention of Hebrew*. Champaign, 2009.

SAUR, M. *Einführung in die alttestamentliche Weisheitsliteratur*. Darmstadt, 2012.

SCHIPPER, B.U. Die Lehre des Amenemope und Prov 22,17–24,22. Eine Neubestimmung des literarischen Verhältnisses. *ZAW*, v. 117, p. 53-72, 232-248, 2005.

SCHMID, K. *Erzväter und Exodus*. Untersuchungen zur doppelten Begründung der Ursprünge Israels innerhalb der Geschichtsbücher des Alten Testaments. Neukirchen-Vluyn, 1999 (WMANT, 81).

SCHMID, K. Der Kanon und der Kult. Das Aufkommen der Schriftreligion im antiken Israel und die sukzessive Sublimierung des Tempelkultes. In: BERLEJUNG, A.; HECKL, R. (eds.). *Ex oriente Lux*. Studien zur Theologie des Alten Testaments. Leipzig, 2012, p. 523-546 (ABG, 39).

SCHMID, K. *Literaturgeschichte des Alten Testaments*. Eine Einführung. 2. ed. Darmstadt, 2014a.

SCHMID, K. Prognosen und Postgnosen in der biblischen Prophetie. *EvTh*, v. 74, p. 462-476, 2014b.

SCHMID, K. Divine legislation in the Pentateuch in its late Judean and Neo--Babylonian context. In: DUBOVSKÝ, P. et al. (eds.). The fall of Jerusalem and the rise of the Torah. Tübingen, 2016, p. 129-153 (FAT, 107).

SCHMID, K. Von Jakob zu Israel. Das antike Israel auf dem Weg zum Judentum im Spiegel der Fortschreibungsgeschichte der Jakobüberlieferungen der Genesis. In: GROHMANN, M. (ed.). *Identität und Schrift:* Fortschreibungsprozesse als Mittel religiöser Identitätsbildung. Neukirchen-Vluyn, 2017, p. 33-67 (BThSt, 169).

SCHROER, S. Von zarter Hand geschrieben. Autorinnen in der Bibel. *Welt und Umwelt der Bibel*, v. 8, 2003.

SCHROER, S.; MÜNGER, S. (eds.). *Khirbet Qeiyafa in the Shephelah*. Papers Presented at a Colloquium of the Swiss Society for Ancient Near Eastern Studies Held at the University of Bern, September 6, 2014. Friburgo/Göttingen, 2017 (OBO, 282).

SKA, J. L. *Introduction to reading the Pentateuch*. Winona Lake, 2006.

SMELIK, K.A.D. The origin of Psalm 20. *JSOT,* v. 31, p. 75-81, 1985.

SMEND, R. Mose als geschichtliche Gestalt. *HZ,* v. 260, p. 1-19, 1995.

STECK, O.H. *Friedensvorstellungen im alten Jerusalem.* Zurique, 1972.

STEINER, M.L. Moab during the Iron Age II period. In: STEINER, M.L.; KILLEBREW, A.E. (eds.). *The Oxford handbook of the archaeology of the Levant.* Oxford, 2014, p. 770-781.

STERN, D. *The Jewish Bible.* A material history. Seattle/Londres, 2017.

STERN, E.; MAGEN, Y. Archaeological evidence for the first stage of the Samaritan Temple on Mount Gerizim. *IEJ,* v. 52, p. 49-57, 2002.

STEYMANS, H.U. Deuteronomy 28 and Tell Tayinat. *Verbum et Ecclesia,* v. 34, p. 1-13, 2013.

STÖKL, J. *Prophecy in the ancient near east.* A philological and sociological comparison. Leiden, 2012 (Chane, 56).

STÖKL, J.; CARVALHO, C.L. (ed.). *Prophets male and female.* Gender and prophecy in the Hebrew Bible, the eastern Mediterranean, and the ancient near east. Atlanta, 2013.

STOLZ, F. *Psalmen im nachkultischen Raum.* Zurique, 1983 (ThSt(B), 129).

TOORN, K. van der. Celebrating the new year with the Israelites: Three extrabiblical psalms from Papyrus Amherst 63. *JBL,* v. 136, p. 633-649, 2017.

UEHLINGER, C. Ein Bild YHWHs und seiner Aschera? Nein! Vielleicht! *Welt und Umwelt der Bibel,* v. 11, p. 50, 1990.

VIEWEGER, D. *Archäologie der biblischen Welt.* Gütersloh, 2012.

WAHL, H.M. *Die Jakobserzählungen.* Studien zu ihrer mündlichen Überlieferung, Verschriftung und Historizität. Berlin/Nova York, 1997 (Bzaw, 258).

WEINFELD, M. *Deuteronomy and the Deuteronomic School.* Oxford, 1972.

WEINGART, K. *Stämmevolk – Staatsvolk – Gottesvolk?* Studien zur Verwendung des Israel-Namens im Alten Testament. Tübingen, 2014 (FAT II/68).

WEIPPERT, M. Aspekte israelitischer Prophetie im Lichte verwandter Erscheinungen des Alten Orients. In: MAUER, G.; MAGEN, U. (ed.). *Ad bene et fideliter seminandum.* FS K. Deller. Neukirchen-Vluyn, 1988, p. 287-319 (Aoat, 220).

WEIPPERT, M. *Historisches Textbuch zum Alten Testament.* Göttingen, 2010 (GAT, 10).

WEIPPERT, M. *Götterwort in Menschenmund.* Studien zur Prophetie in Assyrien, Israel und Juda. Göttingen, 2014 (FRLANT, 252).

WEIPPERT, H.; WEIPPERT, M. Die "Bileam"-Inschrift von Tell Der 'Alla. *ZDPV*, v. 98, p. 77-103, 1982.

WELLHAUSEN, J. *Prolegomena zur Geschichte Israel*. Berlim, 1883.

WELLHAUSEN, J. Geschichte Israels (1880). In: WELLHAUSEN, J. *Grundrisse zum Alten Testament*. Ed. R. Smend. Munique, 1965, p. 13-64 (ThB, 27).

ZENGER, E. Der Psalter als Buch. Beobachtungen zu seiner Entstehung, Komposition und Funktion. In: ZENGER, E. (ed.). *Der Psalter in Judentum und Christentum*. Freiburg, 1998 (Herders biblische Studien, 18).

3. O judaísmo emergente e os escritos bíblicos nas épocas babilônica e persa, séculos VI a IV a.C.

ALBRECHT, F. Die alexandrinische Bibelübersetzung. Einsichten zur Entstehungs-, Überlieferungs – und Wirkungsgeschichte der Septuaginta. In: GEORGES, T. et al. (eds.). *Alexandria*. Tübingen, 2013, p. 209-243 (Comes, 1).

ASSMANN, J. Zur Geschichte des Herzens im Alten Ägypten. In: ASSMANN, J.; SUNDERMEIER, T. (eds.). *Die Erfindung des inneren Menschen*. Studien zur religiösen Anthropologie. Gütersloh, 1993, p. 81-112.

ASSMANN, J. Konstellative Anthropologie. Zum Bild des Menschen im alten Ägypten. In: JANOWSKI, B.; LIESS, K. (eds.). *Der Mensch im alten Israel*. Neue Forschungen zur alttestamentlichen Anthropologie. Freiburg, 2009, p. 95-120.

ASSMANN, J.; STROUMSA, G.G. (eds.). *Transformations of the inner self in ancient religions*. Leiden, 1999 (SHR, 83).

BACHMANN, V. *Die Welt im Ausnahmezustand*. Eine Untersuchung zu Aussagegehalt und Theologie des Wächterbuches (1Hen 1–36). Berlim/Nova York, 2009 (Bzaw, 409).

BECKER, U. Das Exodus-Credo. Historischer Haftpunkt und Geschichte einer alttestamentlichen Glaubensformel. In: BECKER, U.; OORSCHOT, J. van (eds.). *Das Alte Testament – ein Geschichtsbuch?!* Geschichtsschreibung und Geschichtsüberlieferung im antiken Israel. Leipzig, 2005, p. 81-100 (ABG, 17).

BEN ZVI, E. Total Exile, Empty Land and the General Intellectual Discourse in Yehud. In: BEN ZVI, E.; LEVIN, C. (eds.). *The Concept of Exile in Ancient Israel and its Historical Contexts*. Berlim/Nova York, 2010, p. 155-168 (Bzaw, 404).

BEYERLIN, W. *Religionsgeschichtliches Textbuch zum Alten Testament*. Göttingen, 1975 (GAT, 1).

BLANCO WISSMANN, F. "Er tat das Rechte..." Beurteilungskriterien und Deuteronomismus in 1Kön 12–2Kön 25. Zurique, 2008 (AThANT, 93).

BLUM, E. The linguistic dating of biblical texts – An approach with methodological limitations. In: GERTZ, J.C. et al. (eds.). *The formation of the Pentateuch*: Bridging the academic cultures of Europe, Israel, and North America. Tübingen, 2016, p. 295-302, 303-326 (FAT, 111).

BRETTLER, M.Z. Judaism in the Hebrew Bible? The transition from ancient Israelite religion to Judaism. *CBQ*, v. 61, p. 429-447, 1999.

CARR, D. *The formation of the Hebrew Bible*. A new reconstruction. Nova York, 2011.

COHEN, S.D. *The beginnings of Jewishness*. Boundaries, varieties, uncertainties. Berkeley, 1999.

DELL, K.; KYNES, W. (ed.). *Reading Job intertextually*. Nova York, 2013 (LHB/OTS, 574).

DODD, C.H. *The parables of the Kingdom*. Londres, 1935.

DONNER, H. Jesaja LVI 1–7: Ein Abrogationsfall innerhalb des Kanons – Implikationen und Konsequenzen. In: EMERTON, J.A. (ed.). *Congress Volume Salamanca*. Leiden, 1985, p. 81-95 (VT.S, 36). Impresso novamente em: DONNER, H. *Aufsätze zum Alten Testament aus vier Jahrzehnten*. Berlim/Nova York, 1994, p. 165-179 (Bzaw, 224).

DORIVAL, G. Les origins de la Septante: la traduction en grec des cinq livres de la Torah. In: HARL, M. (ed.). *La Bible grecque de Septante*. Paris, 1988, p. 39-82.

DÖRRFUSS, E.M. *Mose in den Chronikbüchern*. Garant theokratischer Zukunftserwartung. Berlim/Nova York, 2012 (Bzaw, 219).

EDELMAN, D. (ed.). *The triumph of Elohim*. From Yahwisms to Judaisms. Kampen, 1995 (CBET, 13).

EHRING, C. *Die Rückkehr YHWHs*. Traditions – und religionsgeschichtliche Untersuchungen zu Jesaja 40,1-11, Jesaja 52,7-10 und verwandten Texten. Neukirchen-Vluyn, 2007 (WMANT, 116).

ENCEL, S. *Temple et temples dans le judaïsme antique*. Paris, 2012 (Bibliothèque d'études juives, v. 48).

FINKELSTEIN, I. Jerusalem in the Persian (and early Hellenistic) period and the Wall of Nehemiah. *Jsot*, v. 32, p. 501-520, 2008.

FINKELSTEIN, I. The territorial extent and femography of Yehud / Judea in the Persian and early Hellenistic periods. *RB*, v. 117, p. 39-54, 2010.

FINKELSTEIN, I. Jerusalem and Judah 600-200 BCE. Implications for understanding Pentateuchal Texts. In: DUBOVSKY, P. et al. (eds.). *The fall of Jerusalem and the rise of the Torah*. Tübingen, 2016, p. 3-18 (FAT, 107).

FISHBANE, M. *Biblical interpretation in ancient Israel*. Oxford, 1985.

FREI, P.; KOCH, K. *Reichsidee und Reichsorganisation im Perserreich*. 2. ed. Friburgo/Göttingen, 1996 (OBO, 337).

FREVEL, C. Die Wiederkehr der Hexateuchperspektive. Eine Herausforderung für die These vom deuteronomistischen Geschichtswerk. In: STIPP, H.-J. (ed.). *Das deuteronomistische Geschichtswerk*. Frankfurt a. M., et al., 2011, p. 13-53 (ÖBS, 39).

FREVEL, C. Der Eine oder die Vielen? Monotheismus und materielle Kultur in der Perserzeit. In: SCHWÖBEL, C. (ed.). *Gott – Götter – Götzen*. XIV. Europäischer Kongress für Theologie, 11.–15. September 2011 in Zürich. Leipzig, 2013, p. 238-265.

FREVEL, C.; PYSCHNY, K.A. "Religious revolution" in Yehûd? The material culture of the Persian period as a test case: Introduction. In: FREVEL, C.; PYSCHNY, K.A.; CORNELIUS, I. (eds.). *A "Religious revolution" in Yehûd? The material culture of the Persian period as a test case*. Friburgo; Göttingen, 2014, p. 1-22 (OBO, 267).

GERTZ, J.C. Mose und die Anfänge der jüdischen Religion. *ZThK*, v. 99, p. 3-20, 2002.

GERTZ, J.C. Antibabylonische Polemik im priesterlichen Schöpfungsbericht? *ZThK*, v. 106, p. 137-155, 2009.

GERTZ, J.C. The formation of the primeval history. In: EVANS, C.A.; LOHR, J.; PETERSEN, D.L. (eds.). *The Book of Genesis. Composition, reception, and interpretation*. Leiden, 2012, p. 107-136 (VT.S, 152).

GERTZ, J.C. Schriftauslegung in alttestamentlicher Perspektive. In: NÜSSEL, F. (ed.). *Schriftauslegung*. Tübingen, 2014, p. 9-41 (TdT, 8).

GERTZ, J.C. Zusammenhang, Trennung und Selbständigkeit der Bücher Genesis und Exodus im priesterlichen und nachpriesterlichen Pentateuch. In: GIUNTOLI, F.; SCHMID, K. (eds.). *The Post-Priestly Pentateuch. New perspectives on its redactional development and theological profiles*. Tübingen, 2015, p. 233-251 (FAT, 101).

GERTZ, J.C.; LEVINSON, B.M.; ROM-SHILONI, D.; SCHMID, K. (eds.). *The formation of the Pentateuch*: Bridging the academic cultures of Europe, Israel, and North America. Tübingen, 2016 (FAT, 111).

GESUNDHEIT, S. Introduction – The strengths and weaknesses of linguistic dating. In: GERTZ, J.C. et al. (eds.). *The formation of the Pentateuch*: Bridging the academic cultures of Europe, Israel, and North America. Tübingen, 2016, p. 295-302 (FAT, 111).

GÖRG, M. Die Septuaginta im Kontext spätägyptischer Kultur: Beispiele lokaler Inspiration bei der Übersetzungsarbeit am Pentateuch. In: FABRY, H.-J.; OFFERHAUS, U. (eds.). *Im Brennpunkt:* Die Septuaginta: Studien zur Entstehung und Bedeutung der Griechischen Bibel. Stuttgart, 2001, p. 115-130 (Bwant, 153).

GROSS, W. Die Gottebenbildlichkeit des Menschen nach Gen 1,26.27 in der Diskussion des letzten Jahrzehnts. In: GROSS, W. *Studien zur Priesterschrift und zu alttestamentlichen Gottesbildern.* Stuttgart, 1999, p. 37-54 (Sbab, 30).

GRUND, A. *Die Entstehung des Sabbats*. Seine Bedeutung für Israels Zeitkonzept und Erinnerungskultur. Tübingen, 2011 (FAT, 75).

GRÜNWALDT, K. *Exil und Identität*. Beschneidung, Passa und Sabbat in der Priesterschrift. Frankfurt a. M., 1992 (BBB, 85).

HAHN, J. (ed.). *Zerstörungen des Jerusalemer Tempels*. Geschehen – Wahrnehmung – Bewältigung. Tübingen, 2002 (Wunt, 147).

HARTENSTEIN, F. *Die Unzugänglichkeit Gottes im Heiligtum*. Jesaja 6 und der Wohnort YHWHs in der Jerusalemer Kulttradition. Neukirchen-Vluyn, 1997 (WMANT, 75).

HARTENSTEIN, F. Wolkendunkel und Himmelsfeste. Zur Genese und Kosmologie der Vorstellung des himmlischen Heiligtums YHWHs. In: JANOWSKI, B.; EGO, B. (eds.). *Das biblische Weltbild und seine altorientalischen Kontexte*. Tübingen, 2001, p. 126-179 (FAT, 32).

HARTENSTEIN, F. Religionsgeschichte Israels – ein Überblick über die Forschung seit 1990. *VF,* v. 48, p. 2-28, 2003.

HARTENSTEIN, F.; SCHMID, K. (eds.). *Abschied von der Priesterschrift?* Zum Stand der Pentateuchdebatte. Leipzig, 2015 (VWGTh, 40).

HAYAJNEH, H. et al. Die Götter von Ammon, Moab und Edom in einer frühnordarabischen Inschrift aus Südost-Jordanien. In: GOLINETS, V. et al. (eds.). *Neue Beiträge zur Semitistik*. Fünftes Treffen der Arbeitsgemeinschaft Semitistik in der Deutschen Morgenländischen Gesellschaft vom 15.–17. Februar 2012 an der Universität Basel (Aoat, 425). Münster, 2015, p. 79-106.

HENDEL, R.; JOOSTEN, J. *How old is the Hebrew Bible?* A linguistic, textual, and historical study. New Haven, 2018.

HOLLOWAY, S.W. What ship goes there? The flood narratives in the Gilgamesh Epic and Genesis considered in light of ancient near eastern Temple ideology. *ZAW,* v. 103, p. 328-355, 1991.

HOROWITZ, W. *Mesopotamian cosmic geography*. Eisenbrauns, 1998.

JANOWSKI, B. Die lebendige Statue Gottes. Zur Antropologie der priesterlichen Urgeschichte. In: WITTE, M. (ed.). *Gott und Mensch im Dialog*. Festschrift für Otto Kaiser zum 80. Geburtstag. Bd. I. Berlim/Nova York, 2004, p. 183-214 (Bzaw 345/I).

JANOWSKI, B. *Die Welt als Schöpfung*. Neukirchen-Vluyn, 2008 (Beiträge zur Theologie des Alten Testaments 4).

KARRER, M. Septuaginta und Philosophie. In: DAHMEN, U.; SNOCKS, J. (eds.). *Juda und Jerusalem in der Seleukidenzeit*. Herrschaft – Widerstand – Identität. FS für Heinz-Josef Fabry. Göttingen, 2010, p. 191-212 (BBB 159).

KEEL, O. *Die Geschichte Jerusalems und die Entstehung des Monotheismus*. Göttingen, 2007 (2 v. OLB VI, I).

KEEL, O.; UEHLINGER, C. *Göttinen, Götter und Gottessymbole*. Neue Erkenntnisse zur Religionsgeschichte Kanaans und Israels aufgrund bislang unerschlossener ikonographischer Quellen. 6. ed. Friburgo, 2010.

KEEL-LEU, H.; TEISSIER, B. *Die vorderasiatischen Rollsiegel der Sammlungen "Bibel + Orient" der Universität Fribourg*. Friburgo/Göttingen, 2000 (OBO, 200).

KNAUF, E. A. Hiobs Heimat. *WO*, v. 19, p. 65-83, 1988.

KNAUF, E. Was there a refugee crisis in the 8th/7th centuries BCE? In: LIPSCHITS, O. et al. (eds.). *Rethinking Israel*: Studies in the history and archaeology of ancient Israel in honor of Israel Finkelstein. Winona Lake, 2017, p. 159-172.

KNOPPERS, G.N.; LEVINSON, B.M. (eds.). *The Pentateuch as Torah*. New models for understanding its promulgation and acceptance. Winona Lake, 2007.

KOCH, C. *Gottes himmlische Wohnstatt*. Transformationen im Verhältnis von Gott und Himmel in tempeltheologischen Entwürfen des Alten Testaments in der Exilszeit. Tübingen, 2018 (FAT, 119).

KÖCKERT, M. YHWH in the Northern and Southern Kingdom. In: KRATZ, R.G.; SPIECKERMANN, H. (eds.). *One God – one cult – one nation*. Archaeological and biblical perspectives. Berlin/Nova York, 2010, p. 357-394 (Bzaw, 405).

KRATZ, R.G. Innerbiblische Exegese und Redaktionsgeschichte im Lichte empirischer Evidenz. In: KRATZ, R.G. *Das Judentum im Zeitalter des Zweiten Tempels*. Tübingen, 2004, p. 126-156 (FAT, 42).

KRATZ, R.G. Temple and Torah. Reflections on the legal status of the Pentateuch between Elephantine and Qumran. In: KNOPPERS, G.N.; LEVINSON, B.M. (eds.). *The Pentateuch as Torah:* New models for understanding its promulgation and acceptance. Winona Lake, 2007, p. 77-103.

KRATZ, R.G. Elephantine und Alexandria. Nicht-biblisches und biblisches Judentum in Ägypten. In: GEORGES, T. et al. (eds.). *Alexandria*. Tübingen, 2013a, p. 193-208 (Comes, 1).

KRATZ, R.G. *Historisches und biblisches Israel*. Drei Überblicke zum Alten Testament. Tübingen, 2013b.

KRAUTER, S. Die Pentateuch-Septuaginta als Übersetzung in der Literaturgeschichte der Antike. In: CAULLEY, T.S.; LICHTENBERGER, H. (eds.). *Die Septuaginta und das frühe Christentum*. The Septuagint and Christian Origins. Tübingen, 2011, p. 26-46 (Wunt, 277).

KREUZER, S. Entstehung und Entwicklung der Septuaginta im Kontext alexandrinischer und frühjüdischer Kultur und Bildung. In: KARRER, M.; KRAUS, W. (eds.). *Septuaginta Deutsch*: Erläuterungen und Kommentare zum griechischen Alten Testament. Stuttgart, 2011, p. 3-39.

KRÜGER, T. Das menschliche Herz und die Weisung Gottes. Elemente einer Diskussion über Möglichkeiten und Grenzen der Tora-Rezeption im Alten Testament. In: KRÜGER, T. *Das menschliche Herz und die Weisung Gottes*. Studien zur alttestamentlichen Anthropologie und Ethik. Zurique, 2009, p. 107-136 (AThANT, 96).

LEUENBERGER, M. *"Ich bin Jhwh und keiner sonst"*. Der exklusive Monotheismus des Kyros-Orakels Jesaja 45,1-7. Stuttgart, 2010 (SBS, 224).

LEVIN, C. *Das Alte Testament*. 5. ed. Munique, 2018.

LEVIN, C. Die Entstehung des Judentums als Gegenstand der alttestamentlichen Wissenschaft. In: MAIER, C.M. (ed.). *Congress Volume Munich 2013*. Leiden, 2014, p. 1-17. (VT.S, 163).

LEVINSON, B.M. *Der kreative Kanon*. Innerbiblische Schriftauslegung und religionsgeschichtlicher Wandel im alten Israel. Tübingen, 2012.

LIPSCHITS, O. Demographic changes in Judah between the seventh and the fifth centuries BCE. In: LIPSCHITS, O.; BLENKINSOPP, J. (eds.). *Judah and the Judeans in the NeoBabylonian period*. Winona Lake, 2003, p. 323-376.

LIPSCHITS, O. The rural settlement in Judah in the sixth century BCE: A rejoinder. *PEQ*, v. 136, p. 99-107, 2004.

LIPSCHITS, O. *The fall and rise of Jerusalem*. Judah under babylonian rule. Winona Lake, 2005.

MAIER, C. *Daughter Zion, Mother Zion*. Gender, space, and the sacred in ancient Israel. Mineápolis, 2008.

MASON, S. Jews, Judaeans, Judaizing, Judaism: Problems of categorization in ancient history. *JSJ*, v. 38, p. 457-512, 2007.

MATHYS, H.-P. (ed.). *Ebenbild Gottes – Herrscher über die Welt*. Neukirchen--Vluyn, 1998 (BThSt, 33).

MATHYS, H.-P. Die Erhebung Davids zum König nach der Darstellung der Chronik. *RHPhR,* v. 93, p. 29-47, 2013.

MORROW, B.S. *An introduction to biblical law*. Grand Rapids, 2017.

NEWSOM, C.A. Models of the moral self. Hebrew Bible and Second Temple Judaism. *JBL,* v. 131, p. 5-25, 2012.

NIDITCH, S. *The responsive self.* Personal religion in biblical literature of the NeoBabylonian and Persian periods. New Haven, 2015.

NÖLDEKE, T. Die s. g. Grundschrift des Pentateuchs. In: NÖLDEKE, T. *Untersuchungen zur Kritik des Alten Testaments.* Kiel, 1869, p. 1-144.

NOTH, M. *Geschichte Israels.* Göttingen, 1950.

OORSCHOT, J. Van. Die Entstehung des Hiobbuches. In: KRÜGER, T. et al. (eds.). *Das Buch Hiob und seine Interpretationen.* Beiträge zum Hiob--Symposium auf dem Monte Verità vom 14.-19. August 2005. Zurique, 2007, p. 165-184 (AThANT, 88).

OTTO, E. Techniken der Rechtssatzredaktion israelitischer Rechtsbücher in der Redaktion des Prophetenbuches Micha. *SJOT,* v. 5, p. 119-150, 1991.

OTTO, E. Jeremia und die Tora. Ein nachexilischer Diskurs. In: OTTO, E. *Die Tora*. Studien zum Pentateuch. Gesammelte Schriften. Wiesbaden, 2009, p. 515-560 (Bzar, 9).

PEARCE, L.E. Identifying Judeans and Judean identity in the Babylonian evidence. In: WAERZEGGERS, C.; STÖKL, J. (ed.). *Exile and return*. The Babylonian context. Berlim/Boston, 2015, p. 7-32 (Bzaw, 478).

PEARCE, L.E. Looking for Judeans in Babylonia's core and periphery. In: BEN ZVI, E.; LEVIN, C. (eds.). *Centres and peripheries in the early Second Temple period*. Tübingen, 2016, p. 43-64 (FAT, 108).

PEARCE, L.E.; WUNSCHE, C. *Documents of Judean exiles and west Semites in Babylonia in the collection of David Sofer*. Ithaca, 2014 (Cusas, 28).

PICHOT, A. *Die Geburt der Wissenschaft.* Von den Babyloniern zu den frühen Griechen. Frankfurt a. M., 1995.

PLÖGER, O. *Theokratie und Eschatologie*. 2. ed. Neukirchen-Vluyn, 1962 (WMANT, 2).

PONGRATZ-LEISTEN, B. *Ina šulmi irub.* Die kulttopographische und ideologische Programmatik der akitu-Prozession in Babylonien und Assyrien im 1. Jahrtausend vor Christus. Mainz, 1994.

PURY, A. de, P^g as the Absolute Beginning. In: RÖMER, T.; SCHMID, K. (eds.). *Les dernières rédactions du Pentateuque, de l'Hexateuque et de l'Ennéateuque*. Leuven, 2007, p. 99-128 (BEThL, 203).

PURY, A. de. *Die Patriarchen und die Priesterschrift*. Zurique, 2010 (AThANT, 99).

RÖMER, T. (ed.). *Einleitung in das Alte Testament*. Die Bücher der Hebräischen Bibel und die alttestamentlichen Schriften der katholischen, protestantischen und orthodoxen Kirchen. Zurique, 2013a.

RÖMER, T. Zwischen Urkunden, Fragmenten und Ergänzungen. Zum Stand der Pentateuchforschung. *ZAW*, v. 125, p. 2-24, 2013b.

RÖMER, T. Der Pentateuch. In: DIETRICH, Walter et al. (eds.). *Die Entstehung des Alten Testaments*. Stuttgart et al., 2014, p. 52-166 (ThW, 1,1).

RÖMER, T. From Deuteronomistic history to Nebiim and Torah. In: HIMBAZA, I. (ed.). *Making the biblical text*. Textual studies in the Hebrew and Greek Bible. Friburgo/Göttingen, 2015, p. 1-18 (OBO, 275).

RÖMER, T. Beschneidung in der Hebräischen Bibel und ihre literarische Begründung in Genesis 17. In: JUNG, M. et al (eds.). *Dem Körper eingeschrieben*. Verkörperung zwischen Leiberleben und kulturellem Sinn. Heidelberg, 2016, p. 227-241.

RÖMER, T. *Die Erfindung Gottes*. Eine Reise zu den Quellen des Monotheismus. Darmstadt, 2018.

RÖSEL, M. Übersetzung als Vollendung der Auslegung. Studien zur Genesis-Septuaginta. Berlim/Nova York, 1994 (Bzaw, 223).

RUWE, A. Beschneidung als interkultureller Brauch und Friedenszeichen Israels. Religionsgeschichtliche Überlegungen zu Genesis 17, Genesis 34, Exodus 4 und Josua 5. *ThZ*, v. 64, p. 309-342, 2008.

SCHAPER, J. *Priester und Leviten im achämenidischen Juda*. Studien zur Kult- und Sozial geschichte Israels in persischer Zeit. Tübingen, 2000 (FAT, 31).

SCHMID, K. Himmelsgott, Weltgott und Schöpfer. "Gott" und der "Himmel" in der Literatur der Zeit des Zweiten Tempels. *JBTh*, v. 20, p. 111-148, 2005.

SCHMID, K. (ed.). *Prophetische Heils- und Herrschererwartungen*. Stuttgart, 2005 (SBS, 194).

SCHMID, K. Gibt es "Reste hebräischen Heidentums" im Alten Testament? Methodische Überlegungen anhand von Dtn 32,8 f. und Ps 82. In: WAGNER, A. (ed.). *Primäre und sekundäre Religion als Kategorie der Religionsgeschichte des Alten Testaments*. Berlim/Nova York, 2006a, p. 105-120 (Bzaw, 364).

SCHMID, K. Persische Reichsautorisation und Tora. *ThR*, v. 71, p. 494-506, 2006b.

SCHMID, K. The authors of the Book of Job and the problem of their historical and social settings. In: PERDUE, L. (ed.). *Scribes, sages and seers*. The sage in the Mediterranen world. Göttingen, 2008, p. 145-153 (FRLANT, 219).

SCHMID, K. *Hiob als biblisches und antikes Buch*. Historische und intellektuelle Kontexte seiner Theologie. Stuttgart, 2010 (SBS, 219).

SCHMID, K. Neue Schöpfung als Überbietung des neuen Exodus. Die Tritojesajanische Aktualisierung der Deuterojesajanischen Theologie und der Tora. In: SCHMID, K. *Schriftgelehrte Traditionsliteratur*. Fallstudien zur innerbiblischen Schriftauslegung im Alten Testament. Tübingen, 2011a, p. 185-205 (FAT, 77).

SCHMID, K. *Schriftgelehrte Traditionsliteratur:* Fallstudien zur innerbiblischen Schriftauslegung im Alten Testament. Tübingen, 2011b (Studienausgabe 2015). (FAT, 77).

SCHMID, K. The Deuteronomistic image of history as interpretive device in the Second Temple period. Towards a long-term interpretation of "Deuteronomism". In: NISSINEN, M. (ed.). *Congress Volume Helsinki 2010*. Leiden, 2012, p. 369-388 (VT.S, 148).

SCHMID, K. Der Pentateuch und seine Theologiegeschichte. *ZThK*, v. 111, p. 239-271, 2014.

SCHMID, K. Von der Gegenwelt zur Lebenswelt: Evolutionäre Kosmologie und Theologie im Buch Genesis. In: FUHRER, Th.; ERLER, M. et al. (eds.). *Cosmologies et cosmogonies dans la littérature antique*. Huit exposés suivis de discussions et d'un épilogue. Genève, 2015, p. 51-104 (Fondation Hardt: Entretiens sur l'Antiquité classique, LXI).

SCHMID, K. Divine Legislation in the Pentateuch in its Late Judean and Neo-Babylonian Context. In: DUBOVSKÝ, P. et al. (eds.). *The Fall of Jerusalem and the Rise of the Torah*. Tübingen, 2016a, p. 129-153 (FAT, 107).

SCHMID, K. Gott als Angeklagter, Anwalt und Richter. Zur Religionsgeschichte und Theologie juridischer Interpretationen Gottes im Hiobbuch. In: RATSCHOW, L.; SASS, L. von (eds.). *Die Anfechtung Gottes*. Exegetische und systematisch-theologische Beiträge zur Theologie des Hiobbuches. Leipzig, 2016b, p. 105-135 (ABG, 54).

SCHMID, K. Die Schrift als Text und Kommentar verstehen. *JBTh*, v. 31, p. 47-63, 2016c.

SCHMID, K. Das kosmische Weltgericht in den Prophetenbüchern und seine historischen Kontexte. In: JENNI, H. et al. (eds.). *Nächstenliebe und Gottesfurcht*. Beiträge aus alttestamentlicher, semitistischer und altorientalischer Wissenschaft für Hans-Peter Mathys zum 65. Geburtstag. Münster, 2016d, p. 409-434 (Aoat, 439).

SCHNIEDEWIND, W.M. *How the Bible became a book*. The textualization of ancient Israel. Cambridge, 2004.

SCHULZ, H. *Leviten im vorstaatlichen Israel und im Mittleren Osten*. Munique, 1987.

SIEGERT, F. *Zwischen Hebräischer Bibel und Altem Testament:* Eine Einführung in die Septuaginta. Munique, 2001.

SKA, J.L. *Introduction to reading the Pentateuch*. Winona Lake, 2006.

SPANS, A. *Die Stadtfrau Zion im Zentrum der Welt*. Exegese und Theologie von Jesaja 60-62. Göttingen, 2015 (BBB, 175).

STECK, O.H. Zion als Gelände und Gestalt. Überlegungen zur Wahrnehmung Jerusalems als Stadt und Frau im Alten Testament. *ZThK*, v. 86, p. 261-281, 1989.

STECK, O.H. Tritojesaja im Jesajabuch. In: STECK, O.H. *Studien zu Tritojesaja*. Berlim/Nova York, 1991, p. 3-45 (Bzaw, 203).

STECK, O.H. *Gottesknecht und Zion*. Gesammelte Aufsätze zu Deuterojesaja. Tübingen, 1992 (FAT, 4).

STIPP, H.-J. "Alles Fleisch hatte seinen Wandel auf der Erde verdorben" (Gen 6,12). Die Mitverantwortung der Tierwelt an der Sintflut nach der Priesterschrift. In: STIPP, H.-J. *Alttestamentliche Studien*. Arbeiten zu Priesterschrift, Deuteronomistischem Geschichtswerk und Prophetie. Berlin, 2013, p. 95-116 (Bzaw, 442).

STIPP, H.-J. Gedalja und die Kolonie von Mizpa. In: STIPP, H.-J. *Studien zum Jeremiabuch*. Text und Redaktion. Tübingen, 2015, p. 409-432 (FAT, 96).

SUNDERMEIER, T. *Was ist Religion?* Religionswissenschaft im theologischen Kontext. Gütersloh, 1999 (ThB, 96).

TEETER, D.A. The Hebrew Bible and / as Second Temple literature. Methodological reflections. *DSD,* v. 20, p. 349-377, 2013.

TROYER, K. de. When did the Pentateuch come into existence? An uncomfortable perspective. In: KARRER, M.; KRAUS, W. (eds.). *Die Septuaginta*. Texte, Kontexte, Lebenswelten, Internationale Fachtagung veranstaltet von Septuaginta Deutsch (LXX.D). Wuppertal, 20-23. Juli 2006. Tübingen, 2008, p. 269-286 (Wunt, I/219).

UEHLINGER, C. Qohelet im Horizont der mesopotamischen, levantinischen und ägyptischen Weisheit der persischen und hellenistischen Zeit. In: SCHWIENHORST-SCHÖNBERGER, L. (ed.). *Das Buch Kohelet*. Studien zur Struktur, Geschichte, Rezeption und Theologie. Berlim/Nova York, [s.d.], p. 155-247 (Bzaw, 254).

UEHLINGER, C.; MÜLLER TRUFAUT, S. Ezekiel 1, Babylonian Cosmological Scholarship and Iconography: Attempts at Further Refinement. *ThZ*, v. 57, p. 140-171, 2001.

WADE, M.L. *Consistency of translation techniques in the Tabernacle accounts of Exodus in the old Greek*. Atlanta, 2003.

WAGNER, A. (ed.). *Primäre und sekundäre Religion als Kategorie der Religionsgeschichte des Alten Testaments*. Berlim/Nova York, 2006 (Bzaw, 364).

WAGNER, V. Profanität und Sakralisierung der Beschneidung im Alten Testament. *VT*, v. 60, p. 447-464, 2010.

WEIPPERT, M. Synkretismus und Monotheismus. Religionsinterne Konfliktbewältigung im alten Israel (1990). In: WEIPPERT, M. *Jahwe und die anderen Götter*. Studien zur Religionsgeschichte des antiken Israel in ihrem syrisch-palästinischen Kontext. Tübingen, 1997, p. 1-24 (FAT, 18).

WEIPPERT, M. *Historisches Textbuch zum Alten Testament*. Göttingen, 2010 (GAT, 10).

WELLHAUSEN, J. *Israelitische und jüdische Geschichte*. Berlim, 1894.

WEVERS, J.W. The Earliest Witness to the LXX Deuteronomy. *CBQ*, v. 39, p. 240-244, 1977.

WITTE, M. *Hiobs viele Gesichter*. Studien zur Komposition, Tradition und frühen Rezeption des Hiobbuches Edition. Göttingen, 2018 (FRLANT, 267).

ZEVIT, Z. *The Religions of Ancient Israel*. A Synthesis of Parallactic Approaches. Londres/Nova York, 2001.

ZWICKEL, W. *Der salomonische Tempel*. Mainz, 1999.

4. Escritos e uso dos escritos no judaísmo da época helenístico-romana, séculos III a.C. a I d.C.

ACHENBACH, R. "A prophet like Moses" (Deuteronomy 18,15) – "No prophet like Moses" (Deuteronomy 34,10): Some observations on the relation between the Pentateuch and the latter prophets. In: DOZEMAN, T.B. et al. (eds.). *The Pentateuch*. International Perspectives on Current Research. Tübingen, 2011, p. 435-458 (FAT, 78).

ALBANI, M. *Astronomie und Schöpfungsglaube*. Untersuchungen zum astronomischen Henochbuch. Neukirchen-Vluyn, 1994 (Wmant, 68).

BACHMANN, V. *Die Welt im Ausnahmezustand*. Eine Untersuchung zu Aussagegehalt und Theologie des Wächterbuches (1Hen 1–36). Berlin/Nova York, 2009 (Bzaw, 409).

BECKER, M.; FREY, J. (eds.). *Qumran und der biblische Kanon*. Neukirchen-Vluyn, 2009 (BThSt, 92).

BERNSTEIN, M.J. The genre(s) of the Genesis Apocryphon. In: BERNSTEIN, M.J. *Reading and rereading scripture at Qumran*. Leiden, 2013, v. 1: Genesis and its interpretation, p. 217-238 (STDJ, 107/1).

BEYERLE, S. *Die Gottesvorstellungen in der antik-jüdischen Apokalyptik*. Leiden/Boston, 2005 (JSJ.S, 103).

BICKERMAN, E. La charte séleucide de Jérusalem. *REJ*, v. 100, p. 4-35, 1935.

BICKERMAN, E. *Studies in Jewish and Christian History II*. Leiden, 1980, p. 44-85 (AGJU, 9).

BÖHM, M. "Und sie nahmen ihn nicht auf, weil sein Gesicht nach Jerusalem zu ging" (Lk 9,53). Samaritaner und Juden zwischen dem 4. Jh. v. und 1. Jh. n. Chr. In: BELTZ, W.; TUBACH, J. (eds.). *Regionale Systeme koexistierender Religionsgemeinschaften*. Halle, 2002, p. 113-127 (HBO, 34).

BOSSHARD, E.; KRATZ, R.G. Maleachi im Zwölfprophetenbuch. *BN*, v. 52, p. 27-46, 1990.

BÖTTRICH, C. Der Urvater und die offenbarte Weisheit Gottes. Die Henoch-Schriften. *Welt und Umwelt der Bibel*, v. 71, p. 36-41, 2014.

BRODERSEN, K. *Aristeas*. Der König und die Bibel. Stuttgart, 2008.

BURKERT, W. *Die Griechen und der Orient:* von Homer bis zu den Magiern. Munique, 2003.

COLLINS, J.J. *The Invention of Judaism*. Torah and Jewish Identity from Deuteronomy to Paul. Oakland, 2017.

DROYSEN, J.G. *Geschichte des Hellenismus* (1833-1843). Norderstedt, 2014.

EGO, B. Alexander der Große in der alttestamentlichen Überlieferung – eine Spurensuche und ihre theologischen Implikationen. In: MAIER, C. (ed.). *Congress Volume Munich 2013*. Leiden, 2014, p. 18-39 (VT.S, 163).

ENSTE, S. *Kein Markustext in Qumran*. Eine Untersuchung der These: Qumran-Fragment 7Q5 = Mk 6,52–53. Friburgo/Göttingen, 2000 (NTOA, 45).

FELDMAN, A.; GOLDMAN, L. (ed.). *Scripture and interpretation*. Qumran texts that rework the Bible. Berlin/Boston, 2014 (Bzaw, 449).

FINKELSTEIN, I. Rehoboam's fortified cities (IIChr 11,5-12). A Hasmonean reality? *ZAW,* v. 123, p. 92-107, 2011.

FINKELSTEIN, I. The historical reality behind the genealogical lists in 1Chronicles. *JBL,* v. 131, p. 65-83, 2012.

FINKELSTEIN, I. The expansion of Judah in IIChronicles. Territorial legitimation for the Hasmoneans? *ZAW,* v. 127, p. 669-695, 2015.

FITZPATRICK-McKINLEY, A. *The transformation of Torah from scribal advice toILaw.* Sheffield, 1999 (JSOT.S, 287).

FÖRG, F. *Die Ursprünge der alttestamentlichen Apokalyptik.* Leipzig, 2013 (ABG, 45).

FREY, J. Qumran und der biblische Kanon. Eine thematische Einführung. In: BECKER, M.; FREY, J. (eds.). *Qumran und der biblische Kanon.* Neukirchen-Vluyn, 2009, p. 1-63 (BThSt, 92).

FREY, J. *Qumran.* Stuttgart, 2017, p. 550-591 (RAC, 28).

FREY, J. *et al.* (eds.). *Qumran und die Archäologie.* Tübingen, 2011 (WUNT, 278).

FREY, J. et al. (eds.). *Die Samaritaner und die Bibel*: Historische und literarische Wechselwirkungen zwischen biblischen und samaritanischen Traditionen. The Samaritans and the Bible: Historical and literary interactions between biblical and Samaritan traditions. Berlim, 2012 (Studia Judaica / Studia Samaritana, 7).

GÄRTNER, J. *Jesaja 66 und Sacharja 14 als Summe der Prophetie*. Eine traditions- und redaktionsgeschichtliche Untersuchung zum Abschluss des Jesaja- und Zwölfprophetenbuchs. Neukirchen-Vluyn, 2006 (WMANT, 114).

GOTTLIEB, I.B. Rabbinic reception of the Prophets. In: SHARP, C. J. (ed.). *The Oxford Handbook of the Prophets.* Oxford, 2016, p. 388-406.

GRAINGER, J.D. *The Syrian War.* Leiden, 2010 (Mnemosyne Supplements, 320).

GREENSPAHN, F.E. Why prophecy ceased. *JBL,* v. 108, p. 37-49, 1989.

HAAG, E. *Das hellenistische Zeitalter.* Israel und die Bibel im 4. bis 1. Jahrhundert v. Chr. Stuttgart, 2003 (BE, 9).

HENDEL, R. A Hasmonean edition of MT Genesis? The implications of the editions of the chronology in Genesis 5. *HeBAI,* v. 1, p. 448-464, 2012.

HENGEL, M. *Judentum und Hellenismus.* Studien zu ihrer Begegnung unter besonderer Berücksichtigung Palästinas bis zur Mitte des 2. Jh.s v. Chr. Tübingen, 1969 (3. durchgesehene Auflage, 1988).

HENGEL, M.; MARKSCHIES, C. Zum Problem der "Hellenisierung" Judäas im 1. Jahrhundert nach Christus. In: HENGEL, M. *Judaica et Hellenistica*. Tübingen, 1996, p. 1-90 (Kleine Schriften, I) (Wunt, 90).

HENSEL, B. *Juda und Samaria*. Zum Verhältnis zweier nach-exilischer Jahwismen. Tübingen, 2016 (FAT, 110).

JAIN, E. *Psalmen oder Psalter?* Materielle Rekonstruktion und inhaltliche Untersuchung der Psalmenhandschriften aus der Wüste Juda. Leiden, 2014 (STDJ, 109).

KAISER, O. *Philo von Alexandrien: Denkender Glaube*. Eine Einführung. Göttingen, 2015 (FRLANT, 259).

KARTVEIT, M. *The origin of the Samaritans*. Leiden, 2009 (VT.S, 128).

KEEL, O.; STAUB, U. *Hellenismus und Judentum*. Vier Studien zu Daniel 7 und zur Religionsnot unter Antiochus IV. Freiburg; Göttingen, 2000 (OBO, 178).

KNOPPERS, G.N. *Jews and Samaritans:* The origins and history of their early relations. Oxford, 2013.

KOCH, D.-A. *Geschichte des Urchristentums*. Ein Lehrbuch. 2. ed. Göttingen, 2014.

KRATZ, R.G. Israel als Staat und als Volk. *ZThK,* v. 97, p. 1-17, 2000.

KRATZ, R.G. The visions of Daniel. In: COLLINS, J.J.; FLINT, P.W. (eds.). *The Book of Daniel*. Composition and reception. Leiden, 2001, p. 91-113 (VTSup 83/1).

KRATZ, R.G. Temple and Torah. Reflections on the legal status of the Pentateuch between Elephantine and Qumran. In: KNOPPERS, G.N.; LEVINSON, B.M. (eds.). *The Pentateuch as Torah:* New models for understanding its promulgation and acceptance. Winona Lake, 2007, p. 77-103.

KRATZ, R.G. Elephantine und Alexandria. Nicht-biblisches und biblisches Judentum in Ägypten. In: GEORGES, T. et al. (eds.). *Alexandria*. Tübingen, 2013, p. 193-208 (Comes, 1).

KRAUS, W.; KARRER, M. (eds.). *Septuaginta Deutsch*. Das griechische Alte Testament in deutscher Übersetzung. 2. ed. Stuttgart, 2010.

KREUZER, S. *Geschichte, Sprache und Text*: Studien zum Alten Testament und seiner Umwelt. Berlim, 2015 (Bzaw, 479).

KREUZER, S. Entstehung und Überlieferung der Septuaginta. In: KREUZER, S. (ed.). *Handbuch zur Septuaginta (LXX.H)*. Gütersloh, 2016, v. 1: Einleitung in die Septuaginta, p. 29-88.

KRÜGER, T. Die Rezeption der Tora im Buch Kohelet. In: SCHWIENHORST-SCHÖNBERGER, L. (eds.). *Das Buch Kohelet*. Studien zur

Struktur, Geschichte, Rezeption und Theologie. Berlim/Nova York, 1997, p. 173-193 (Bzaw, 254).

LANGE, A. The law, the Prophets, and the other books of the Fathers (Sir, Prologue). Canonical lists in Ben Sira and Elsewhere? In: XERAVITS, G. G.; ZSENGELLÉR, J. (eds.). *Studies in the Book of Ben Sira*. Papers of the third international conference on the Deuterocanonical books, Shime'on Centre, Pápa, Hungary, 18–20 May 2006. Leiden, 2008, p. 55-80 (JSJ.S, 127).

LEFEBVRE, M. *Collections, codes, and Torah*. The re-characterization of Israel's written law. Londres, 2006 (LHBOTS, 451).

LEVINSON, B.M. Die neuassyrischen Ursprünge der Kanonformel in Deuteronomium 13, 1. In: BEYERLE, S. et al. (eds.). *Viele Wege zu dem Einen*. Historische Bibelkritik – die Vitalität der Glaubensüberlieferung in der Moderne. Neukirchen-Vluyn, 2012, p. 23-59 (BThSt, 121).

MACHIELA, D.A. *The Dead Sea Genesis Apocryphon*. A new text and translation with introduction and special treatment of columns 13-17. Leiden, 2009 (STDJ, 79).

MAGEN, Y. et al. (eds.). *Mount Gerizim excavations I*. The Aramaic, Hebrew and Samaritan inscriptions. Jerusalém, 2004.

MAGEN, Y. The dating of the first phase of the Samaritan Temple on Mount Gerizim in light of the archaeological evidence. In: LIPSCHITS, O. et al. (eds.). *Judah and the Judeans in the fourth century BCE*. Winona Lake, 2007.

MAGEN, Y. (ed.). *Mount Gerizim excavations II:* A temple city. Jerusalém, 2008.

MAGNESS, J. *The archaeology of Qumran and the Dead Sea scrolls*. Grand Rapids/Cambridge, 2002.

MARKSCHIES, C. *Hellenisierung des Christentums*. Sinn und Unsinn einer historischen Deutungskategorie. Leipzig, 2012.

NESSELRATH, H.-G. Das Museion und die Große Bibliothek von Alexandria. In: GEORGES, T.; ALBRECHT, F.; FELDMEIER, R. (eds.). (Em parceria com M. Kaden e C. Martsch). *Alexandria*. Tübingen, 2013, p. 65-90 (Civitatum Orbis Mediterranei Studia, 1).

NICKELSBURG, G.W.E. The Bible rewritten and expanded. In: STONE, M.E. (ed.). *Jewish writings of the Second Temple period:* Apocrypha, pseudepigrapha, Qumran sectarian writings, Philo, Josephus. Assen; Philadelphia, 1984, p. 89-156 (Crint, 2/II).

NICKELSBURG, G.W.E. *Jüdische Literatur zwischen Bibel und Mischna*. Eine historische und literarische Einführung. Berlin/Dortmund, 2018 (Antz, 13; ABU, 4).

NIEHOFF, M. *Philo of Alexandria*. An intellectual biography. New Haven/Londres, 2018.

NIHAN, C. The Torah between Samaria and Judah. Shechem and Gerizim in Deuteronomy and Joshua. In: LEVINSON, B.M.; KNOPPERS, G.N. (eds.). *The Pentateuch as Torah*. New models for understanding its promulgence and its acceptance. Winona Lake, 2007, p. 187-223.

NOCQUET, D. *La Samarie, la Diaspora et l'achèvement de la Torah*. Friburgo/Göttingen, 2017 (OBO, 284).

OTTO, E. *Mose*. Geschichte und Legende. Munique, 2006.

PERRIN, A.B. The variants of 4Q (Reworked) Pentateuch. A comprehensive list of the textual variants in 4Q158, 4Q364–7 in biblical sequence. *Journal of Jewish Studies*, v. 63, p. 127-157, 2012.

PETERSEN, D.L. Rethinking the end of prophecy. In: AUGUSTIN, M.; SCHUNCK, K.-D. (eds.). *Wünschet Jerusalem Frieden*. Frankfurt a. M., 1988, p. 65-71 (Beat, 13).

PORTIER-YOUNG, A. *Apocalypse against empire*. Theologies of resistance in early Judaism. Grand Rapids, 2010.

RUPSCHUS, N. *Frauen in Qumran*. Tübingen, 2017 (Wunt, II/457).

SANDERS, J.A. The scrolls and the canonical process. In: VANDERKAM, J.C.; FLINT, P.W. (eds.). *The Dead Sea scrolls after fifty years II*. Leiden, 1999, p. 1-22.

SCHIFFMAN, L.; VANDERKAM, J.C. (eds.). *Encyclopedia of the Dead Sea scrolls*. Oxford, 2008.

SCHMID, K. Klassische und nachklassische Deutungen der alttestamentlichen Prophetie. *Zeitschrift für neuere Theologiegeschichte*, v. 3, p. 225-250, 1996.

SCHMID, K. Der Abschluss der Tora als exegetisches und historisches Problem. In: SCHMID, K. *Schriftgelehrte Traditionsliteratur*. Fallstudien zur innerbiblischen Schriftauslegung im Alten Testament. Tübingen, 2011, p. 159-184 (FAT, 77).

SCHMID, K. Der Pentateuch und seine Theologiegeschichte, *ZThK*, v. 111, p. 239-271, 2014.

SCHMITT, H.-C. Der heidnische Mantiker als eschatologischer Jahweprophet. Zum Verständnis Bileams in der Endgestalt von Num 22–24. In: KOTTSIEPER, I. et al. (eds.). *"Wer ist wie du, Herr, unter den Göttern?"* Göttingen, 1994, p. 180-198.

SCHRÖDER, B. *Die 'väterlichen Gesetze'*. Flavius Josephus als Vermittler von Halachah an Griechen und Römer. Tübingen, 1996 (Tsaj, 53).

SEGAL, M. Qumran research in Israel: Rewritten Bible and biblical interpretation. In: DIMANT, D. (ed.). *The Dead Sea scrolls in scholarly perspective.* A history of research. Leiden, 2012, p. 315-333 (STDJ, 99).

SIEGERT, F. *Einleitung in die hellenistisch-jüdische Literatur.* Apokrypha, Pseudepigrapha und Fragmente verlorener Autorenwerke. Berlim; Boston, 2016.

SPERBER, A. (ed.). *The Bible in Aramaic based on old manuscripts and reprinted texts.* Leiden, 1959-1973 (4 vol. em 5 partes).

STECK, O.H. *Der Abschluß der Prophetie im Alten Testament.* Ein Versuch zur Frage der Vorgeschichte des Kanons. Neukirchen-Vluyn, 1991 (BThSt, 17).

STEINS, G. *Die Chronik als kanonisches Abschlußphänomen*: Studien zur Entstehung und Theologie von 1/2 Chronik. Weinheim, 1995 (BBB, 93).

STERN, E.; MAGEN, Y. Archaeological evidence for the first stage of the Samaritan Temple on Mount Gerizim. *IEJ,* v. 52, p. 49-57, 2002.

STÖKL BEN EZRA, D. *Qumran.* Die Texte vom Toten Meer und das antike Judentum. Tübingen, 2016 (UTB, 4681).

TIGCHELAAR, E. Wie haben die Qumrantexte unsere Sicht des kanonischen Prozesses verändert. In: BECKER, M.; FREY, J. (eds.). *Qumran und der biblische Kanon.* Neukirchen-Vluyn, 2009, p. 65-87 (BThSt, 92).

TILLY, M. *Einführung in die Septuaginta.* Darmstadt, 2005.

TILLY, M. *Apokalyptik.* Tübingen, 2012 (UTB, 3651).

TOORN, K. van der. Revelation as a scholarly construct in Israel and Mesopotamia. In: OEMING, M. et al. (eds.). *Theologie in Israel und in den Nachbarkulturen.* Beiträge des Symposiums "Das Alte Testament und die Kultur der Moderne" anlässlich des 100. Geburtstags Gerhard von Rads (1901-1971). Heidelberg, 18-21. Oktober 2001. Munique, 2004, p. 125-138 (ATM, 9).

TOV, E. *Die griechischen Bibelübersetzungen.* Berlim/Nova York, 1987 (ANRW, II.20/1).

TROYER, K. de. Once more, the so-called Esther Fragments of Cave 4. *RdQ,* v. 19, p. 401-422, 2000.

UEHLINGER, C. Qohelet im Horizont der mesopotamischen, levantinischen und ägyptischen Weisheit der persischen und hellenistischen Zeit. In: SCHWIENHORST-SCHÖNBERGER, L. (ed.). *Das Buch Kohelet.* Studien zur Struktur, Geschichte, Rezeption und Theologie. Berlim/Nova York, [s.d.], p. 155-247 (Bzaw, 254).

UTZSCHNEIDER, H. Die Schriftprophetie und die Frage nach dem Ende der Prophetie: Überlegungen anhand von Mal 1,6–2,16. *ZAW,* v. 104, p. 377-394, 1992.

VANDERKAM, J.C. Einführung in die Qumranforschung. Göttingen, 1998 (UTB, 1998).

VANDERKAM, J.C. *The Dead Sea scrolls and the Bible.* Grand Rapids, 2012.

VANDERKAM, J.C.; FLINT, P.W. (ed.). *The Dead Sea scrolls after fifty years II.* Leiden, 1999.

WEINGART, K. *Stämmevolk – Staatsvolk – Gottesvolk?* Studien zur Verwendung des Israel-Namens im Alten Testament. Tübingen, 2014 (FAT, II/68).

WHITE CRAWFORD, S. Has Esther been found at Qumran? 4QProto-Esther and the Esther corpus. *RdQ,* v. 17, p. 307-325, 1996.

WHITE CRAWFORD, S. 4Q Tales of the Persian court (4Q550[a-e]) and its relation to biblical royal courtier tales, especially Esther, Daniel and Joseph. In: HERBERT, E.D.; TOV, E. (eds.). *The Bible as book.* The Hebrew Bible and the Judaean desert discoveries. Londres, 2002, p. 121-137.

WITTE, M. Der Segen Bileams – eine redaktionsgeschichtliche Problemanzeige zum "Jahwisten" in Num 22–24. In: GERTZ, J. C. et al. (ed.). *Abschied vom Jahwisten.* Die Komposition des Hexateuch in der jüngsten Diskussion. Berlin/Nova York, 2002, p. 191-213 (Bzaw, 315).

WITTE, M. Der "Kanon" heiliger Schriften des antiken Judentums im Spiegel des Buches Ben Sira/Jesus Sirach. In: BECKER, E.M.; SCHOLZ, S. (eds.). *Kanon in Konstruktion und Dekonstruktion.* Kanonisierungsprozesse religiöser Texte von der Antike bis zur Gegenwart. Ein Handbuch. Berlin/Boston, 2012, p. 229-255.

WRIGHT, B.G. Why a prologue? Ben Sira's grandson and his Greek translation. In: PAUL, S. et al. (eds.). *Emanuel.* Studies in Hebrew Bible, Septuagint and Dead Sea scrolls in Honor of Emanuel Tov. Leiden, 2003, p. 633-644 (VT.S, 94).

XERAVITS, G.; PORZIG, P. *Einführung in die Qumranliteratur.* Berlin/Boston, 2015.

ZAHN, M.M. *Rethinking rewritten scripture.* Composition and exegesis in the 4Q reworked Pentateuch manuscripts. Leiden, 2011 (STDJ, 95).

ZAHN, M.M. Genre and rewritten scripture: A reassessment. *JBL,* v. 131, p. 271-288, 2012.

ZENGER, E. *Einleitung in das Alte Testament.* 8. ed. Stuttgart, 2012.

ZENGER, E.; FREVEL, C. Die Bücher der Tora/des Pentateuch. In: ZENGER, E.; FREVEL, C. *Einleitung in das Alte Testament.* 8. ed. Stuttgart, 2012, p. 67-232.

ZSENGELLÉR, J. (ed.). *Rewritten Bible after fifty years.* Texts, terms, or techniques? A last dialogue with Geza Vermes. Leiden, 2014 (JSJ.S, 166).

ZUGMANN, M. *"Hellenisten" in der Apostelgeschichte.* Historische und exegetische Untersuchungen zu Apg 6,1; 9,29; 11,20. Tübingen, 2009 (Wunt, 2.264).

ZUNZ, L. *Die gottesdienstlichen Vorträge der Juden, historisch entwickelt.* Ein Beitrag zur Alterthumskunde und biblischen Kritik, zur Literatur- und Religionsgeschichte (1892). Ed. N. Brüll. 2. ed. Frankfurt a. M., 1992.

5. Os escritos do judaísmo antigo no cristianismo emergente, séculos I e II

BACKHAUS, K. Kult und Kreuz. In: BACKHAUS, K. *Der sprechende Gott.* Gesammelte Studien zum Hebräerbrief. Tübingen, 2009, p. 239-261 (Wunt, 240).

BECKER, M. 4Q521 und die Gesalbten. *RdQ,* v. 18/69, p. 73-96, 1997.

BREYTENBACH, C. Jes LXX 53,6.12 als Interpretatio Graeca und die urchristlichen Hingabeformeln. In: KRAUS, W.; KARRER, M. (eds.). (Em parceria com Martin Meiser) *Die Septuaginta* – Texte, Theologien, Einflüsse. Tübingen, 2010, p. 655- 670 (Wunt, 252).

CHANCEY, M.A. *The myth of a gentile Galilee.* Cambridge, 2002 (SNTSMS, 118).

CHANCEY, M.A. *Greco-Roman Culture and the Galilee of Jesus.* Cambridge, 2005 (SNTSMS, 134).

DUNN, J.D.G. *Beginning from Jerusalem.* Grand Rapids/Cambridge, 2009 (Christianity in the Making, v. 2).

FISCHER, A.A. *Tod und Jenseits im Alten Orient und im Alten Testament.* Eine Reise durch antike Vorstellungs- und Textwelten. Leipzig, 2014 (SKI. NF, 7).

GARCÍA MARTÍNEZ, F.; TIGCHELAAR, E.J.C. *The Dead Sea scrolls study edition.* Leiden et al., 1998 (2 v.).

HABERMANN, J. *Präexistenzaussagen im Neuen Testament.* Frankfurt a. M., et al., 1990 (EHS.T, 362).

HENGEL, M. Zwischen Jesus und Paulus. Die "Hellenisten", die Sieben und Stephanus. In: HENGEL, M. *Paulus und Jakobus*. Tübingen, 2002a, p. 1-67 (Kleine Schriften III) (Wunt, 141).

HENGEL, M. Der vorchristliche Paulus. In: HENGEL, M. *Paulus und Jakobus*. Tübingen, 2002b, p. 68-192 (Kleine Schriften III) (Wunt, 141).

HOFIUS, O. Das vierte Gottesknechtslied in den Briefen des Neuen Testaments. In: HOFIUS, O. *Neutestamentliche Studien*. Tübingen, 2000, p. 340-360 (Wunt, 132).

HURTADO, L.W. *Lord Jesus Christ*. Devotion to Jesus in earliest Christianity. Grand Rapids/Cambridge, 2003.

JESKA, J. *Die Geschichte Israels in der Sicht des Lukas*. Apg 7,2b-53 und 13,17-25 im Kontext antik-jüdischer Summarien der Geschichte Israels. Göttingen, 2001 (FRLANT, 195).

KÄSEMANN, E. Das Problem des historischen Jesus. In: KÄSEMANN, E. *Exegetische Versuche und Besinnungen*. Göttingen, 1964, p. 187-214.

KOCH, D.-A. *Geschichte des Urchristentums*. Ein Lehrbuch. 2. ed. Göttingen, 2014.

KRAUS, W. *Zwischen Jerusalem und Antiochia*. Die "Hellenisten", Paulus und die Aufnahme der Heiden in das endzeitliche Gottesvolk. Stuttgart, 1999 (SBS, 179).

MAIER, J. *Die Qumran-Essener*: Die Texte vom Toten Meer. Munique/Basel, 1995. Band II: Die Texte der Höhle 4.

MARKSCHIES, C.; SCHRÖTER, J. (eds.). *Antike christliche Apokryphen in deutscher Übersetzung*. V. I: Evangelien und Verwandtes (in zwei Teilbänden). Tübingen, 2012.

NIEBUHR, K.-W. Die Werke des eschatologischen Freudenboten: 4Q521 und die Jesusüberlieferung. *In*: TUCKETT, C. M. (ed.). *The Scriptures in the Gospels*. Leuven, 1997, p. 637-646 (BETL, 131).

ÖHLER, M.; WILK, F. (eds.). *Paulinische Schriftrezeption*. Grundlagen – Ausprägungen – Wirkungen – Wertungen. Göttingen, 2017 (FRLANT, 268).

REED, J.L. *Archaeology and the Galilean Jesus*. A re-examination of the evidence. Harrisburg, 2000.

RIESNER, R. *Die Frühzeit des Apostels Paulus*. Studien zu Chronologie, Missionsstrategie und Theologie. Tübingen, 1994 (Wunt, 71).

SCHNELLE, U. *Die ersten 100 Jahre des Christentums*. 30-130 n. Chr. Die Entstehungsgeschichte einer Weltreligion. 2. ed. Göttingen, 2016.

SCHRÖTER, J.; JACOBI, C. (eds.). *Jesus Handbuch*. Tübingen, 2017.

TILLY, M. Paulus und die antike jüdische Schriftauslegung. *KuD*, v. 63, p. 157-181, 2017.

ZUGMANN, M. "Hellenisten" in der Apostelgeschichte. Historische und exegetische Untersuchungen zu Apg 6,1; 9,29; 11,20. Tübingen, 2009 (Wunt, 2.264).

6. A formação da Bíblia Cristã e o surgimento de mais literatura de tradição, séculos I a IV

ALKIER, S.; LEPPIN, H. (eds.). *Juden – Heiden – Christen?* Religiöse Inklusion und Exklusion in Kleinasien bis Decius. Tübingen, 2018 (Wunt, 400).

BARRETT, C.K. The first New Testament. *NT*, v. 38, p. 94-104, 1994.

BECKER, A.H.; REED, A.Y. (eds.). *The ways that never parted*. Jews and Christians in late antiquity and the early Middle Ages. Tübingen, 2003 (Tsaj, 95).

BURKE, T.; LANDAU, B. *New Testament apocrypha*. More noncanonical scriptures. Grand Rapids, 2016.

CAMPENHAUSEN, H. von. *Die Entstehung der christlichen Bibel*. Tübingen, 1968 (BHTh, 39).

DUNN, J.D.G. (ed.). *Jews and Christians*. The parting of the ways A. D. 70 to 135. Tübingen, 1992 (Wunt, 66).

DUNN, J.D.G. *The partings of the ways between Christianity and Judaism and their significance for the character of Christianity*. 2. ed. Londres, 2006.

FERGUSON, E. *Baptism in the early Church*. History, theology, and liturgy in the first five centuries. Grand Rapids/Cambridge, 2009.

FOSTER, P. *The Gospel of Peter*. Introduction, critical edition and commentary. Leiden; Boston, 2010 (TENTS, 4).

FREY, J. Die "Juden" im Johannesevangelium und die Frage nach der "Trennung der Wege" zwischen der johanneischen Gemeinde und der Synagoge. In: FREY, J. *Die Herrlichkeit des Gekreuzigten*. Tübingen, 2013, p. 339-377 (Studien zu den johanneischen Schriften, I) (Wunt, 307).

GATHERCOLE, S. *The Gospel of Thomas*. Introduction and commentary. Leiden; Boston, 2014 (Tent, 11).

GREGORY, A.F.; TUCKETT, C.M. *The reception of the New Testament in the Apostolic Fathers*. Oxford, 2005.

GRÜNSTÄUDL, W. Was lange währt...: Die Katholischen Briefe und die Formung des neutestamentlichen Kanons. *Early Christianity*, v. 7, p. 71-94, 2016.

HAHN, F. *Theologie des Neuen Testaments*. Tübingen, 2002. Bd. II: Die Einheit des Neuen Testaments.

HARNACK, A. von. *Markion*. Das Evangelium vom fremden Gott. Eine Monographie zur Geschichte der Grundlegung der katholischen Kirche. 2. ed. Leipzig, 1924.

HELLHOLM, D.; SÄNGER, D. (eds.). *The Eucharist* – Its origins and contexts. Tübingen, 2017 (Wunt, 376).

HENGEL, M. *Die johanneische Frage*. Ein Lösungsversuch. Tübingen, 1993 (Wunt, 67).

HENGEL, M.; SCHWEMER, A.M. *Der messianische Anspruch Jesu und die Anfänge der Christologie*. Vier Studien. Tübingen, 2001 (Wunt, 138).

HORBURY, W. *Jewish War under Trajan and Hadrian*. Cambridge, 2014.

JACOBI, C. *Jesusüberlieferung bei Paulus?* Analogien zwischen den echten Paulusbriefen und den synoptischen Evangelien. Berlim/Boston, 2015 (BZNW, 213).

KIRK, A. *Q in Matthew*. Ancient media, memory, and early scribal transmission of the Jesus tradition. Londres et al., 2016 (LNTS, 564).

KLAUCK, H.-J. *Die apokryphe Bibel*. Ein anderer Zugang zum frühen Christentum. Tübingen, 2008 (Tria Corda, 4).

KONRADT, M. *Studien zum Matthäusevangelium*. Tübingen, 2016 (WUNT, 358).

KRAUS, T. J.; NICKLAS, T. *Das Petrusevangelium und die Petrusapokalypse*. Die griechischen Fragmente mit deutscher und englischer Übersetzung. Berlim; Nova York, 2004 (GCS NF, 11).

KRUGER, M. J. *The Gospel of the Savior*. An analysis of P.Oxy. 840 and its place in the gospel traditions of early Christianity. Leiden; Boston, 2005 (TENT, 1).

LEIPOLDT, J. *Geschichte des neutestamentlichen Kanons*. Erster Teil: Die Entstehung. Leipzig, 1907.

LIEU, J. "The parting of the ways": Theological construct or historical reality? *JSNT*, v. 56, p. 101-119, 1994.

LIEU, J. *Neither Jew nor Greek?* Constructing Christian identity. Londres; Nova York, 2002, p. 11-29 (SNTW).

LIEU, J. *Christian identity in the Jewish and Graeco-Roman world*. Oxford, 2004.

LIEU, J. *Marcion and the making of a heretic*. God and scripture in the second sentury. Cambridge, 2015.

LINDEMANN, A.; PAULSEN, H. *Die Apostolischen Väter.* Griechisch--deutsche Parallelausgabe. Tübingen, 1992.

LÜHRMANN, D. *Fragmente apokryph gewordener Evangelien in griechischer und lateinischer Sprache*. Marburg, 2000 (MThS, 59).

LÜHRMANN, D. *Die apokryph gewordenen Evangelien*. Studien zu neuen Texten und zu neuen Fragen. Leiden/Boston, 2004 (NovTestSuppl., 112).

MARKSCHIES, C. *Kaiserzeitliche christliche Theologie und ihre Institutionen*. Tübingen, 2007.

MARKSCHIES, C.; SCHRÖTER, J. (eds.). *Antike christliche Apokryphen in deutscher Übersetzung*. v. I: Evangelien und Verwandtes (in zwei Teilbänden). Tübingen, 2012.

MASON, S. *A History of the Jewish war A. D. 66-74.* Cambridge, 2016.

MEERSON, M.; SCHÄFER, P. *Toledot Yeshu:* The life story of Jesus. Tübingen, 2014 (2 v. e Database) (TSAJ, 159).

MERKT, A. *1. Petrus.* Göttingen, 2015. Teilband 1 (NTP, 21/1).

METZGER, B.M. *Der Kanon des Neuen Testaments*. Entstehung – Entwicklung – Bedeutung. Düsseldorf, 1993 (*The canon of the New Testament*. Oxford, 1987).

NICKLAS, T. *Jews and Christians?* Second century "Christian" perspectives on the "parting of the ways". Tübingen, 2014 (Annual Deichmann Lectures, 2013).

NICKLAS, T.; KRUGER, M.J.; KRAUS, T.J. *Gospel fragments.* Oxford, 2009 (Oxford early Christian gospel texts).

ROLOFF, J. *Die Kirche im Neuen Testament.* Göttingen, 1993 (GNT, 10).

RÖSEL, M. *Die Jungfrauengeburt des endzeitlichen Immanuel.* Jesaja 7 in der Übersetzung der Septuaginta. 1991, p. 135-151 (JBTh, 6).

SCHÄFER, P. *Die Geburt des Judentums aus dem Geist des Christentums*. Fünf Vorlesungen zur Entstehung des rabbinischen Judentums. Tübingen, 2010a (Tria Corda, 6).

SCHÄFER, P. *Jesus im Talmud.* 2. ed. Tübingen, 2010b.

SCHENKE, H.-M.; BETHGE, H.-G.; KAISER, U.U. *Nag Hammadi Deutsch*. Berlin/Nova York, 2001/2003 (2 v. GCS NF, 8).

SCHRÖTER, J. *Das Abendmahl.* Frühchristliche Deutungen und Impulse für die Gegenwart. Stuttgart, 2006 (SBS, 210).

SCHRÖTER, J. Sammlungen der Paulusbriefe und die Entstehung des neutestamentlichen Kanons. In: SCHRÖTER, J.; BUTTICAZ, S.; DETT-

WILER, A. (eds.). *Receptions of Paul in Early Christianity*. Berlim/Nova York, 2018, p. 799-822 (BZNW, 234).

SCHRÖTER, J.; SCHWARZ, K. (eds.). *Die Nag-Hammadi-Schriften in der Literatur- und Theologiegeschichte des frühen Christentums*. Tübingen, 2017 (Stac, 106).

STILL, T.D.; WILHITE, D.E. *The Apostolic Fathers and Paul*. Londres et al., 2017.

TOEPEL, A. Das Protevangelium des Jakobus. Ein Beitrag zur neueren Diskussion um Herkunft, Auslegung und theologische Einordnung. Münster, 2014 (FThS, 71).

TUCKETT, C.M. *The gospel of Mary*. Oxford, 2007 (Oxford Early Christian Gospel Texts).

WALLRAFF, M. *Kodex und Kanon*. Das Buch im frühen Christentum. Berlim/Boston, 2012 (Hans-Lietzmann Vorlesungen, 12).

WICK, P. *Die urchristlichen Gottesdienste*. Entstehung und Entwicklung im Rahmen der frühjüdischen Tempel-, Synagogen- und Hausfrömmigkeit. Stuttgart, 2002 (Bwant, 150).

7. A formação da Bíblia Judaica e o surgimento da Mixná e do Talmude, séculos I a VI

BAR ASHER-SIEGAL, M. *Early Christian monastic literature and the Babylonian Talmud*. Cambridge, 2013.

BAR ASHER-SIEGAL, M.; GRÜNSTÄUDL, W.; THIESSEN, M. (eds.). *Perceiving the other in ancient Judaism and early Christianity*. Tübingen, 2017 (Wunt, 394).

BECKER, A.H.; REED, A.Y. (eds.). *The ways that never parted*. Jews and Christians in late antiquity and the early Middle Ages. Tübingen, 2003 (Tsaj, 95).

BECKER, M. Grenzziehungen des Kanons im frühen Judentum und die Neuschrift der Bibel nach 4. Buch Esra. In: BECKER, M.; FREY, Jörg (eds.). *Qumran und der biblische Kanon*. Neukirchen-Vluyn, 2009, p. 195-253 (BThSt, 92).

BECKWITH, T. *The Old Testament canon of the New Testament Church and its background in early Judaism*. Grand Rapids, 1985.

BOCCACCINI, G. Introduction: From the Enoch literature to Enochic Judaism. In: BOCCACCINI, G. *Enoch and Qumran Origins*. New light on a forgotten connection. Grand Rapids, 2005, p. 1-14.

BOCCACCINI, G. *Wurzeln des rabbinischen Judentums.* Eine Geistesgeschichte von Ezechiel bis Daniel. Berlim, 2014.

BRETTLER, M. Z. Judaism in the Hebrew Bible? The transition from ancient Israelite Religion to Judaism. *CBQ*, v. 61, p. 429-447, 1999.

COHEN, S.D. *The beginnings of Jewishness.* Boundaries, varieties, uncertainties. Berkeley, 1999.

COLLINS, J.J. Before the canon: Scriptures in Second Temple Judaism. In: MAYS, J.L. et al. (eds.). *Old Testament Interpretation.* Past, present, and future. Nashville, 1995, p. 225-241.

COLLINS, J.J. *The invention of Judaism.* Torah and Jewish identity form Deuteronomy to Paul. Oakland, 2017.

DARSHAN, G. The twenty-four books of the Hebrew Bible and Alexandrian scribal methods. In: NIEHOFF, M.R. (ed.). *Homer and the Bible in the eyes of ancient interpreters*: Between literary and religious concerns. Leiden, 2012, p. 221-244 (JSRC, 16).

DiTOMMASO, L. Dating the eagle vision of 4 Ezra: A new look at an old theory. *JSP*, v. 20, p. 3-38, 1999.

EDELMAN, D. (ed.). *The triumph of Elohim*. From Yahwisms to Judaisms. Kampen, 1995 (Cbet, 13).

FABRY, H.-J. Die Qumrantexte und das biblische Kanonproblem. In: BEYERLE, S. E. et al. (eds.). *Recht und Ethos im Alten Testament* – Gestalt und Wirkung. Neukirchen-Vluyn, 1999, p. 251-271.

ILAN, T. The term and concept of Tanakh. In: FINSTERBUSCH, K.; LANGE, A. (eds.). *What is Bible?* Leuven, 2012, p. 219-234 (Cbet, 67).

JANOWSKI, B. Freude an der Tora. Psalm 1 als Tor zum Psalter. *EvTh*, v. 67, p. 18-31, 2007.

JOOSTEN, J. The origin of the Septuagint canon. In: KREUZER, S. et al. (eds.). *Die Septuaginta* – Orte und Intentionen. Tübingen, 2016, p. 688-699 (Wunt, 361).

KAMPLING, R. Grenzgebiete – Zu Strukturelementen des spätantiken Antijudaismus. In: FRANKEMÖLLE, H.; WOHLMUTH, J. (eds.). *Das Heil der Anderen*. Problemfeld: "Judenmission". Freiburg i.Br., 2010, p. 337-357 (QD, 238).

KRAEMER, D. The Mishnah. In: KATZ, S. (ed.). *The Cambridge history of Judaism*. Cambridge, 2006, v. 4: The late Roman-Rabbinic period, p. 299-315.

KRATZ, R.G. Die Tora Davids. Ps 1 und die doxologische Fünfteilung des Psalters. *ZThK*, v. 93, p. 1-34, 1996.

KRIEG, C. Javne und der Kanon. Klärungen. In: STEINS, G.; TASCHNER, J. (eds.). *Kanonisierung* – die Hebräische Bibel im Werden. Neukirchen--Vluyn, 2010, p. 133-152 (BThSt, 110).

KRUPP, M. *Einführung in die Mischna*. Frankfurt a. M., 2007.

LANG, B. The "writings". A Hellenistic literary canon in the Hebrew Bible. In: KOOJI, A. van der; TOORN, K. van der (eds.). *Canonization and decanonization*. Papers presented to the international conference of the Leiden Institute for the Study of Religion (Lisor), Held at Leiden 9-10 January 1997. Leiden et al., 1997, p. 41-65 (SHR, 82).

LANGE, A.; TOV, E. (eds.). *Textual history of the Bible*. The Hebrew Bible volume 1A. Overview articles. Leiden/Boston, 2016.

LANGER, G. *Midrasch*. Tübingen, 2016 (UTB, 4675).

LEIMAN, S.Z. *The canonization of Hebrew scripture*. The Talmudic and Midrashic evidence. 2. ed. New Haven, 1991.

LIEU, J. "The parting of the ways": Theological construct or historical reality? *JSNT*, v. 56, p. 101-119, 1994.

LIEU, J. *Neither Jew nor Greek?* Constructing Christian identity. Londres; Nova York, 2002, p. 11-29.

LIM, T. *The formation of the Jewish canon*. New Haven, 2013.

LIM, T. An indicative definition of canon. In: LIM, T. (ed.). *When texts are canonized*. Providence RI, 2017, p. 1-24 (BJSt, 359).

MACHOLZ, C. Die Entstehung des hebräischen Bibelkanons nach 4 Esra 14. In: BLUM, E. (ed.). *Die hebräische Bibel und ihre zweifache Nachgeschichte*. Festschrift für Rolf Rendtorff zum 65. Geburtstag. Neukirchen-Vluyn, 1990, p. 379-391.

MASON, S. Josephus and his twenty-two book canon. In: McDONALD, L. M.; SANDERS, J.A. (eds.). *The canon debate*. Peabody, 2002, p. 110-127.

MENDELS, D.; EDREI, A. *Zweierlei Diaspora*. Zur Spaltung der antiken jüdischen Welt. Göttingen, 2010.

NEUSNER, J. The role of scripture in the Torah: Is Judaism a "biblical religion"? In: MERKLEIN, H. et al. (eds.). *Bibel in jüdischer und christlicher Tradition*. Frankfurt a. M., 1993, p. 192-211.

NICKLAS, T. Parting of the ways? Probleme eines Konzepts. In: ALKIER, S.; LEPPIN, H. (eds.). *Juden – Christen – Heiden?* Religiöse Inklusion und Exklusion in Kleinasien bis Decius. Tübingen, 2018, p. 21-42 (Wunt, 400).

PURY, A. de. Zwischen Sophokles und Ijob. Die Schriften (Ketubim): ein jüdischer Literatur-Kanon. *Welt und Umwelt der Bibel*, v. 28, p. 24-27, 2003.

RÜGER, H.P. Das Werden des christlichen Alten Testaments. *JBTh,* v. 3, p. 175-189, 1988.

SCHÄFER, P. *Die Geburt des Judentums aus dem Geist des Christentums.* Fünf Vorlesungen zur Entstehung des rabbinischen Judentums. Tübingen, 2010a (Tria Corda, 6).

SCHÄFER, P. *Jesus im Talmud.* 2. ed. Tübingen, 2010b.

SCHIPPER, B.U. *Hermeneutik der Tora.* Studien zur Traditionsgeschichte von Prov 2 und zur Komposition von Prov 1–9. Berlim/Nova York, 2012 (Bzaw, 432).

SCHIPPER, B.U.; TEETER, D.A. (eds.). *Wisdom and Torah.* Reception of "Torah" in the wisdom literature of the Second Temple period. Leiden, 2013 (JSJ.S, 163).

SCHÜRER, E. *The history of the Jewish people in the age of Jesus Christ (175 B.C. –A.D. 135), III / 1.* Ed. G. Vermes; F. Millar; M. Goodman. Edinburgh, 1986.

SCHWARTZ, D.R. (ed.). *Was 70 CE a watershed in Jewish History?* On Jews and Judaism before and after the destruction of the Second Temple. Leiden, 2012 (Ajec, 78).

SCHWARTZ, S. *Imperialism and Jewish society 200 BCE to 640 C.E.* Princeton, 2001.

SEYBOLD, K. David als Psalmsänger in der Bibel. Entstehung einer Symbolfigur. In: DIETRICH, W.; HERKOMMER, H. (eds.). *König David* – biblische Schlüsselfigur und europäische Leitgestalt. Friburgo, 2003, p. 145-163.

SIEGERT, F. *Einleitung in die hellenistisch-jüdische Literatur.* Apokrypha, Pseudepigrapha und Fragmente verlorener Autorenwerke. Berlim/Boston, 2016.

STEINBERG, J. *Die Ketuvim* – ihr Aufbau und ihre Botschaft. Hamburg, 2006 (BBB, 152).

STEMBERGER, G. Jabne und der Kanon. In: STEMBERGER, G. *Studien zum rabbinischen Judentum.* Stuttgart, 1990, p. 375-389 (Sbab, 10).

STEMBERGER, G. Entstehung und Auffassung des Kanons im rabbinischen Denken. In: STEMBERGER, G. *Judaica Minora.* Tübingen, 2010a, v. I: Biblische Traditionen im rabbinischen Judentum, p. 69-87 (Tsaj, 133).

STEMBERGER, G. Zum Verständnis der Schrift im rabbinischen Judentum. In: STEMBERGER, G. *Judaica Minora.* Tübingen, 2010b, v. I: Biblische Traditionen im rabbinischen Judentum, p. 15-26 (Tsaj, 133).

STEMBERGER, G. *Einleitung in Talmud und Midrasch.* 9. ed. Munique, 2011.

STEMBERGER, G. Rabbinische Schriftauslegung und mündliche Tradition. *JBTh,* v. 31, p. 137-148, 2016.

STONE, M. *Fourth Ezra, Hermeneia.* Mineápolis, 1990.

ULRICH, E.C. *The Dead Sea scrolls and the developmental composition of the Bible.* Leiden, 2015 (VT.S, 169).

VIDAS, M. *Tradition and the formation of the Talmud.* Princeton, 2014.

VOLLENWEIDER, S. Antijudaismus im Neuen Testament. Der Anfang einer unseligen Tradition. In: VOLLENWEIDER, S. *Horizonte neutestamentlicher Christologie.* Studien zu Paulus und zur frühchristlichen Theologie. Tübingen, 2002, p. 125-140 (Wunt, 144).

WITTE, M. Der "Kanon" heiliger Schriften des antiken Judentums. In: WITTE, M. *Texte und Kontexte des Sirachbuches.* Tübingen, 2015, p. 39-58 (FAT, 98).

8. Sobre a história da repercussão das bíblias Judaica e Cristã

BARTH, K. *Das Evangelium in der Gegenwart.* Munique, 1935 (TEH, 25).

BECHTOLDT, H.-J. *Jüdische deutsche Bibelübersetzungen vom ausgehenden 18. bis zum Beginn des 20. Jahrhunderts.* Stuttgart, 2005.

BROER, I. Gebremste Exegese. Katholische Neutestamentler in der ersten Hälfte des 20. Jahrhunderts. In: BREYTENBACH, C.; HOPPE, R. (eds.). *Neutestamentliche Wissenschaft nach 1945.* Hauptvertreter der deutschsprachigen Exegese in der Darstellung ihrer Schüler. Neukirchen-Vluyn, 2008, p. 59-112.

BRETTLER, M.Z. *How to read the Jewish Bible.* Oxford, 2006.

BREYTENBACH, C. Das II. Vatikanische Konzil und "evangelische" Exegese des Neuen Testaments. *BThZ,* v. 31, p. 342-358, 2014.

BRUNI, A.M. Georgian translations. In: LANGE, A.; TOV, E. (eds.). *Textual history of the Bible.* The Hebrew Bible. Leiden/Boston, 2016, v. 1a: Overview articles, p. 375-385.

BRUNI, A.M. Old Church Slavonic translations. In: LANGE, A.; TOV, E. (eds.). *Textual history of the Bible.* The Hebrew Bible. Leiden/Boston, 2016. v. 1a: Overview articles, p. 393-408.

BURKE, D.G.; KUTSKO, J.F.; TOWNER, P.H. (eds.). *The King James version at 400.* Assessing its genius as Bible translation and its literary influence. Atlanta, 2013.

CAMPBELL, G. *Bible*: The story of the King James version, 1611-2011. Oxford, 2010.

CARBAJOSA, I. Peshitta. In: LANGE, A.; TOV, E. (eds.). *Textual history of the Bible*. The Hebrew Bible. Leiden/Boston, 2016, v. 1a: Overview articles, p. 262-278.

COX, C. Armenian translations. In: LANGE, A.; TOV, E. (eds.). *Textual history of the Bible*. The Hebrew Bible. Leiden/Boston, 2016, v. 1a: Overview articles, p. 370-375.

DUHM, B. *Das Buch Jesaja*. Göttingen, 1892 (HKAT, III/1).

EBELING, G. Die Bedeutung der historisch-kritischen Methode für die protestantische Theologie und Kirche. *ZThK*, v. 47, p. 1-46, 1950.

EBELING, G. *Wort und Glaube*. 3. ed. Tübingen, 1967, v. I, p. 1-49.

EGO, B. Targumim. In: LANGE, A.; TOV, E. (eds.). *Textual history of the Bible*. The Hebrew Bible. Leiden/Boston, 2016, v. 1a: Overview articles, p. 239-262.

EHRLICH, C.S. Die Bibel im Judentum. In: EHRLICH, C.S. *Bibel und Judentum*. Beiträge aus dem christlich-jüdischen Gespräch. Zurique, 2004, p. 31-46.

ELBOGEN, I. *Der jüdische Gottesdienst in seiner geschichtlichen Entwicklung*. 3. ed. Frankfurt a. M., 1931.

FELMY, K.C. *Einführung in die orthodoxe Theologie der Gegenwart*. 2. ed. Berlim, 2011.

FISHBANE, M. *Biblical interpretation in ancient Israel*. Oxford, 1985.

FISHBANE, M. *Jewish hermeneutical theology*. Leiden, 2015.

GALLEY, S. et al. *Die Hebräische Bibel*. Eine Einführung. Darmstadt, 2004.

GERTZ, J.C. Das Alte Testament – Heilige Schrift des Urchristentums und Teil der christlichen Bibel. In: GRAF, F.W.; WIEGANDT, K. (eds.). *Die Anfänge des Christentums*. Frankfurt a. M., 2009, p. 231-260.

GESUNDHEIT, S. Gibt es eine jüdische Theologie der Hebräischen Bibel? In: JANOWSKI, B. (ed.). *Theologie und Exegese des Alten Testaments / der Hebräischen Bibel. Zwischenbilanz und Zukunftsperspektiven*. Stuttgart, 2005, p. 73-86 (SBS, 200).

GESUNDHEIT, S. Gedanken zum jüdischen Offenbarungsverständnis. *ZThK*, v. 115, p. 125-136, 2018.

GRAVES, M. Vulgate. In: LANGE, A.; TOV, E. (eds.). *Textual history of the Bible*. The Hebrew Bible. Leiden/Boston, 2016, v. 1a: Overview articles, p. 278-289.

HAHN, F. Der Beitrag der katholischen Exegese zur neutestamentlichen Forschung. *VuF,* v. 18, n. 2, p. 83-98, 1973.

JOOSTEN, J. How Hebrew became a holy language. *BAR,* v. 43, p. 44-49, 62, 2017.

KALIMI, I. (ed.). *Jewish Bible theology.* Perspectives and case studies. Winona Lake, 2012.

KARAKOLIS, C. Erwägungen zur Exegese des Alten Testaments bei den griechischen Kirchenvätern. In: DIMITROV, I. Z. et al. (eds.). *Das Alte Testament als christliche Bibel in orthodoxer und westlicher Sicht.* Tübingen, 2004. p. 21-38 (Wunt, 174).

KASHER, R. The interpretation of scripture in rabbinic literature. In: MULDER, M.J. (ed.). *Mikra*. Text, translation, reading, and interpretation of the Hebrew Bible in ancient Judaism and early Christianity. Assen/Filadélfia, 1990, p. 547-594 (CRI, II/1).

KEEL, O. *Das Böcklein in der Milch seiner Mutter und Verwandtes*. Im Lichte eines altorientalischen Bildmotivs. Göttingen, 1980 (OBO, 33).

KEEL, O. Eine Replik auf die Stellungnahme von Dr. S. Lauer und Prof. Petuchowski zum "Böcklein in der Milch seiner Mutter". *Judaica,* v. 37, p. 234-235, 1981.

KLAUCK, H.-J. Die katholische neutestamentliche Exegese zwischen Vatikanum I und II. In: KLAUCK, H.-J. *Religion und Gesellschaft im frühen Christentum* [s.d.], p. 360-393 (Wunt, 152).

KLAUCK, H.-J. Alle Jubeljahre: Zum neuen Dokument der Päpstlichen Bibelkommission. In: KLAUCK, H.-J. *Religion und Gesellschaft im frühen Christentum.* Neutestamentliche Studien. Tübingen, 2003, p. 394-420 (Wunt, 152).

KNAUF, E.A. Zur Herkunft und Sozialgeschichte Israels. "Das Böckchen in der Milch seiner Mutter". *Bib.*, v. 69, p. 153-169, 1988.

KNAUF, E.A. *Data and Debates.* Essays in the History and Culture of Israel and its Neighbors in Antiquity. Münster, 2013, p. 37-47 (Aoat, 407).

KOSELLECK, R. *Vergangene Zukunft.* Zur Semantik geschichtlicher Zeiten. Frankfurt a. M., 1979.

KRAUS, W.; KARRER, M. (eds.). *Septuaginta Deutsch.* Das griechische Alte Testament in deutscher Übersetzung. Stuttgart, 2009.

KREUZER, S. Entstehung und Überlieferung der Septuaginta. In: KREUZER, S. (ed.). *Handbuch zur Septuaginta (LXX.H).* Gütersloh, 2016, v. 1: Einleitung in die Septuaginta, p. 29-88.

KROCHMALNIK, D. *Im Garten der Schrift.* Wie Juden die Bibel lesen. Augsburg, 2006.

LAUER, S. Kultpolemik – Theorie und / oder Heiligkeitsgesetz. Zu O. Keel, Das Böcklein in der Milch seiner Mutter und Verwandtes. *Judaica*, v. 37, p. 161-162, 1981.

LEGASPI, M. *The death of scripture and the rise of biblical studies.* Oxford, 2010.

LEVENSON, J.D. Warum Juden sich nicht für biblische Theologie interessieren. *EvTh*, v. 51, p. 402-430, 1991.

LEVINSON, B.M. *Der kreative Kanon.* Innerbiblische Schriftauslegung und religionsgeschichtlicher Wandel im alten Israel. Tübingen, 2012.

LINNEMANN, E. *Bibelkritik auf dem Prüfstand* – Wie wissenschaftlich ist die "wissenschaftliche Theologie"? Nürnberg, 1998.

LINNEMANN, E. Original oder Fälschung. Historisch-kritische Theologie im Licht der Bibel. 2. ed. Bielefeld, 1999.

LUZ, U. (ed.). *Zankapfel Bibel.* Eine Bibel – viele Zugänge. Zurique, 1992.

LUZ, U. The significance of the Church Fathers for biblical interpretation in western protestant perspective. In: LUZ, U. *Studies in Matthew*. Grand Rapids/Cambridge, 2005, p. 290-312.

LUZ, U. *Theologische Hermeneutik des Neuen Testaments.* Neukirchen-Vluyn, 2014.

MÜLLER-KESSLER, C. Christian Palestinian Aramaic Translation. In: LANGE, A.; TOV, E. (eds.). *Textual History of the Bible.* The Hebrew Bible. Leiden/Boston, 2016, v. 1a: Overview articles, p. 385-393.

NICKELSBURG, G.W.E. *Jüdische Literatur zwischen Bibel und Mischna*. Eine historische und literarische Einführung. Berlim/Dortmund, 2018 (Antz, 13).

PENTIUC, E.J. *The Old Testament in eastern orthodox tradition.* Oxford, 2014.

PERROT, C. The reading of the Bible in the ancient Synagogue. In: MULDER. M.J. (ed.). *Mikra*. Text, translation, reading, and interpretation of the Hebrew Bible in ancient Judaism and early Christianity. Assen/Filadélfia, 1990, p. 137-159 (CRI, II/1).

PETUCHOWSKI, J.J. Das rabbinische Verständnis vom "Böcklein in der Milch seiner Mutter". Zu O. Keel, Das Böcklein in der Milch seiner Mutter und Verwandtes. *Judaica*, v. 37, p. 163-165, 1981.

POLLIACK, M. Jewish Arabic translations. In: LANGE, A.; TOV, E. (eds.). *Textual history of the Bible.* The Hebrew Bible. Leiden/Boston, 2016, v. 1a: Overview articles, p. 289-309.

PORTER, S. E. *Constantine Tischendorf.* The life and work of a 19th century Bible hunter. Including Constantine Tischendorf's when were our gospels written? Londres, 2015.

POSSET, F. *Johann Reuchlin (1455-1522).* A theological biography. Berlim/Boston, 2015 (AKG, 129).

REBENICH, S. *Jerome.* Abingdon, 2002.

ROGERSON, J.W. Die Bibel lesen wie jedes andere Buch? Auseinandersetzungen um die Autorität der Bibel vom 18. Jahrhundert an bis heute. In: CHAPMAN, S. et al. (eds.). *Biblischer Text und theologische Theoriebildung.* Neukirchen-Vluyn, 2001, p. 211-234 (BThSt, 44).

RUPPERT, L. Der Weg der neueren katholischen Exegese vornehmlich im Bereich des Alten Testaments. In: KAUFMANN, G. (ed.). *Tendenzen der katholischen Theologie nach dem Zweiten Vatikanischen Konzil.* Munique, 1979, p. 43-63.

RUPPERT, L. Die historisch-kritische Methode der Bibelexegese im deutschen Sprachraum: Vorgeschichte, gegenwärtige Entwicklungen, Tendenzen, Aufbrüche. In: RUPPERT, L. *Studien zur Literaturgeschichte des Alten Testaments.* Stuttgart, 1994, p. 266-307 (Sbab, 18).

SCHÄFER, P. *Die Geburt des Judentums aus dem Geist des Christentums.* Fünf Vorlesungen zur Entstehung des rabbinischen Judentums. Tübingen, 2010 (Tria Corda, 6).

SCHECHTER, S. *Seminary addressees and other papers.* Cincinnati, 1915.

SCHMID, K. (ed.). *Schöpfung.* Tübingen, 2012 (TdT, 4).

SCHMID, K. *Schriftgelehrte Traditionsliteratur.* Fallstudien zur innerbiblischen Schriftauslegung im Alten Testament. 2. ed. Tübingen, 2014 (FAT, 77).

SCHMID, K. Die Schrift als Text und Kommentar verstehen. Theologische Konsequenzen der neuesten literaturgeschichtlichen Forschung an der Hebräischen Bibel. *JBTh,* v. 31, p. 47-63, 2016.

SEIDEL, H.W. *Die Erforschung des Alten Testaments in der katholischen Theologie seit der Jahrhundertwende* (1962). Ed. C. Dohmen. Frankfurt a. M., 1993 (Athenäums Monographien Theologie, 86).

SEMLER, J.S. *Abhandlung von freier Untersuchung des Canon.* Halle, 1771-1775 (4 v.).

SIGISMUND, M. Gothic Translations. In: LANGE, A.; TOV, E. (eds.). *Textual history of the Bible.* The Hebrew Bible. Leiden/Boston, 2016, v. 1a: Overview articles, p. 416-419.

SMEND, R. Wellhausen und das Judentum. *ZThK*, v. 79, p. 249-282, 1982.

SOMMER, B. Dialogical biblical theology. A Jewish approach to reading scripture theologically. In: PERDUE, Leo G. et al. (eds.). *Biblical theology*. Introduction and conversation. Nashville, 2009, p. 1-53.

SOMMER, B. *Jewish concepts of scripture*. A comparative introduction. Nova York, 2012.

SPERBER, A. (ed.). *The Bible in Aramaic based on old manuscripts and reprinted texts*. Leiden, 1959-1973 (4 v. em 5 partes).

SPERLING, D.S. (ed.). *Students of the covenant*. A History of Jewish biblical scholarship in North America. Atlanta, 1992.

STERN, D. *The Jewish Bible*. A Material history. Seattle/Londres, 2017.

STÖKL BEN EZRA, D. *Qumran*. Die Texte vom Toten Meer und das antike Judentum. Tübingen, 2016 (UTB, 4681).

STOLT, B. *Martin Luthers Rhetorik des Herzens*. Stuttgart, 2000.

STONE, T.J. *The compilational history of the Megilloth*. Canon, contoured intertextuality and meaning in the writings. Tübingen, 2013 (FAT, I 0/59).

STYLIANOPOULOS, T.G. *The New Testament*. An orthodox perspective. Brookline, Mass., 1997, v. 1: Scripture, Tradition, Hermeneutics.

STYLIANOPOULOS, T.G. *The making of the New Testament*. Church, gospel, and canon. Brookline, Mass., 2014.

SWEENEY, M.A. *Tanak*. A theological and critical introduction to the Jewish Bible. Mineápolis, 2012.

TILLY, M. *Einführung in die Septuaginta*. Darmstadt, 2005.

TREBOLLE BARRERA, J. *The Jewish Bible and the Christian Bible*. An introduction to the history of the Bible. Leiden/Grand Rapids, 1998.

TREBOLLE BARRERA, J. Vetus Latina. In: LANGE, A.; TOV, E. (eds.). *Textual history of the Bible*. The Hebrew Bible. Leiden/Boston, 2016, v. 1a: Overview articles, p. 319-331.

TROELTSCH, E. Über historische und dogmatische Methode in der Theologie (1900). In: VOIGT, F. (ed.). *Ernst Troeltsch Lesebuch*. Tübingen, 2003. p. 2-25 (UTB, 2452).

VOLLANDT, R. Arabic (Christian) translations. In: LANGE, A.; TOV, E. (eds.). *Textual history of the Bible*. The Hebrew Bible. Leiden/Boston, 2016, v. 1a: Overview articles, p. 408-416.

WALLRAFF, M. et al. (eds.). *Basel 1516:* Erasmus' edition of the New Testament. Tübingen, 2016 (Spätmittelalter, Humanismus, Reformation, 91).

WREDE, W. Über Aufgabe und Methode der sogenannten Neutestamentlichen Theologie. In: STRECKER, G. (ed.). *Das Problem der Theologie des Neuen Testaments.* Darmstadt, 1975, p. 81-154 (original de 1897) (WdF, 367).

ZEWI, T. Samaritan Arabic translations. In: LANGE, A.; TOV, E. (eds.). *Textual history of the Bible.* The Hebrew Bible. Leiden/Boston, 2016, v. 1a: Overview articles, p. 309-315.

Identificação das fontes para o emprego das imagens

P. 23: Biblioteca Laurenziana, Florença. © bpk-images/Scala.

P. 42, 90: RENZ, J.; RÖLLIG, W. *Handbuch der althebräischen Epigraphik.* Darmstadt, 1995. v. III, quadro XXXVIII, n. 8, quadro 1, n. 1.

P. 43, 48, 50, 58, 59, 61, 397: ALAN, K.; ALAND, B. *Der Text des Neuen Testaments.* 2. ed. Stuttgart, 1989, p. 99, 23, 25, 98, 104, 101, 15.

P. 45, 46, 51, 52, 53, 73, 85, 87, 88, 89, 96, 395: FISCHER, A.A. *Der Text des Alten Testaments.* Stuttgart, 2009. Ilust. 26, 24, 6, 9, 11, 1, 13, 14, 48, 5, 3, 47.

P. 56, 84: TOV, E. *Textual criticism of the Hebrew Bible.* 3. ed. Mineápolis, 2012. p. 383 (quadro 1), p. 400 (quadro 17).

P. 60: <https://de.wikipedia.org/wiki/Papyrus_72#/media/File:Papyrus_Bodmer_VIII.jpg>.

P. 77, 78: © Stiftung BIBEL+ORIENT, Freiburg/Schweiz.

P. 91: MAZAR, E.; BEN-SHLOMO, D.; AḤITUV, S. An Inscribed Pithos from the Ophel. *IEJ,* Jerusalém, v. 63, p. 39-41, 2013, p. 41.

P. 92: McCARTER, P.K.; BUNIMOVITZ, S.; LEDERMAN, Z. An Archaic Ba'al Inscription from Tel Beth-Shemesh. *Tel Aviv,* v. 38, p. 179-193, 2011, p. 181.

P. 93: SASS, B. The Khirbet Qeiyafa Ostracon in its Setting. In: SCHROER, S.; MÜNGER, S. (eds.). *Khirbet Qeiyafa in the Shephelah.* Papers presented at a colloquium of the Swiss Society for ancient near eastern studies held at the University of Bern, September 6, 2014. Fribourg; Göttingen, 2017, p. 87-111, p. 88. (OBO, 282).

P. 94: WEIPPERT, H.; WEIPPERT, M. Die "Bileam"-Inschrift von Tell Der 'Alla. *ZDPV,* v. 98, p. 77-103, 1982, p. 80.

P. 95: MESHEL, Z. *Kuntillet Ajrud.* Jerusalém, 2012, p. 115.

P. 98: <https://cdli.ucla.edu/search/search_results.php?SearchMode=Text&ObjectI D=P271091>.

P. 99: HOROWITZ, W. et al. *Cuneiform in Canaan.* Jerusalém, 2006, p. 232 ("Megiddo 1").

P. 133: <https://commons.wikimedia.org/wiki/File:P1050771_Louvre_code_Hammurabi_bas_relief_rwk.JPG>.

P. 139: LAUINGER, J. Esarhaddon's succession treaty at Tell Tayinat: Text and commentary. *JCS,* v. 64, p. 87-123, 2012, p. 89.

P. 149: PEARCE, L.E.; WUNSCH, C. *Documents of Judean exiles and west Semites in Babylonia in the collection of David Sofer.* Bethesda, 2014, quadro 1.

P. 153: GERTZ, J.C. (ed.). *Grundinformation Altes Testament.* 5. ed. Göttingen, 2016. p. 367.

P.324: <https://upload.wikimedia.org/wikipedia/commons/b/bb/Nag_Hammadi_Codex_II.jpg>.

P. 371: <https://commons.wikimedia.org/wiki/File:Babylonian_Talmud_Seder_Zera'im. jpg>.

P. 387: SCHRIJVER, E.; WIESEMANN, F. (ed.). *Schöne Seiten.* Jüdische Schriftkultur aus der Braginsky Collection. Zurique, 2011, p. 306, ilust. 99.

P. 404: REINHARDT, Volker. *Der Göttliche.* Das Leben des Michelangelo. Munique, 2010. Quadro 2.

P. 406: KERMANI, Navid. *Ungläubiges Staunen.* Über das Christentum. Munique, 2015, p. 200-201.

P. 407: <https://upload.wikimedia.org/wikipedia/commons/e/ee/Gentileschi_Artemisia_Judith_Beheading_Holofernes_Naples.jpg>.

P.408: <https://upload.wikimedia.org/wikipedia/commons/e/ee/Apsis_mosaic%2C_Santa_Pudenziana%2C_Rome_W2.JPG>.

P. 409: REINHARDT, V. *Leonardo da Vinci.* Das Auge der Welt. Munique, 2018, p. 128-129.

P. 410: <https://upload.wikimedia.org/wikipedia/commons/5/5f/Grunewald_Isenheim1. jpg>.

P. 411: <https://upload.wikimedia.org/wikipedia/commons/6/6f/Arnold_Böcklin_-_Der_Krieg.jpg>.

Mapas: © *Peter Palm, Berlim.*

Índice de passagens bíblicas

Bíblia Hebraica / Antigo Testamento

Gênesis
1–11 142, 153, 160
1,1 167
1,2 143n. 99
1,6 143n. 99
1,26-28 169
1,27 243
2–3 170
2,2 LXX 219
2,24 243
4,2 217
5,1 169
5,21-24 350
6,1-4 193, 203
6,5-8 170
6,13 153
8,20-22 170
9 152-153
9,6 169
9,14s. 152
9,20a 217
10 152
11,1-9 218
12,1-6 217
12,2-3 136
14,12–15,3 44
14,17-20 254
14,18 213
15,6 264
17 153, 264
21,28–22,3 370
22 379
22,2 213
28,13s. 136
28,20-22 99

Êxodo
1,6-8 103, 160
1,13s. 133
2,1-10 104-105
8,22 126
13,11a 213
16 135
17,4 126
19,12s. 126
20 44, 213
20–23 122, 128
20,2-7 213n. 176
20,17 213
21,2-7 130, 132
21,28-32 126
22,3.6 173
23,20 231
24,4 66
24,8 32-33
25–29 203
25–31 142
31,12-17 135
32,4 71
34 263, 266
34,10-16 203
34,28 66
34,34 266
35–40 142, 161, 203

Levítico
16 254
17–18 272
17–26 122
19,18 242
19,36 252
25,39-46 133

Números
4,21 219
6,24-26 51
21,14 75
22–24 87
33,2 67
34,26–35,8 79 (foto)

Deuteronômio
1,5 127
4,2 182
4,8 127
6,4 224-225, 257
6,4s. 242
6,4-9 156
6,17 129
7,25s. 203
11,29b 213
11,30 213
12–26 122
12,13-19 98, 163
12,14 213
13,1 182
15,12-18 130, 132
16,2 213
16,21 71
17,18 127
23,1-7 164
24,1-4 243
27,2b-3a 213
27,3 127
27,4-7 213
28,45 129
29,20 127
30,10 127
30,19 164, 183

443

31,9 67
31,22 67
31,26 127
31,28 164, 183
32,1 164, 183
32,8s. 148
32,43 49 (foto)
34,6-12 67
34,10 183
livro 127-133

Josué
1,7 184
1,8 377
7,24s. 126
10,13 75
24 95

Juízes
2,11-19 113
3–9 113-114
3,7-11 113
9 120
livro 112-114

1Samuel
8,6-8 95
9,15-17 95
23,9-13 49 (foto)
30,6 126

2Samuel
1,18 75
8,2-10 68

1Reis
5,12 68
8,12s. 109
8,21 190
8,27 145
8,30-39.44-45 145
8,53 LXX 75, 109
11,41 75
12 100
12,28 71, 102
14,19 75

14,29 75
22,6-22 118

2Reis
2,11s. 185
3,26s. 87
9 88
12,11 94
16,32 101
17 113
17,5-23 212
17,24 112, 211-212
17,24-41 112, 212
20,20 89
21,1 191
22–23 70
22,14 114
24,14 138, 142
25 113
25,18 141
25,19 94
25,21 138

Isaías
3,13–5,1 274
5,3 115
5,7 115
5,25-30 115
6,1-11 145
6,9s. 120
7,14 278
9,7-9 116
9,7-20 115
9,12 116
10,1-4 115
27,9 265
34,2-4 161
35,5s. 277
40,1s. 111, 139
40,3 158
40,3s. 143
40,6-20 50 (foto)
43,16-21 167
44,28 111, 154
45,1 111
45,5-7 135

45,21 261
45,23 LXX 266
53,4 256
53,5 256
53,7s. LXX 256
53,8-10 255
53,9 256
53,12 256
54,1 298
56–59 159
56–66 158
56,3-7 164
57,14 158
57,20s. 159
58,6 239
59,20s. 265
60–62 158
60,7.9.13 192
61,1-2 239
63–66 159
64,3 232
65–66 159, 186
65,1-15 159
65,13-17 167
65,17 168
65,17-25 164, 167, 183

Jeremias
7,25-27 155
9,23 266
12,15 261
17,7s. 338
23,1s. 166-167
23,1-6 166, 167
23,5s. 166-167
24,9s. 136
25,9 154
26,2 182n. 134
27,6 154
31,31 32
31,31-34 156, 255
31,33s. 156
36,12 94
38,31-34 LXX 33, 255
38,31 LXX 32
39–41 137

444

41,5 137
43,10 154
52,12 137
52,25 94

Ezequiel
1 145
1,6 144
1,22 144
1,25-28 144
7,2s. 153
36,26s. 157
40–48 203
livro 142-145

Oseias
4–11 121

Joel
3,1-5 261
3,5 266

Amós
4,6-12 116
5,4-6 116
7,14s. 120
8,2 153
9,11s. 261

Ageu
1,2-11 149

Zacarias
1,3 185
9–14 186
9,1 185
12,1 185

Malaquias
1,1 185
3,1 185
3,7 185
3,22-24 184-185, 337

Salmos
1,1-6 107
2 108

2,4 145
8,7 231, 231n. 209
15,8-11 LXX 253
16 253
18 108
20 100
21 108
23,1 LXX 266
24 71
24,7-10 70
29 100
41,14 337
45 105-106
56,8 109
59,6.9 109
68 100
72 115
72,18s. 337
82 148-149
89,53 337
93,1-4 110
106,48 337
109,1 LXX 231, 253
109,4 LXX 255
110 115
110,1 230
137 108
146,6 252
151 198

Provérbios
1,1 68
8,22-31 257
10–29 111
22–24 111
30,6 182n. 134

Jó
1,1 170
1,3 171
1,17 171
42,7 172
42,10-12 173
livro 170-174

Cântico dos Cânticos
1,1 68
livro 340

Rute
4,18-22 339

Lamentações
1,1 LXX 139n. 95
5,21s. 139
livro 139-140

Eclesiastes
1,1 68, 180
1,9 180
1,9-11 168
3,11-13 180
12,12-14 180n. 131
livro 179-180, 340

Ester
3,12 94
8,9 94
livro 182

Daniel
1–6 154
7–12 178
9,2 20
12,1-3 251
livro 179

Esdras
1,1-3 191
4,1-5 213
5,1 192
6,14 192
7,10 161
7,12-26 162
7,26 162
7,27 192

Neemias
5 157
8,5-8 74
9,3 161

445

1Crônicas
10 190
11–29 154, 190

2Crônicas
1–9 154, 190

5,10 190
6,5 190
6,11 190
7,22 190
20,10 190
24,11 94

32,3-4.30 89
35,25 139
36,11-14 191
36,20s. 138
36,22s. 191
36,23 338

Escritos adicionais da Septuaginta

Judite
13 379

Tobias
livro 27n. 13, 61, 197, 234

1Macabeus
12,9 20

2Macabeus
2,13 188n. 140
2,19-21 146
8,1 146
15,9 188

Odes 28

Sabedoria de Salomão (Sapientia Salomonis)
7,26 258
9,9 258
13,1-9 232

Sirácida (Eclesiástico)
Prólogo 28n. 15, 187, 334-335
4,1 232
5,11 232
6,19 232

17,26 232
24,3-9 258
24,23 177
39,1 28n. 15
51,23 94
livro 27n. 13, 28n. 15

Baruc
4,1 177

Novo Testamento

Mateus
1,22s. 247, 278
2,1-18 306
3,15 247
5,17 247, 273
5,17s. 295
5,17-20 245
5,48 245
7,12 334
8,17 256n. 246
9,13 298
10,5s. 295
11,5s. 241
12,18-27 242
14,22-33 295n. 295
15 244
15,1-20 242
15,24 295
16,18 295

19,3-9 242
22,14 298
22,36-39 242
22,40 334
23,2.5-7.23 244
25,41-26,18 56 (foto)
26,56 247
28,5s. 251
28,19s. 296
livro 273-274n. 261, 293-296

Marcos
1,1 54 n. 41
1,1-2 54
1,40-44 299
2,17 298
2,23-27 242
2,28 244

3,1-6 242
4,3-34 292
7 244
7,1-21 242
7,19 244
8,34–9,1 292
10,2-9 242
10,19 232
12,18 65
12,26s. 252
12,28-31 242
12,29 225
16,6 251
16,9-20 314

Lucas
1,32 296
2,21 238

2,30-32 296
2,41-52 238
4,16-20 22
4,16-21 229
4,18s. 239, 296
5,32 298
7,22 241
10,25-27 242
10,30-35 212n. 175
13,10-17 242, 244
14,1-6 242, 244
16,16 334
16,29.31 334
22,20 32
24,26s. 252
24,27 334
24,44 226, 252, 334
livro 293-294, 296

João
1,1 236
1,3 257
1,14 237, 258
1,45 247, 334
2,22 237
5,39 247
7,41s. 247
7,53–8,11 298
9,22 275
10,30 237
12,16 237
12,42 275
13,1-30 297
13,18 247
13,24 382
13,31–16,33 297
14–16 237
16,2 275
17,1-26 297
17,12 247
19,24.28.36 247
21 314-315
livro 281n. 273, 296-297

Atos dos Apóstolos
2 261
2,17 272
2,21 266
2,35s. 253
6,1 234n. 223
7,1-53 230
7,48 261
8,32s. 256
11,19s. 249
13,15s. 229
15 260
15,16-18 261
15,20.28 260, 272
15,20.29 280n. 272
15,21 360
17,22-31 227
17,28 227
19,9 94
20,28 272
20,35 227
21–28 259
21,25 260, 280n. 272
23,8 65
26,14 228
28,23 334
28,25-28 296

Romanos
1,2 21, 229
1,16 259
1,18-32 232
3,21 334
3,22 264
3,25 254
3,30 229
4 264, 266
4,17s. 251
4,24 264
4,25 256
9–11 264-265
10,9 251, 271, 291n. 286
10,12 264
10,13 266
11,17-24 265, 280

11,25 265
11,26 265
14,14 291n. 287
15,24.28 259
15,29-33 55 (foto)
16,25-27 55 (foto)
livro 259n. 247

1Coríntios
1,31 266
2,9 232, 335
7,10s. 290
7,19 259
8,6 257, 260, 271
9,10 232
9,14 290
9,22 274
10 230
10,1-13 262
10,6.11 262
10,2 262
10,21 262
10,26 266
10,32 274n. 262
11,2 291n. 285
11,23b-25 290
11,25 32
14,37 291n. 287
15,3-5 252, 253
15,33 227n. 202
16,22 234

2Coríntios
3 230, 263, 266
3,5s. 31
3,14s. 32, 229
4,4 258
10,17 266
11,22 263

Gálatas
2 260
3,6-29 264
3,28 224n. 195, 259, 272n. 257
4,21-31 32, 230

447

Filipenses
2,10s. 266

Colossenses
1,15 258
1,16s. 257

Tessalonicenses
1,9 229
1,9s. 260
4,15 291n. 287

1Timóteo
3,15 21

2Timóteo
2,19 232

Tito
1,5 227
1,12 227
1,13 227

Hebreus
1,1s. 229
1,2 257, 272
1,3 258
5,6 255
7,1-3 255
7,17 255
8 255
8–10 272
8,8b-12 33
8,13 33
9,5 254
9,15 33
9,20 33
9,26 254
13,23 324

Tiago
1,19 232
livro 64n. 50

1Pedro
2,21-24 256
2,25 256
3,19 231

2Pedro
3,1 326

1João
livro 281n. 273

2João
livro 281n. 273, 312n. 314

3João
livro 281n. 273, 312n. 314

Judas
14 231

Apocalipse
1,1 177
1,1.4.9 283
6,1-8 383
21,1 283
22,8 283
22,18s. 182n. 134

Índice de autores e escritos antigos

Escritos judaicos antigos e rabínicos
Qumran

1Q20 (Gênesis-Apócrifo) 193, 198
1Q28 (1QS, Regra da Comunidade) 195, 196, 334
1Q28a (1QSa, Regra da Congregação) 195, 196
1QH (Rolo dos hinos) 195
4Q37 (4QDeut[j]) 148
4Q158 199
4Q196-200 (Tobias) 198
4Q364-367 (Reworked Pentateuch) 199

4Q397 (4QMMT[d], Algumas obras da Torá) 199, 201-202, 216, 226, 334, 335
4Q521 (Apocalipse messiânico) 241
4Q550 (Proto-Ester) 195n. 148
11Q5 (11QSalmos[a]) 68, 335n. 340
11Q19–21 (Rolo do Templo) 203
CD (Escrito de Damasco) 156n. 115, 196

Outros escritos judaicos antigos e rabínicos

Agadá 346, 361
Apocalipse de Abraão 62
Áquila (tradutor bíblico) 208, 209, 278
Aristeias, Carta de 62, 204-207, 355
Aristóbulo 205
Birkat ha-Minim 275
3Esdras (Livro) 62
4Esdras (Livro) 62, 178, 179, 274, 343n. 353
Exodus Rabbah 361
Flávio Josefo
  "Antiguidades judaicas" 186, 205
  "Contra Apião" 341, 360
  "Sobre a guerra judaica" 195n. 149
Fílon de Alexandria
  "Comentário alegórico" 217, 218, 220, 222
  "Contra Flaco" 221n. 191, 222

"Embaixada a Caio" 215, 222
"Explicação da lei" 220
"Interpretação alegórica da lei" 218-220
"Perguntas e soluções" 220
"Sobre a agricultura" 217
"Sobre a caminhada de Abraão" 217
"Sobre a confusão das línguas" 218
"Sobre a criação do mundo" 258
"Sobre a vida contemplativa" 216
"Sobre leis especiais" 258
"Sobre os sonhos" 360
Gemara 26, 346
Hagadá; *cf.* Agadá
Halacá 346
José e Aseneth 62
Josefo; *cf.* Flávio Josefo
Leptogenesis; *cf.* Livro dos Jubileus

449

Liber Antiquitatum Biblicarum 193, 213, 335
  cf. tb. Pseudo-Fílon
Literatura henoquiana 62, 65, 177-178, 182, 193, 197, 197n. 153, 202-203, 350
  cf. tb. "judaísmo henóquico"
Livro dos Jubileus 62, 65, 193, 197, 202, 234, 274, 335, 358
Livro dos Guardiões 203
3Macabeus (Livro) 62
4Macabeus (Livro) 62, 188
Martírio de Isaías 62, 274
Mixná 26, 345-347, 349, 361
Berakhot 347
Pirke Avot 346-347, 363
Moisés, Assunção de 61, 62
Oração das 18 bênçãos 275
Oráculos sibilinos
Peschitta 357
Pseudo-Fílon 194n. 147
  cf. tb. Liber Antiquitatum Biblicarum

Salmos de Salomão 62, 234
Símaco (Tradutor bíblico) 208, 209
"Tábuas do céu" 193
Talmude 26, 345-346, 348-352, 355
Talmude babilônico
  Baba Batra 67
  Eruvin 362, 363
  Makkot 213n. 176
  Megilla 360
  Menachot 360-361
  Soferim 355
Targumim 43 (foto), 200, 208
Testamentos dos doze patriarcas 62, 188n. 141
Teodócio (tradutor da Bíblia) 208-209, 278
Toledot Jeschu 270n. 254
Tosefta, Yadaim 345, 351
Vida de Adão e Eva 62

Autores cristãos primitivos e escritos fora da Bíblia

Pais apostólicos

Carta de Barnabé 33, 36, 231, 236, 276, 283, 287, 298, 325, 332
1ª Carta de Clemente 60n. 45, 281, 283, 286, 298
2ª Carta de Clemente 298, 311
Didaquê 61, 228n. 204, 281, 285-286, 298, 298n. 297, 299
Diogneto, Carta a 285
Doutrina dos doze apóstolos; *cf.* Didaquê
Inácio de Antioquia 275-276, 285, 286, 318

Pais apostólicos (coletânea de escritos) 284-286, 298
Papias de Hierápolis 285, 311-313, 324
Pastor de Hermas 61, 283, 286n. 276, 287, 311, 322, 327, 331-332
Policarpo de Esmirna 285
Quadratus, fragmentos de 285, 299, 318

Apócrifos cristãos antigos

"Apócrifos do Novo Testamento" 63, 287
Ascensão de Isaías 274
5Esdras 274

6Esdras 274
Evangelho dos Ebionitas 273, 288, 300
Evangelho dos Egípcios 300

Evangelho de Filipe 287
Evangelho de Maria 288, 305
Evangelho de Pedro 237, 281, 302
Evangelho de Tomé 62, 237,
  287-288, 301-303, 304 (foto)
Evangelho dos Hebreus 312-313
Evangelhos judeu-cristãos 237, 273,
  300
Protoevangelho de Tiago 305-306

Outros autores e escritos cristãos antigos

Atanásio de Alexandria 28, 34,
  60-61
Cânone Muratori 309-310, 321-323,
  325-326, 330
Cirilo de Jerusalém 28, 34, 325
Clemente de Alexandria,
  "Hipotiposes" 309, 325
Confissão de fé; *cf.* Credo apostólico
Credo apostólico 329
Diatessaron 19, 30, 307n. 306, 315,
  357
Dídimo, o cego 298n. 298
Epifânio de Salamis 300
Eusébio de Cesareia 215, 300-302,
  309, 311-313, 324-325
Hegesipo 287n. 277
Hexapla 209
Hipólito, "Refutação de todas as
  heresias" 287n. 277
Ireneu
  "Contra as heresias" 34,
  278n. 268, 287n. 277, 308n. 307,
  309, 329
"Denúncia e refutação do falso
  conhecimento" 308
Jerônimo 21, 27n. 14, 64, 300, 307,
  315, 357, 369
Justino
  "Apologia" 277
  "Diálogo com Trifão" 276n. 267,
  278
Marcião 35-36, 311, 319-321
Melito de Sardes 34-35
Orígenes 34-36, 209, 222, 300, 309,
  323-324, 325n. 325
Pais da Igreja 64, 374
Serapião de Antioquia 301
Taciano 30, 307n. 306, 314, 315, 357
Tertuliano
  "Contra Marcião" 321
  "Sobre a honestidade" 287n. 277

Autores e escritos pagãos antigos

Aratos de Soloi, *Phainomena* 227
Cleantes, Hino a Zeus 227n. 201
Epíteto 273n. 260
Eurípides 227
Galeno 273n. 260
Píndaro 228
Platão, *Timaios* 143n. 99
Plínio o Velho 64n. 51, 195,
  195n. 149, 196
Pseudo-Plutarco 344n. 355
Tucídides 228

Índice de nomes e assuntos

Aaronidas (família sacerdotal) 150
Abba 233, 289n. 282
Abecedários 85
Abimeleque (juiz) 113
Abraão (progenitor) 136, 153
  cf. tb. teologia da aliança
Acabe (rei) 101, 105, 118-119
Acróstico 139
akrobystía 235n. 224
Al Yahudu, Placas de 140 (foto)
Alexandre o Grande 175, 181, 205, 207
Alexandria 204-207, 222, 276
Altar de Isenheim 382, 383 (foto)
Amém 233, 233n. 218
Amom 100n. 69, 137-138
Amor; *cf.* "duplo mandamento do amor"
Amuletos de prata de Ketef Hinnom 51, 53 (foto)
Antigo Oriente
  geografia 77
  na pesquisa 76 (foto)
Antigo Testamento
  acervo de livros 26-28, 34-35
  Bíblia Judaica 28-30
  cf. tb. Bíblia Hebraica
  designação 36, 327-328
Antijudaísmo, ressonâncias no Novo Testamento 263
Antíoco III 186
Antioquia 224, 248, 259, 272
Antíteses (Sermão do monte) 244-245, 245n. 233
Antonino Pio (imperador) 276
Aod (juiz) 113

Apocalíptica 177-180, 283, 383-384, 385 (foto)
Apócrifos
  designação 26n. 11, 62-64
  em autores antigos 287n. 277
  em confissões cristãs 26, 63-64
  em Qumran 197, 198
  evangelhos 238, 286-289, 297-308
Arad 39, 94
  cf. tb. santuários
Aramaico 78, 80, 233-235, 289, 354
Artaxerxes (rei) 342n. 352
Arte; *cf.* artes visuais
Artes visuais, figuras e cenas bíblicas 378-383, 385
Asera (deusa) 71, 72 (foto)
Assírios; *cf.* deportações
Athias, Joseph 38
Atualizações; *cf.* Interpretação da Escritura, intrabíblica
Autorização da Torá pelo Império Persa 159-164

Ba'al – inscrição (Bet Schemesch) 85, 86 (foto)
Babilônios; *cf.* deportações
Bach, Johann Sebastian 368
Bagohi, Carta a (papiro) 84 (foto)
Balaão-Inscrição 87, 88 (foto)
Bar Kochba 270, 277
Barac (Juiz) 113
Barjesus 234
Barjona 234
Batalha do caos (motivo) 110
Beda o Venerável 359
Behistun – inscrição 151

Bênção de Aarão 51
Bento XVI 373
b^erit 31
Berolinense Gnóstico (códice) 305
Bet Scheʻarim 270n. 253
Betel 98, 99
   cf. tb. santuários reais
Bezerro de ouro (Êxodo 32) 102-103
Biberli, Marchwart 42
Bíblia
   cânone duplo 269
   códices, preparo de 332n. 338
   designações 20-21, 31-37
   em Igrejas do Ocidente 64, 366-374
   em Igrejas do Oriente 64, 374-375
   escritos canônicos e não canônicos 331-333
   estruturação do texto 37-41
   e Talmude 348
   infalibilidade 371
   manuscritos 22, 23-24, 42-43, 45, 51-52, 80
   multiplicidade de tradições 19-21
   no judaísmo 359-366
   subdivisão por capítulos e versículos 37-38
   transmissão do texto 42-59, 208-211
   cf. tb. literatura bíblica; textos bíblicos; Bíblia Hebraica; citações da Escritura; traduções
biblía 20
Bíblia de Genebra 359
Bíblia de Lutero 64, 326, 357, 358, 366, 367, 368, 369
Bíblia de Zurique 37, 38, 357, 358, 366, 368
Bíblia Hebraica 42-43
   acervo de livros 28
   divisão tripartite 335-336
   e Antigo Testamento cristão 28-29
   formação 24-25
   língua 26
   ordenamento dos livros 28

Bíblia-Mentelin 42
Bíblia rabínica; *cf.* Segunda Bíblia rabínica
Bíblias; *cf.* Bíblia de Genebra; Bíblia de Lutero; Bíblia Mentelin; Bíblias completas; Bíblia de Zurique; Segunda Bíblia rabínica
Bíblias completas 209, 327-333
Bíblias judaicas; *cf.* Bíblia Hebraica
Boccaccini, Gabrielle 351
Böcklin, Arnold 383-384, 385 (foto)
Bomberg, Daniel 42
Breasted, James Henry 76
byt dwd 69

Cabala 363
Caio Calígula 215
Calendário Gezer 81-82, 84 (foto)
Camos 137-138
Campenhausen, Hans von 11n. 2, 12n. 4, 319n. 318
Canon 328
Cânone (conceito) 11 n. 3, 59-61
   cf. tb. processos de autorização de grupos de escritos; escritos canônicos e não canônicos
"Cânticos de lamentação do indivíduo" 108
Cânticos do servo de Deus 255-256
Capela Sistina (Roma) 378 (foto)
Caraítas (grupo judeu especial) 42
Caravaggio, Michelangelo Merisi da 378, 378 (foto), 379
Carta a Bagohi (papiro) 84 (foto)
Carta aos Efésios 318
Cartas de Amarna 91, 92 (foto)
Carta de Páscoa (Atanásio) 60
Cartas de Paulo 29, 62, 259-260, 262-267, 280-283, 289-291
Cartas católicas 29, 282-283, 325-326, 340
Cartas pastorais 281
Cátaros 366
Cáucaso, cristianismo no 358
Cavernas no Mar Morto; *cf.* rolos de escritos do Mar Morto

453

Centralização do culto 73-74, 189
Ceticismo, e Eclesiastes 180
Céu, como morada de Deus 145
Ciência bíblica histórico-crítica 346, 371-375, 376-378
Ciências naturais, e relato da criação 142-143
Circuncisão 135
Cirilo (professor de escravos) 359
Ciro (rei persa) 111, 154, 190, 338
Cisneros, Francisco Jiménez de (Cardeal) 368-369
Citações da Escritura, no Novo Testamento 229-230, 230-233
Citações mistas
   no Novo Testamento 230-231, 239
   cf. tb. "duplo mandamento do amor"
Classe sacerdotal, judaica, na Babilônia 150
Códice Aleppo 42n. 37, 338
Códice Alexandrino 28, 44, 210, 332
Códice Amiatino 21, 23 (foto)
Códice Beza 298
Códice Bobiense 314
Códice Eschnunna 123-124
Códice Hamurábi 124, 125 (foto)
Códice Leningradense (B 19 A) 42, 44 (foto), 46, 47, 338
Códice Petropolitano; *cf.* Códice Leningradense (B 19 A)
Códice Sinaítico 24, 28, 44, 45 (foto), 210, 276, 287, 332, 369
Códice Vaticano 24, 28, 44, 47 (foto), 210, 287
Códice Washingtoniano 314
Códices 21, 22-23, 24, 57, 59
   cf. tb. Berolinense Gnóstico (códice)
Códices da Septuaginta 44
Códices em miniatura, cristãos antigos 57, 59
Coletânea dos Quatro Evangelhos 308-316
Comentários filológicos da Bíblia 222
Comentário de Habacuc 80 (foto)
Comentários; *cf.* comentários filológicos da Bíblia
Comunidades cristãs antigas 250 (foto)
Comunidades cristãs primitivas 248-249, 250, 271-273
Conceito de teologia, no judaísmo 373n. 380
Concílio apostólico (Jerusalém) 260-261, 280n. 272
aposynágôgos 275
Concílio de Trento 354
Confissão de Constantinopla 329
Confissão de Niceia 329
Confissão ao Deus Uno 224-226
Constantino (imperador) 331n. 337, 332n. 338
Constantinopla; *cf.* confissão de Constantinopla
Contratos de vassalos
   recepção no Deuteronômio 129
   de Tel Tayinat 131 (foto)
Corpo paulino; *cf.* Cartas de Paulo
Cos (divindade) 137
Cotelier, Jean-Baptiste 285
Couro, textos bíblicos sobre 51, 127
Crescente Fértil 76, 76 (foto)
Cristãos; *cf.* judeus e cristãos
Cristianismo
   antijudaísmo, ressonâncias no Novo Testamento 263
   como seita judaica 138
   comunidades, surgimento de 271-273
   desenvolvimento 350-352
   interpretação cristológica da Escritura, no antigo cristianismo 248-259
   na Etiópia 358
   no Cáucaso 358
   no Egito 358
   polêmica com judaísmo 270
   cf. tb. Igreja e sinagoga
Cristo
   como soberano no círculo dos apóstolos (motivo) 380

cf. tb. Jesus Cristo
Cristo, Monograma de (☧) 54
Crônicas, Livros de
  concepção teocrática 151-154
  cf. tb. Cronista, obra histórica do
  datação 188n. 142
  posicionamento dentro dos
    Ketuvim 338-340
Cronista, Obra histórica do 189-192
  cf. tb. Rewritten Bible
Crouch, Carly 129n. 89
Culto; *cf.* tradição cultual de
  Jerusalém; culto sacrificial
Culto a Deus; *cf.* culto sinagogal
Culto do Templo; *cf.* Jerusalém,
  tradição cultual; culto sacrificial
Culto sacrificial
  em Jerusalém 71-74
  cf. tb. Jerusalém, tradição cultual
  de
Culto sinagogal 22, 32
Cultura da escrita
  em Israel e Judá 69, 75, 77, 89-91
  no Levante 75-94
Cultura grega; *cf.* judaísmo
  helenístico

Dã 102n. 72
  cf. tb. Santuários reais; Tel Dan
  (inscrição)
Darshan, Guy 344n. 355
Davi (rei)
  descrição da época 67-69
  exemplo proto-histórico de
    Senhor 153, 190
David redivivus 157
Débora (juíza) 113
Decálogo (Dez Mandamentos) 44,
  213, 221
Decreto apostólico 272, 280n. 272
Demétrio de Faleron 204, 206
Deportações
  por assírios 112
  por babilônios 138, 138-139n. 94,
  141
D^erasch 363-364

Descanso sabático 135
Destruição de Jerusalém; *cf.*
  destruição do Templo (587 a.C.)
Destruição do Templo (587 a.C.)
  71-72, 136-137
Dêutero-Isaías (Is 40–55) 110, 142,
  143, 158
Deuteronomismo 155-157
Diáspora
  babilônica; *cf.* exílio babilônico
  egípcia; *cf.* Elefantina
  israelita 112, 136
  cf. tb. duas diásporas (hipótese)
diasporá 282
diathéke 31-33
Dilúvio, perícope do 142
Direito divino 130, 132-133
  cf. tb. textos legais
Discurso de Estêvão (Atos 7)
  261-262
Discursos de despedida de Jesus
  297
Disputa dos universais 366
Dito de consagração do Templo por
  Salomão 109
Divino afflante spiritu (encíclica) 373
Divórcio, no Novo Testamento 290,
  290n. 283
Dodd, Charles Harold 152n. 112
Dogmática, católico-romana 373
Dominadores estrangeiros, e o Deus
  de Israel 154
Doutrina da inspiração 371
Doutrina dos dois éons 179
Droysen, Johann Gustava 175
Duas diásporas (hipótese) 349-350
Duhm, Bernhard 108
Dürer, Albrecht 383
"Duplo mandamento do amor" 242

Ebal (monte) 214
Edom 137-138
Edrei, Arye 349, 350
Egito, cristianismo no 358
Ehrlich, Carlo 361
ekklêsía 295

Elbogen, Ismar 360n. 369
Elefantina 81, 152, 163, 182
Elias (profeta) 91n. 61, 185
Eloi, eloi lama sabachthani
  289n. 282
"Emanuel" 234n. 222
Endereçados não judeus 225, 228, 260
Engnell, Ivan 108
Enuma Elisch 142
Éon (tempo mundial); *cf.* doutrina dos dois éons
Ephphatha! 234, 289n. 282
Epicureísmo, e Eclesiastes (Coélet) 180
Epimênides 227
"Epístola de palha" (Carta de Tiago) 64 n. 50
Erasmo de Roterdã 357, 368, 369
Escatologia
  em textos deuteronômicos 155-157
  em textos proféticos 157
  no Livro de Eclesiastes 168
Eschnunna (rei) 122
Escravagismo 130-133
Escrita alfabética 77
Escrita hebraica antiga; *cf.* hebraico
Escrita quadrada 80
Escrito sacerdotal
  concepção teocrática 141-143
  pano de fundo babilônico 151-154
Escritos (sistema de sinais) 77, 80-81
Escritos canônicos e não canônicos 64-65, 331-333
Escritos de Israel
  no cristianismo antigo 225-233, 259-267
  e Jesus Cristo 236-247
Escritos deuterocanônicos 63
  cf. tb. Apócrifos
  Lei deuteronômica (Deuteronômio 12–26) 122
Escritos judaicos
  atualização por meio de autores cristãos 274-275
  no antigo cristianismo 223-236

Esdras 23 (foto), 192
Essênios 64, 64n. 51, 65, 195, 195n., 149, 196
Estatueta de touro em bronze 73 (foto)
Estaurograma 53, 58
Estela 71
Estela de Mescha 87
Estienne, Robert 38
Etiópia, cristianismo em 358
evangélion 293
Evangelhos 29, 189, 289-297, 300
  evangelhos da infância 306
  cf. tb. Coletânea dos Quatro Evangelhos
Evangelho de Marcos 282, 292-293, 314
Evangelhos sinóticos 237, 282, 313
Exílio babilônico
  fidelidade à Torá no 163
  importância 72-73, 139-141, 150-151
  produção literária 136, 138-139, 141-145
Êxodo (do Egito), datação da época macabeia 181
Ezequiel (profeta), historicidade 119

Fabricius, Johann Albert 287
Fariseus 64, 64n. 51, 65
  cf. tb. judaísmo rabínico
Fé em Jesus Cristo 228
  cf. tb. Confissão ao Deus Uno
Felmy, Karl Christian 375n. 383
Finkelstein, Israel 113n. 79
Fórmula de Concórdia 367
Fórmula do cânone 182n. 134
Fragmento de Levítico 82 (foto)
Fragmentos do Mar Morto;
  cf. Rolos do Mar Morto
Fredriksson, Marianne 384
"*Freer-Logion*" 315
Froschauer, Christoph 358

Galério (imperador) 331n. 337
Galileia
  de cunho judaico 223n. 193, 238n. 225
  de cunho rural 238n. 226
  na época de Jesus 240 (foto)
García Martínez, Florentino 201n. 157
Garizim (monte) 112, 115, 211-214
Gedalias (governador) 137
Gedeão (juiz) 113
Gentileschi, Artemisia 379, 380 (foto)
Gentios; *cf.* endereçados não judeus
Gerhards, Meik 104n. 74
Gnose, em Ireneu 308
Goodacre, Mark 294n. 291
Grätz, Heinrich 25
Grego
  no cristianismo antigo 233-236
  cf. tb. Novo Testamento
Grünewald, Matthias 382, 383 (foto)
Grupos de escritos; *cf.* processos de autorização de grupos de escritos

Haftarot 364
hāgāh 107
Hamurábi (rei) 122, 124, 125 (foto)
Hananias (Profeta) 75
Harnack, Adolf von 319n. 318
Haydn, Joseph 384
Hazael de Damasco 88
Hebraico
  alfabeto 77, 85
  língua e escrita 77-81, 83 (foto)
  no cristianismo antigo 233-236
  pronúncia 78n. 58
  cf. tb. traduções
Hebrew Bible: A Critical Edition 42n. 37
Hebrew University Bible Project 42n. 37
Helenistas 224n. 194, 234n. 223, 248-249
Hendel, Ronald 135n. 91
hilastêrion 254

Hino de Filipenses 266
História de Israel (apropriação da perspectiva cristã) 261-267
Holocaútôma 235n. 224
Holofernes, e Judite 379, 380 (foto)
Hus, Jan 366

Ibn Ezra (Comentário) 43 (foto)
Ícones, em teologia ortodoxa 374-375
Ideologia imperial persa 151-152
Igreja Católica
  e crítica bíblica histórica 373-374
  cf. tb. Igrejas ocidentais
Igreja e sinagoga 295-296, 351
Igrejas orientais, bíblias em 64, 374-375
IHS (nome de Jesus) 54
Imagem de Deus do ser humano 169
Imagens de Deus, em Israel e Judá 71
Imagem do ser humano, na literatura pós-exílica 168-170
Individualização da religião judaica 159
Inscrição de Siloé 89, 90 (foto)
Inscrição em jarro (Ophel) 82, 85, 86 (foto)
Inscrições
  Baʻal 85, 86 (foto)
  Behistun 151
  Balaão 87, 88 (foto), 90
  hebraicas 39, 150n. 108
  Kerak 137
  Kuntillet ʻAjrud 89 (foto)
  Ophel 82, 85, 91 (foto)
  Sargão II 70
  Siloé 89, 90 (foto)
  Tel Dan 69, 69 (foto), 88
  Tobias 80
Interpretação da Escritura
  cristológica 248-259
  intrabíblica 164-268
Isaac (patriarca) 100n. 69
Islã 138, 356

457

Israel; *cf.* Igreja e sinagoga
Israel (Reino do Norte)
   da religião de culto à religião do livro 71-72
   desenvolvimento político e econômico 96-98
   fugitivos de 114, 140-141
   geografia 97 (foto)
   produção literária 98
   queda 112-117, 139-141
   cf. tb. história de Israel; escritos de Israel

Jabne; *cf.* Javne; Sínodo de Jâmnia
Jacó (patriarca) 136
Jacó bem Chajim 42
   cf. tb. Segunda Bíblia rabínica
Jacó, Tradição de 99-101
Jâmnia; *cf.* Sínodo de Jâmnia
Javne 270n. 253
Jeremias (profeta), historicidade 119
Jeroboão II 68, 98, 100, 102, 115
Jerusalém
   centralização cultual 73-74, 98
   comunidades cristãs 248-249
   nome 109, 270
   povoamento 114
Jerusalém, Tradição cultual de 109, 110n. 78, 111
   cf. tb. culto sacrificial
Jerusalém, Templo de 109, 110n. 78, 111
   cf. tb. destruição do Templo (587 a.C.)
Jesus Cristo
   autocompreensão 289
   designações 271n. 256
   escritos de Israel e 236-247
   interpretações de sua morte 253-257
   modo de falar sobre no cristianismo antigo 29
   relação com Deus 256-259
   ressurreição 251-253
   cf. tb. confissão ao Deus Uno; Cristo; IHS (nome de Jesus); Jesus de Nazaré
Jesus de Nazaré
   atuação pública 223, 238
   compreensão da Escritura 243-249
   controvérsias com adversários 242-243
   no Talmude 351
   cf. tb. Jesus Cristo
Jesus histórico 371
Jesus, Tradições de
   dentro do Novo Testamento 289-298
   fora do Novo Testamento 297, 307
   cf. tb. coletânea dos Quatro Evangelhos
Jezabel (princesa fenícia) 105
Joel (profeta), historicidade 119
João Hircano (rei hasmoneu) 213
João Batista 231
Joaquin (rei) 142
Josafá (rei) 118
Joosten, Jan 135n. 9i
Josias (rei) 128
Judá (Reino do Sul)
   da religião de culto à religião do livro 72
   desenvolvimento político e econômico 96-98
   identificação com Israel 115-117
   importância do Templo 106
   na época do exílio 138-141
Judaísmo
   como religião do livro 71-72
   continuidade 138
   "duas diásporas" (hipótese) 349-350
   formação 350-352
   individualização da religião 159
   polêmica com o cristianismo 270, 270n. 254
   surgimento 145-149
Judaísmo helenístico 175-177
"Judaísmo henóquico" 351
Judaísmo rabínico
   e Torá 163-164

métodos de interpretação 363-364
surgimento 270, 272
"Judaisms" ("judaísmos") 350
Judeia, no tempo de Jesus 240
Judeus cristãos; *cf.* helenistas
Judeus e cristãos
  comparação entre 275-276
  designações 273
  relação 276-280
    separação dos caminhos 268-270, 272
Judite, e Holofernes 379, 380 (foto)
Justino (apologeta) 276-278

Käsemann, Ernst 246n. 234
Kerak (inscrição de construção) 137
Ketef Hinnom 51
Ketuvim (parte do cânone) 334-341
Khirbet Qeiyafa, óstraco de 85, 87 (foto)
King James Version 19, 359
kitve haqodesch 31
Klauck, Hans-Josef 288n. 281
Knauf, Ernst Axel 141n. 96
Koselleck, Reinhart 377n. 386
Kuntillet ʿAjrud, inscrições de 89 (foto), 101

Lachisch, óstracos de 39
Langton, Stephen (arcebispo inglês) 38
Laodiceia; *cf.* Sínodo de Laodiceia
Lefèvre d'Étaples, Jacques 359
Legislador divino 129, 165, 169
Lei
  no exílio babilônico 151
  cf. tb. lei deuteronomística (Deuteronômio 12–26); legislador divino; textos legais; Torá
"Lei e profetas" 186-187, 226
Lei da Santidade (Levítico 17–26) 122
Leonardo da Vinci 382
  cf. tb. Santa Ceia, a (quadro de parede)

Lessing, Gotthold Ephraim 370
Levantes; *cf.* Romanos, confrontações militares com
Levitas (família sacerdotal) 150
lex animata 123
Licínio (imperador) 331n. 337
Lim, Timothy H. 339n. 347, 339n. 348
Línguas
  da Bíblia 354, 368
  dos antigos cristãos 233-236
  Jesus de Nazaré 238-239
Lipit-Ischtar (rei) 122
Literatura bíblica
  época antiga do reinado 94-111
  inícios, bíblicos e históricos 66-69
  obrigatoriedade religiosa 74
  versus literatura não bíblica 72, 341-345
Literatura cristã antiga 280-289
Literatura de sabedoria 111
Livro da Aliança (Êxodo 20–23) 122, 126-128, 130
Livro do Cântico 75, 75n. 56
Livro do Justo 75, 75n. 56
Livro dos Doze Profetas 119, 186, 200, 208
Livros de Crônicas
  concepção teocrática 151-154
  datação 188n. 142
  posicionamento dentro dos *Ketuvim* 337-339
  cf. tb. Cronista, obra histórica do
Logogramas 77
Logos
  conceito 258
  Jesus Cristo como 236-237, 257-259, 296-297
Lührmann, Dieter 333
Lutero, Martinho
  apócrifos 26n. 11
  cânone bíblico 64-65
  Carta de Tiago 64n. 50
  Dieta de Worms 366n. 375
  cf. tb. Reforma

459

Maanaim (Reino do Norte) 99
Magdala 238n. 226
Maier, Johann 201n. 158
Malaquias (profeta)
   historicidade 119
   nome fictício 185
Mammon 289n. 282
Manassés (rei) 191
Mandato de obstinação (Isaías 6,9) 46
Mann, Thomas 384
Manuscrito de Erasmo 372
Manuscritos
   da Bíblia Hebraica 42-43, 44
   do Novo Testamento 51-52
   cf. tb. códices
Mar Morto; *cf.* rolos de escritos do Mar Morto
Maranatha! 234
Markschies, Christoph Johannes 175n. 128
Marcos, Evangelho de 282, 292-293, 314
Massada 194, 270
Massorá final 37
Massoretas 38, 43
Megido, Epopeia de Gilgamesch em 91, 93 (foto)
Megillot 364
Mendels, Doron 349, 350
Mendelssohn Bartholdy, Felix 368, 384
Meṣad Ḥašavyahu 39, 40 (foto)
Mesa (rei) 114
Messias 234n. 222
Metódio (mestre eslavo) 359
Michajehu ben Jemla (profeta) 118
Michelangelo Buonarroti 378, 378 (foto)
Midianitas 114
Migrantes; *cf.* refugiados, israelenses
Milcom (divindade) 137
miqra 31
Mispa 137
Moabe 87, 100n. 69, 113, 137-138

Moisés
   como autor da Torá 66-67
   história do nascimento (Êxodo 2,1-10) 104-105
   historicidade 101-102
Monograma de Cristo (☧) 54
Monoteísmo
   no exílio babilônico 150
   surgimento 135, 145-149
Morada de Deus, céu como 145
Mosaico de abside 381 (foto)
Mundo dos narradores; *cf.* mundo narrado
Mundo narrado, e mundo dos narradores 134-136, 135n. 91
Música, figuras e cenas bíblicas 384
mystêrion 265

Nabucodonozor (rei) 336
Nag Hammadi, códices de 287-288, 302-303, 304 (foto), 307, 333
Naḥal Ḥever 194, 200
Narrativa-Moisés-êxodo 101-105, 114
Nascimento virginal de Jesus 278, 278n. 269
Neemias 192
Neusner, Jacob 345
Neviim (parte do cânone) 119, 183-188
Niceia; *cf.* Confissão de Niceia
Nome de Deus; *cf.* tetragrama
nomina sacra 52-54, 57 (foto)
nomos emphsychos 123
Novo Testamento
   designação 34-36, 327
   edição grega 369, 371
   escritos individuais e coletâneas de escritos 29-30, 268, 280-284, 285, 324-327, 329-332
   língua 234-236
   cf. tb. Jesus, tradições de

Obra histórica do Cronista 189-192
   cf. tb. "Rewritten Bible"
Omri (rei)

Óstraco idumeu 138n. 92
Óstracos
   Arad 39
   definição 51
   Idumeia 138n. 92
   Khirbet Qeiyafa 85, 87 (foto)
   Lachisch 39
   Mᵉṣad Ḥašavyahu 39, 40 (foto)
Otniel (juiz) 113
Otto, Eckart 213n. 176
"Ouça, Israel"; cf. Schᵉma Israel

Pai-nosso (oração), sobre amuleto 57
Palavras do Senhor; cf. tradições de Jesus
Paleo-hebraico 199, 199n. 154
Papiro 51-52
   como material de escrita
   de Elefantina
   cf. tb. Papiros de Oxyrhynchus Papiro
Papiro 45 (Chester Beatty Papyrus) 52, 56 (foto)
Papiro 46 (Papyrus Michigan 6238) 52, 55 (foto), 323, 324
Papiro 52 52
Papiro 66 (Papyrus Bodmer II) 41 (foto)
Papiro 72 (Papyrus Bodmer VIII) 57 (foto)
Papiro 75 (Papyrus Bodmer XIV-XV) 52, 58 (foto)
Papiros de Oxyrhynchus 59, 287, 288, 299, 300, 303n. 303, 305
Papiro Amherst 100
Papiro Egerton 52, 237, 299
Papiro Nash 44, 48 (foto)
Papiro Rylands 161n. 119, 305
Papyrus Köln 240, 299
parathêkê 317n. 316
PaRDeS (acrônimo) 364
Parting(s) of the Ways 272
Pascha 233, 289n. 282
Paulo, cartas de 29, 62, 259-260, 261, 267, 280-283, 289-291

Paulo, viagens missionárias 250 (foto), 259
Pedro 272, 295, 314
Pentateuco; cf. Torá
Pentateuco samaritano 79 (foto), 212-214
Pergunta sinótica 293n. 291
Perícope do dilúvio 142
Perícopes, estruturação do texto em 40
Pescharim 194, 198
Pᵉschat 363
pétra 295
Plöger, Otto 151
Pnuel (Reino do Norte) 99
Poema épico de Gilgamesch
   e perícope do dilúvio 142
   fragmento de tábua de argila de Megido 91, 93 (foto)
Poliglota Complutense 368-369, 370 (foto)
politeuma 206
Postel, Guillaume 307
Praxapostolos 29
Processos de autorização de grupos de escritos 201-202, 221-222, 233
Produção literária
   na época do segundo Templo 149-159
   no exílio babilônico 141-145
Profecia
   definição 118
   e falsa profecia 119
   e escatologia 157
   e premonição 118, 119
   no Antigo Oriente 117
   orientação na Torá 180-188
Profecia de transmissores, por escribas 181-188
Profecia escrita 117-121
Profetas
   como pregadores da lei mosaica 183
   cf. tb. "Lei e Profetas"; *Nevi'im* (parte do cânone); Livro dos Doze Profetas

Profetas, palavras dos, atualizações 165-168
Profetas posteriores; *cf. Nevi'im* (parte do cânone)
Pseudepígrafos
  designação 61-62
  em Qumran 197, 198
pseudoprophétês 235n. 224
Ptolomeu II Philadelphos 204, 205, 206
Ptolomeus 186
Puech, Émile 291n. 231

Q (fonte) 294, 294n. 292
Quatro Evangelhos, coletânea de 308-316
Qumran, textos de; *cf.* rolos de escritos do Mar Morto

Rabbi 233
Rabbouni 233, 289n. 282
Rahlfs, Alfred 210
rāqia' 143n. 99
Raschi (Comentário) 43 (foto)
Ratzinger, Joseph 373, 373n. 379
realized eschatology 152
Reforma cultual de Josias (2Reis 23) 70, 128
Reforma
  novo acesso à Bíblia 366-367
Refugiados, israelenses 114, 141
"Regra da verdade"; *cf.* "Regra de fé"
"Regra de fé" 328-330
regula 328
Rei
  instância legislativa 123, 159-160
  instância normativa 168-169
Reinado, avaliação bíblica 94-96
"Reivindicação messiânica" de Jesus 289
Reimarus, Hermann Samuel 371
Relato da criação, e Ciências naturais 141-143
Religião; *cf.* judaísmo

Religião da escrita, judaísmo como 72
Religião de YHWH, sobrevivente do exílio 140-141
Religiões, primárias e secundárias 149
Remes 364
Recensão-*kaige* 208
Ressurreição de mortos; *cf.* Jesus Cristo, Ressurreição
Retardamento da salvação 157-159
Retroprojeções literárias 68, 100, 120, 135, 343
Rewritten Bible 188-193, 197-198
Richelle, Matthieu 89n. 60
Rolo de Isaías 39, 46-47, 50 (foto)
Rolos (manuscritos bíblicos) 22, 23-24, 80
  cf. tb. rolos de escritos do Mar Morto
Rolos de escritos do Mar Morto 27n. 13, 39, 45-47, 49 (foto), 80, 194-200, 200n. 155, 201-203
Romanos, confrontos militares com 270
Ruhnken, David 12n. 3, 349

Sabático, descanso 135
Sabedoria (conceito) 111
Sadoquitas (família sacerdotal) 150
Saduceus 64, 64n. 51, 65
Saltério eloísta (Salmos 42–82) 148
Salmos régios 108
Salmos (livro)
  como escrito profético 334-335
  da época do reinado 105-111
  em Qumran 201n. 159
  enquadramento histórico 107-108
  posicionamento dentro dos *Ketuvim* 338
  cf. tb. salmos régios; salmos de Coré
Salmos de Coré 100
Saltério
  manuscritos de Qumran 198
  como livro de meditação 106-107

cf. tb. saltério eloísta (Salmos 42–82); Salmos (livro)
Salomão (rei)
  retrato da época 67-69
  exemplo proto-histórico para Dario 154-190
Samaria; *cf.* santuários; "YHWH de Samaria"
Samaritanos (conceito) 79, 112, 114, 211-214, 212n. 175
Samas (deus do sol) 124, 125 (foto)
Samgar (juiz) 113
Santa Ceia, a (quadro de parede) 381-382, 382 (foto)
Santa Maria Maggiore (Roma) 306
Santa Pudenciana (Roma) 381, 381 (foto)
Santuários
  em Arad 71
  em Samaria 100-101
Santuários reais
  em Betel 98, 99, 99n. 67, 102
  em Dã 98, 100, 102, 102n. 72
Sargão I, lenda do nascimento 104
Sargão II, inscrição 71
Schäfer, Peter 272n. 258
Schechter, Salomon 365
Sch^{e}ma Jisrael 44, 242, 347
Schütz, Heinrich 368
Schwartz, Seth 349
scriptio continua 39, 41
Séforis 238n. 226, 270n.
Segunda Bíblia rabínica 42, 43 (foto)
Segundo Templo 149-159
Selêucidas 186
Selo cilíndrico 144-145, 144 (foto)
Semler, Johann Salomo 371
Seminário teológico judaico (Breslau) 365
Separação; *cf.* divórcio
Septuaginta 26, 203-211, 354, 356
Sermão da Montanha 244-245, 246
Sínodo de Jâmnia 25, 344
Sínodo de Laodiceia 61
Siquém (Reino do Norte) 99, 113

Sistema da escrita 91, 93-94, 98
Ska, Jean Louis 130n. 90
Sod 364
Spinoza, Baruch de 364
Stapulensis, Jakob Faber 359
Steck, Odil Hannes 39n. 34, 110n. 78
Stephanus, Robert 38
steréoma 143n. 99
Stoá, e Coélet 180
Stylianopoulos, Theodore G. 375n. 382
Sumo sacerdote, Jesus como 254

Talitha koum! 234, 289n. 282
Tanak (acrônimo) 31
Tel Arad 39
Tel Dan (inscrição) 69 (foto), 69, 88
Tel Tayinat 129
  cf. tb. contratos de vassalos
Tel Zayit 85
Tell Deir Alla 87
  cf. tb. Balaão-Inscrição
Templo; *cf.* templo de Baal (Samaria); Templo de Jerusalém; Segundo Templo
Templo de Baal (Samaria) 101
"Tempestade dos povos do mar" 93
Templo de Jerusalém 75, 106, 109
  cf. tb. destruição do Templo (587 a.C.)
Tempo dos narradores; *cf.* mundo narrado
Tempo narrado; *cf.* mundo narrado
Teocracia
  e escatologia 151
  no Escrito Sacerdotal 151-154
  nos Livros de Crônicas 151-154
Teologia, conceito de, no judaísmo 373n. 380
Teologia da aliança 31-36, 150, 152, 153
Teologia da culpa, nos Livros de Crônicas 191
Teologia ortodoxa 374-375
Terapeutas (grupo judeu) 216
Testamento de Setembro 358

testamentum 33
Tetragrama 32n. 20, 53, 80,
   80 (foto)
Textos bíblicos
   critérios para entrada no cânone
      bíblico 25-26, 75
   datações 135
   formação dos escritos 117
   história da transmissão oral 94
   início da transmissão por escrito
      89
   interpretações e acessos 374-386
   revisões pós-exílicas 135-136
   tempo do exílio judaico 138-139
   cf. tb. interpretação da Escritura,
      intrabíblica
Textos do Mar Morto; *cf.* rolos de
   escritos do Mar Morto
Textos legais
   contexto do Oriente Antigo
      122-124, 127
   lei do rei *versus* Lei de Deus 165
   cf. tb. direito divino; legislador
      divino
Tiberíades 238n. 226, 270n. 253
Tischendorf, Konstantin von 369
Tobias – inscrição (Iraq el-Emir) 80
"Tohuwabohu", na Septuaginta
   143n. 99
topoi 262
Torá
   autorização imperial persa
      159-164
   características literárias 160-161
   em Qumran 198-200
   em samaritanos e judeus 212-214
   escrita e oral 345, 346, 351-352,
      361
   lei do rei *versus* Lei de Deus 165
   na época helenista 181-182
   no judaísmo antigo e inicial
      135-136, 162-164
   reivindicação de normatividade
      163-164
   tradução para o grego 176, 355
   cf. tb. profecia; Septuaginta

"Torá de Moisés" 67, 183
Tradição cultual de Jerusalém
   109-110, 110n. 78
   cf. tb. culto sacrificial;
Tradição da Santa Ceia 32
Tradição de Amós e tradição de
   Isaías 116-117
Tradição de Isaías, e tradição de
   Amós 116-117
Tradição de Jacó 99-101
Tradição de Oseias 114
Tradições de Jesus
   dentro do Novo Testamento
      289-297
   fora do Novo Testamento 297-308
   cf. tb. coletânea dos Quatro
      Evangelhos
Tradição de leis 121-127
Tradições litúrgicas 111
Traduções
   de escritos bíblicos 42, 353-359
   de escritos judaicos 177
   cf. tb. Torá
"Trito-Isaías" (Isaías 56–66)
   158-159
tríton génos 274
Troeltsch, Ernst 373
typikôs 262

Ugarit 100
Última ceia de Jesus (tradição)
   290-291
Ungido (designação de Jesus)
   271n. 256
Universais, disputa dos 366
Universidade hebraica (Jerusalém)
   365

"Verein für Cultur und Wissenschaft
   der Juden" [Associação para
   Cultura e Ciência dos Judeus]
   (Berlim) 365
veritas Hebraica 357
Vetus Latina 356
via moderna 366
Virgindade de Maria 306
Vulgata 26, 63, 354, 357

Wadi Murabbaʿat 194, 199
Valdenses 359, 366
Watson, Francis 294n. 291
Weippert, Manfred 118, 138n. 92
Wellhausen, Julius 91, 100n. 68, 147, 365
Wette, Wilhelm Martin Leberecht de 128
Wulfila (bispo) 358
Wyclif, John 366

yaḥad (essênios) 196
YHWH
  em forma de uma estátua cultual 70-71
  garantidor de direito e justiça 110
  cf. tb. tetragrama
"YHWH de Samaria" 101
"YHWH e sua Asera" 71, 72 (foto)

Zedequias (rei) 136, 191
Zeitschrift für die Wissenschaft des Judentums ("Revista para a Ciência do Judaísmo") 365
Zelotes 64n. 51
Zunz, Leopold 192n. 145
Zwingli, Huldrych 366

Conecte-se conosco:

 facebook.com/editoravozes

 @editoravozes

 @editora_vozes

 youtube.com/editoravozes

 +55 24 2233-9033

www.vozes.com.br

Conheça nossas lojas:

www.livrariavozes.com.br

Belo Horizonte – Brasília – Campinas – Cuiabá – Curitiba
Fortaleza – Juiz de Fora – Petrópolis – Recife – São Paulo

  Vozes de Bolso

EDITORA VOZES LTDA.
Rua Frei Luís, 100 – Centro – Cep 25689-900 – Petrópolis, RJ
Tel.: (24) 2233-9000 – E-mail: vendas@vozes.com.br